Carlos Franqui
Vida, aventuras y desastres
de un hombre llamado Castro

Documento/243

Carlos Franqui

Vida, aventuras y desastres de un hombre llamado Castro

Planeta

COLECCIÓN DOCUMENTO
Dirección: Rafael Borràs Betriu
Consejo de Redacción: María Teresa Arbó,
Marcel Plans, Carlos Pujol y Xavier Vilaró

© Carlos Franqui, 1988
Editorial Planeta, S. A., Córcega, 273-277,
08008 Barcelona (España)
Ilustración al cuidado de Ester Berenguer
Diseño colección y cubierta de Hans
Romberg (fotos archivo Autor y Europa
Press, y realización de Francesc Sala)

Procedencia de las ilustraciones: EFE, Europa
Press, Keystone y Autor

Primera edición: octubre de 1988
Segunda edición: noviembre de 1988
Depósito legal: B. 41.624-1988
ISBN 84-320-4426-1
Printed in Spain - Impreso en España
Talleres Gráficos «Duplex, S. A.», Ciudad de
Asunción, 26-D, 08030 Barcelona

Índice

ERA EL DÍA DOMINGO

Era el día domingo, la voz aguda, agitada, a grito pelado, salía de radio CMQ, agresiva, cuando se oyó un disparo.

Sangre salía del vientre de aquel hombre pequeño, miope, de grandes espejuelos, que a velocidad fue conducido por sus amigos al hospital Calixto García.

Como era el día domingo de aquel agosto, el mes más caliente de Cuba, los habaneros estaban lejos del calor y del infernal ruido de aquella ciudad bulliciosa, disfrutando el trópico, su maravilla, el agua del mar.

El día lunes, la ciudad, el país, amanecieron conmovidos por la noticia, que corría como la pólvora: gritos de vendedores de periódicos, radio, televisión, de viva voz. Eddy Chibás, el popular líder ortodoxo, se disparó un tiro ayer, en su transmisión radial, principal tribuna de la oposición, después de leer su último mensaje político al pueblo de Cuba; gravemente herido, los médicos del Calixto García luchan por salvarle la vida.

En su última polémica Eddy había acusado de malversación a Aureliano Sánchez Arango, ministro de Educación del presidente Prío, prometiendo unas pruebas, a él prometidas, que nunca aparecieron.

Aureliano replicó con vigor: los muchos enemigos de Chibás, los intereses creados, vieron el momento de destruir aquel fiscal de la corrompida vida pública cubana que asustaba a unos y a otros; aquella su escoba ortodoxa sonaba para los políticos así: "No, a esconderse, que viene la basura", como el popular canto, no: a esconderse, que viene la Ortodoxia, limpiando a Cuba de la corrupción.

Eddy se sintió solo, abandonado, motivo de choteo, su gran partido, abajo formidable; débil arriba, muchos ingresaron en aquel movimiento popular que era un portaaviones para el Congreso, el Gobierno. Ahora el fallo de Eddy: Aure-

9

liano, uno de los pocos honestos, de un gobierno de ladrones ponía en peligro a estos aspirantes que, viendo el barco hacer agua, dejaban solo al timonel.

Desesperado, entre el honor y el fracaso, siguiendo la mejor tradición cubana, Eddy no encontró otra salida para demostrar al pueblo su buena fe que suicidarse, disparándose un balazo en el estómago al final de su transmisión de radio, leyendo aquellas palabras que él llamó su último aldabonazo.

Durante días Eddy estuvo entre la vida y la muerte. Cuba pendiente de aquel cuarto de hospital, donde con manos artistas, el cirujano Rodríguez Díaz lo había operado; otros médicos, no menos eminentes, cuidaban del precioso herido.

La emotiva conciencia cubana fue golpeada a fondo: todos nos sentimos algo culpables de la soledad de Eddy, en Palacio estaba el responsable, un presidente de origen revolucionario, ex compañero de Chibás; él y su partido, gobernaban de ocho años. Habían restablecido la democracia, un clima de libertades, mejorado la ía, dictado leyes populares y nacionalistas, pero defraudado con el robo de los fondos públicos, la confianza del país, permitiendo una peligrosa guerra de grupos, de jóvenes tiratiros, que desde los mismos cuerpos policiacos ensangrentaban las calles habaneras, matándose unos a otros en atentados y tiroteos que en nada envidiaban a los mejores films de acción norteamericanos.

Las elecciones estaban a la vista, la venganza popular iba a ser una sola: votar por la Ortodoxia. Un peligro acechaba en la sombra: el ejército. Aun en aquel momento de euforia democrática nadie creía en un nuevo golpe militar.

¿Viviría, moriría Eddy Chibás?, era ésa la angustia.

De pronto la fatal noticia: era el 16 de agosto de 1951, Eddy había fallecido. Su cadáver, tendido en el Alma Mater, allí en la colina universitaria, cuna de revolución y de protestas cubanas, la multitud enardecida, en fila interminable, en silencio —sólo la muerte priva al cubano del don de la palabra—, se congregaba, ordenada, esperando decir el último adiós al líder inmolado: aquel que tuvo el valor de suicidarse por el pueblo. Eddy, como Céspedes y Martí, fundadores de la patria, patriotas, que no debieron morir.

La multitud invadió la universidad, calles vecinas, de Infanta y San Lázaro, a 23 y L; allí estaba la CMQ, allí Eddy Chibás, transmitía y aquel domingo aciago se disparó, gente bajando hacia Malecón y el mar, subiendo por 23, al cemente-

rio. Nunca tanto pueblo se había congregado para decir adiós
a uno de los suyos. Los más viejos, asombrados, recordaban
otros magnos entierros, ninguno igual en furor de pueblo al
de Eddy.

Dirían la última palabra en el cementerio de Colón, a
nombre de la Ortodoxia, y la familia, Leonardo Fernández
Sánchez, voz dura de la izquierda y José Pardo Llada, la voz,
el vozarrón, más bien, que tronaba por los aires, día a día,
denunciando entuertos, el periodista de radio más popular de
Cuba, cuya erre arrastrada subía en crescendo. *Pardo, muy*
joven, emergió con aquella su voz tronitante, quedó sola en el
aire, en medio de un ciclón que azotó La Habana, silenciando
las otras emisoras de radio. Era el hombre emotivamente
más cerca de Chibás y, en aquellos días pasados, el pueblo
había estado pendiente de su voz, para oír minuto a minuto
noticias de Chibás.

Las últimas guardias al féretro, colocado allá en lo más
alto del aula magna, se sucedían: Agramonte, Bisbé, Ochoa,
Pelayo Cuervo, Raúl Chibás —hermano y compañero de
luchas de Eddy—, profesores, políticos, revolucionarios. La
Ortodoxia era una emoción, un caballo de victoria, pero
estaba como sin cabeza, era una creación de aquel que desde
la revolución del treinta, con luchas, honestidad, a grito
pelado, intuición política, algo de demagogia y caudillismo,
la había creado. Tenía hombres distinguidos, honestos profe-
sores, políticos de prestigio, otro líder, no.

Ya se especulaba sobre quién sería el designado para
sucederle, el candidato y casi seguro presidente en las próxi-
mas elecciones.

Aquél era el jaque mate al desmoralizado gobierno de
Prío: la corrupción, el gangsterismo, ponían en riesgo la
joven democracia y sus instituciones republicanas. ¿Sabría la
Ortodoxia estar a la altura de sus responsabilidades? Era
ésta la esperanza, aun si cierta duda emergía entre la gente
que ya se preguntaba por qué la dirección y el partido deja-
ron casi solo a Eddy en aquellos días difíciles que habían pre-
cedido al tiro fatal.

Los caudillos nacen y se hacen. Son difícilmente susti-
tuibles.

La orden fue dada de bajar el féretro y comenzar el
entierro. A voz se comunicaba, con espontánea disciplina,
medio millón de cubanos se preparaban para marchar lenta-
mente, casi sin moverse, de la calle 23, del Malecón a Doce,
una extensión de veintidós cuadras, dos kilómetros. Un mar

de gente en el entierro más imponente que Cuba nunca tuvo. Allá arriba, todavía en la universidad, mientras bajaban el cadáver de Eddy, un joven desconocido, cuya cabeza apenas sí se ve en las históricas fotos de aquel día, se acercó al otro popular joven de la Ortodoxia, José Pardo Llada, llamado por sus amigos Pepe. Alto, muy blanco, con gesto decidido, el joven soltó de pronto a Pardo estas palabras: "Pepe, vamos a Palacio con el muerto —no dijo Eddy, dijo el muerto—, tomamos el poder; tú serás el presidente, yo el jefe del Ejército."

"Estás loco, Fidel", contestó José Pardo Llada, calmando al joven, que insistía no debía perderse un minuto. Bastaba que el popular Pardo dijese aquella palabra de orden al pueblo, y éste lo seguiría hasta el Palacio presidencial, obligando al presidente Prío a renunciar. La voz entonces de aquel joven ortodoxo llamado Fidel Castro fue una voz clamantis in deserto, aun si no mucho tiempo después, y luego de un golpe militar, que pronto ocurriría, reuniría a los enemigos de entonces frente a un dictador y enemigo común.

Pardo, que tantas cosas terribles había dicho de Prío, contaba al ex presidente depuesto, en una reunión conspirativa, que al menos una vez había estado a su favor: aquel 16 de agosto de 1951, cuando Fidel Castro le propuso conducir el cadáver de Chibás a Palacio y, a furor de pueblo, pedirle la renuncia. Prío, que era un hombre de paz, le respondió así: "Di la orden de no disparar, pensaba entregar el poder si la Ortodoxia marchaba sobre Palacio. No iba a terminar mi presidencia con un baño de sangre cubana." Pardo oía con asombro estas palabras del entonces presidente. No pasaría mucho tiempo antes de que le confirmara el general Cabrera, ex jefe del Ejército, que había recibido la orden presidencial y tomado medidas para que fuese cumplida.

La historia es, y no es, azar.

Aquel día la Ortodoxia no marchó sobre Palacio. Siete meses después, a noventa días de unas elecciones que las veían ganadoras, en la sombra, con premeditación, alevosía y nocturnidad, otro domingo trágico, un coronel llamado Batista entraría en el campamento de Columbia y, sin disparar un tiro, derrocaría el gobierno de Prío, instaurando una dictadura militar, ante la sorpresa, el asombro, la indignación y la impotencia del pueblo cubano.

¿Qué hubiera pasado si aquel día 16 de agosto de 1951 José Pardo Llada hubiera oído la proposición de aquel joven desconocido llamado Fidel Castro?

Sé que en historia no se puede hablar de lo que pudo ser y no fue, aun así una cosa era cierta: Prío hubiera entregado el poder, como ocurriría con Batista, el 10 de marzo de 1952, siete meses después.

El desconocido Fidel Castro, con intuición y voluntad de poder, vio claro aquel día del entierro de Chibás. Era la primera vez, no sería la última.

1

EL APELLIDO CASTRO, LA FAMILIA

El apellido Castro parece remontarse a la época en que los romanos construían el camino de Santiago, de León a Compostela, hace muchos siglos. Galicia está llena de Castros, apellido de origen romano, que significa campamento militar.

En una pequeña parroquia de Láncara, provincia de Lugo, Galicia, aparece la primera referencia escrita sobre la familia Castro, el día 6 de diciembre de 1875: es la fe de bautismo de Ángel María Bautista Castro Argiz, futuro padre de Fidel Alejandro Castro Ruz, registrado en el libro de los bautizados en aquella iglesia, en el folio veintiséis.

"En el día 6 de diciembre de 1875, yo, el infrascrito señor don Ramón López Neyra, cura párroco de la misma iglesia parroquial de San Pedro de Láncara, en el obispado y provincia de Lugo, bauticé solemnemente a un niño, hijo legítimo de Manuel de Castro, oriundo de la parroquia de San Pedro de Armea, y de su mujer Antonia Argiz, natural de La Piqueyra, y los dos vecinos de Láncara, de oficio labradores. Nació el día 5 del mismo mes y año a las 12 de la noche y se le pusieron los nombres de Ángel María Bautista. Abuelos paternos: Juan de Castro y Juana Núñez, naturales de la parroquia de Santiago de Souto y vecinos de Láncara. Abuelos maternos: Pedro Argiz y Dominga Fernández, de Las Casas de Piqueyra. Fueron sus padrinos: Ángel Cabaña, natural y vecino de Láncara, y Benita Fernández, vecina del pueblo de Sudrio, en la parroquia de Santiago de Cobas, a quienes advertí el parentesco espiritual y las obligaciones que contrajeron. Y para que conste la firmo como actual cura, día, mes y año reseñados *ut supra*. Firmado: Ramón López Neyra."

Hace años me contó el viejo cura de Láncara que él había

conocido al joven Ángel Castro, que era simpático, cantaor, hábil con las cartas: "nunca perdía". Su familia tenía cuatro hectáreas de tierra, sembraba gandules y cerezas y tenían una casa humilde, que todavía se conservaba.

Veinte años después, en 1895, estalló la guerra de independencia de Cuba — 1895-1898 —, y los jóvenes como Ángel Castro, que entonces tenía veinte años, hacían el servicio de quintas en esta guerra que era muy peligrosa.

Se hacía un sorteo entre los jóvenes de edad militar, para ver a quién tocaba ir a la guerra. Cuando tocaba a un rico, éste pagaba a un pobre para que lo sustituyera. A don Ángel no le tocó en el sorteo. Como era pobre y aventurero, y no le gustaba el humilde oficio de labrador, un rico del pueblo le pagó miles de pesetas para que fuera a la guerra de Cuba en lugar de su hijo.

Parece ser que se las arregló para que lo mandaran al economato, o intendencia de caballos del ejército español en Cuba; hacía la guerra, negociaba caballos y cuanta cosa podía y, al terminar la contienda, se dice que tenía el grado de teniente.

Los viejos de Sarría no recordaban si don Ángel había regresado al pueblo, al final de la guerra; sí de verlo, a principios de siglo, soltero, al parecer sin dinero todavía.

Bien que se quedara en Cuba, o regresara a España, en 1898, o fuera a ver a la familia, años después, la única verdad es que era pobre.

Poco se sabe con certeza de la vida de Ángel Castro, en aquellos años primeros del siglo: se cuenta que de buen negociante, reunió una cuadrilla de gallegos y asturianos que construía y reparaba líneas de ferrocarril de vía estrecha para los nuevos ingenios azucareros, que los inversionistas norteamericanos construían en las provincias orientales de Cuba.

Tiempos fáciles para unos, difíciles para otros: la guerra había arruinado los campos cubanos, la pobreza era mucha, y entonces en la nueva república llegaron los yanquis con su plata y compraban tierras; verdad es que las nuevas riquezas crearon algún trabajo y bienestar.

Perdieron la guerra no los españoles, al menos dentro de Cuba, perdedores fueron los cubanos independentistas, marginados por Estados Unidos y España del Tratado de París, mientras en la isla se formaba una alianza natural entre españoles que dominaban la economía, norteamericanos y algunos cubanos ricos, que no habían apoyado la independencia: los mambises, en buena parte campesinos pobres, o medios, perdieron sus tierras, los intelectuales y profesionales fueron marginados, y los negros, que se habían liberado de la esclavitud como consecuencia de la guerra de 1868-1878, no encontraron trabajo en la nueva república.

Por casi nada se compraba una buena extensión de la mejor tierra cubana. En pocos años, el ex soldado Ángel Castro se hace de un gran latifundio, que si tomamos por buena la información del Castro hijo, era de mil caballerías, equivalente a 13,400 hectáreas de tierra.

¿Cómo hace un pobre una riqueza tal en tan breve tiempo?

¿Sólo con el espíritu emprendedor, aventurero, la buena suerte, el esfuerzo personal, el buen ojo para los negocios? Es evidente que no. Era aquél un clima de *western* a la cubana, que comprendía apoyos, contactos poderosos, robos de tierras, vacas y madera, uso de hombres: campesinos y obreros, a los que se daba el mínimo para la subsistencia, incluidos los cortadores de caña haitianos y jamaicanos, que cada zafra venían a trabajar por la comida y unos pocos pesos que llevar o enviar a sus familias, si es que se los pagaban. Los campesinos sin tierra trabajaban por un poco de viandas y frutos.

Las dos más famosas huelgas de la época son por el derecho de los jóvenes cubanos a ser aprendices en las fábricas, cosa que les era negada, y por el pago en moneda, no en vales, de los bajos salarios en la industria azucarera y otros sectores. Y si cuando la revolución de 1833, una de las leyes más revolucionarias es la de la nacionalización del 50 por ciento de trabajo, es que la mayoría de los empleos estaban en manos extranjeras.

En la historia y leyenda del latifundio de Ángel Castro, en Birán, en la costa norte oriental, no falta nada de la mejor película de aventuras: robo de bosques y maderas, vacas, tierras, desalojos, campesinos, salarios de miseria, protecciones políticas, apoyo de la guardia rural. Allí no falta de nada: palos, planazos a obreros y campesinos, muertos por protestas, prohibición de sindicatos.

Que la prepotencia de Ángel Castro fuera grande lo prueba que fuese capaz de arrancar y robar los travesaños de madera de la línea de ferrocarril cañero por kilómetros; nada menos que de un coloso vecino como la United Fruit. Si a algún historiador interesa el asunto, no tendría más que buscar en los tribunales cubanos las causas que la famosa "Mamaíta Yunai" puso al célebre gallego y que un famoso bufete habanero llevaba.

Contaban los viejos campesinos de la región que Castro y

sus monteros conducían ganado que iban a vender en ciudades lejanas: salían de noche con algunas cabezas, que iban aumentando, robándolas en los potreros por donde pasaban; al llegar al lugar de la venta, el ganado se había multiplicado. Al regresar a Birán, la misma operación, un pequeño lote comprado, agigantado con el robo nocturno, y el yerro de Castro, bien marcado, llenaba los potreros de su finca Manacas.

En cuanto a las buenas maderas de aquella región aislada de Cuba, ¿quién separaba un lindero de otro, quién respetaba las propiedades del estado? Bastaba cortar y vender cuanto magnífico pino y madera se quería.

Con estos métodos, que no eran sólo suyos, Ángel Castro se hizo de un tremendo latifundio.

Las protecciones de políticos, militares, jueces, periodistas potentes, eran bien pagadas o compartidas y aseguraban impunidad.

La famosa Danza de los Millones sin duda favoreció a Castro, el azucarero: cuando la primera guerra mundial, los precios del azúcar subieron por las nubes. Hacendados, latifundistas y grandes colonos ganaron millones, que muchos perderían en 1921; los precios cayeron en picado, hubo un crack bancario que arruinó al país, que parece no afectó a don Ángel Castro, que, de buen gallego desconfiado, metía su plata en su bien protegida caja fuerte y no en la banca.

En busca de trabajo llega por aquellos años a Birán una pobre familia pinareña: los Ruz, que van a vivir y trabajar allí; la más joven servirá de doméstica en la residencia de don Ángel, casado con Lidia Argote, y de cuyo matrimonio nacerán dos hijos: Lidia y Pedro Emilio.

Una de ellas, la joven Lina Ruz, doméstica de la casa de don Ángel, será la futura madre de Fidel Castro Ruz.

Es una unión misteriosa, que los años no aclararían. El propio Fidel Castro no sabía exactamente, él que tan buena memoria tiene, el año en que había nacido —¿1925, 1926, 1927?—, del día 13 de agosto. No tenía dudas, ¿por qué?

La primera explicación que se dio a este cronista en 1959, al pedírsele que hiciera unas notas biográficas del jefe de la Revolución, cuando uno de sus primeros viajes, fue que Lina lo había inscrito no en el momento de nacer, como era la costumbre, sino años más tarde.

El misterio se agranda al no ser bautizado Fidel hasta seis años después, en 1932; tanto es así que Fidel se queja de que le decían despectivamente judío —mote usado con los no bautizados—; aquí, como diría Cervantes: "con la Iglesia hemos topado, amigo Sancho".

Un judío no bautizado no debía ingresar en un colegio religioso; entonces es cuando la Iglesia normaliza la situación; un sacerdote bautiza, en Santiago de Cuba, en 1931, al niño, cuyo nombre será Fidel Alejandro, en honor de quien debía ser su padrino, don Fidel del Pino, político, magnate, latifundista, representante a la Cámara, socio, vecino y protector de don Ángel Castro.

En la práctica otro misterio, el padrino es otro, no Fidel del Pino; es el cónsul honorario de Haití en Santiago de Cuba, Luis Hilbert, casado con la señora Belén Feliu, en cuya casa se hospeda Fidel, cónsul que era el negrero de la familia Del Pino y de don Ángel, el importador de los haitianos cortadores de caña, que venían a las fincas de los dos compadres.

Es entonces cuando inscriben a Fidel en el registro civil.

Por aquella época, si una unión no estaba legalizada, era la madre la que tenía que inscribirlo, darle su apellido, agregando las letras SOA —sin otro apellido— si era "hijo natural" —¿los otros hijos qué serían?—, y que la futura Constitución de 1940 aboliría, es de suponer que una familia católica —Lina lo era más que don Ángel— si no bautizaba e inscribía al hijo, era por razones mayores. El argumento de Fidel de que no le bautizaron pequeño, porque no había iglesia en Birán, no se sostiene. ¿En qué iglesia bautizaron antes a sus medio-hermanos mayores, hijos de don Ángel y Lidia Argote, su primera esposa?

Es una verdad que de alguna manera la segunda unión fue bendecida por la santa madre Iglesia.

Fidel Castro nace de la unión del latifundista gallego y la doméstica cubana, hijo de rico, no hará vida de rico, ni será tratado como tal por los hijos de los ricos.

A Santiago de Cuba lo envían a los cinco años, vivirá allí con una familia modesta: los Feliu, su maestra y madrina.

Santiago de Cuba era una ciudad muy cubana: casi todas las familias que se respetaban de origen mambí, sus hijos frecuentaban los bellos clubes y ambientes santiagueros. Fidel iría al colegio religioso La Salle, muchos de aquellos muchachos allí estudiaban. Fidel era el guajirito ignorado, hijo de gallego, al que sus compañeros de entonces, y más tarde los jesuitas de Dolores y Belén, de La Habana, ignorarían, mirándolo por encima del hombro.

Don Ángel y doña Lina eran duros con la plata, pagaban lo menos posible, y aun si Fidel exagera sus "sufrimientos"

19

de entonces, con su psicología victimista, algo de verdad hay en la tacañería de sus padres: se sabe que el pobre que se vuelve rico es más avaro y duro que los otros. En aquellos duros años treinta los cubanos se alimentaban de ruñidera, o guardia rural, llamada así por el color amarillo del grano de maíz seco, y el mal sabor, que recordaba el plan de machete de los guardias.

El vivir de la burguesía cubana, y aun el de la clase media, no sé si por el tópico, el querer ser diferentes a los españoles, el influjo de la nueva riqueza norteamericana no tenía la dureza gallega, era un gozar de la vida, un vivir en grande, ostentoso, de tirar la casa por la ventana.

El niño Fidel era un rico-pobre, hijo de gallego latifundista, tratado de guajiro, no bautizado por años, ni inscrito legalmente, nacido de aquella unión misteriosa del amo y la pobre criada, vive en Santiago, como en La Habana, ni en familia, ni en sociedad, como la mayoría de sus compañeros, que procedían de las familias ricas o prestigiosas del mundo burgués cubano: el amor-odio por la riqueza iba a ser una constante en la vida de Fidel Castro, como si no pudiera vivir sin ella, ni con ella, y terminara poseyéndola y destruyéndola: entre el resentimiento y la venganza.

Desde el poder pasaría la cuenta a cuantos, y fueron muchos, de una manera u otra, tuvieron que ver con su vida; lo grave es que también haría pagar a los inocentes las penas sufridas entonces.

Si él no tuvo vida de familia, ni afectos, niñez o adolescencia, casa, juventud, fiesta, si fue obligado a estudiar interno por catorce años, en duros colegios religiosos, con varones y no con hembras, si su correspondencia fue alguna vez leída y sus únicos versos de amor censurados, si sus salidas eran pocas y si no gustaba de la fiesta, la rumba, la música, si odiaba la ciudad: Santiago o La Habana, su Cuba futura, serían una copia al carbón de su vida de entonces.

Fidel ingresa en 1931 en el colegio religioso de La Salle, de Santiago, hace allí los primeros grados, como alumno externo y después como interno; en 1936 pasará a la escuela jesuita de Dolores, en la que estará por seis años, incluidos los dos primeros del bachillerato. En 1942 lo mandarían a estudiar en La Habana, en el célebre colegio de Belén; allí se graduará tres años después de bachiller.

La Compañía de Jesús tenía fama, entre otras cosas, por sus colegios. Belén era uno de los mejores: profesorado de gran preparación académica, disciplina casi militar, como quiso su fundador, el antiguo y retirado militar español don Ignacio de Loyola —¿extraña, verdad, esta concepción casi militar de Jesucristo?—, rígida separación de sexos, como si la mujer, el sexo, el amor, fueran pecado y horror, maestros varones, alumnos varones, ejercicios fuertes, castigos duros.

La preparación académica era óptima, españolizante más que cubana, no era casualidad que la academia literaria de Belén, dirigida por el padre Rubinos, amante de la literatura y la poesía, llevase el nombre de la famosa poetisa Gertrudis Gómez de Avellaneda, que, nacida en Camagüey, vivió casi toda su vida en España, y fue casi la única en aquel siglo, a no ser independentista, como Heredia, el gran cantor romántico de la libertad o José Martí, precursor del modernismo y fundador de Cuba.

Belén era un gran colegio académico, no en la tradición cubana del padre Félix Varela, Luz y Caballero, Enrique José Varona, que dieron a la educación cubana su tradición laica, crítica, universal y de cubanía que formaron las generaciones independentistas. Aquélla era todavía una fortaleza cultural de la vieja España. Otro problema contingente para el alumno Castro fue la influencia franquista, totalitaria y fascista de los colegios jesuitas, que en aquella época se identificaron en cuerpo y alma con Francisco Franco y el nazi-fascismo.

De 1936, comienzo de la guerra de Franco contra la República española, a 1945, incluida la segunda guerra mundial, entre el fascismo y el antifascismo, Fidel Castro, interno jesuita, sufrió aquella atmósfera de franquismo, totalitarismo y fascismo: la Iglesia peleando junto a Franco, la Compañía de Jesús, vanguardia de ese apoyo, registrado en los periódicos de la época, con las fotos a mano alzada de las misas en el *Diario de la Marina*.

Fue uno de esos grandes momentos históricos para el mundo, y para Cuba: casi todos los españoles de la isla —aun si se habían nacionalizado—, más pudientes que pobres, tomaron partido por Franco, con *La Marina*, influyente periódico de la colonia, la Iglesia, los conservadores y hacendados.

La inmensa mayoría de los cubanos sintieron la República, como cosa propia, fue el descubrir de la otra España, no la colonialista, imperial de las guerras con Cuba, no; la España humanista, culta y libre de Cervantes, Lope, Quevedo, Góngora, la generación del 98, García Lorca, el poeta asesinado, muy conocido en Cuba, amigo de Lydia Cabrera, que visitó la isla y cantó a Santiago. Cuba descubría la España madre —con la República, madre buena—, fundadora con África de la cubanía, una dio la lengua, la otra ritmo, alegría, música, entonces Cuba se volvió republicana: centenares de cubanos fueron a pelear por la República, miles y miles se inscribieron para ir; los más grandes mítines que La Habana y Santiago habían visto eran por la República, obligando al coronel Batista a entregar un barco español apresado a su legítimo gobierno.

En esa Cuba republicana y antifascista, Belén era lo contrario: de ahí la influencia de José Antonio Primo de Rivera, fundador de la Falange, sobre Fidel Castro, y aun si se la considera pasajera, aquel espíritu totalitario, tan parecido a su contrario y enemigo, el comunismo, lo penetró profundamente.

La influencia de los jesuitas en la vida de Fidel Castro es grande, y no podía ser de otra manera, tantos años allí en aquel ambiente —que fue su verdadera familia—, y que trascienden la época: disciplina espartana, casi militar, moral pragmática, oratoria sofística y de ocasión. Allí aprendió a defender un asunto, y después con minutos de reflexión el contrario y muchas otras cosas que después aplicaría, incluso contra los propios jesuitas.

No es que se pueda cargar a la ilustre Compañía de Jesús toda la cuenta de su famoso estudiante: que le enseñaron muchas cosas es innegable, y si se objeta, con razón, el porqué sus otros compañeros de entonces fueron diferentes, y es verdad, respondería: todos los días no nace, y se hace, un Fidel Castro.

Que aquélla era una escuela de élite, que enseñaba a mandar, lo prueba no sólo Fidel Castro, también otros de sus compañeros, Goizueta, belenista, ahora cocalero, nada menos que presidente de la gran compañía norteña.

Don Ignacio diría en su tumba, más bien en el infierno, que en el Paraíso —dejemos aquél, al bueno de san Francisco—, cría jesuitas y te sacarán los ojos; no sólo pensando en el infidel Fidel, viendo cómo Facundo no que el cielo se ha puesto feo, no: que su franquista compañía, que cambia con los tiempos, es hoy casa de curas marxistas, casa de la teología de la liberación.

SU INFANCIA

Nací en una familia que era propietaria de tierras, que tenía una situación económica holgada, que era considerada dentro de aquella zona como una familia rica y como tal era tratada.

Mi padre, aunque habiendo logrado una buena situación económica, era un hombre de origen modesto, emigrado español, que también trabajó como obrero, como labriego, hasta que, en medio de aquellas condiciones de los primeros años de la República, su carácter, su espíritu emprendedor, le permitieron sobresalir y llegar a tener una posición holgada.

Fuimos a una escuela pública desde muy temprano; yo era el tercer hijo. Por lo general, los terceros suelen ir más temprano a la escuela que los primeros. El primero es el que más tardan en mandar a la escuela los padres; el segundo va antes, el tercero —ya son tres, ya son tres, ya es mucha lata en casa— va en seguida. Suelen mandar en seguida a los más chiquitos a la escuela. Y eso ocurrió prácticamente conmigo. Yo tenía que estar en una creche, pero no había creche, había una escuela pública, y me mandaron a la escuela junto con mis demás hermanos.

Me sentaban delante, en una de las filas de los más chiquitos, a oír las clases. Me enseñaron —igual que a los demás muchachos— a recitar de memoria algunos versos, algunas poesías. Pero también recuerdo que allí —posiblemente tenía tres años, o cuatro, estaba en un primer grado— me empezaron a enseñar las primeras letras. Y puede que posiblemente a los cuatro años, a fuerza de estar allí en la escuela haciendo las cosas que hacían los demás muchachos, yo aprendiera a leer y escribir un poco.

Trato de recordar cuándo puse por primera vez fechas en la pizarra. Deben de estar entre el año 30 y el año 31 aquellas fechas que yo escribía cuando tenía aproximadamente cuatro años.

Por supuesto que la mayor parte del tiempo la empleaba en hacer impertinencias en la escuela. Posiblemente por la situación de la familia, o por la edad, o por lo que sea. Recuerdo que tenía cierta costumbre: cuando no estaba conforme con lo que la maestra decía, o me ponía bravo, insultaba a la maestra e inmediatamente me marchaba corriendo de la escuela. Existía una especie de guerra entre nosotros y la maestra.

A veces llegamos a hacer travesuras graves. Por ejemplo: los viernes se cerraba la escuela por la tarde. Siempre había un muchacho que lo hacía. Yo dejé la puerta abierta. Volvimos al otro día unos cuantos más, abrimos la escuela y rompimos pupitres, nos llevamos cosas, e hicimos todas las travesuras; nunca se supo.

Insultábamos a la maestra con las malas palabras que habíamos aprendido de los trabajadores, salíamos corriendo, le huíamos. Cuando la maestra nos capturaba nos pegaba algunas nalgadas, y luego nos ponía de rodillas. Un día en que acababa de insultar a la maestra, corrí por el corredor de atrás; había que tirarse, me tiré, y al caer había una cajita de dulce de guayaba, que tenía un clavito, y yo me caigo y me clavo el clavo en la lengua. Nunca se me olvidará que cuando regresé a la casa, mi madre dijo: "¡Dios te castigó por insultar a la maestra!" Y en aquella época yo no podía tener la menor duda de que efectivamente era así.

En aquella escuela aprendí desde muy temprano a leer y escribir.

¿Qué edad tendría? No puedo precisar bien, pero pienso que tendría unos cinco años. Por entonces, mi hermana mayor, que ya estaba en algunos grados más adelantada, se convino con una de las maestras que vivía en Santiago enviarla allí.

La última maestra que habíamos tenido, que después estuvo muchos años en aquella escuela, convenció a mi familia en llevar a mi hermana mayor a Santiago. Y no sé por qué, aún no puedo explicarme por qué, en mi casa se embullaron y me mandaron a mí con mi hermana para Santiago. No sé si era que yo daba mucho trabajo en la casa, si era que yo me embullé o si la maestra convenció a mi familia de que sería bueno mandarme a mí a la escuela. Siempre a esa edad, y sobre todo cuando la familia de uno tiene dinero, suelen decir que los hijos son inteligentes, y es uno de los argumentos que usan otras gentes a su favor. Salimos para Santiago en un tren; nunca había estado en Santiago. Recuerdo que llegué a Santiago, nos apeamos en la estación; todo aquello me pareció una cosa extraordinaria: era una estación que tenía arcos de madera, el bullicio, la gente. Llegamos a la ciudad y nos instalamos en casa de una prima de la maestra. ¡Recuerdo que la primera noche me oriné en la cama!

A los pocos días se mudaron para una casa en Santiago de Cuba, que estaba en uno de los sitios más altos de Santiago, cerca de la calle Santa Rita; la primera casa estaba, en cambio, en la Alameda. Todo me parecía maravilloso allí en la ciudad.

En la casa estábamos mi hermana mayor, una guajirita que habían llevado de criada, llamada Esmérida, el padre de la maestra, la hermana de la maestra, que era una mujer muy buena, muy bondadosa, y yo: éramos cinco. Entonces ésa era la época del machadato; había mucha hambre en el país. Y recuerdo una cosa notable: que en mi casa nunca tenía apetito y que en cambio allí empecé a notar un extraordinario apetito.

Aquella casa se mojaba completamente, se mojaba cuando llovía; estaba en un barrio de gente más o menos humilde. Pero no todos los muchachitos que vivían allí estaban en la situación que estábamos nosotros. Por ejemplo, allí vendían durofrío rayado, en una plazoletica que había; y los muchachos compraban, tenían con qué comprarlo, yo no tenía en cambio con qué comprarlo.

Me acuerdo también que por aquella época se me rompieron los zapatos, y tuve yo mismo que cosérmelos con una aguja.

Eso lo tuve que hacer muchos años después en la Sierra Maestra, sólo que en la Sierra los cosíamos con alambres y allá era con hilo mal hecho y, además, se nos rompían las agujas.

Un día, yo no sé por qué motivo, llegó mi hermano también, y llegó con una carterita, tenía algún dinero: serían como dos pesos o algo así, en moneda fraccionaria. Y nosotros lo embullamos también para que se quedara allí, con lo cual el número de los que estábamos en la casa aumentó a seis, y seis a pasar trabajo.

En mi familia suponían que estábamos bien. Recuerdo que una vez nos visitó nuestro padre —yo acababa de pasar el sarampión—; estaba delgado, peludo, y se le explicó el motivo de la enfermedad que acababa de pasar; no se dio cuenta de lo que estaba pasando, porque ni yo mismo me podía dar cuenta de eso. Después, al cabo de un tiempo, no sé si sería un año o algo así, fue nuestra madre a Santiago, y entonces yo sí me di cuenta de que habló con mi hermana, y se puso a llorar, y que algo había de extraño. Nos sacó esa tarde, nos llevó a una pastelería, comimos pasteles, helados, compramos un saco de mangos —en Santiago se venden mucho los mangos—, y nos llevó para la casa.

Si realmente me enviaron a Santiago fue para no hacer nada, a pasar hambre, a pasar trabajo.

Después los de la casa se disgustaron con la maestra y pelearon con ella. Nosotros —mi hermano y yo— nos desquitamos haciéndole todas las maldades posibles. La escuela donde vivía la maestra tenía el techo de zinc, y nosotros desde una estiba de madera que estaba al lado de la panadería, como a treinta o cuarenta metros, escondidos detrás de la estiba, le bombardeamos la casa, el techo de zinc, y la hacíamos todas las travesuras. Pero también un día se hicieron las *paces entre la maestra y mi familia, y me volvieron a mandar a mí para Santiago. Pero ya no fue en la situación de antes. En aquel tiempo se casó la hermana de la maestra con el cónsul de Haití; se mudaron de casa, se fueron para una casa mejor que no se mojaba, y allí estuvimos. Y entonces me mandaron a la escuela, para el primer grado, en el colegio de La Salle, de externo. Entré en el primer grado. Iba a la escuela, venía a almorzar y volvía otra vez por la tarde.*

Estando un día frente a la casa del Instituto, vi salir a un grupo de estudiantes y pasar por el lado de unos marinos que estaban con el fusil. Estaba yo parado así en el portal de la casa, en la calle de enfrente, como a treinta metros, y pasan los estudiantes; estaban los soldados con fusiles. Parece que algo les murmuraron los estudiantes a aquellos marinos; habían caminado un poco más, y los marinos fueron a perseguirlos, se metieron en el edificio y se los llevaron presos dándoles culatazos para la cárcel.

Era cuando la lucha contra Machado, que se ponían bombas todas las noches. En cierto sentido participé de la etapa de terror: yo dormía en un pequeño desván de ésos, cerca de la puerta de atrás, y cuando las bombas sonaban cerca de allí me despertaban por la noche.

Pero también nos enseñaron a escribir a los Reyes. Yo recuerdo que pasé tres Reyes, y yo les hacía unas cartas larguísimas donde les pedía de todo: desde locomotoras, velocípedos, avioncitos, máquinas de cine: todas las cosas que en aquella época yo sabía que existían se las pedía. Y recuerdo la primera vez que me trajeron algo los Reyes. Un día que me levanto entusiasmado, después de ponerle el vaso de agua y la hierba para los camellos, voy a ver: y me habían puesto una cornetica chiquitica de cartón. ¡Una cornetica chiquitica de cartón: ése fue el primer Reyes! [1]

Y el segundo Reyes que pasé allí entre aquellos dos períodos, vuelvo a hacer otra carta larguísima para los Reyes, pidiéndoles todas las cosas. Más o menos les escribí: "Queridos Gaspar, Melchor y Baltasar: quiero que me traigan esto y lo otro..." Vuelvo por segunda vez a levantarme; yo me recordaba de algún Reyes todavía, antes de ir para Santiago, allá en la casa, donde ponían frutas y distintos juegos. Y la segunda vez me ponen otra corneta, esta vez mitad de metal y mitad de cartón. Y la tercera vez, un tercer Reyes, que ya

---

1. Desde 1965 la celebración de los Reyes ha sido prohibida en Cuba por Fidel Castro.

posiblemente yo había mejorado mi escritura, mi letra y todas las cosas, le vuelvo a escribir a los Reyes. Y esa vez me pusieron, cuando me levanté por la mañana a ver: ¡otra corneta! Pero esta vez era una corneta de aluminio que tenía tres teclas. A juzgar por aquello, yo debía haber sido músico.

Sin embargo, estando yo de externo en la escuela, me sentía en situación peor que los que estaban internos, porque los que estaban internos los jueves y los domingos los llevaban al mar, los llevaban a pasear; en cambio, la vida mía se hacía muy monótona. Entonces yo, ante la inconformidad en que estaba, como me amenazaban siempre de si no me portaba bien me llevaban de interno a la escuela, un día decidí que prefería estar interno. Todo eso había coincidido con una vez que me habían pegado en la casa; no sé por qué cosa el padrino mío, que era tutor mío, me dio dos buenas nalgadas. Entonces, yo ya había adoptado la decisión ésa, y me insubordiné. Insulté a todo el mundo, les dije todas las cosas que tenía ganas desde hacía mucho tiempo de decirles a todos. Y en consecuencia, ante una situación de insoportable conducta, me llevaron derecho y me pusieron de interno en la escuela. Para mí fue una gran conquista, me sentía muy feliz, porque al fin iba a tener una vida igual que la de todos los demás muchachos.

Allí íbamos para Renté los sábados y los domingos. Las primeras vacaciones fuimos para la casa: una gran libertad, tres meses de vacaciones, creo que era la alegría más grande. Cazábamos con tirapiedras, montábamos a caballo, nos bañábamos en el río, nos dábamos a una vida completamente libre durante esos meses.

En la escuela se notaba, aun entre las familias que podían pagar, un diferente trato según los ingresos y las riquezas de la familia. Después de aquel día, estando en tercer grado, hicieron un cuarto especial para nosotros tres: para mí, Ramón y Raúl, porque ya Raúl tenía cuatro o cinco años —yo tenía como ocho años—. De tercer grado pasamos a quinto, en consideración a eso.

Íbamos en una lanchita que le decían El Cateto. Se tardaba como una hora en llegar desde el muelle de la Alameda hasta Renté, cruzando la bahía. Allá pasábamos la tarde jugando, pescando, bañándonos, y después regresábamos. Un día en la lancha tengo una discordia con un muchacho y ese muchacho era muy favorito, muy mimado, del hermano que estaba a cargo de todos nosotros. Yo recuerdo que allí, en medio de la lancha, tuvimos una riña con el muchacho en el medio del mar. Con las camisas desabrochadas, etc., pero no había quedado resuelto el problema.

Cuando nosotros íbamos a Renté regresábamos por la noche y subíamos por una de las calles de la Alameda al colegio de La Salle, y solíamos atravesar una zona que estaba cerca del mercado de Santiago: era una zona de bares y de prostitutas. Y yo recuerdo que se metía la gente mucho con los hermanos, que iban con la sotana; la gente de los muelles y sobre todo en el barrio de las prostitutas. Nosotros íbamos en dos filas: unos por una acera y otros por otra, y allí se asomaban algunas prostitutas por las ventanas de las casas, y se metían con los muchachos, se metían con el cura. A mí me daba mucha pena; realmente, siempre pasaba una gran pena con la gente en la calle, y un poco sentía cierta sensación de hostilidad, y percibía ese ambiente de hostilidad hacia la gente que iba con sotana, y siempre me daba mucha pena, me daba mucha lástima.[2] Ese día, cuando regresábamos de Renté —había surgido ese problema en la lancha con aquel muchacho que se llamaba Iván Losada, el mimado, el preferido de aquel cura—, y apenas llegamos a la escuela y estuvimos solos, pues nos fajamos. Y él salió mal, porque salió con un ojo abollado. Yo sabía que eso iba a desencadenar en contra mía una tempestad. Cuando llegábamos por la noche, había la bendición, que le llaman, una ceremonia religiosa, y nosotros íbamos allí a la capilla de la sacristía. Yo recuerdo que, estando en medio de la ceremonia religiosa, muy solemne que era, se abre la puerta de la sacristía aquella, y me llama el cura. Salgo, me lleva para un pasillo, y me pregunta qué había pasado con Iván. Y cuando le voy a explicar me dio una bofetada que me dejó prácticamente aturdido por un lado; y después, cuando me viro, me da otra.

Aquello para mí fue una humillación muy grande, dolorosa.

Un día que íbamos en fila me volvió a golpear: me dio un coscorrón. Salíamos del desayuno —por esa época tenía mucho apetito—, comíamos en diez minutos dos o tres panes y salíamos además con otro pan embarrado de mantequilla; pero además, cuando salíamos de la fila, tratábamos de aprovechar los diez minutos o quince antes de la clase jugando a pelota allí, y el que cogía la mejor posición era el que estaba delante en la fila. Y yo estaba en medio discutiendo

---

2. En 1961 Fidel Castro expulsó de Cuba a la casi totalidad de los sacerdotes católicos, monjas, cerró la Universidad Católica y los colegios religiosos y la mayoría de las iglesias.

con alguien el primer puesto en la fila, cuando llega el cura por atrás y me da un coscorrón. Entonces yo allí mismo ya me le viré al cura, le tiré el pan que tenía por la cabeza y me fajé con él a piñazos, mordidas.

Fue un hecho histórico en la escuela: el que alguien se atreviera a hacer eso. Y entonces, por fin, después de aquello, de aquella reyerta en que él me pudo dominar, entonces yo fui a dar las quejas al director, y el director no me hizo caso. Se me creó una situación difícil en la escuela.

Recuerdo que en la escuela daban tres notas: una era un boletín blanco al que se portaba bien, boletín rojo al que se portaba mal, y boletín verde al que se portaba muy mal. A partir de entonces a mí no me daban ni blanco, ni rojo, ni verde. Mantuvieron esa actitud como cuarenta y cinco días, hasta que llegaron las vacaciones y vino mi padre a recogerme y entonces le contaron. Habló con los directores de la escuela, y entonces los directores le dieron la información que a ellos les pareció pertinente.

Llegamos en las vacaciones a la casa, en el tren, llegamos allá a aquel campo donde vivía mi familia y notamos en nuestros padres una actitud de muy disgustados con nosotros, mucho descontento.

Nuestro padre le daba las quejas a todo el que venía, y decía que le habían dicho en la escuela que sus hijos eran los tres bandoleros más grandes que habían pasado por ella.

Tomaron la decisión de que no estudiáramos más. Y ése fue un momento decisivo en mi vida, el 7 de enero, que era la fecha de regresar; a Ramón lo dejaron, y Ramón estaba contento porque a él le gustaba la mecánica, los camiones, todo eso, y estaba encantado de no ir más a la escuela. A Raúl lo mandaron para un colegio cívico-rural, [3] en manos de un maestro, con el que después también pasó mucho trabajo. Y a mí me iban a dejar.

Mi casa era una casa de madera grande, de dos pisos, sobre pilotes, porque mi casa era un poco de estilo español; el ganado estaba abajo, la lechería estaba debajo de la casa. Yo entonces llamé a mi madre y le dije que yo quería seguir estudiando, y que si no me mandaban otra vez a la escuela le iba a pegar candela a la casa. En vista de eso, decidieron mandarme otra vez a la escuela, ante la actitud mía; mi madre abogó para que me mandaran a la escuela — mi madre

---

3.   Era un colegio militar creado por Batista; hay una foto de época en que se ve al jovencito Raúl Castro, con gorra y uniforme de sargento.

siempre fue muy partidaria de que nosotros estudiáramos — ; ella era una mujer de origen humilde, campesina, no había tenido oportunidad de estudiar, y tenía la obsesión de que sus hijos estudiaran.

Fui con mi padre, que en esa época estaba metido en una campaña. Un amigo de él andaba en una campaña política, y él hacía campaña. Yo me acuerdo de cómo era la política en aquellos tiempos. Entonces, toda la política consistía en que cuando llegaban las elecciones, se presentaban una serie de señores, llamados "sargentos" políticos, cada uno de los cuales decía que controlaba 400 votos, o 200 votos, 100 votos. Así mi padre, que ayudaba a un amigo de él, y a su vez tenía negocios, relaciones con mi padre. Entonces la política era a base de dinero y yo me acuerdo cómo entraban y salían a veces en el cuarto o en la habitación donde estaba la caja de caudales.

A veces por la mañana yo me despertaba, y eran los primeros movimientos en la caja de caudales, porque en época de campañas políticas se gastaban ocho o diez mil pesos. He aquí la forma en que funcionaban los "sargentos" políticos. Eran hombres acreditados, los había serios y no serios. Los que eran serios tenían asegurada una buena paga por cada voto. Tenían amigos, compadres, gente que les hacía favores. Y el día de las elecciones tenía que aparecer el número de votos.

A mi madre de dos cosas yo le oía siempre protestando: una era la política, porque costaba mucho dinero, una "botadera" de dinero, porque mi madre era más ahorrativa, era más económica que mi padre, y ella defendía mucho el dinero; y los políticos, a los que atacaba mucho. Hablaba constantemente en los peores términos de la política y de los políticos. Y también de los periodistas, porque los periodistas que iban a mi casa también eran unos periodistas que iban a pedir dinero por algunos artículos y por algunas cosas. Le dolía mucho que con lo que ella trabajaba, trabajaba mi padre y trabajaban todos allí, se fuera mucho dinero en política y en periodistas. Entonces yo tenía muy mala opinión de todo aquello.[4]

En vez de mandarme para la escuela, me mandaban para casa de un español que era amigo de mi padre; nos mandaron externos en Dolores, colegio muy duro de más alto nivel;

4. Desde 1960 Fidel Castro suprimió el periodismo y la política de la isla.

llegué un poco atrasado. De muchacho, tengo una muy rica experiencia de todas las injusticias, los errores, los maltratos, que reciben los niños. Yo diría que de niño tengo una rica experiencia de explotación, de haber visto cómo los intereses prevalecían por encima de toda consideración humana, y cómo nosotros, dondequiera que llegábamos, éramos instrumentos del interés, instrumentos de la explotación, instrumentos de negocios.

Se empeñaron en que yo tenía que sacar sobresaliente en todas las notas. Y organizaron una cosa muy simpática: si no sacaba las notas máximas me quitaban los veinte centavos del cine. Y tuve que tomar la previsión para defender mis intereses. Yo me dije: bueno, ¿y qué pasa si se pierde la libreta de notas? Y dije un día en la escuela que se me había perdido la libreta de notas, y me dieron una nueva. A partir de ese momento yo ponía las notas en la libreta nueva, y era la que llevaba para la casa, desde luego, con notas muy buenas.

Me enfermé, con un problema de la apéndice. Me llevaron a la Colonia, me operaron; estuve tres meses allí recluido en aquel hospital, me hice amigo de todos los enfermos del hospital. Cuento esto porque creo que demuestra una cierta vena de relaciones humanas que yo tenía, una vena de político. Cuando no leía muñequitos invertía mi tiempo en visitar a los enfermos. Me hice amigo de todos, menos de la sala donde estaban los infecciosos. En aquel tiempo algunos creyeron que yo iba a tener vocación de médico, y era porque me entretenía con algunas lagartijas y una cuchilla Gillette, un poco impresionado por las operaciones, de lo cual yo había sido víctima, porque realmente fui víctima de la operación, entiendo que fue una operación sin mucha profilaxis, y entiendo que ésa fue la consecuencia que la herida se abriera y que estuviera tres meses en el hospital. Entonces, me dedicaba a "operar" lagartijas, lagartijas que por lo general se morían todas, como era natural. Y después me entretenía viendo cómo las hormigas cargaban aquellas lagartijas, cómo se reunían cientos de hormigas y podían cargar la lagartija, trasladarla y llevársela para las cuevas.

Estando ya en sexto grado, después de las navidades, cansado de aquella casa donde estaba, me amenazaban con ponerme interno, obligado a estudiar. Y yo lo que hacía era pasarme horas y horas y no estudiaba nada. ¿En qué me entretenía? Mi imaginación volaba en los problemas de la historia. ¿Qué me ponía a imaginar? Me ponía a imaginar las guerras. Me gustaba mucho la historia, me apasionaban

31

mucho todas las historias de los combates, de los primeros libros que yo leí de historia. La fantasía mía se iba por los campos de la guerra.

Me entretenía en fraguar combates, agarraba un montón de bolitas y papelitos y de cosas, los ponía sobre un tablero —tonterías que se pone a hacer uno—; ponía un obstáculo: ¿cuántas pasaban el obstáculo, cuántas no? Y así eran las pérdidas y las bajas, y todo eso; inventaba un juego de guerra y en eso me pasaba horas enteras.

Un día me cansé de aquella casa: también me habían maltratado, y un día me encaré con la señora de la casa, le dije todo lo que pensaba sobre la forma en que me trataban; los mandé para el demonio y esa misma tarde fui a pupilo para la escuela. Por segunda vez yo —tercera, cuarta, quinta vez, qué sé yo— había tenido que tomar la determinación de pasar a la acción para salir de una situación en que las circunstancias me habían colocado. La tuve que tomar para que me pusieran interno en La Salle; la tuve que tomar en La Salle; la tuve que tomar en esa casa para que me pusieran interno. Ya desde entonces yo me goberné definitivamente y decidí sobre todos los problemas de mi vida sin consejo de nadie; y me convertí en un deportista. Jugaba a fútbol, básquet, pelota, todos los deportes.

Salíamos en excursiones en una guagua de la escuela, llegábamos al Cobre, y entonces a mí se me ocurría escalar la montaña más alta; iba por mi cuenta, con un grupo de gente y escalaba la montaña. Tenía a la guagua como dos o tres horas esperando por mí.

Estaban los ríos crecidos, y eso era lo que más me gustaba también: hacer excursiones por los ríos, atravesarlos, caminar, y después volver. Por lo general, la guagua siempre estaba esperando por mí: siempre llegaba dos o tres horas tarde.

Pero, cosa curiosa, el sacerdote que nos atendía a nosotros, que era el prefecto de nosotros —se llamaba el padre García— nunca, realmente, me recriminó por eso.

Dentro de todo el grupo, el aficionado, el alpinista por excelencia, era yo. Y era siempre una tentación cada vez que veía una montaña subirla. ¡Estaba muy lejos de imaginarme que después las montañas iban a jugar un papel muy importante en mi vida! En esa época yo ya tenía doce años, de doce a trece años, porque después al otro año fui a ingreso. A consecuencia del nuevo ambiente, me dediqué a estudiar, y ese año fui una de las excelencias de la clase, en ingreso. Hice el examen de ingreso y entré en el primer año de bachillerato.

Hace años me contó el viejo cura de Láncara que él había conocido al joven **Ángel Castro** (padre de Fidel), que era simpático, cantaor, hábil con las cartas: «nunca perdía». Su familia tenía cuatro hectáreas de tierra, sembraba gandules y cerezas y tenía una casa humilde que todavía conserva.

En la universidad el joven Castro, estudiante de derecho, descubrirá la política, la violencia, competirá en deportes y excursiones; allí encontrará clanes estudiantiles y políticos en lucha violenta, por el control de aquel lugar de lanzamiento profesional, carrerista y político.

La escuela jesuita tenía un tipo de sacerdotes, profesores, educadores y religiosos mucho más preparados. En mi opinión tenían más preparación que las otras escuelas religiosas que yo conocía. Había disciplina, que era buena, el crear hábitos de disciplina, de estudiar. Y, sobre todo, no estoy en contra del tipo de vida, con cierto sentido espartano, que tiene la enseñanza que yo recibí como interno en los jesuitas, porque es vida dura, disciplinada, tiende a habituarle a uno a la separación de la familia y a la privación de muchas cosas. Y, en general, yo recuerdo que los jesuitas tendían a formar gente de carácter.

Entrevista grabada de Fidel Castro con Carlos Franqui.

BELÉN

Belén tenía un magnífico grupo de exploradores: subían montañas, cruzaban ríos, hacían campamentos y excursiones, exploraban cuanto lugar difícil, desconocido o inaccesible tenía la isla.

Allí aprendió Fidel a subir altas lomas, a resolver dificultades prácticas, a tener relaciones y conocimientos del mundo campesino, su manera de ser. Estas excursiones eran dirigidas por un padre jesuita, que delegaba en los exploradores y en sus jefes, a la hora de enfrentar cuanto problema surgía: hacer comidas, buscar el sitio adecuado para acampar y dormir, buscar caballos o mulos, construir balsas para pasar ríos, encontrar los buenos prácticos y guías, cuando se escalaban las más altas cordilleras de Cuba.

Que a Fidel le gustase esta actividad y que físicamente estuviese bien preparado para ella, lo prueba el que en corto tiempo llegase a ser jefe de los exploradores de Belén.

Inquietud suya de entonces es el deporte, otra forma de lucha, desafío, de vencer y ser vencido, cosa que le era insoportable, cuentan sus antiguos maestros y compañeros.

De niño, adolescente, joven o viejo, su meta fue siempre vencer, ser el primero en todo, ganar a riesgo aun de la salud o la vida. Hay algo que Castro, tan dado a contar ciertas cosas, como a olvidar otras, no ha dicho nunca; es que su primera subida al pico Turquino, la montaña más alta de Cuba, allí donde se fotografiaría cuando la guerrilla, en la histórica filmación de la CBS, con los rifles alzados, en mayo de 1957, la hizo con los jesuitas de Belén, que pusieron allí en el famoso pico la bandera del colegio, un altar y una bandera cubana.

Si uno piensa en el hábil publicitario que ha sido Fidel Castro, se pregunta, ¿por qué no se retrató entonces allí, junto al altar de su famoso colegio?

¡Qué foto perdida, el guerrillero y la virgen!

¿No lo hizo por motivos religiosos? No. *Remember,* su bien fotografiada cruz al cuello de la Sierra, la pronta compañía de un sacerdote católico: el padre Sardiñas. No querría belenizarse quizá. Belén no era un símbolo popular ni muy cubano, tenía más bien un aire bitongo y gaito.

Pienso que la razón es que no quería compartir el "redescubrimiento" del Turquino con nadie. Era él su descubridor, el primer cubano que llegaba allí, al sitio más alto de Cuba.

De los tantos episodios que se cuentan del alumno Castro en Belén, hay algunos significativos: uno es el de la bicicleta, con la que Castro se rompe la cabeza contra un muro, que se cuenta de muchas maneras: era un día de fiestas y competencias del colegio, había mucha alegría, bullicio, actividades, entre ellas una carrera de bicicletas, en la que participaban muchos estudiantes. Fidel era uno de ellos, y como siempre quería ganar; cuando casi llegaba a la meta, vio que perdía, imprimió una velocidad tal a la bici que no pudo frenar, rompiéndose la cabeza contra el muro, y ganando naturalmente.

El episodio lo recuerdan compañeros y maestros: el golpe fue tan duro que Fidel perdió el conocimiento durante horas, hubo que llevarlo al hospital y suspender la fiesta.

Fue entonces cuando su profesor de literatura, el padre Rubinos, después de que curaron a Fidel, en el hospital, dijo: "Si antes estaba loco (le apodaban *el Loco*), ahora, después de este golpe en la cabeza, estará más loco todavía."

No era el primer gran golpe duro en la cabeza que Fidel recibía; era el segundo; el tercero fue un terrible palazo que le pegaría en la cabeza un sargento de la policía de un grupo rival al suyo, años más tarde, cuando una manifestación universitaria, del que hay una foto en que se ve a Fidel con la cabeza vendada. Y fue para él trofeo de guerra, que le abrió las páginas de los periódicos.

El Loco, le decían, y dicen, en las alturas cubanas, con sumo cuidado, y en voz bien baja. No pienso que esté tan loco ni que lo volvieran loco aquellos tres grandes palos en la cabeza; la suya era una cabeza rompepalos; si alguna locura tenía —pienso que sin duda la tiene—, era de nacimiento, aun si más bien me parece que se hace pasar por loco cuando le conviene: los verdaderos locos son suicidas, cosa que Castro nunca ha sido.

El otro episodio es el de su pelea, con Mestre, su compañero de curso; el motivo, según cuentan unos, fue por una bella cubana de apellido Sampedro, de la que ambos estaban enamorados. Castro dijo a Mestre: "Tú no puedes ir a verla." Mestre contestó: "Eso sólo me lo puede impedir ella o su padre, no tú." El asunto terminó a piñazos, y a Fidel le tocó esta vez perder; furioso, poco después se volvió a fajar con Mestre, y por segunda vez Fidel perdió.

Salió corriendo y buscó un revólver que había escondido en alguna parte y quiso matar a su compañero, intervinieron los amigos y uno de los profesores y lo impidieron, y entonces Fidel, furioso, buscó una pistola que también tenía escondida y la entregó, diciendo: "Quítenmela o lo mato."

Otros cuentan que el motivo no fue tan romántico, si no más bien prosaico: una guapería de Castro debía dinero a Mestre y se negaba a pagarle; esta de no pagar será otra bien merecida fama suya; aun si recibía siempre una buena mensualidad de la familia, el dinero nunca le alcanzaba; no era fiestero, era todavía interno; si de pagar se olvidaba, de cobrar no; cuentan los vecinos de Mir, pueblecito oriental, en la carretera central, que cuando Fidel pasaba por allí con su caravana de la victoria, el 2 de enero de 1959, y el pueblo congregado allí lo aplaudía, Fidel preguntó por un mirense, amigo suyo, y, al decirle la gente que no estaba allí, gritó: "Díganle que no se me ha olvidado que me debe cinco pesos."

La historia con Mestre tuvo cola y no sería la única, con sus antiguos compañeros belenistas y universitarios: en los primeros tiempos de la revolución, Mestre, que dirigía una empresa en La Habana, fue detenido por conspirador, condenado a veinte años de prisión. Su condena y la dureza del trato recibido no se correspondían con la acusación, y menos se justificaban.

Mestre no fue excepción, fue regla entre belenistas y universitarios, compinches de entonces y, enemigos después, de Castro por razones sociales, Fidel fue implacable con enemigos y amigos, incluso si a algunos, como a Ernesto de la Fe, debía la vida.

El bachiller Fidel Castro Ruz, amante de los deportes y las excursiones, de muy buena memoria, de letra nerviosa debido según él a los castigos de los jesuitas, que por cualquier falta leve lo obligaban a escribir mil veces "no se habla en clase", se graduó con notas excelentes en historia y geografía, en el año 1945, según reza la memoria de Belén, de aquel año, tenía entonces aproximadamente veinte años, y era, según su definición, "un analfabeto político", descripción que no está lejos de la que escribiera entonces un columnista de *Hoy*, periódico comunista, que lo llamó "comegofios", por los ataques de Fidel, en una publicación jesuita a un proyecto de ley de nacionalización y laicización de la enseñanza, del senador Juan Marinello, presidente del Partido Comunista.

UN VERSITO MEDIO ERÓTICO

Estaba escribiendo un versito a una muchacha ensimismado y no me doy cuenta que el cura que estaba de inspector estaba al lado mío viendo cómo yo hacía el verso y cómo terminaba. Cuando terminé, me agarra el papel, se lo lleva, se sienta en el estrado y está como quince minutos leyendo la poesía. Yo sentí una vergüenza tan grande y una pena, me sentí afectado por aquella incursión del cura, por los campos de mis más recónditos secretos, que nunca más volví a escribir versos. Mi escasa vocación poética fue aniquilada por aquella acción traumatizante. Sí, sí, me acuerdo del verso, pero no lo quiero decir. Era un verso medio erótico. Pero era limpio. Era limpio, no decía nada sucio.

La muchacha tenía más años que yo, era una jovencita, y tú sabes que a esa edad los muchachos son más muchachos y las muchachas tienen aspiraciones no de colegiales, sino de bachilleres o estudiantes universitarios. Aquello la halagaba, tener un pretendiente más, pero era un amor imposible... Era de pelo castaño. Linda muchacha. La había conocido en unas vacaciones. En aquel tiempo los gustos de nosotros iban más bien sobre muchachas gruesas, de pronunciadas caderas, teníamos gustos estéticos más primitivos. Andábamos mirando cuantitativamente el problema y no cualitativamente. No admirábamos a las Venus de Milo en aquel tiempo, y posiblemente no habrían sido electas en ningún concurso de belleza las muchachas que tenían muchas masas. Yo he visto después cómo en los concursos el público nuestro se manifiesta a favor de ese tipo de mujer de muchas caderas. Después, con el tiempo, el desarrollo mental, la madurez, fui teniendo criterios más justos, refinados, estéticos. (Me voy a buscar un lío.) ¿Mi criterio sobre la mujer de hoy? No es por supuesto aquella tendencia primitiva de la cantidad y no la calidad. Me gusta el tipo de mujer espiritual. Yo creo que no me atraen esas mujeres fenomenales, famosas por su voluminosidad y por su voluptibilidad. Realmente no puedo decir si rubia, si trigueña; un tipo de mujer dé bella configuración, espiritual, dulce...

Conversación grabada de Fidel Castro con Carlos Franqui.

LA UNIVERSIDAD

Al graduarse en Belén, donde convivía con un grupo de estudiantes, más o menos ricos, bajo una influencia religiosa, una disciplina casi militar, en una atmósfera españolizante, franquista, bajo un régimen claustral, masculino, el joven Fidel Castro salió al aire libre y, bien cubano, de la Universidad de La Habana, entre los más inquietos de Cuba: cuna de revoluciones, de políticos, presidentes, protestas estudiantiles, inquietudes sociales, atentados, tiros, demagogia, politiquería, violencia, allí no faltaba nada, ni en el bien ni en el mal.

Allí el joven Castro, estudiante de derecho, descubrirá la política, la violencia, competirá no como en el tranquilo Belén, en deportes y excursiones; allí encontrará clanes estudiantiles y políticos en lucha violenta por el control de aquel lugar de lanzamiento profesional, carrerista y político.

Académicamente Castro es un estudiante de excelente memoria, aptitud que le permite dedicar mucho tiempo a la política, alguno al deporte, básquet, béisbol, no mucho al estudio. Sus compañeros lo recuerdan en los bancos universitarios tirando cada hoja leída con el texto almacenado en su cabeza. Tal era su precisión memorística que en una ocasión un profesor lo acusó de haber copiado en el examen. Fidel no había variado una palabra del tema dado, y éste, para justificarse, recitó de memoria el examen ante el tribunal.

Un acontecimiento importante en la vida de Castro en aquellos años es su noviazgo y matrimonio con la joven y bella estudiante Mirta Díaz Balart, hermana de Rafael y Frank, compañeros de básquet de Fidel y amigos suyos. Se cuenta que al conocer a Mirta, Fidel dijo a un amigo que lo acompañaba: "Con esta muchacha me voy a casar."

Entre los amigos y compañeros de aventura y política de aquella época universitaria, Rafael Díaz Balart estará entre los primeros. Cuando más tarde Fidel se vuelve ortodoxo, seguirá compartiendo con Rafaelito, dirigente de la juventud de Batista, a pesar de la enemistad política de ambos partidos. No será su única contradicción, pues mientras pertenece a la anticomunista UIR, tiene a su vez relaciones con los dos dirigentes comunistas universitarios Alfredo Guevara y Leonel Soto.

En aquella politizada Universidad había cuanto comité era posible imaginar, tuvieran que ver con inquietudes sociales, nacionales, latinoamericanas: unas veces la rebaja del pasaje en La Habana, lucha contra la corrupción, discriminación racial, salarios obreros, reformas de la escuela, enseñanza, desalojos campesinos, independencia de Puerto Rico, libertad de Santo Domingo, sometido por Trujillo, contra militares, dictaduras latinoamericanas, muchos eran antiimperialistas y criticaban la política de Washington.

Los que hacían política más allá de sus ideas, a veces confusas y contradictorias, pertenecían a aquellos comités que tenían un lenguaje radical, antiimperialista y revolucionario —no marxista—; los comunistas estaban bien aislados en la Universidad; pertenecer era una regla, no una excepción. Fidel, como tantos otros de sus compañeros de entonces, perteneció a estos comités, participó de aquellas luchas, en las que su nombre aparece mezclado, al de tantos otros, luego por él perseguidos, hoy en el exilio.

Los hechos más significativos de su vida política universitaria son: su ingreso en la UIR, su participación en la expedición de Cayo Confites, contra el dictador Trujillo, su asistencia al congreso estudiantil continental de Colombia y su intervención en el Bogotazo, sus actividades cuando las protestas de la Campana de la Demajagua, contra el gobierno de Grau y en las manifestaciones estudiantiles, su ruptura casi al final de su carrera con la UIR y su ingreso en el Partido Ortodoxo de Chibás.

LOS TIRATIROS

Entre las historias oscuras de la vida de Fidel Castro en sus años universitarios está la leyenda de su participación en la guerra de grupos que se batían a tiro limpio, en las calles de La Habana, en la época democrática de los gobiernos auténticos de 1944 a 1952, cuando hubo más de cien atentados, decenas de muertos y heridos.

La violencia nacida de la inestabilidad política y de la frustración revolucionaria es una constante de la vida republicana de Cuba. Sus orígenes se remontan a principios del siglo. En 1902 los norteamericanos se van de Cuba, el ejército mambí, después de casi veinte años de guerra —1868-1898—, licenciado, maltratado y disuelto, como instrumento revolucionario de la independencia: sus miembros quedan sin trabajo, perdidas sus tierras, profesiones, empleos, abandonados, frustrados, tuvieron que volverse conservadores o liberales, que fueron los partidos que organizaron los generales de segunda de la guerra, y en el clima de reelecciones, pucherazos y bravas, de aquella política comenzaron los alzamientos, emboscadas, asesinatos y atentados de unos contra otros.

De las cañonas políticas y las reelecciones forzadas, se pasó a la tiranía del general Machado, en su segundo período 1929-1933: dictadura, crisis económica y social, dependencia de Washington, frustración independentista y republicana, generan la revolución de 1930; el segundo golpe del coronel Batista en 1934 derrocó al gobierno revolucionario de Grau San Martín, con la activa intervención del embajador norteamericano Summer Welles. Batista y ejército dominan diez años la vida de Cuba.

La violencia y los crímenes de esta dictadura generan protestas, luchas, atentados, un círculo vicioso sin fin.

La Universidad de La Habana fue cuna de aquella revolución, de la violencia revolucionaria. Ya en la época de Mella,[5] del Directorio Revolucionario y otros grupos, no sólo hubo violencia contra la policía y ejército, hubo también comisiones de estacas, golpeaduras, coerción de las minorías revolucionarias, contra apáticos, apolíticos y rompehuelgas.

Cuando en 1933 cae la tiranía machadista, no hubo justicia, pero hubo venganzas, saqueos, arreglos de cuentas por la libre. La situación se agravó en los primeros años violentos de Batista y su régimen, el asesinato de Guiteras y de otros revolucionarios, el uso de palmacristi y el plan de machete, la represión estudiantil, popular y sindical. En 1944 Batista tiene que entregar el poder a la oposición, después de perder su candidato las elecciones, forzado a jugar a la democracia por segunda vez; los culpables de crímenes, que eran los

5. Julio Antonio Mella, fundador del Partido Comunista Cubano, superado de su Comité Central, fue asesinado en México en 1921.

mismos, no fueron juzgados ni castigados por sus actos, y otra vez la falta de justicia produjo la venganza.

En ese clima de frustración y luchas políticas violentas, que heredan los gobiernos auténticos, muchos revolucionarios entran en los cuerpos policiacos en el gobierno, y por unas y otras razones comienzan no más a tirar contra viejos enemigos, a batirse a tiro limpio, por el control de la Universidad y de otras instituciones, por el mando de la policía y de sectores importantes del propio gobierno: extraña mezcla de idealismo, intereses, pasiones, poder, guapería machista, imitación de Hollywood, con un fondo de guapería y machismo cubano, incluido el gusto por las armas y la violencia, ya no tan cubano, más universal. La debilidad y escrúpulos en no usar la fuerza contra sus propios hijos, determinó que los gobiernos auténticos fueran incapaces de terminar aquella guerrita que, si en verdad no afectaba a la población, creaba inseguridad ciudadana y contribuía a despertar en los jefes militares el deseo de volver al mando con el pretexto del orden.

Al llegar Fidel Castro a la Universidad, en 1945, ése es el clima que encuentra. Manolo Castro, el presidente de la Federación Estudiantil Universitaria, viene de un grupo revolucionario que ha derrotado a otro, el antiguo Bonche universitario. Por sus violencias, regalos de notas y controles universitarios, en la práctica el grupo de Manolo cae en los mismos vicios de los otros.

Tenía Manolo Castro poderosos aliados: Rolando Masferrer, héroe de la guerra de España, ex comunista y hombre de acción, ahora jefe del MSR; Mario Salabarría, comandante de la policía; Eufemio Fernández, jefe de la secreta, y otros. El principal oponente de ese grupo es la Unión Insurreccional Revolucionaria, que comanda Emilio Tro, veterano de la segunda guerra mundial antifascista, y del que formaban parte el comandante Morín Dopico, y otros jóvenes no conectados con el poder y los puestos del famoso Baga, del ministro de Educación alemán.

En la Universidad Fidel Castro descubre la política. Se siente un político, quiere hacer política, aspira a dirigir a los estudiantes, a ser presidente de la escuela de derecho, y si es posible, de la FEU.

No podía hacer política en la Universidad de Lolita por su hermosura.

No, había que hacer alianzas, protecciones, vincularse con uno de los grupos de mando o fuerza. Hacer política sólo era ser candidato al "suicidio", no llegar a ninguna parte, o más bien, al no tan lejano cementerio de Colón.

Fidel se opone al otro Castro, al jefe: en una violenta discusión le reprocha los vicios de su política universitaria.

Su primer conflicto es con Mongo el Diablo, tipo que hacía honor a su apellido; con la pistola, éste lo amenaza. Mario Salabarría, que sembraba el pánico entre amigos y enemigos, por sus muertos y por su grado de comandante, dice públicamente allí: "Que si Fidel vuelve a entrar en la Universidad, ya sabe lo que le ocurrirá."

Fidel, que desde niño, como cuenta su hermano Raúl, fue siempre pendenciero, ni suicida ni miedoso, sabe que tiene un desafío peligroso, que puede costarle la vida, o poner fin a sus aspiraciones políticas y de hombre.

Fidel se aconseja con un estudiante amigo, hombre de tan pocas palabras como de reconocido valor, José Luis Echeveite, que lo acompaña en sus primeras dificultades y lo introduce en la UIR.

Fidel no hace caso de las amenazas del comandante Salabarría, y éste, al que no tembló nunca la mano al disparar, comprende que si lo mata, comprometerá al Gobierno, del que es oficial.

¿Calculó Fidel esta posibilidad? Si Salabarría no podía dispararle, gente le sobraba para liquidarlo en un dos por tres.

Fidel gustó siempre de las armas: puede vérsele adolescente fotografiado con una escopeta de caza en Birán. No es lo mismo tirar a los pajaritos que enfrentar a la gente de Manolo Castro, Masferrer, Eufemio y Salabarría.

Fidel recibe de su hermano Ramón una pistola y comienza a practicar el tiro, en el que entonces no era tan bueno, como años después.

Si se leen los periódicos de la época —*Prensa Libre, Hoy,* periódico comunista—, se verá que en los cintillos e informaciones de aquellos años el nombre de Fidel Castro aparece muchas veces en atentados, muertes y tiroteos, y ya que ahora habla de su marxismo de entonces, tomemos el periódico comunista, como fuente de información.

Una investigación seria que aspire a descubrir lo ocurrido, a iluminar este importante período de la vida de Fidel Castro, decisivo después del jesuita, llega a conclusiones que no son la de algunos de sus acusadores de entonces, o de ahora, incluidas las informaciones periodísticas mencionadas; que, de otra parte, niegan las afirmaciones de Castro, que, contradiciéndose como siempre, a veces admitió alguna responsabilidad en aquellos acontecimientos, y otras se pinta como "un Quijote universitario"; en realidad no era tan fiero el monstruo como lo pintan ni era inocente ni mansa paloma; un aprendiz de tiratiros que corrió algunos riesgos, que disparó por la espalda, al menos una vez, que hizo algún acto de presencia cerca del peligro, que disfrutó de la protección de la UIR, que no se arriesgó de verdad en la guerra del gatillo alegre, una cosa muy seria que dejó un montón de muertos. La poca participación no lo exime de la responsabilidad moral y política de aquellos actos.

Fidel, que se pinta marxista desde aquella época, ¿cómo explica que fuera miembro oficial de la UIR, organización anticomunista militante, que tiene en su historia el atentado y muerte del líder sindical comunista Aracelio Iglesias, secretario general de los obreros portuarios de La Habana?

¿Era entonces Fidel anticomunista?

En la práctica, sí. ¿Y en las ideas? No lo pienso. Ni anti ni pro. Fidel era —es— un pragmático de moral jesuita, un fidelista, para el cual su fin, que es el poder, justifica cualquier medio.

Estaba en la UIR, disparaba, no mucho, el mínimo, al menos, porque era la única forma que tenía de hacer política universitaria y de proteger su vida de peligrosos enemigos.

Fuera del contexto de entonces, esta guerra de grupos puede parecer cosa del otro mundo, y si no se puede absolverla hay que entender que era el producto de una situación, que la violencia no era sólo estudiantil, era también política y sindical y que la practicaban unos y otros, incluidos los comunistas, como atestigua el tiroteo del teatro de la Comedia, con muertos y heridos, la muerte del líder obrero negro y trotsquista, Sandalio Junco, que los comunistas mataron cuando hablaba en un acto en memoria de Guiteras, en Sancti Spíritus.

Hay una acusación, la más conocida y comentada, entonces y todavía, sobre la responsabilidad de Fidel en el atentado y muerte de Manolo Castro, presidente del FEU. Un juez, que tenía fama de justo, lo absolvió. Sus más serios amigos de entonces, sus opositores de hoy, lo eximen de participar en el atentado y la muerte del otro Castro.

Frank Díaz Balart, que no andaba metido en aquellos líos, estaba con Fidel Castro aquella noche de paseo de carnaval. José Luis Echeveite, que firmó la planilla de ingreso de Fidel en la UIR como garante, que fue amigo entre sus amigos en

los momentos difíciles, que estuvo después contra Batista
—como Orlando Bosch, de la UIR entonces, del 26 después—, ahora preso en Venezuela, acusado del atentado al
avión cubano, y al que amigos y enemigos serios también
absuelven; Echeveite, que al triunfo, no pidió ni quiso cargos,
y después se opondría activamente a Fidel, de 1960 a 1961,
unido al comandante Sorí Marín, que intentaba organizar la
oposición armada a Castro, acción que le costaría la vida, al
caer prisionero; Echeveite, que acompañaba en aquella época a Sorí, como antes a Fidel, afirma que Fidel ni supo ni
participó, ni tuvo que ver con el atentado a Manolo Castro, y
cuando lo afirma Echeveite hay que creerlo de la misma
manera que cuando cuenta otras cosas de aquellos años
sobre la responsabilidad de Castro.

El primer atentado en que Fidel Castro participa es contra
el estudiante del Instituto de La Habana Leonel Gómez, que
formaba parte del grupo de Morín Dopico, y que tenía ciertas
relaciones con la UIR, de la que Fidel todavía no formaba
parte. Fue un atentado por la libre, que se presentaba fácil y
que le serviría como tarjeta de prestigio en aquella guerrita.

El 8 de diciembre de 1946 Fidel, que hacía su primer año
en la Universidad, con la pistola que le regaló su hermano
Ramón, con un grupo de amigos, cuando vieron a Leonel
Gómez, decidieron tirarle.

Bajaron por la calle Ronda hacia San Lázaro, subieron al
muro universitario y, desde allí arriba, protegidos por la
pared y la altura, esperaron a Leonel, que venía caminando
hacia la Universidad; cuando estuvieron cerca, Fidel y los
otros le dispararon, hiriéndolo por la espalda. Morín Dopico
quiso que la UIR vengara a Leonel matando a Fidel, pero
Echeveite llevó a Fidel a hablar con Tro y la plana mayor de la
UIR, convenciéndolos de que ellos eran sus amigos; Billiken,
conocido miembro del grupo, preguntó a Fidel si él había
disparado a Leonel, y éste no le dijo que sí ni que no.

En esta reunión con Tro y la plana mayor de la UIR, en la
casa de Pepe Estrada, ingresa Fidel en aquella organización.

EL ATENTADO A ROLANDO MASFERRER

Un día luncheaban Fidel Castro, Armando Galí Menéndez y
Justo Fuentes, dirigentes universitarios, en el café de Doce y
Veintitrés en el Vedado, cuando vieron pasar a Rolando
Masferrer en un jeep, solo con su chófer Aguerrebere, al

parecer sin escolta ni ametralladora; pensaron que iba para su casa, en 17, entre 10 y 12, cerca de allí, y dándose cranque, unos a otros, decidieron hacerle un atentado.

Fue algo improvisado y nada profesional; ninguno de los tres estaba bien armado, ni era gran tirador, sólo tenían revólveres y pistolas, no muchas balas; el autocranque, o el pensar la fama que ganarían matando a un tipo de la historia y experiencia de Masferrer, hizo que afrontaran a la ligera el atentado.

Subieron en máquina por 12, en 17 se bajaron y escondieron en un café restaurante que había en la esquina, esperando se bajara del jeep para tirarle, sin que Masferrer los viera.

Rolando Masferrer, guerrero de verdad, veterano de la guerra de España, experto en sufrir atentados y en devolverlos, vio algo raro, sospechó, y en vez de entrar como tenía costumbre por 17, bajó por 15, la otra calle, hacia 10 y no se dirigió a su casa, sino al apartamento que allí tenía Porfirio, ex combatiente de la República, en el que Fernando Flores, también del MSR, tenía guardada una ametralladora. Porfirio no estaba. Entonces Masferrer mandó a Aguerrebere que siguiera en el jeep, mientras él a pie, pistola en mano, caminaba por la acera pegada al café, evitando que pudieran tirarle desde dentro.

Cuando Galí y Fidel Salen y abren fuego contra el jeep, Masferrer, desde la otra acera les dispara, hiere a Galí Menéndez en un pie y el grupo escapa corriendo. En la carrera Fidel se hirió un pie con un alambre, del que fue curado aquella noche por un enfermero amigo, y se escondió en la casa de su amigo Ernesto de la Fe, que no era de su grupo.

Allí durmió esa noche y permaneció hasta bien entrado el otro día. Enterado Rolando Masferrer de que Fidel estaba escondido en la casa de Ernesto de la Fe, fue allí a buscarlo. Aparece Masferrer y Fidel no sale de la casa. Sale Ernesto de la Fe y ante su actitud, de no permitir que le dispararan a Fidel en su casa, Masferrer se va. No será la única vez que Ernesto de la Fe salve la vida a Fidel; en otra ocasión también su ayuda le fue preciosa.

Al triunfo de Fidel, Ernesto de la Fe, que estaba de la otra parte, cayó preso y entonces su viejo amigo lo tuvo veintitantos años en su durísima prisión.

Si se leen los periódicos de aquellos días del atentado, se encontrará que se acusó a Masferrer de atentar contra los tres jóvenes universitarios. Había sido lo contrario, y es que en aquella guerra no sólo se combatía a tiros, se hacía desde la primera página de los periódicos, y a la hora de acusarse a unos y a otros, no era la verdad la que contaba, era el enemigo que había que acusar y liquidar.

En aquella ocasión Rolando Masferrer iba por el Malecón, cuando encontró a Luis Ortega, que había publicado la información en *Prensa Libre*. Indignado, Masferrer le dijo cómo habían ocurrido los hechos y le hizo una advertencia: "No me jodan más..." dejando a Ortega más pálido de lo que normalmente era.

En un momento dado Fidel Castro rompió públicamente con amigos y enemigos, a los que denunció desde las páginas de *Bohemia*, un desafío peligroso. Y, un cálculo político demagógico, a Fidel no interesaba más la Universidad, se iba a meter en política en grande, y sabía bien que en la Ortodoxia, su líder, Eddy Chibás, no admitía tiratiros, con aquella autodenuncia se limpiaba Fidel de su fama de tiratiros.

Fama que era, en verdad, más ruido que otra cosa, no le fue difícil ser perdonado y hacer olvidar aquellas historias en las que más de una vez disparó contra sus rivales, no tanto como dicen los periódicos de la época, que no lo exime de la responsabilidad moral de sus actos de sangre, pero que lo sitúan entonces como un aprendiz de tiratiros.

Pragmático, aprendiz de tiratiros cuando tuvo que serlo, elude en la política su responsabilidad, luego negaría la política en la que en verdad, en la Universidad y fuera, no tuvo mucho éxito.

En el único período en que Cuba vive una era democrática, pacífica, Fidel Castro está en el único lugar en que hay un clima de violencia, que atenta contra las libertades públicas, allí aprendió el difícil y no superable oficio de disparar y disponer por la fuerza de la vida de los otros. Aprender a matar en la paz, y aun en la guerra, qué grave y peligrosa escuela.

NOTAS: FUENTE "DIARIO HOY"

Febrero, 24, 1948: Muerte de Manolo Castro. Acusado Fidel Castro.

Febrero, 26, 1948: Muerte de Manolo Castro. Acusación a Fidel. Pág. 5, col. 7.

Febrero, 27, 1948: Muerte de Manolo Castro. Sigue acusación a Fidel. Pág. 5, col. 7.

Marzo, 20, 1948: Detenido en el Aeropuerto de Rancho Boyeros Fidel Castro. Pág. 7.

Marzo, 21, 1948: Ante juez especial Fidel Castro. Pág. 9, por el atentado y muerte de Manolo Castro, en libertad provisional, le devuelven el pasaporte y parte para Colombia.

Abril, 4, 1948: Cable de la UPI sobre Fidel en Bogotá. Pág. 1.

Julio, 7, 1948: Atentado contra Fidel Castro. Pág. 7, col. 5.

Julio, 8, 1948: Muerte de Fernández Caral. Véase Fidel.

Julio, 10, 1948: Favorable a Fidel, prueba de parafina. Pág. 7, col. 1.

EL MATRIMONIO

El matrimonio con Mirta Díaz Balart abrió un paréntesis breve de calma y cambio de rumbo en la vida del inquieto nómada sin hogar, desde su niñez, lo alejó de la política activa y de grupos, lo obligó, por presión familiar y nuevos deberes, a estudiar más, a prepararse a terminar la carrera, a tratar de ejercer la profesión de abogado.

Este matrimonio que Castro "olvida" se hizo por todo lo grande, con una ceremonia digna de las dos grandes familias que se unían: los Castros y Díaz Balart, y se efectuó en Banes, de allí eran los Díaz Balart, pueblo donde nació Batista, amigo de la familia de la novia, y que según Pardo Llada envió un regalo, y si la historia es cierta, qué podía hacer Fidel para rechazarlo. Banes no está lejos de Birán, Mayari, cuna de Fidel y familia.

La boda se hizo en la iglesia de Banes el 12 de octubre de 1948. Don Ángel Castro, por mediación del padrino, no de fe, de economía de Fidel, don Fidel del Pino, regaló un viaje de luna de miel por Estados Unidos a los esposos, en el que visitaron Miami, el sur y Nueva York.

Al regresar de la luna de miel de Estados Unidos, el padre regaló a Fidel un flamante automóvil Lincoln último modelo, y esta vez sí que parecía de verdad el hijo de un rico, y causaba alguna envidia entre los estudiantes, pues no eran muchos los que tenían carros de lujo en la Universidad.

Del matrimonio con Mirta nacería once meses después un varón, al que pondrían por nombre el del padre, el día 15 de septiembre de 1949.

Fidel Castro, en conversación grabada, inédita, con el autor, contó hace muchos años la experiencia de aquel viaje.

VIAJE DE LUNA DE MIEL EN ESTADOS UNIDOS

La primera vez que yo fui a Estados Unidos fue cuando me casé. Estaba en el cuarto año de la carrera de derecho, había dedicado mucho tiempo a las actividades estudiantiles, me había retrasado un poco en los estudios y había decidido hacer un esfuerzo para terminar. Un familiar de mi señora, Mirta Díaz Balart, trabajaba en una universidad de Estados Unidos y decidimos visitarle y estar un tiempo allá antes de regresar. Estuvimos algún tiempo en Nueva York. Vivíamos en una casa de huéspedes de una alemana muy exigente y puntual a la hora de cobrar.

Estados Unidos me impresionó, como impresiona a cualquier visitante, por el desarrollo de sus recursos naturales. Había hecho escala en Miami y allí fuimos en tren a Nueva York. Tuve impresiones similares a la primera vez que llegué a La Habana: me llamaba la atención la grandiosidad de las ciudades, las construcciones, los adelantos técnicos.

Era en diciembre de 1948 y pude hacer el viaje porque mi padre me ayudó económicamente; él y toda la familia estaban interesados en que yo me dedicara y prestara atención a los estudios, me tranquilizara en el concepto burgués de la palabra. Después de aquel matrimonio fueron pródigos conmigo.

Llegué a Miami en diciembre, cuando tenían pocos clientes y los precios eran bajos. No voy a negar que disfruté algunas de sus magníficas comodidades; por primera vez conocí un teabond-steak, *salmón ahumado, y aquellas cosas que yo, un joven de mucho apetito, apreciaba mucho.*

Allí paseé en playas, visité distintos sitios agradables. La ciudad de Nueva York me produjo la impresión esa majestuosa, imponente, que le produce a cualquier visitante. Aquella interminable mole, cuyas calles entre rascacielos semejan desfiladeros entre las montañas; el bullicio enorme y sobre todo la vida dura, solitaria, en medio de millones de personas de las que allí luchan por ganarse la vida, en unas condiciones nada piadosas en una sociedad capitalista.

En la casa de huéspedes me dediqué especialmente a estudiar inglés. ¡Si te cuento...! Compré un Carlos Marx en inglés. Una edición de El Capital, *en una librería de Nueva York, y por cierto que en aquel tiempo me llamó la atención la contradicción entre el furibundo espíritu anticomunista que había en Estados Unidos y el hecho de que se pudieran comprar ediciones de Marx en una librería de Nueva York. Por aquella época yo no podía comprender los poderosísimos* resortes con que cuenta una sociedad imperialista para defenderse, a la cual en poca cosa realmente amenaza la presencia de libros marxistas en una biblioteca.

Visité por aquellos días a un familiar de mi señora que trabajaba en la Universidad de Princeton. Recorrí en una tarde todos los pabellones. Era domingo. Creo que había un juego de fútbol americano entre los equipos de Harvard y Princeton. Me llamó la atención algo a lo que nosotros no estábamos acostumbrados, y es que al atravesar los pabellones donde estaban situados los dormitorios de los estudiantes, muchachos y muchachas, estaban repletos de jóvenes de uno y otro sexo, que con extraordinaria liberalidad se besaban y se acariciaban, a la vista de todos. Y no es que yo realmente sea opuesto a las relaciones más normales y naturales entre jóvenes: aquello me produjo la impresión de un verdadero libertinaje.

Fueron aquellos días de elecciones presidenciales, en los que, a pesar de que todo el mundo creía que no, salió electo Truman presidente. Un día en una de las calles de Nueva York vi pasar la caravana del señor Truman. Ni bien ni mal me cayó. Admiré el espíritu con que se lanzó a la lucha y que lo condujo a la victoria.

Siempre he visto con simpatía a quienes se baten con cierto espíritu de lucha. No había leído todavía sus memorias; hoy puedo ver que es uno de los individuos más mediocres, cursis y ridículos que han pasado por la presidencia de Estados Unidos.

Regresé a Estados Unidos en 1955, cuando salí de la prisión y me marché al exilio en México, para organizar la lucha armada contra Batista.

Contado por Fidel Castro a Carlos Franqui.

FIDEL, CONFITERO

Entre los mil cubanos que se enrolaron en la expedición contra Trujillo en 1947, llamada de Cayo Confites, por el sitio de ese nombre, en la costa norte de Camagüey, no faltaba Fidel Castro —entonces uno más—. Los jefes cubanos de la expedición: Manolo Castro, presidente de la FEU; Rolando Masferrer y Eufemio Fernández, jefes del MSR, grupo rival de la UIR, del que Fidel formaba parte, no lo aceptaron en sus batallones; entonces Castro se unió al grupo dominicano de

Juan Bosch. Castro, como tantos otros, participó en la proclamación de Pichirilo Mejía como capitán del barco expedicionario que un día por impericia encalló, cargado de dinamita y de parque en la costa, en medio de un violento nortazo que provocó la fuga hacia la otra punta del Cayo del contingente, en una gran confusión. Mejía, con un barril y un remo, se tiró al mar al anochecer; parecían escenas de una película de aventuras con sabor de pirata; se acercó a la nave, subió y, con dos o tres marineros voluntarios, la desencalló y alejó de la costa, en lugar seguro, con el unánime aplauso de todos y allí mismo fue proclamado capitán.

Pichirilo Mejía, que era un lobo de mar dominicano, divisó días después una embarcación, que espiaba a la expedición y la identificó como *La Angelita,* goleta del general Trujillo, con un grupo de voluntarios, entre los que estaba naturalmente Fidel. Mejía persiguió y capturó la goleta trujillista. Aquella noche el grupo, viendo que la expedición no partía, propuso a Juan Bosch invadir Santo Domingo bajo su jefatura, cosa que éste rechazó.

La expedición fracasó y es apresada por la Marina de guerra del gobierno de Grau, que la había apoyado; causa el largo tiempo transcurrido, el escándalo internacional, nunca se supo el porqué de aquel interminable esperar en un Cayo sin vegetación, a vista de barcos y aviones. La expedición, que tenía mil quinientos hombres, armas y recursos, hubiese podido crearle un serio problema a Trujillo, que por aquella época tenía un ejército mal armado. Después se armaría hasta los dientes. Después de apresada la expedición, al entrar a la bahía de Nipe, de noche, Mejía disminuyó la marcha de la nave y dio un bote a Castro para que escapara con otro prisionero. Castro, maestro del mito, hizo desaparecer el bote de la leyenda. Más dramático, nadar hacia la costa, en la más grande bahía de Cuba, infestada de feroces tiburones, aquella noche oscura e ir después a esconderse (en Birán, la finca del padre, bajo la tutela del teniente Mirabal, amigo y "protector de la familia"). Castro, efectivamente, no aparece en la lista oficial de Cayo Confites, que hicieron al ser apresada la expedición y detenidos varios días los participantes; muchos de los cuales serían después figuras determinantes en Santo Domingo, a la caída de Trujillo. En Cuba, en la lucha por la libertad: Daniel Martín Lavandero, jefe del batallón Guiteras, veterano comandante de la República Española, moriría en una fuga del castillo del Príncipe; Carlos Gutiérrez Menoyo, capitán del mismo batallón, sería el jefe militar y héroe del ataque a Palacio, donde murió con él el expedicionario Luis Gómez Wanguemert, otro dirigente del Directorio Revolucionario; el niño Calá, teniente de la expedición, fue asesinado cuando el asalto al Moncada. Enrique Rodríguez Loeche, segunda figura del Directorio Revolucionario, moriría en desgracia, castigado por Castro después de la revolución. Pichirilo Mejía, el timonel del *Granma,* en desacuerdo con el carácter comunista de la Revolución, se iría de Cuba y moriría de héroe dominicano en 1965; Pablo Martínez, exiliado dominicano, sería asesinado por Batista; Julio César Martínez, periodista y revolucionario dominicano, sería el impresor de toda la propaganda clandestina contra Batista, de 1952 a 1957; al triunfo de la revolución regresaría a Cuba y, disgustado por la detención de Húber Matos, cuya expedición había ayudado a organizar en Costa Rica en 1958, rompería con Castro y moriría más tarde en su patria.

Aquella aventura cubano-dominicana terminó mal. En un momento dado en vez de ir hacia Santo Domingo, se dirigió hacia La Habana y provocó una rebelión cerca de Caibarién. Al parecer, para intervenir en la guerra de grupos, por el control de la policía en La Habana, cuando los comandantes Emilio Tro y Morín Dolico y sus amigos fueron asesinados en su casa de Orfila en Marianao, por las fuerzas rivales de Mario Salabarría. Fidel Castro tuvo la audacia de embarcarse en una aventura cuyos jefes cubanos eran sus enemigos, aun si gozaba de la protección de dominicanos importantes; su fuga no mítica con mares y tiburones, en un bote, frente a un peligro que no existía, demuestra que el joven Castro quería ser diferente: ser el único escapado, el único no prisionero de Confites. Con el pasar de los años los tres jefes cubanos de la expedición se encontrarían con Fidel Castro: Manolo Castro, el presidente de la FEU, sería balaceado un año más tarde por la UIR, frente a un cine habanero; Rolando Masferrer, glorioso jefe de las Brigadas Internacionales, se convertiría en uno de los jefes batistianos, huiría a la caída de la dictadura y volaría por los aires años más tarde en Miami, sin saberse a ciencia cierta quién lo mató. Lo que sí se sabe es que después de Cayo Confites, Castro participó en un atentado contra Masferrer y fue salvado de éste y escondido por su amigo Ernesto de la Fe, a quien como gracia Castro condenaría a veinte y tantos años de prisión. Eufemio Fernández, veterano de España, que con su grupo había combatido contra Batista, administraba un cabaret en La Habana, cuando en 1961

Castro ordenó detenerlo y fusilarlo. Otros confiteros que lucharon en la insurrección contra Batista y que participaron en la revolución caerían en desgracia bajo Castro. Para confitero único quedaría Fidel Castro.

LA INSURRECCIÓN DE BOGOTÁ
EL 9 DE ABRIL DE 1948

Por aquellos días circularon entre los estudiantes folletos con discursos de Perón dirigidos a los trabajadores, sus alegatos nacionalistas, sus apelaciones a las masas, su lucha contra los oligarcas. Que ejercían en nosotros alguna atracción, aunque con reservas por el carácter caudillista y militarista, que la mayoría de nuestra prensa, copiando las consignas de Estados Unidos, inculcaron durante años en nosotros. (Aun todavía para nosotros la democracia era una mágica palabra.) Hicimos contacto con algunos delegados del movimiento peronista, que por aquellos días visitaban Cuba y que se comprometieron a movilizar los centros estudiantiles de las zonas donde tenían sus relaciones; nosotros enviamos delegados a Centroamérica y partimos para Colombia, pasando por Panamá y Venezuela.

Durante la estancia en Panamá, lo que más me impresionó fue el espectáculo de las calles de la capital, contiguas a la base naval, que desembocaban en la zona del Canal, que era un conjunto interminable de prostíbulos, cabarets, night-clubs, centros de diversión, que me causaron una impresión deprimente e inolvidable.

De Panamá nos trasladamos a Venezuela, conmovida todavía por el movimiento revolucionario, que derrocó la tiranía, donde obtuvimos apoyo estudiantil para la Conferencia de Estudiantes de Bogotá.

En Colombia nos reunimos con los estudiantes universitarios, el 80 por ciento de los cuales militaba en las filas del Partido Liberal, dirigido por Jorge Eliecer Gaytán. El ambiente era progresista y antiimperialista.

La idea del Congreso Estudiantil, mientras se celebraba la Conferencia de Cancilleres de los Estados Americanos, tuvo entusiasta acogida y se dieron a la tarea de los preparativos. Comenzaron a llegar representantes de otras universidades, celebramos reuniones preliminares, discutiendo el programa: lucha contra las dictaduras militares, independencia de Puerto Rico, nacionalización del Canal de Panamá, cese de

*territorios coloniales en América Latina y la organización de
una Federación Latinoamericana de Estudiantes.*

*Yo no era presidente de la Federación Estudiantil Univer-
sitaria de Cuba, sino sólo de la Escuela de Derecho, de la
Universidad de La Habana, pero los delegados reunidos en
aquellas sesiones preliminares me habían designado para
presidir las reuniones. Estando ya nosotros allí, se integró a
nuestra delegación el presidente de nuestra Federación (Enrique Ovares); él tenía más jerarquía que yo y se planteó si
debía seguir yo o él presidiendo las reuniones. Al parecer por
la forma realmente sincera con que me expresé, unánime-
mente decidieron que yo prosiguiera presidiendo el Congreso.*

*Había la posibilidad de que Gaytán inaugurara nuestro
Congreso, en la plaza de Cundinamarca, con un acto multitudinario, el mismo día que se inaugurara la Conferencia de
Cancilleres de Bogotá. Para conocer a Gaytán, para hacerle la
invitación, los estudiantes nos llevaron a su despacho, el 7 de
abril. Nos entrevistamos con él, nos trató con gran amabili-
dad, nos habló con simpatía de lo que estábamos haciendo.
Las leyes y reformas sociales que proponía aquel hombre me
convencieron de que representaba una fuerza realmente progresista en Colombia. Y que su triunfo sobre la oligarquía
estaba por descontado. Gaytán nos invitó a reunirnos con él,
dos días después, el 9 de abril, a las dos de la tarde.*

*El día 9 de abril salimos nosotros del hotel, donde nos
hospedábamos, a recorrer la ciudad, antes de almorzar, y en
espera de la entrevista que tendríamos por la tarde con
Gaytán. Eran como las once de la mañana aproximadamente,
cuando gentes enloquecidas comenzaron a correr por las
calles repletas de público, gritando, con ojos de indescriptible
asombro: "¡Mataron a Gaytán, mataron a Gaytán!" En cuestión de minutos comenzó a producirse de una manera espontánea, porque aquello no lo podía ni fraguar ni organizar
nadie, una extraordinaria agitación. Me encaminé por una de
las calles hacia la plaza que está frente al Capitolio, donde se
celebraba la Conferencia de Cancilleres, custodiada por un
cordón de policías vestidos de azul, con bayoneta calada. La
muchedumbre concentrada en el parque se aproxima al cordón de policías, que ante el impacto que le produjo aquel
movimiento se deshizo en mil pedazos, penetrando el pueblo
en el Capitolio, sede de la Conferencia, en el que veía tal vez
un símbolo, que le recordaba un poder odiado. La gente
comenzó a destruir las farolas eléctricas, piedras y cristales
saltaban por doquier. Alguien desde un balcón trataba de*

hablar: nadie lo escuchaba, ni habría podido escucharlo. Me di cuenta que aquello que estaba desarrollándose no conducía a nada. Era evidente que una insurrección popular estaba en marcha. Allí en aquel instante nadie dirigía.

Al atravesar una de las calles vi la primera manifestación de algo que parecía canalizado en alguna dirección: era una enorme muchedumbre, algo así como una interminable procesión que no sé, y dudo que alguien supiera, cómo se formó y que avanzaba hacia una estación de policía, que estaba a varias cuadras de allí. En aquella muchedumbre me enrolé. Decenas de hombres con fusiles estaban apostados en las azoteas, pero nadie disparaba. Llegamos a la entrada de la estación de policía y las puertas se franquearon. Cientos de personas se lanzaron dentro buscando armas, y aunque yo estaba entre los primeros, sólo pude alcanzar una escopeta de gases lacrimógenos. Salí al fin con unas botas, un capote militar y una gorra sin visera. Un tiroteo descomunal tenía lugar en el patio. Bajé y eran los primeros hombres del pueblo, probando sus armas al aire. Un oficial armado de un fusil trataba de formar una escuadra en medio de un gran desorden. Yo me arrimé allí y también formé en la escuadra. Aquel oficial me vio con tantas cananas y la escopeta y me dijo: *"¿Qué vas a hacer con eso? Mejor dámelo y yo te entrego el fusil este."* Tuve al fin un fusil con dieciséis balas.

Salí del edificio, la multitud en marcha, aparentemente se dirigía hacia el Palacio presidencial. Se entabla un tiroteo. La muchedumbre retrocede, vuelve de nuevo a avanzar. Me informaron que desde un colegio, una universidad católica, habían disparado sobre la multitud y se había originado un tiroteo. Debo confesar que en aquellos tiempos yo —habiéndome educado durante muchos años en un colegio religioso— me mostraba incrédulo, no podía imaginarme a los sacerdotes disparando desde aquel edificio contra la gente.

Cuando estábamos en las proximidades del Ministerio de la Guerra, por la calle contraria a la que íbamos nosotros, marchaba un tanque y una compañía de soldados con cascos; no disparaban contra nadie. Éramos un grupo de seis o siete, nos situamos detrás de unos bancos del parque y los soldados pasaron haciéndonos caso omiso. El ejército vacilaba, expectante ante los acontecimientos. Cruzamos la calle, dejándome llevar por el entusiasmo, me paré sobre un banco y les hice una arenga a los soldados que estaban enfrente.

Después continuamos hacia el sitio donde se decía que eran atacados los estudiantes. Llegamos a una ancha aveni-

da, se paró una guagua en la esquina y los tres que teníamos
fusiles avanzamos. A dos manzanas de nosotros estaba un
grupo de caballería atacando la estación. Barrieron la aveni-
da aquella a tiros. Nos defendimos detrás de unos bancos, y
cuando pudimos nos retiramos hacia la calle, donde estaba la
guagua. Decidimos ir a la Universidad, a ver si había algo
organizado. Llegamos, había un gran caos en la ciudad uni-
versitaria. Surgió la idea de ir hacia una estación de policía.
Cuando llegamos, estaba tomada ya. Seguíamos contando
con tres rifles.

Llegó un comandante de policía que trataba de agrupar
las fuerzas revolucionarias, que habían ocupado todas las
estaciones de policía: gentes del pueblo y policías que se les
unían. Hablé con el comandante, le expuse algunas ideas
acerca de la necesidad de organizar, estaba dispuesto a ayu-
darlo, aceptó muy gustoso. Me invitó a acompañarlo en su
jeep, a visitar la jefatura del Partido Liberal, en el centro de la
ciudad. Atravesamos la ciudad, en medio de aquel caos,
donde no se sabía quién era el enemigo y quién no lo era. En la
jefatura liberal había algunos hombres tratando de vertebrar
la organización. El comandante entró en un despacho, salió,
volvimos a la estación de policía y de nuevo regresamos a la
jefatura liberal; yo, que lo acompañaba, me había convertido
en ayudante del jefe de la policía sublevada.

Entonces ocurrió un incidente que me hace perder el
contacto con él. Estaba oscureciendo, íbamos en dos jeeps, el
de alante, en que iba el comandante, se para; el carro donde
yo iba, no se baja nadie; en un gesto de indignación me bajé y
le di mi asiento al comandante. Conmigo se quedaron dos
estudiantes, tratamos de arrancar el automóvil. Una puerte-
cita pequeña, en una pared larga, se abrió, se vieron varios
fusiles, e intuí en el acto que eran enemigos. Cruzamos la
calle y nos alejamos. Encontramos un hombre con un fusil
ametralladora, era un policía, que nos indicó una estación
sublevada: la oncena. Hacia allí nos dirigimos. (No voy a
contar que me habían robado la cartera y no tenía un centa-
vo.) Era ya de noche. Cientos de hombres, la mayor parte
militares armados, estaban en la estación situada cerca de la
colina, casi en las afueras de Bogotá. Me incorporé a una
compañía que se organizó en el patio central. Circulaban
rumores de que el edificio iba a ser atacado por el ejército. Yo
comprendía lo suicida de aquella táctica pasiva, defensiva.
Pedí una entrevista con el jefe de la estación, le dije que era
cubano y que la experiencia nuestra, siempre que una fuerza

se había situado en una fortaleza como aquélla, era que había perecido. Que con el ambiente de pueblo que había, con la fuerza de sus quinientos hombres, por qué no formaba dos columnas, las sacaba a la calle, las dirigía al Palacio presidencial o algún punto estratégico, se ponían a la ofensiva.

Mis consejos fueron inútiles. En horas de la madrugada recapacité, pensé en la situación, estaba convencido de que aquella tropa estaba perdida; si la atacaban pereceríamos todos. Me planteé un problema de conciencia: ¿debía seguir allí? Pensé en Cuba, en mi familia. ¿Debía permanecer en aquella cosa inútil? Tuve dudas. La decisión fue quedarme. Amaneció el día 10. Detrás de nosotros quedaban unas alturas estratégicas, se seguía esperando el ataque. Me reuní de nuevo con el jefe de la estación y lo convencí que tenían una ventaja extraordinaria para un ataque o una defensa.

En medio de aquel caos, destrucción y muerte, filas interminables de hombres y mujeres de los barrios pobres de los alrededores de Bogotá cargaban, como hormigas, toda clase de objetos, radios, armarios, bultos, paquetes; dedicados al saqueo miles y miles de personas.

De mañana, cuando distribuí la patrulla en aquellas posiciones, vi que la ciudad estaba virtualmente ardiendo: humo, fuego por todas partes.

Visité algunos bohíos, nos dieron vino y comida, que habían ocupado en el saqueo de la ciudad, en que se había abastecido todo el mundo. Me dirigí a una colina para observar los puntos de donde podían proceder las fuerzas que nos atacaran. Un automóvil se marchaba, le di el alto, no se detuvo. En un recodo sentí que había chocado, corrí, pensé que pudieran ser espías. Después me informaron que era un individuo que andaba con dos prostitutas. La ciudad ardía, una tragedia se estaba produciendo y un individuo en un automóvil, en las afueras de Bogotá, se divertía con dos prostitutas.

Al mediodía algunos aviones comenzaron a volar sobre la ciudad. Grupos de militares procedentes de la estación salían, nos dijeron que todo estaba perdido, que se iban. Volvimos a la estación ya de noche. Circulaban rumores de que se discutía una tregua. Así transcurrió toda la noche; a la mañana siguiente, comunicaron que se había llegado a una solución: que depusieran las armas. Se anunció por radio un cese del fuego. Decidí dirigirme al hotel donde estaba parando. Cuando regresaba vi a unidades del ejército persiguiendo a los francotiradores en varias azoteas. Me trasladé hacia la casa a donde estaban los otros compañeros, para pasar la noche; eran cerca de las seis, faltaban unos minutos para el toque de queda. El dueño de la casa de huéspedes era un conservador y empezó a decir horrores de los revolucionarios. Me indigné, le contesté resuelto, y el hombre me dijo que no podía quedarme en su casa. Me dirigí al hotel, en que estaban algunos delegados. Habían comenzado a correr falsos infundios de que los cubanos habían organizado aquello, de que habían visto cubanos dirigiendo aquella cosa, que era obra de comunistas y agentes extranjeros.

Cuando el delegado argentino que nos había visitado en La Habana nos vio, se asustó y empezó a decirnos: "En qué lío me habéis metido." Le dije: "Bueno, pues mire usted, ahora nos lleva en el carro diplomático a la sede de la Embajada de Cuba." Allí explicamos la situación y fuimos bien atendidos. Nos gestionaron los medios para que saliéramos del país en un avión que regresaba a La Habana, con unos toros.

De las dieciséis balas que tuve en aquellos días, disparé cuatro con el fusil máuser, cuando estaba en la patrulla, contra el Ministerio de la Guerra, que se veía abajo a unos ochocientos metros de distancia.

Conversación grabada de Fidel Castro con Carlos Franqui.

CASTRO, POLÍTICO

La breve vida política de Fidel Castro se inicia en la Universidad de La Habana, en la que aspiró a ser presidente de la Escuela de Derecho y naturalmente de la Federación Estudiantil Universitaria, que era un cargo prestigioso en Cuba. Castro no tenía suerte con la política, y como no fue popular en las numerosas horas de radio oposicionistas, en las que participó y decía, con cierta envidia, "que tiene Pepe Pardo Llada, que no tenga yo, a él lo oyen todos, a mí casi nadie". Pardo tenía un vozarrón, era el grito pelado, el vocero de Chibás, magnífico periodista radial, con la erre arrastrada y el melodramatismo demagógico bien cubiche de la radio opositora.

La voz finita de Castro, ignorada entonces: su hora radial no había sonado, sería después la única voz de la radio cubana. Si Castro no tuvo suerte en la política universitaria, no tuvo mucha en el Partido Ortodoxo, cuya juventud aspira-

57

ría a dirigir (aquélla su manía de jefatura, que después se vuelve voluntad y talento de jefe), allí se encontró con la resistencia de Eddy Chibás, que no quería tiratiros en su partido, y Max Lesnik y su grupo siempre lo derrotaban. En las elecciones de 1952, muerto Chibás, Fidel Castro aspiraba a representante, apoyado por Calixta Guiteras, su apellido era una leyenda, su hermano, Antonio Guiteras, protagonista de la revolución de 1933, que Batista había ordenado asesinar en 1935. Los chances de ser elegido, del desconocido Castro, sin recursos, apoyo, ni maquinaria, eran muy pocos, y Batista los interrumpió con su golpe militar a noventa días de aquellas elecciones. Castro no perdonará la política. Ya en prisión, lo afirmaría, lo escribiría.

Sin aquel Partido Ortodoxo, materia prima de su movimiento, sin aquella Ortodoxia, privada de Chibás, su jefe suicida, Castro no hubiera hecho la revolución, ni hubiera sido su jefe. Cuando Batista eliminó la democracia, sonó la hora de Castro, que si no era popular como político, emergería como jefe revolucionario; con la juventud ortodoxa formaría las primeras células de su movimiento para atacar el Moncada y formaría el futuro 26 de Julio. Castro robaría la Ortodoxia al chibasismo, enorme cuerpo sin cabeza, que había liquidado políticamente el autenticismo del que había nacido, a quien Batista robaría un gobierno que se encaminaba a ganar electoralmente, y ante cuya dictadura su dirigencia no supo reaccionar, y es entonces cuando llegó Fidel y tomó la Ortodoxia en sus manos. Vanguardia primero, aliado después, con Raúl Chibás, al firmar la Carta de la Sierra, sostén mayoritario en la opinión pública, la Ortodoxia se convertiría en el 26, el chibasismo en el fidelismo. Cuando aspiraba a ser elegido representante, Castro era uno más, casi uno menos; la muerte de la democracia y el triunfo de la dictadura permiten a Castro, el poco conocido ortodoxo, convertirse en el primer ortodoxo y en el cubano más amado por su pueblo en 1959. Si Castro no hubiese sido ortodoxo, hubiera sido imposible que mandase la revolución.

2

EL CUARTELAZO DE BATISTA

El suicidio de Eddy Chibás es el suicidio de la revolución del 30 y aun de la democracia; de su suicidio renace la Ortodoxia, como alternativa a la crisis de los gobiernos auténticos, próximas las elecciones presidenciales, el gobierno de Prío Socarrás es ya un cadáver no exquisito.

¿Ganará el cadáver de Chibás la victoria que el caudillo ortodoxo no alcanzó en vida? ¿Podrá un partido de prestigiosos profesores y personalidades políticas, sin una cabeza que sepa dirigir y ser obedecida, encontrar un jefe que sustituya al desaparecido?

La crisis se agudiza, crece la tensión política. Progreso económico, mayor justicia social, el clima de libertades de los gobiernos auténticos, devorados por la corrupción, violencia, desmoralización, amenazan la joven democracia cubana.

Un coronel olvidado, convertido en político, senador de la República, el ex coronel Batista, a quien el presidente Prío permitió regresar de su dorado y "robado" exilio de Miami. El ex presidente Grau San Martín no había olvidado que Batista derrocó con las armas su gobierno revolucionario en 1934, le había negado el regreso. Batista dirige un partido que cuenta con el 10 por ciento de los votos. Inevitable su derrota electoral, ve el Gobierno desmoralizado, el descontento del ejército por los atentados y la crisis política. Se quita el disfraz democrático, organiza una conspiración militar y, una madrugada trágica, el 10 de marzo de 1952, con premeditación y alevosía, entra en Columbia, detiene a los jefes del ejército; los soldados aplauden y, sin resistencia, liquida democracia, Constitución y ley, sin que el desmoralizado presidente Prío resista, con el coronel Martín Helena y otros altos oficiales, que de Matanzas a Santiago lo sostienen, se oponen a Batista, ni acepte el apoyo de los estudiantes, sus enemigos de ayer, que se ofrecen a combatir por la democracia. Prío se rinde sin disparar un tiro y parte al exilio de Miami.

El 10 de marzo se relaciona así con el 16 de agosto de 1951: el cadáver de Chibás servía a los fines electorales de la Ortodoxia oposicionista, que ahora, sin jefe, no es capaz de oponerse a la fuerza militar de Batista. La oposición civil es ineficaz frente a la fuerza.

Los estudiantes, la juventud, se rebelan. Durante el año 1952 organizan manifestaciones, protestas, sufren detenciones, violencias policiacas, crean un clima de rebelión y descubren que contra las armas la protesta civil no es eficaz como estrategia de victoria.

Fracasada la vieja generación, la oposición política ortodoxa auténtica, comunista, sindical, muerto al nacer el movimiento del profesor García Barcenas, las promesas de Prío y los auténticos de regresar de Miami con una tremenda invasión —la famosa Hora Cero—, que nunca llegará, Batista consolida su poder.

Entonces, como de la nada surgirá el tercer hombre, el hombre del tercer acontecimiento, el 26 de julio de 1953, cuando el joven ortodoxo Fidel Castro, con siento sesenta y cinco hombres ataca los cuarteles del Moncada, en Santiago de Cuba, y de Bayamo, en Oriente.

El 16 de agosto muere el 10 de marzo; el 10 de marzo provoca el 26 de Julio.

El primer acontecimiento, el 16 de agosto de 1951, produjo un muerto grande: Eddy Chibás. El segundo acontecimiento, el 10 de marzo de 1952, el cuartelazo, pudo producir un baño de sangre, y no lo produjo, sólo el sargento Sócrates Arteaga, de la guarnición de Palacio, opuso resistencia; Batista sabía por experiencia que el pueblo cubano tenía horror a la sangre, y del horror y del terror pasaba a combatir. Sus órdenes a los cuerpos policiacos fueron severas: palos, sí; tiros, no, sólo disparos al aire, nada de mártires. Durante un año pudo controlar a sus cuerpos represivos en múltiples protestas y manifestaciones. Entonces, en una manifestación, el estudiante Rubén Batista, herido por la policía, murió, causando conmoción y rebeldía.

El tercer acontecimiento, el 26 de julio de 1953, fue sangriento.

La dictablanda se volvió dictadura.

El suicidio de Chibás, el jefe civil, la muerte de la democracia republicana, asesinada por Batista y sus soldados, la

Ramón Grau San Martín, que fue presidente de Cuba de 1944 a 1948, junto a una modelo.

Batista —senador de la República— se quita el disfraz democrático, organiza una conspiración militar, y una madrugada trágica, el 10 de marzo de 1952, con premeditación y alevosía, entra en Columbia, detiene a los jefes del ejército; los soldados aplauden y, sin resistencia, liquida democracia, Constitución y ley.

respuesta de la nueva oposición, ya no civil, la única posible: la armada. Bautismo de fuego de Fidel Castro, nuevo caudillo revolucionario, que terminó en un baño de sangre. Respuesta violenta, de fuerza, tardía, si se quiere, pero inevitable, a la fuerza militar.

Los tres acontecimientos confirman que si una democracia se suicida —Gobierno y oposición—, el vacío de poder es ocupado por la fuerza. Esa fuerza, el ejército, genera la lucha armada, el nuevo ejército provoca la revolución.

Batista, el pasado, que se vuelve presente, Fidel Castro, el presente que aspira a volverse futuro.

Contra el viejo caudillo militar, apoyado por cincuenta mil soldados, el joven caudillo revolucionario, nacido de la Ortodoxia, representante de la nueva generación que aspira a provocar la insurrección popular. Todo parece simple, claro: el joven civil contra el viejo militar, la libertad contra la dictadura.

Contra el 10 de marzo, el 26 de julio.

Contra Fulgencio Batista, Fidel Castro.

Entonces, ante la fuerza de Batista, "las elecciones", que pedía la oposición, la "unidad" de los comunistas, el grito de los jóvenes moncadistas y sus primeros seguidores ("Revolución, revolución"), parecían una quimera juvenil. Una Revolución estaba naciendo. Un joven líder, libertario y civilista encarnaba la revolución. El duelo a muerte entre la fuerza militar, Batista, el pasado, y las esperanzas de las revoluciones de 1895 y 1930, renacían comandadas por Fidel Castro.

EL MONCADA

Diferentes grupos de jóvenes que en varias fincas próximas a La Habana y en polígonos de la ciudad se entrenaban en el uso de las armas habían ingresado en aquel movimiento dirigido por Fidel Castro, que todavía no tenía nombre, aun si se identificaba con la Ortodoxia, y se comprometían a combatir con las armas a la dictadura sin saber cómo, dónde, ni cuándo.

Los más activos, que parecían tener mayor actitud de combate y sacrificio, serían los escogidos: unos ciento veinticinco, de un total de seiscientos. Sólo conocían el plan de ataque Fidel Castro, Abel Santamaría, José Suárez, Mario Martínez Ararás y Renato Guitart. El plan de Fidel Castro y Abel Santamaría era que el grupo mayor atacara el cuartel

Moncada, segunda posición militar de la isla; unos treinta hombres, al mando de Martínez Ararás, asaltaría el cuartel de Bayamo, a unos 100 kilómetros de Santiago de Cuba, por la carretera central, cortaría las comunicaciones con el resto de la isla, y recordaría a los cubanos la toma de Bayamo, en la primera guerra de independencia.

El ataque se jugaría a una sola carta: la sorpresa. Una caravana de automóviles, aprovechando la confusión del carnaval santiaguero, con los jóvenes asaltantes vestidos con uniformes de sargentos del ejército, gritando: "El general, el general", entrarían por sorpresa en el cuartel, sorprenderían las postas, ocuparían las armas allí depositadas y el transmisor, detendrían a los jefes y convocarían por radio al pueblo santiaguero y cubano a la lucha armada por la libertad.

La hora prevista del ataque era al amanecer del 26 de julio de 1953, último domingo de carnaval.

La primera fase de la preparación del Moncada fue bien realizada: reclutamiento de jóvenes dispuestos a morir más que a vencer, la capacidad de enseñarles a disparar sin sospechas, la compra de armas no muy eficaces para el combate, pero suficientes para la sorpresa, la adquisición de uniformes militares, la búsqueda del dinero —se dijo que unos dieciséis mil pesos, sin que nunca se haya hablado de las muchas deudas contraídas por algunos jóvenes que tenían crédito—, el traslado de armas y hombres desde La Habana a Santiago, al otro extremo de la isla, el alquiler de una granjita de Siboney, en las afueras de la ciudad, desde donde partirían los expedicionarios para el ataque: todo fue perfecto.

Los ciento veinticinco jóvenes se encuentran por primera vez en la noche del 26 de julio en la casa de Siboney. Casi sin excepción, los jóvenes no se conocían; cada célula estaba aislada de las otras; es allí donde se conocen, poco antes de que, con palabras graves, Fidel Castro les anuncie la arriesgada operación. La aceptación es casi unánime. Preparados para combatir, el momento llegaba: la tensión, la sensación de participar en un acontecimiento histórico, de gran magnitud, que podría cambiar la historia de Cuba: héroes y mártires. Un pequeño grupo de jóvenes universitarios, que no formaban parte del movimiento ni estaban comprometidos en él, que había ido allí por invitación del estudiante Pedro Miret, que de forma vaga les había hablado de una demostración contra la dictadura, no de un ataque, no está de acuerdo; les parece que el ataque es una locura suicida; llevados allí de forma poco clara, deciden que no participarán.

Son encerrados en una habitación, con otro grupito también contrario al ataque. La casa de Siboney estaba tomada militarmente; sólo los jefes podían salir y entrar; a estos jóvenes se les comunica que en el momento de partir para el ataque quedarán libres y podrán irse.

Gustavo Arcos, que no estaba comprometido y que no estaba de acuerdo con el ataque, se conmueve ante el valor de aquellos muchachos y de las dos mujeres: Haydeé Santamaría y Melba Hernández, que serenas y alegres cocinaban, planchaban uniformes, hacían chistes con ese estoicismo callado típico de la mujer. Gustavo se levanta y dice a Fidel y a los otros: "El ataque me parece una locura; yo no estoy de acuerdo, pero de todas maneras, por solidaridad con ustedes, no los dejaré morir solos."

La ciudad de Santiago vivía sus últimas horas de maravilloso carnaval, mientras los ciento veinticinco jóvenes de Fidel y Abel se preparaban para el peligroso ataque al poderoso cuartel Moncada.

De entonces viene la polémica entre carnaval y revolución, entre fiestas y sacrificios. Polémica artificial, que desconoce el modo de ser cubano. Los orígenes mismos del carnaval, de la rumba y de la conga, conflicto entre el sentimiento trágico, blanco, heredado de España, y el modo de ser vivo de la cultura africana y del mundo tropical, otra forma de civilización. Muerte, miseria, esclavitud, tiranía, dolor y tragedia se combaten con la lucha política. El espíritu del baile, el carnaval, la fiesta, son también una forma de resistencia del cuerpo a la opresión exterior y la dureza de la vida.

Las fiestas, el rito, el baile, como el cuerpo y el espíritu, van del nacer al morir, más allá de las vicisitudes y durezas de la vida colectiva e individual. Arrancados de sus tierras, familias, los esclavos negros sometidos a bárbara esclavitud se rebelaban como podían, incluso suicidándose colectivamente. El toque, el rito, el bembé, la ceremonia eran una forma de resistir, de ser, de recordar, de mantener vivas sus culturas y orígenes que, con el tiempo y las mezclas raciales, formaron una transculturización de la que nació la cubanía. Los prejuicios contra esa cultura, religión y manera de ser, no terminaron con la esclavitud; parte del mundo burgués cubano blanco, conservador o revolucionario, las vio siempre con desprecio, quiso marginarlas de la música, hacer una Cuba blanca, española, norteamericana o rusa, no negra, mulata, mestiza, popular.

El carnaval fue siempre un espectáculo extraordinario: nació como un día de libertad, en que los señores permitían a los esclavos danzar, tocar, hacer comparsas, disfrazarse, representar. La máscara, la música, el baile, la locura del carnaval, rompían prejuicios, tabúes; el mundo blanco, oficial, se mezclaba al baile, al amor, en aquella locura colectiva, donde el cuerpo y la música podían más que los prejuicios y ejercían una presión sensual, sexual, protegida de las máscaras.

Ese mundo negro, popular, cubano, mulato o blanco, no aceptaba que le suprimieran sus tradiciones, fiestas, ritos, carnaval. Santiago de Cuba, ciudad caliente, rebelde, era la Río de Janeiro de Cuba. Allí, el carnaval no era sólo representación, comparsas, aun si extraordinario, como en La Habana; allí una ciudad entera bailaba, bebía, se enloquecía en los días del carnaval.

Es en ese clima que los jóvenes de Fidel Castro inician su revolución y se aproximan a la muerte, mientras la ciudad, el pueblo, ignorando la dictadura, la política, vivía aquella su última noche de maravillosas fiestas de amor y locura.

Aquél sería un encuentro infeliz, aun si Santiago, aquella ciudad carnavalera, iba a ser pronto la más revolucionaria de Cuba. El carnaval, el baile, la pachanga iban a ser para el trágico Castro un mundo enemigo, como si las fiestas, el baile, fueran contrarrevolucionarios, una manera de romper toda disciplina, de ser libres.

Mientras atravesaban las calles y veían pasar las últimas congas, los jóvenes revolucionarios avanzaban hacia la muerte con el sentimiento de ser guiados por un destino histórico. Héroes o mártires, ellos y sus compañeros serían los salvadores de la patria perdida, dominada por los fusiles, que, inconsciente, bailaba su fiesta de carnaval. Como si entre la muerte y la violencia, próximos a estallar, y el carnaval y la pachanga, que liberaban el cuerpo por unas horas, el conflicto fuese un abismo.

EL ASALTO

La caravana de máquinas con los sargentos fidelistas sale de Siboney y se divide en tres: en la avenida Garzón, cerca del cuartel, Raúl Castro, con seis hombres, va a tomar la Audiencia, Abel Santamaría, con veintiuno a ocupar el Hospital Militar. El grupo de Fidel se dirige a la posta tres del cuartel.

Eran unos noventa y cinco, de los que unos treinta se perdieron, al parecer, al seguir las máquinas del grupito en desacuerdo con el ataque. La máquina de vanguardia de la caravana, en la que van Pepe Suárez, Ramiro Valdés, Renato Guitart, al grito de: "El general, el general", sorprende a los dos soldados de la posta tres, los desarman, quitan las cadenas de entrada. Guitart y otros entran en el cuartel con la intención de tomar el transmisor y el cuarto de comunicaciones.

La posta sin cadena deja libre la entrada del cuartel a los asaltantes, que tienen la orden de seguir la máquina de Fidel Castro, Gustavo Arcos y Pedro Miret, la segunda de la caravana. La máquina de Fidel, que debía de entrar en el cuartel, choca con la acera y el muro, y bloquea la entrada. Las armas disparan, suena la alarma, y fracasa la entrada por sorpresa. Las versiones de los atacantes difieren: según Fidel Castro, al ver a dos guardias con ametralladoras en la acera, ordenó detenerlos a Gustavo Arcos —era la ronda, o guardia cosaca, que a esa hora no debía de estar allí—; Fidel les tira la máquina encima, para evitar que disparen, la máquina choca con el muro, tiene que bajarse, y los otros atacantes de la caravana, cumpliendo la orden de seguirlo, se bajan de los carros, el tiroteo no dejaba oír sus gritos de que no abandonen los carros. Confusa como es la acción por su multiplicidad, visión y actuación, las versiones son diferentes. Los dos guardias eran en realidad tres. Había otro, un cabo, que al ver cómo desarman la posta, sospechó, sacó su arma y se preparó a disparar. Arcos, por el choque de la máquina, guiada por Fidel, cae a tierra perdiendo los espejuelos. Cuando Fidel le da la orden de detener a los guardias, Gustavo piensa que se refiere al cabo; Fidel se refería a los dos guardias de la ronda. Gustavo no vio los dos guardias de Fidel, ni Fidel al cabo de Gustavo. Los ocupantes de la tercera máquina, que venía detrás de la de Fidel, sí ven a los tres guardias, es de ellos, al parecer, de donde parten los primeros disparos. ¿Quién disparó el primer tiro? Nadie lo sabe a ciencia cierta. Al parecer no hubo un primer tiro; simultáneamente se oyeron varios disparos.

La importancia del primer disparo, o de los primeros disparos, es que hacen sonar la alarma del cuartel y la sorpresa y el ataque fracasan.

La entrada planeada para las cinco y quince de la madrugada preveía sólo la posta de dos soldados. La ronda con los otros dos se anticipó aquel día; el cabo, no se sabe por qué, estaba allí. Son imponderables que escapan a la observación previa.

¿Qué hizo en realidad fracasar la entrada por sorpresa, cuando lo más difícil, la acción de la primera máquina, había logrado detener la posta y abrir el cuartel?

¿Fidel Castro, que no siguió a la primera máquina, sin ocuparse él de los dos guardias, a los que lanzó la máquina encima, el choque de su máquina contra el muro, su orden a Gustavo Arcos, que cayó por el choque de la máquina, la máquina misma que bloquea la entrada? ¿Gustavo Arcos, que en tierra, revólver en mano y sin espejuelos, ve al cabo, arma en mano a punto de dispararle y dispara sobre él? ¿Los ocupantes de la tercera máquina, que ante el peligro de los dos soldados y el cabo, el choque de la máquina de Fidel, la caída de Gustavo, disparan? Que los primeros disparos partieran de aquella máquina es lo más probable; que fueran inevitables, casi seguro.

¿Ramiro Valdés y los suyos, que sorprenden la posta, desarman a los soldados? ¿Por qué no ordenan que los vigilen sin suscitar sospechas en otros guardias?

Al primer disparo y al sonido de alarma, se despertó el cuartel, y empezó un fuego infernal, en medio de una confusión tremenda: todos llevaban el mismo uniforme.

Los militares atacados concentran el fuego hacia el lugar de donde viene el ataque, el exterior de la posta tres. Un sargento ametrallador, llamado Coroneaux,[1] será el bravo de los guardias, disparando con eficacia sobre los asaltantes.

El ataque sin sorpresa está irremisiblemente perdido: por cada asaltante, hay diez guardias, cien fidelistas contra más de mil militares. Los fidelistas tenían escopetas y pistolas, aptas para el cuerpo a cuerpo, no para el fuego a distancia; el ejército tenía todas las armas y estaba protegido por edificios y muros. Los asaltantes quedan a tiro descubierto. Los fidelistas pelean con rabia, causan bajas al ejército, unas treinta, entre soldados y oficiales. Los fidelistas caídos en combate son unos diez. Los soldados se despiertan sorprendidos, confundidos, atacados por "compañeros militares", disparan a la loca, matándose entre sí. Fidel Castro, al ver caer a sus hombres, con rabia, no puede hacer otra cosa que ordenar la retirada, que en aquellas condiciones es casi una desbandada. Ordena a Pedro Miret y a su grupo que le cubran la retirada, cosa que éstos hacen con extraordinario valor y espíritu de sacrificio.

---

1. Braulio Coroneaux, ametralladorista del Moncada, se unió al 26 de Julio, subió a la Sierra, y murió como un héroe en la batalla de Guisa en noviembre de 1958.

Que Fidel Castro quisiera responsabilizar a otros del fracaso, es natural, que el cabeza de turco fuera Gustavo Arcos, más todavía. Arcos había tenido el coraje de oponerse al ataque por razones lógicas, que después resultaron verdaderas, y sin estar comprometido con el grupo, les acompañó al difícil combate. Arcos, herido en la columna vertebral, sería salvado por el médico Posada, después de operarlo, impidió que los guardias lo asesinaran. La acusación de Fidel de haber sido el que disparó el primer tiro, se convertiría en su desgracia futura, pero era, es, una historia que todavía no ha ocurrido.

Algunos pequeños detalles insignificantes pueden ser decisivos: los espejuelos, por ejemplo. No un par, dos pares: los de Gustavo Arcos y los de Fidel Castro, que también llevaba espejuelos, pero como olvidó los suyos en La Habana, se detuvo en Santa Clara, donde compró otro par. ¿Serían los nuevos espejuelos la causa de que Fidel no viera bien y chocara contra el muro?

¿Fue intencional o accidental la subida y choque contra el muro de la máquina de Fidel Castro, o ambas cosas; es decir, un intento de aproximarse mucho, sin chocar con el muro? ¿Qué pasó por la mente de Fidel Castro en aquellos momentos en que la primera máquina y sus hombres detienen la posta, quitan las cadenas, abren el cuartel y entran a tomar su centro de comunicaciones?

Si la sorpresa permitía penetrar en el cuartel, otra cosa era tomarlo. No lo conocían, no tenían nadie adentro. La guarnición era demasiado grande y fuerte para sus escasas fuerzas. El error, el fracaso al entrar, es tal vez lo que les salvó la vida. De entrar, lo más probable es que nadie saliera con vida: a más soldados muertos más asaltantes muertos, a más muertes más furia, y si la reacción de los soldados con los prisioneros fue terrible, con más muertos hubiese sido aún mayor. Los sargentos fidelistas, para identificarse entre ellos, no llevaban botas militares como las que usaban los guardias. Esta identificación, en caso de entrar en el cuartel, hubiese también permitido a los soldados identificarlos y dispararles.

¿Fue el acto de Fidel de lanzar la máquina contra los dos guardias que caminaban por la acera, el chocar con su máquina, bloquear la entrada abierta por Ramiro y los otros, lo que provoca el fracaso de la sorpresa, la causa que al final les salva la vida?

Aun conociendo a Fidel Castro, y sabiendo que es un hombre frío, no pienso que hubiera en su mente, o que pasara por ella, una teoría maquiavélica del Moncada; es decir, sabiendo o viendo que no podía tomarlo, comprende que le bastaba atacarlo, salvar la vida y conseguir, con el ataque, aun si fracasado, un nombre, mientras si entraba lo esperaba una muerte casi segura.

No parece posible. El Moncada es jugado a una carta. Un triunfo rápido en el cuartel, en Santiago y en toda la isla. Que parezca una locura, que lo fuera, no cambia nada: que los comunistas cubanos, con su lógica, calificaran aquel ataque de *putsch,* pudo ser una verdad entonces, que la historia futura negaría. Si la entrada en el cuartel hubiese terminado con la derrota y la muerte, el fracaso, al no entrar en el cuartel le permitió huir, esperar, caer prisionero una semana más tarde, vivo; el ataque le permite convertirse en el jefe indiscutido de la lucha armada contra Batista.

La prisión le permitirá reflexionar, pensar, algo que no está en la naturaleza de Fidel Castro, no porque carezca de inteligencia, no. Es un hombre de acción, un guerrero impaciente, un tipo de decisiones rápidas, un gran aventurero.

Lo que más sorprende del Moncada no es que Fidel Castro no hablara de retirada en caso de fracaso, por no desmoralizar a sus compañeros, es que no tuviera en realidad plan de retirada alguno, que no tuviera nada preparado para continuar la lucha y salvar a sus hombres y las armas, que era más fácil que organizar y realizar el ataque.

Todo lo que tiene de extraordinaria la primera fase es inconcebible en la parte segunda, después del fracaso. Fue un jugárselo a todo o nada.

Si la estrategia hubiese sido iniciar la guerra de guerrillas, allí, a dos pasos, estaba la Sierra Maestra. Hubiese bastado, al fracasar la sorpresa, tirotear al cuartel, retirarse, irse a las montañas, aparte de que hubiese sido más fácil tomar uno de los pequeños cuarteles de la Sierra misma.

¿Por qué Fidel Castro no hace entonces lo que hará después?

Fidel Castro, al atacar el Moncada, buscaba el gran acto, la espectacularidad, arriesgaba todo a un golpe audaz que debía precipitar los acontecimientos, acaso llevarlo al poder, de la noche a la mañana, o a escribir una página gloriosa: héroe o mártir.

No hay que olvidar sus intenciones en años anteriores; en una ocasión propone a los estudiantes que conversaban con el presidente Grau, en el Palacio presidencial, tirar al viejo presidente por el balcón y proclamar un gobierno revolucionario; cuando quiso convencer a José Pardo Llada de marchar con el cadáver de Chibás y la multitud sobre el Palacio presidencial, tomarlo, nombrando a Pardo presidente y reservándose él la jefatura del ejército.

"Estás loco, Fidel", le dirían, con razón, la primera vez sus compañeros.

El Moncada pudo terminar en una locura. No obstante, la derrota fue el principio de su victoria: Dios o la suerte protegen a veces a los locos y a los audaces.

No sería ni la primera ni la última locura de Fidel Castro.

Locura calculada, arriesgada, otra casi locura, sería también la expedición desde México, el peligroso viaje, el desembarco, la derrota y la dispersión que salvarían los campesinos serranos del M-26-7.

¿Por qué entonces, en 1957 y en 1958, el audaz Castro se vuelve tan cauto, calmado, astuto, sin arriesgarse a grandes y peligrosas acciones?

Alguien diría que los golpes enseñan. Puede ser. Pienso que más bien aquél fue el riesgo que lo convirtió en el jefe de la revolución. En la Sierra sabía que podía esperar con paciencia, y con los mínimos riesgos, los resultados de la lucha a muerte que su movimiento había desencadenado en toda la isla.

Su maestría de jefe guerrillero y su paciencia serrana contrastarán con la impaciencia del Moncada y del desembarco.

No se puede adivinar cuántas cosas pasarían por la cabeza de aquel hombre de acción, en aquellos momentos primeros del ataque, con su astucia, su audacia, su valor y su miedo a la muerte, no sólo física, sino política. Castro quería ser todo menos mártir; héroe sí, mártir no.

De todas maneras, el misterio queda.

Castro es un hombre práctico, se arriesga; si pierde, se rinde. Piensa que de vivo hay esperanzas, muerto no. Quizá sí, como diría Guillermo Cabrera Infante, en un país cuya ideología es el suicidio, el único no suicida sea Fidel Castro.

Que el horror, su honor, la gloria, el fracaso, la derrota, la pérdida del poder, pueden llevarle un día a suicidarse frente al enemigo, no sería imposible, si se da cuenta de que no tiene salida. Que lo "suiciden" sus amigos y aliados no es imposible, eso él lo sabe, y de ellos se cuida más que de sus enemigos.

En la historia de Fidel Castro está escrito que una gran derrota es una victoria. Y que una pequeña victoria, anónima e intrascendente, es casi una derrota. El Moncada es una gran derrota, que Fidel Castro, vivo, convierte en victoria.

¿Por qué? Por la magnitud, la casi imposibilidad, la gigantesca dificultad de triunfar en esos grandes actos que son el Moncada o el desembarco del *Granma*. Que fueron grandes noticias. Conmovieron al país, enaltecieron la juventud. Curaron una enfermedad que producen todas las dictaduras: el miedo. Perdido el miedo, el poder enemigo comienza a perder su poder místico. El Moncada fue un gran desafío al ejército. Desafiar en grande, si no se muere, siempre es un acto heroico, que es imitado colectivamente. Fidel Castro y sus hombres hicieron que la juventud cubana perdiera el miedo a Batista y a su supuesto invencible ejército.

El Moncada sería repetido años después de muchas maneras; cuando el asalto a Palacio, el ataque al Goicuiría, la rebelión de Cienfuegos o la batalla de Santa Clara. Para Fidel Castro, un Moncada fue suficiente; Castro no repetiría el Moncada.

Entonces pareció una derrota, una locura. En apariencia fue todo lo contrario: del Moncada nacería la estrategia de lucha eficaz contra la dictadura, el movimiento capaz de dirigir, el jefe que la acaudillaría, la ideología en que se iba a inspirar esa lucha: es decir, la lucha armada, el movimiento 26 de Julio, su jefe Fidel Castro, la ideología nacionalista y democrática de la insurrección.

Desde entonces, la alternativa sería: frente a Batista, el odiado dictador, Fidel Castro, el liberador revolucionario y su movimiento el 26 de Julio.

LA FUGA: UN OBISPO Y UN TENIENTE
SALVAN LA VIDA DEL PRISIONERO CASTRO

La reacción de la soldadesca al asalto fue brutal: habían tenido casi treinta muertos y numerosos heridos. En la confusión se habían disparado unos a otros; el miedo sufrido lo desahogaron asesinando cuanto prisionero caía en sus manos y fueron más de sesenta.

La sensible y rebelde ciudad de Santiago, que Fidel no se sabe por qué había marginado de sus planes (sólo un santiaguero, el joven Renato Guitart, participó y murió en el Moncada), reaccionó en seguida contra aquellos crímenes que herían su sensibilidad. Al otro día del ataque, el magistrado Subirats llamó por teléfono a Morales del Castillo, ministro de la Presidencia de Batista y, con voz indignada, le dijo: "¿Tienen la intención de revivir la época de Machado con todos sus asesinatos?"

En La Habana, un grupo de amigos de Fidel —Martha Frayde, Aramís Taboada, Sori Marín, Beba Sifontes y otros— recogieron dinero y enviaron una comisión a Santiago, para movilizar a las fuerzas vivas y proteger a los asaltantes en fuga. Mirta Díaz Balart, esposa de Fidel e hija de un ministro de Batista, hizo contactos con la Iglesia, parientes y amigos en favor de su esposo.

El martes, 28, se reunieron Salcines, rector de la Universidad de Santiago, Enrique Canto, cónsul de España y otras personalidades, bajo la presidencia del prestigioso obispo católico, monseñor Enrique Pérez Serantes, reclamando del Gobierno garantías para los prisioneros. Batista, preocupado por la protesta, aseguró que daría órdenes de que se respetase la vida a los prisioneros. Pérez Serantes fue al cuartel del Moncada, habló con el coronel Ríos Chaviano, jefe militar de Oriente, y le dijo que él personalmente iría a buscar a los jóvenes perseguidos, que la Iglesia intervendría en la rendición formal, si él garantizaba la vida de los prisioneros. El coronel, de acuerdo con Batista, dio su palabra de que así sería.

El miércoles, 29 de julio, la declaración de monseñor Pérez Serantes: "Basta de sangre derramada", produjo gran impacto en Santiago y en toda Cuba. A partir de ese momento cesaron los asesinatos.

Al fracasar el ataque, Fidel y muchos de los suyos regresaron a la casa de Siboney. La derrota y muertes de sus compañeros habían afectado la moral de la mayoría de aquellos jóvenes, que querían ahora sólo escapar. Cosa bien difícil, sólo dieciocho hombres aceptaron seguir con Fidel, que habló de continuar la lucha en las montañas de la Gran Piedra, cerca de allí. A Fidel no faltaba la inteligencia, la frialdad y la voluntad, de saber que cuanto más tiempo pasara sería más fácil escapar a la muerte; que las próximas horas y días serían los más peligrosos, y que los campos protegían más que carreteras y ciudades.

Durante varios días Fidel y su grupo huyeron por las lomas de la Gran Piedra, hambrientos, agotados, sin casi poder dormir, ni confiar en nadie, implacablemente perseguidos por los soldados. En la casa de un campesino que les inspiró confianza supieron las terribles noticias que daba la radio: el nombre de sus compañeros muertos, casi todos asesinados, como el grupo de Abel Santamaría, que no recibió la orden de retirada, al caer muerto de un balazo el hombre mandado por Fidel a avisarlos y que caerían todos prisioneros. Tímidamente, Fidel preguntó si Raúl estaba entre los muertos y le dijeron que su nombre no había sido mencionado.

El viernes, 31 de agosto, al anochecer, después de cinco terribles días de muerte, derrota, huida y cansancio, Fidel y los ocho hombres que todavía lo acompañaban llegan a una gran casa de vivienda, en la finca Mampriyá, en las montañas de la Gran Piedra. Su propietario, el señor Sotelo, los acoge, les da de comer y les informa de la mediación de la Iglesia católica, de que el día anterior monseñor Pérez Serantes, venía por la carretera, acompañado de un magistrado y del cónsul de España, gritando: "Vuestras vidas serán respetadas, yo respondo por ellas con la mía."

Fidel dijo a Sotelo que esa noche, tarde, después que ellos se fueran, llamara por teléfono al obispo y le dijera que hay un grupo que se va a acoger a la protección, que él caminará toda la noche con dos compañeros, que él no podía rendirse.

Tarde en la noche, Sotelo telefonea al obispo y le da la noticia. Pérez Serantes responde que al amanecer estará allí, para proteger a los acogidos a la mediación de la Iglesia. Como a dos kilómetros de la casa el grupo se divide, cuatro se quedarán con Almeida; Óscar Alcalde y José Suárez, con Fidel. Esconden las armas, ven un pequeño bohío deshabitado, se acuestan allí a dormir, no lejos de Almeida y los otros. El ejército, que tenía tomado el teléfono de monseñor Pérez Serantes, oye la comunicación de Sotelo con el obispo, y ordena que una patrulla al mando del teniente Sarriá vaya esa madrugada a registrar la finca Mampriyá.

Al amanecer del sábado, primero de agosto, Sarriá y su patrulla llegan a la casa de Sotelo, que desconfía al ver que el obispo no los acompaña y dice: "Todo está tranquilo en la finca."

Sarriá sube a una loma, a lo lejos ve el ranchito y hacia allí se dirige. Cuando está cerca, ordena a sus hombres de separarse, de avanzar rodeando el rancho, en forma de semicírculo. Los soldados penetran en el rancho y sorprenden a Fidel y sus dos compañeros profundamente dormidos. Fidel, Alcalde y Suárez se despiertan al oír disparos y ven los fusiles de los soldados apuntándoles sobre el pecho. Al oír los disparos, el teniente Sarriá grita: "No los maten, no los maten. Las ideas no se matan", y corre al rancho impidiendo que los guardias disparen. Como los prisioneros están desarmados, Sarriá les pregunta: "¿Dónde están las armas?" Si Fidel y sus dos compañeros no iban a aceptar la mediación del obispo y pensaban escapar, por qué dormían a pierna suelta, sin turnarse para vigilar, que Fidel justificaría con el cansancio y la inexperiencia; no era natural que conservaran las armas, al menos las pistolas, que eran su única defensa. ¿Por qué habían escondido las tres pistolas, los cinco rifles y las balas cerca del rancho?

Alcalde se da cuenta que Sarriá es masón como él, se identifica, le dice que quiere hablarle a solas, lo lleva a donde estaban enterradas las armas. Se fortalece la posición de Sarriá con sus subordinados, alguno de los cuales había tenido familiares muertos, cuando el asalto, estaban furiosos, prontos a disparar. Otro grupo de soldados que registraban los alrededores descubre a Almeida y sus cuatro compañeros en unos yerbazales y abren fuego. En medio del tiroteo aparece corriendo monseñor Pérez Serantes, gritando: "No los maten, no los maten. Tengo la palabra del coronel Ríos Chaviano de respetar sus vidas." ¿Qué hace aquí este cura de mierda?", grita un soldado, que quiere disparar de todas maneras. "Cálmate, —le dice el cabo—, no ves que es el obispo monseñor Pérez Serantes."

Sarriá, que ha reconocido a Fidel, le dice que no diga su nombre a nadie y le da su palabra que no permitirá que nadie los mate. Sarriá, con su patrulla y los ocho prisioneros, ocupa un camión que baja por la carretera que va a Santiago, seguidos del jeep del obispo.

A tres kilómetros de allí, el camión es interceptado por el comandante Pérez Chaumont, al mando de unos cincuenta soldados. El comandante ordena a Sarriá de entregarle los prisioneros. Sarriá responde que son sus prisioneros y que los conduciría al cuartel. Surge una violenta discusión, que el obispo y sus amigos siguen con mucha atención.

El comandante, que teme usar la fuerza por la presencia del obispo, molesto, dice a Sarriá: "¿Por qué no los llevas al vivac y no al cuartel Moncada?" Sarriá responde: "Sus órdenes serán cumplidas, comandante." Y seguido del obispo, que no pierde pie ni pisada, se encamina al vivac, una prisión civil, bajo el control de la magistratura y no del ejército.

Momentos después de llegar al vivac Sarriá, con sus prisioneros, aparece el coronel Ríos Chaviano, que pide a Fidel que haga una declaración por radio, a los periodistas que han llegado, para demostrar que está vivo y que el ejército respeta a sus prisioneros.

Según pasa el tiempo Fidel disminuye el papel jugado por la Iglesia católica y por su obispo personalmente y la intervención de las clases vivas de Santiago, atribuyendo al teniente Sarriá el mérito principal de salvarle la vida en aquellas dificilísimas circunstancias. Al triunfo de la revolución, el teniente Sarriá, que había sido licenciado del ejército, fue nombrado ayudante militar del presidente Dorticós. La actitud de Sarriá fue sin dudas valiente y humana. Otro oficial hubiese podido matar a Fidel y sus compañeros y alegar que habían resistido y muerto en combate.

Sin la intervención personal de monseñor Pérez Serantes y de la Iglesia católica, de las personalidades y clases vivas de Santiago y La Habana, Batista no hubiera dado garantías, y ningún oficial, aun queriéndolo, hubiese podido impedir que mataran a Fidel Castro y sus siete compañeros, como ocurrió a los sesenta prisioneros asesinados, después del asalto. Matar a los prisioneros, en presencia del obispo, del cónsul de España y del magistrado Subirats, que no se separaron un instante de ellos, no era lo mismo que dispararles si hubiesen estado solos.

Dos veces le salvaron la vida: primero con Batista y Chaviano, y aquel día con Chaumont y sus soldados.

La actuación de Pérez Serantes no opaca la acción de Sarriá, ni la del teniente, ni la del obispo: sin uno y otro, Fidel Castro no hubiese escapado con vida aquella mañana de agosto.

EL MONCADA, PARTO Y NACIMIENTO DE LA REVOLUCIÓN

El Moncada ha sido considerado siempre por Fidel Castro como el parto de la revolución. Su acto de nacimiento, su bautismo. Un parto bien que si algo más terrenal, violento, trágico, sería para Fidel algo parecido al nacimiento de Jesús; él sería la Virgen que lo parió, el Dios que lo engendró y el hijo que nació. ¿Cómo iba a ser menos alguien tan celoso de la creación de su mundo, como Fidel Castro, madre, padre, hijo y espíritu no santo, de su propia revolución?

El 26 de julio, el día de ataque, se convierte en el nombre del movimiento fidelista. El triunfo del 26, y de su jefe, Fidel Castro, justifica y da fe del acto de nacimiento.

En aquellos días de 1953, en caliente, el Moncada fue muy criticado, a diestra y siniestra: parecía un fracaso, sus atacantes muertos o condenados a largas prisiones, el ejército de Batista victorioso. El Moncada cesantea a los políticos palabreros y sepulta la dictablanda, que se vuelve dictadura. Los políticos oposicionistas consideraron el ataque un fracaso, un baño de sangre, un hacerle el juego al dictador.

El Partido Comunista cubano, que en la práctica era legal y que el día anterior, el 25 de julio, en un mitin político en un teatro de Santiago de Cuba, homenajeaba a su secretario general, Blas Roca, en la palabra de su dirigente Aníbal Escalante, discutía en aquella reunión sobre la tesis "Unidad de la oposición y lucha de masas", dio un severo juicio crítico sobre el Moncada y su jefe, Fidel Castro: acto terrorista, aventurero, pustchista. Para otros, de una y otra banda, Fidel había provocado con aquel ataque un matadero de soldados y de fidelistas.

La victoria del movimiento de Castro, seis años después, sepultó todos aquellos juicios negativos. La victoria absuelve y justifica.

El Moncada cortó el nudo gordiano de una situación insostenible.

Oposición estudiantil, Universidad, casa y madre con la juventud ortodoxa, de la revolución, inician la primera y posible resistencia a la dictadura: reuniones clandestinas, manifestaciones de calle, periódico *Alma Mater*, movilizaciones que desafiaban el poder dictatorial.

La Universidad de La Habana, en menor medida la de Santiago, era por tradición cuna de revoluciones, protestas y de manifestaciones cívicas, a partir de los años veinte. En los últimos años gozaba de una autonomía que impedía a los cuerpos policiacos penetrar en su recinto. Entre las causas del 10 de marzo, una es el fallo de la política tradicional.

Era el fin de una generación política, social, sindical, incapaz de mantener la democracia y, perdida, de reconquistarla. En 1952, los jóvenes no estaban todavía preparados para suceder a los padres políticos, esperaban de ellos, y cuando éstos no actuaron, comenzaron tímidamente a sustituirlos. Carecían de experiencia, organización, y sus primeros tanteos instintivos fueron las manifestaciones estudiantiles, que iban creciendo, dando ánimo, que reunían en la Universidad a la vanguardia de la nueva generación y a los mejores veteranos, aislados de las viejas. Era un desafío a gritos de protestas contra la fuerza bruta y los palos, importante para la lucha que se iniciaba.

Las manifestaciones tenían un límite: despertaban la conciencia ciudadana, servían para las agitaciones, nucleaban a los nuevos revolucionarios, pero eran ineficaces frente a la fuerza. El Moncada rompe, supera este límite: indica como estrategia que la violencia militar se combate con la violencia de la lucha armada revolucionaria. El Moncada significa una estrategia, la lucha armada. Un jefe, Fidel Castro; un movimiento, el 26 de Julio, y un programa político, la lucha por la libertad y la democracia — *La Historia me absolverá*.

Si los viejos no lo vieron así, los jóvenes, que iban a ser los protagonistas del movimiento, sí.

Estratégicamente correcto y justificado, ¿puede considerarse en la práctica el Moncada equivocado, suicida? Desde el punto de vista de Fidel Castro, evidentemente no. El azar, la incapacidad y contradicciones de Batista, de la oposición electoralista, lo favorecieron, pudieron sustituir a Batista, militares, políticos, burgueses, Estados Unidos.

Pudo morir, pudrirse en prisión —fue amnistiado—; los otros tuvieron más oportunidades que él de sustituir a Batista, pero no lo hicieron. Organizó el 26, dirigió la resistencia, tomó el poder, fue desde entonces su jefe, único e indiscutible, como él quería: el padre de la revolución.

El movimiento está concebido por Castro en función de su jefatura. Él necesitaba un gran acto. Atacar, tomar el cuartel de la segunda ciudad de Cuba, la anti-Habana, la más aislada y la más revolucionaria. Que Castro entonces estuviera impaciente, es verdad, como paciente sería después, y nunca más repetiría el Moncada.

El Moncada lo hicieron de otra manera: Reinold García y su grupo, atacando —y muriendo— el cuartel Goicuiría de Matanzas, en 1956, y el Directorio Revolucionario. Superándolo en audacia y heroísmo —y muriendo también—, el 13 de marzo de 1957, el asalto al Palacio presidencial.

Que la intuición, la acción, la impaciencia, el querer llegar pronto —que no le roben la revolución—; superen a la reflexión y a la madurez revolucionaria, militar y política del Fidel Castro pos-Moncada, son evidentes, en aquel su bautismo de fuego, y en actos posteriores.

Que Fidel Castro no partió de la nada, que no fue el suyo un acto de magia. Es verdad. ¿Qué le favoreció y permitió reunir a estos jóvenes? Ser un dirigente de la juventud ortodoxa, de la ortodoxia chibasista, sin jefe, que se transformaría en el sujeto de la revolución, y Fidel Castro, en su hombre, su jefe. Si Castro se roba la ortodoxia, es porque los otros —dirigentes ortodoxos o no— no tenían su talento político, su condición y voluntad de mando.

La estrategia del Moncada es extraordinaria; la táctica es en realidad un desastre. Según la lógica, una buena estrategia fracasa sin una buena táctica. El Moncada altera esta ley.

Castro reconoció en el juicio del Moncada un único error: haber dividido a sus hombres. Hay otros errores evidentes: el principal, el no tener un plan de retirada; el otro, el regresar hacia la casa de Siboney, después del fracaso del combate. Allí, a las puertas de Santiago de Cuba, nace la Sierra Maestra. De haber ido allí, Castro habría salvado a sus hombres y podido comenzar su guerra de guerrillas tres años antes, con más hombres y mejores armas que tres años después. ¿Por qué Castro no hizo entonces, lo que hizo después?

No creo que pensara entonces en la guerra de guerrillas. Su juventud, su modo de ser, no debían permitirle hasta entonces, no digo ya pensar, estudiar bien la historia de Cuba, en cuyas guerras independentistas la guerra de guerrillas fue obra maestra de los mambises contra España. El mismo Castro lo dijo: "Yo era un analfabeto político." En la Universidad descubre la política, un arte difícil, y él, que estaba abajo, no podría llegar arriba. En la Universidad descubre la aventura, la acción, que será su fuerte: Cayo Confites, Bogotá, la guerra de grupos, UIR, la violencia. Él es entonces un aprendiz de revolucionario, manejado por otros; todo aquello le conducía al fracaso y al final Castro abandona a esos grupos y a esas actividades.

Después de la muerte de Chibás, aspira, con dificultades y ninguna probabilidad de éxito, a ser elegido representante a la Cámara por la Ortodoxia, en las elecciones no celebradas de junio de 1952. Y cuando, dos días antes del 10 de marzo, descubre que Batista prepara el golpe —¿cómo lo supo Fidel?, ¿oiría algo en la casa de la familia de Mirta Díaz Balart, su mujer?—, nadie le hizo caso al *Loco,* y las transmisiones de radio ortodoxas de sus amigos le cerraron los micrófonos y no le permitieron denunciar la conspiración.

Actuar era entonces quizá más importante que pensar. Los que pensaban, o pensaban mal, o no podían o no querían actuar. Era la acción el fuerte de Fidel Castro, no el pensar. Su pensamiento nacería después de la prisión de isla de Pinos, en el exilio, y aun en la Sierra Maestra, cuando la guerrilla.

Castro descubriría después que tomar un cuartel, aun pequeño, es difícil y arriesgado: los soldados atacados defienden su vida, están protegidos por los muros, se sienten en su casa, tienen armas superiores. Es difícil golpearlos, el cuartel es la fortaleza del soldado.

La montaña, el monte, su enemigo, es aquélla la casa, el mundo del guerrillero, de sus tácticas, sorpresas, de aparecer y desaparecer, de pegar y huir, en aquel mundo desconocido del soldado.

Castro, maduro, no atacará cuarteles, sitiará ciudades.

El análisis de los comunistas cubanos de que el Moncada fue un intento de *pustch* militar —es decir, actuar arriba, decidir desde arriba, en breve tiempo, y con el pueblo como objeto, y no como sujeto— es consecuencia de la impaciencia militar de Castro. Aquél, para su buena estrella, fue un error táctico, que se convertiría después en una estrategia victoriosa.

El Moncada es el nacimiento de la revolución, la madre de la revolución, Fidel Castro, padre del Moncada y de la revolución.

LA PRISIÓN

Condenados a quince años de prisión por el ataque al Moncada, Fidel Castro y sus compañeros estuvieron poco tiempo en la prisión de Boniato, Santiago de Cuba, y de allí pasaron a isla de Pinos. Las cárceles de Batista, una vez que se era condenado, que se pasaba del control policiaco al de la magistratura, eran otra cosa; cesaban las torturas, y el régimen carcelario, pese a su dureza, permitía ciertos derechos al preso.

Los primeros prisioneros del Moncada fueron torturados, mutilados, asesinados, en los días posteriores al asalto, pero a partir de la intervención de la Iglesia y de otras instituciones que negociaron con el régimen el cese de los asesinatos, la soldadesca enfurecida por sus muchos muertos se calmó. La intervención de monseñor Pérez Serantes, de Canto, cónsul de España, le salvaron la vida a él y a sus compañeros, y evitaron que fuesen golpeados.

En isla de Pinos, Castro y los suyos sufrieron una prisión normal, con la excepción de algunos aislamientos, como castigo por actividades políticas dentro de la cárcel.

Isla de Pinos fue la escuela ideológica de Fidel Castro.

Castro, nervioso, intranquilo, impaciente, que no se para nunca, allí en la cárcel y con una condena de quince años, como él mismo confiesa, se calma, lee, piensa, entra en esa extraña dimensión que es el tiempo detenido, prisionero él mismo, que condiciona al hombre sin libertad.

Quien quiera conocer a Fidel Castro, saber qué pensaba, que lea sus cartas de la prisión.

Castro logró reunir allí una biblioteca de trescientos volúmenes, que incluía obras de Marx, Lenin, literatura militar, historia de Cuba, Clausewitz, Napoleón, César, Robespierre, doctrinas sociales, historia de la revolución francesa, revolución rusa, filosofía, economía política, marxismo, novelas, obras de Martí y otros autores cubanos y de lengua castellana.

Castro cuenta que pasaba el tiempo en la prisión pensando, escribiendo, cocinando, dando clases. Los moncadistas fundaron allí la academia Abel Santamaría, que funcionaba tres veces al día, seis horas de clases que incluían, además de política, aritmética, geografía e historia y a las que asistían obligatoriamente todos los del grupo, cuyos profesores eran los más preparados. Castro era el ideólogo.

Ni antes ni después tendría Castro un período igual de reflexión, meditación, lectura, discusión, escritura. El hombre de acción, preso, no podía hacer otra cosa que leer, pensar y escribir.

Naty Revuelta y otras amigas suyas eran las fuentes principales de los libros que Castro pedía y recibía, pero se ignoraba si las obras de Marx, Lenin y otros revolucionarios fueron llevados por ellas, o llegaron por la vía de Raúl Castro.

Una atenta lectura prueba que Castro decidió en esa época que haría una revolución, que aboliría la política, que siempre aborreció, que terminaría con la democracia y los partidos políticos, que esta revolución sería bien radical, había que hacerla, sin anunciarla públicamente, que había que decir lo contrario de lo que se pensaba y que sus modelos de revolucionarios iban de César, Robespierre y Napoleón a los más contemporáneos y admirados, Marx y Lenin.

Iluminante a este respecto es comparar las cartas de la prisión y el folleto *La Historia me absolverá*, escritas en la misma época. *La Historia me absolverá* no fue el discurso pronunciado en el juicio del Moncada, fue un documento reescrito, como relata el propio Fidel en isla de Pinos. En él habla del programa del movimiento, de la Constitución que será restablecida, de democracia y de reformas sociales moderadas. Las cartas secretas hablan en cambio de marxismo, robespierismo, eliminación de la política, odio a las riquezas y a los ricos. Dos Fideles diferentes: el público, político moderado, y el íntimo, revolucionario, radical, duro y astuto. La admiración de Robespierre y su terror es ilimitada. El Fidel humanista de la guerra, que liberaba a los prisioneros para que se rindieran, será el implacable hombre del paredón, la prisión y el terror desde el poder.

La cárcel fue el laboratorio político futuro de Fidel Castro; allí definió la estrategia, la disciplina, la dirección.

Tareas prioritarias: lucha por la amnistía, células secretas, propaganda del movimiento, finanzas, nada de acciones violentas.

Allí se forja el Fidel futuro. El hombre de "hierro", como se autodefine. La coincidencia con el "Acero", de Stalin, no es casualidad. Castro leyó en prisión *Cómo se templó el acero*, del ruso Ostrovski.

En las cartas de la prisión se descubre también al Fidel hombre, sus gustos, aficiones, recuerdos y pasiones. Todo en estas cartas es premonitorio. En el poder, Castro las haría realidad obligatoria. En prisión descubre Castro su pasión culinaria. Se vuelve cocinero. La italiana es su cocina predilecta. Hoy Cuba es su gran pizzería, su espaguetada.

En una de sus cartas afirma que la prisión le recuerda sus años de internado en los jesuitas y señala que la correspondencia allí era censurada como en el colegio. El que escribiera rápido y que su caligrafía fuese nerviosa se debía a los castigos del profesor jesuita Salgueiro.

De ahí la disciplina espartana, aprendida en los jesuitas, ensayada en la prisión y más tarde aplicada a la isla con una militarización total, el control de todos los actos públicos o privados del ciudadano, incluida la censura a la correspondencia.

Cuando Castro habla del genio político, siente nostalgia por el acondicionamiento del tiempo a su obra, debido a los límites de la realidad; el genio artístico, literario, filosófico, no tiene esos límites, escribiría entonces.

¿Qué mejor que suprimirlos? Así no habrá competencia, es lo que hace Castro en el poder, eliminando la mínima libertad que necesitan para existir, la creación artística, literaria, filosófica.

Cuando la salida de la prisión es inminente, Castro recuerda los cobradores, compadece a Balzac y, con cierta ironía, se pregunta si no se estaría mejor en la cárcel que en la calle, asaltado por sus deudores. Castro era famoso entre sus amigos por el picazo, pedía, no pagaba, aun siendo rico, abogado. Para un pobre, Castro recibía mucho de su padre:

doscientos pesos mensuales, pero para un hijo de rico, que no trabajaba nunca, dedicado a la política y a la revolución, eso era bien poco. Castro se lamentaba de que su padre fuera duro con el dinero, como casi todos los ricos, de que tiraba el dinero con políticos, militares y periodistas; éste era el precio que pagaba para obtener la impunidad de sus negocios sucios. El viejo Castro y Lina Ruz tenían merecida fama de robarse tierras, vacas, de pagar con vales a los obreros en aquel *western* de Cuba, que era el latifundio de Birán.

Castro autoelogia en otra carta su memoria. Recuerda cómo podía citar libros enteros y sacar exámenes embotellando con rapidez en su cabeza cuanto quería. Memoria auditiva y visual, en la guerra que recordaba con exactitud cuanta cara y lugar veía, fotografiaba en su cerebro, incluso los caminos por donde había pasado una vez, y nunca ya los olvidaba. Esta facultad le permitirá después, al desplazarse de un lugar a otro, situar la guerrilla en los lugares escogidos y prever el avance enemigo.

Su venganza no era sólo contra la riqueza, era contra todo. Como si aquellas "injusticias" sufridas en el internado jesuita, en su fracaso político, en su poca audiencia radial, mientras otros compañeros suyos eran popularísimos, y él, que se consideraba superior, no era oído.

Su venganza es la revolución.

Como si tuviera que acabar con el mundo que lo maltrató, con el mundo cubano que él no conoció, que no le gustaba, ni entendía: el mundo de las fiestas, el baile, la alegría, el carnaval, la música popular, el choteo, la Cuba popular y negra, española y africana, devenida cubanía.

Este imponer su propia vida como norma general es una constante de este hombre: en 1961, ya en el poder, los pedagogos discutían sobre los becados y de cuántas salidas mensuales concederles. Entonces Celia Sánchez, en nombre de Fidel Castro, dijo: "Cuando Fidel era interno jesuita tenía una sola salida al mes, ésta debe ser la norma." Con el miedo a contradecir, a caer en desgracia, los pedagogos asintieron en silencio. La doctora Elena Freyre se alzó y contestó: "¿Es que quieren que los becados hagan con Fidel lo que Fidel hizo con los jesuitas?"

La revolución es su venganza, como si una revolución fuera no cambiar el mundo, fuera una gran venganza y el poder, un instrumento para cobrar viejas cuentas. Si Castro sufre dos años de prisión, sus opositores pasarán veinte. ¡Y qué prisión la castrista! Si un jesuita lee una carta de amor de un joven estudiante, nada mejor que la policía censure toda correspondencia. La revolución como venganza destruye al enemigo, pero también al país, sus riquezas y libertades.

La visión de la última carta de la prisión es como el retrato de la Cuba de hoy. Castro habla allí de sus gustos, de tirar las cenizas de tabaco por el piso, de tener el cuarto en desorden, de hacer lo que quiera sin que nadie, una mujer, una amiga o familiares, le reproche con la mirada; éste es el vivir que a él le gusta, el cuartito sucio, regado, lleno de humo y cenizas, del estudiante y del abogado; no la casa ordenada, limpia, de Mirta Díaz Balart, su esposa.

El cuartito multiplicado por millones, la isla de Cuba, su finca privada, para decirlo con la palabra rigurosa del agrónomo francés René Dumont, ex asesor agrícola del *Comandante*.

En la prisión descubre el marxismo-leninismo, estudia el "New Deal" rooseveltiano, decide que el instrumento para hacer la revolución será su "26 de Julio". La revolución secreta, que estas cartas desconocidas entonces, retratan hoy. Su revolución pública será otra cosa: aquella contenida en el folleto escrito en aquellos mismos días en la prisión: democrática, nacionalista, libertaria, que la juventud y el pueblo apoyaron, y que le permitió tomar el poder.

Ya tendría tiempo desde el poder para cambiar las reglas del juego y pasar "del pan sin terror y libertad con pan", de ni dictadura de derechas ni de izquierdas, del humanismo revolucionario, al "soy y seré marxista-leninista, toda mi vida", del 16 de abril de 1961, que desde entonces rige la vida de Cuba.

EXILIO

Fidel Castro sale legalmente de Cuba, el 10 de julio de 1955, cincuenta y seis días después de ser amnistiado; Raúl Castro, unos días antes. En la capital mexicana, el grupo moncadista hace contactos con otros jóvenes cubanos exiliados; se les une Juan Manuel Márquez, dirigente ortodoxo que, en Estados Unidos, siguiendo el modelo martiano, organiza a los cubanos en clubes revolucionarios, que denuncian la dictadura, recaudan fondos, preparan futuros combatientes, compran armas. Unirlos bajo la bandera del 26, ampliarlos, integrar a otros exiliados en Guatemala, Costa Rica, Venezuela, Honduras, será tarea importante de Castro. Por carta envía instrucciones a la clandestinidad en Cuba de preparar la próxima insurrección, enviarle los expedicionarios que lo acompañan a su regreso clandestino a la isla, organizar el movimiento obrero, femenino, profesional, propagandístico, económico.

Castro escribe artículos para *Bohemia*, la más popular revista cubana. Su director, Miguel Quevedo, y su jefe de redacción, Enrique de la Osa, son sus amigos y simpatizantes. *Bohemia* fue esencial en la creación de una conciencia cubana contra la dictadura y en la exaltación de la figura de Fidel Castro.

Castro contacta con el ex presidente de México, general Lázaro Cárdenas, organiza campamentos secretos para la preparación militar de los expedicionarios, recauda fondos, adquiere armas para la futura expedición.

En aquellos primeros meses del 1956, viaja por Estados Unidos, habla en mítines públicos, en Miami y Nueva York, ante miles de cubanos, exiliados o emigrados, cuyas fibras patrióticas, democráticas y libertarias toca. En el teatro Flager de Miami, a finales de 1955, lanza una consigna sorprendente: "En 1956 seremos libres o mártires."

¿Qué fuerzas reales tenía en sus manos para lanzar una consigna que obliga a empezar la lucha en un tiempo tan breve?

El 26 es todavía un embrión dentro de Cuba, carece de organización, militantes, armas, recursos, no ha tenido todavía tiempo de penetrar en sindicatos, universidades, profesionales, campesinado, de preparar milicias, de recaudar fondos. Algo parecido ocurre en el exilio. Simpatías sí, voluntad de lucha, sí; organización y recursos, muy pocos.

Castro, voluntarista siempre, cree que debe condicionar los acontecimientos, precipitarlos, imponer la línea insurreccional. Teme que en el diálogo cívico (las conversaciones entre la oposición legal en Cuba y el gobierno de Batista) pueda llegar a un arreglo político, aun si se ve que es una maniobra de la dictadura para ganar tiempo, y que su fracaso reforzará la tesis insurreccional frente a la pacífica.

En los mítines de esos días en La Habana, en ocasión del diálogo cívico, se oyen tres consignas: "Elecciones, elecciones", grita la oposición legal; "Unidad, unidad", corean los comunistas; "Revolución, revolución", responden los jóvenes del 26 y la Ortodoxia.

A finales del 1955 se produce una formidable huelga azucarera que, nacida de reclamaciones económicas, pasa a ser política, paraliza ciudades, desobedece a los dirigentes obreros oficiales y crea un clima de protestas y violencias en centrales, colonias y ciudades. En esa huelga participa de manera destacada la Federación Estudiantil Universitaria. Su presidente José Antonio Echevarría, que ya está creando el Directorio Revolucionario, Conrado Bécquer y Conrado Rodríguez, dirigentes azucareros, David Salvador y algunos más del 26.

La huelga, que paraliza ciudades —ciudades muertas—, protestas violentas, provoca la intervención policiaca. Hay muertos y heridos y termina con una victoria, que viene a recordar que el veterano movimiento sindical cubano, aun si burocratizado, dividido, controlado, traicionado por sus jefes, va a jugar su papel en la lucha por la libertad.

En abril de 1956, un grupo de oficiales comandados por el coronel Barquín organiza una fuerte conspiración entre la oficialidad joven y profesional del ejército, que está en desacuerdo con el dictador y sus métodos. Los más prestigiosos oficiales se enrolan en el movimiento, llamado de los "Puros", que, sorprendidos por una delación, son arrestados, condenados y enviados a isla de Pinos; se pierde así la oportunidad de liberarse de Batista sin insurrección.

El fracaso de los políticos en el diálogo cívico, el de los militares conspiradores, crea desalientos, y en los jóvenes se reafirma la idea de que sólo con las armas se puede derrotar a la dictadura; la semilla sembrada por Fidel Castro en el Moncada toma cuerpo.

El 29 de abril un grupo de jóvenes matanceros, que preparaban un atentado contra Batista en Varadero, ante la dificultad de realizarlo, decide organizar un ataque contra el cuartel Goicuría, de Matanzas. La noticia de que el grupo armado ha salido de una arrocera próxima, para atacar el cuartel llega al ejército, que los espera y fusila a la entrada del Goicuría. El coronel Pilar García, jefe militar, ordena el asesinato de los prisioneros. Una fotografía que publicaría la revista *Life,* retrata diferentes momentos del asesinato del undécimo prisionero y provoca gran revuelo en Estados Unidos.

Trágico será el destino de este grupo. Reinol García, su jefe, cayó con algunos otros en el asalto; los prisioneros fueron asesinados; los que pudieron escapar se refugiaron en la Embajada de Haití, en la que permanecieron muchos meses por carencia de dinero para pagar los pasajes al extranjero, y allí fueron asesinados por el jefe de policía coronel Salas Cañizares, después del atentado contra el coronel Blan-

Los ciento veinticinco jóvenes se encuentran por primera vez en la noche del 26 de julio en la casa de Siboney, en una granjita a las afueras de Santiago, desde donde partirían los expedicionarios para el ataque.

Fidel Castro al atacar el Moncada buscaba el gran acto, la espectacularidad, arriesgaba todo a un golpe audaz que debía precipitar los acontecimientos, acaso llevarlo al poder, de la noche a la mañana, o a escribir una página gloriosa: héroe o mártir.

La reacción
de la soldadesca
al asalto fue brutal:
habían tenido casi
treinta muertos
y numerosos heridos,
en la confusión se
habían disparado unos
a otros; el miedo
sufrido lo desahogaron
asesinando a cuanto
prisionero caía
en sus manos y fueron
más de sesenta.

Castro, nervioso,
intranquilo, impaciente,
que no se para nunca,
allí en la cárcel
—en Isla de Pinos—
y con una condena
de quince años,
como él mismo confiesa,
se calma, lee, piensa,
entra en esa extraña
dimensión que es el
tiempo detenido,
prisionero él mismo,
que condiciona
al hombre sin libertad.

Fidel Castro
es interrogado tras
el asalto fracasado
al cuartel de Moncada.

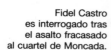

co Rico. Sólo uno de ellos, Israel Escalona, estaba armado y, antes de morir, hizo disparos mortales a Salas Cañizares, uno de los hombres de Batista, más odiado por el pueblo.

En julio de 1956, Castro ha trabajado intensamente en México, donde se le han unido muchos de los jóvenes enviados de la isla; tiene organizados varios campamentos, donde los futuros expedicionarios se preparan para la guerra bajo la dirección del general Bayo, republicano español que, exiliado allí, los instruye con su experiencia.

La policía mexicana, muy corrompida, que vive de "mordidas" —en México la corrupción es cosa generalizada a cualquier nivel—, recibe dinero de Batista y, como la actividad de los fidelistas, a pesar de su discreción, es bastante visible, un día la policía detiene a Castro y a sus principales colaboradores, les ocupa armas, y los lleva a la prisión de Miguel Schultz. Allí corren el riesgo de ser condenados o expulsados del país. Un duro golpe para la anunciada expedición, cuando ya quedaban sólo cinco meses para cumplir la palabra de Fidel: "En 1956 seremos libres o mártires", que hubiera sido muy desmoralizante, pues, desde 1952, Prío, Aureliano y otros grupos venían anunciando una "hora cero", que nunca llegaba y en la que nadie creía ya.

La movilización de la opinión pública mexicana, las denuncias de la prensa y de otros amigos de los exiliados, el escándalo internacional determinaron que los presos fueran puestos en libertad.

Un mes después, en septiembre de 1956, se firma en ciudad de México un histórico pacto insurreccional, entre el 26 y el Directorio, representados por Fidel Castro y José Antonio Echevarría, que une la nueva generación en la estrategia de lucha y en el contenido democrático y nacionalista de la próxima insurrección.

Un día, por sorpresa, Fidel, sin informar a la dirección de Cuba, después de haber dicho públicamente en Miami: "No tocaremos a las puertas de los malversadores", refiriéndose al ex presidente Prío y a los dirigentes de su gobierno, ahora ricos exiliados, por el robo de los fondos públicos, da un viraje de noventa grados, firma un acuerdo con Prío y consigue una importante ayuda económica para comprar el yate *Granma* y parte de las armas de la futura expedición. La protesta indignada en Cuba de los jóvenes moralistas del 26 clandestino, no lo afecta. Alega la razón práctica; ¿habrían podido ellos reunir en pocas semanas el dinero necesario para armar la expedición? Es evidente que no. Entonces, dice

Fidel, hay que aceptar el dinero venga de donde venga y dejar para después el problema moral. La moral pragmática y cínica no convence, pero se impone.

Los meses de octubre y noviembre de 1956 fueron de intensa actividad para Fidel Castro y sus expedicionarios. En los ranchos, los jóvenes se preparan militarmente. La policía mexicana detiene a Pedro Miret y le ocupa un cargamento de armas. Fidel recibe visitas del movimiento de Cuba: Enrique Oltuski le llevará el programa ideológico del 26, propuesto por algunos especialistas y un grupo de la Dirección del 26: Felipe Pazos, Regino Boti, Frank País, Armando Hart, Carlos Franqui; Fidel, que no quiere programas, con el pretexto de la expedición no responderá a Oltuski.

El más importante de estos encuentros es el de Fidel con Frank País, jefe del movimiento en Oriente, que prepara con Celia Sánchez y Crescencio Pérez, en la Costa Sur de la Sierra Maestra, al grupo del 26, que recibirá la expedición con camiones de transporte, guías y campesinos serranos.

Simultáneo al desembarco, el Directorio Revolucionario atacará en La Habana, y el 26, en Santiago de Cuba; en el resto del país se harán sabotajes, protestas, quemas de cañaverales. Fidel avisará con cuatro telegramas en clave a diferentes lugares de Cuba. La clandestinidad debe calcular que el yate *Granma,* que conducirá a los expedicionarios, demorará, a partir de su salida de México, cinco días en llegar a la costa cubana.

Dos semanas antes de la partida, Fidel Castro ratifica en una entrevista al periódico *Alerta* sus palabras de desembarcar en Cuba, si Batista no renuncia.

El Directorio comienza una serie de acciones espectaculares en La Habana. El 27 de noviembre organiza una manifestación estudiantil que desafía a los cuerpos policiacos. Su más espectacular acto es el atentado contra el coronel Blanco Rico, jefe del SIN, balaceado con otro oficial, en el cabaret Montmartre (a donde había ido a oír a la cantante italiana Katina Rainieri), por tres jóvenes estudiantes: Rolando Cubelas, Pedro Carbó Servia, José Machado. Furioso, el coronel Salas Cañizares, jefe de la policía, asalta la Embajada de Haití, matando a los allí refugiados exiliados, y es balaceado por el joven Israel Escalona. Estos actos y el anuncio público del desembarco de Fidel crean en la isla un clima de tensión y nerviosismo. Batista hace alardes inútiles paseando los tanques por las calles habaneras. En México, Fidel Castro condena el atentado a Blanco Rico, diciendo que era contrario a esos métodos, y origina las primeras fricciones con el Directorio.

LO QUE PUDO SER Y NO FUE

En la noche del 24 de noviembre de 1956, cerca de Tuxpan, una máquina con cuatro hombres fue detenida por una patrulla de la policía mexicana.

Cerca de allí, en la desembocadura del río, un pequeño yate cargaba apresuradamente hombres y armas.

El conductor de la máquina detenida, un joven alto y fuerte, negoció su libertad con el jefe de la patrulla en miles de pesos mexicanos. Cuando el oficial y el hombre se pusieron de acuerdo sobre la cantidad, el hombre alto, que no tenía dinero, dijo al oficial: "Dejo a mis amigos en sus manos y regreso en seguida con el dinero."

Los jóvenes se miraron sin decir nada. El hombre alto, que no tenía dinero, se encaminó al hotel del pueblecito, llamó por teléfono a ciudad de México, a un conocido hombre de negocios, que era su amigo, y que sabía en qué estaba.

El hombre de negocios sirvió de garantía para que el hotelero diera el dinero del "rescate"; entonces el hombre alto envió con otro el dinero y rescató a sus amigos.

Su plan había funcionado. En caso contrario su idea era escapar, dejando en manos de la policía a sus amigos.

El hombre que tenía entonces treinta años había corrido serio peligro de vida, al menos en dos o tres ocasiones: una vez, cuando con amigos y enemigos se batía a tiros en las calles de una gran ciudad; otra cuando asaltó un cuartel y una buena parte de sus compañeros murieron. Otra vez correría algún peligro de morir en aquellos días, y en los próximos dos años, que lo llevarían de casi desconocido al poder.

Y qué poder: uno de los más largos poderes de América, continente rico en tiranías que duran decenios.

Este hombre audaz, astuto y precavido, se cuidaba en la guerra como en la paz. Pudo morir y no murió. Pienso que de morir, el destino de Cuba hubiera sido otro. Pudo estar en prisión quince años y no veinte meses. Pudo no partir aquel 25 de noviembre de 1956, a iniciar la guerra, y la historia hubiera sido otra. Pudo el coronel Barquín, en abril de 1956, derrocar a Batista, y la historia hubiera sido otra. Era Fidel Castro, el hombre que aquella noche de noviembre, en el pueblecito mexicano de Tuxpan, dejó como "rehenes" y rescató de la patrulla mexicana, a Faustino Pérez y otros expedicionarios del *Granma*. Sé que la historia no se explica con lo que pudo ser y no fue. Todavía yo digo que este hombre pudo morir, pudo perder, ver redimensionado su poder y popularidad, y en este caso Cuba no sería comunista. Que el azar juegue un papel en la historia, esta historia, una vez más, lo prueba. Un azar y otros azares.

Si un dictador mediocre no hubiese eliminado de golpe la democracia cubana, y conducido una guerra estúpida, si otros sectores poderosos de la nación, antes y después, con su indiferencia, incapacidad o corrupción, no hubieran llevado a la República a la crisis que la hizo precipitar, el Caudillo no existiría. Si el azar es importante, no todo es azar.

3

DE TUXPAN A LA SIERRA MAESTRA

El *Granma* parte de Tuxpan la noche del 25 de noviembre. Por el río de ese nombre, que divide en dos la ciudad costera, el pequeño yate, cargado con ochenta y dos hombres, armas, municiones, medicinas y alimentos, entra en el turbulento golfo de México. Vencido el peligro de ser descubiertos por las autoridades mexicanas, que como era noche de tormenta, habían cerrado el puerto con cadenas que el pequeño yate pasó sin dificultad, se presenta otro: comienza a entrar agua en el yate. La situación es alarmante, no hay botes salvavidas. Única solución: abandonar yate y armas, tirarse al agua, ganar la costa mexicana nadando, cosa bien desesperada y difícil. Castro ordena botar cubos de agua, mientras los marineros arreglan la avería. Más tranquilos, los expedicionarios cantan himnos y brindan con alegría por la revolución.

La travesía será larga, peligrosa, lenta, difícil. El desembarco no ocurrirá por las tierras próximas de Pinar del Río, en el extremo occidental de la isla. No. Se desembarcará cerca de Niquero, en el extremo de la costa Sur Oriental, navegando por el golfo de México y el mar Caribe, paralelamente a la costa de Cuba, isla larga y estrecha, una distancia de más de dos mil kilómetros.

La ruta de Castro es exactamente la misma que la de Hernán Cortés, cuando, en 1518, descubre y conquista México, sólo que al revés. Cortés hizo una escala en Trinidad, en la mitad sur de la isla, que el *Granma* no hará, no son las montañas del Escambray el punto final de la expedición, es la Sierra Maestra, la más alta, inaccesible y despoblada de las cordilleras cubanas, en la provincia más rebelde de Cuba: Oriente y cerca de ciudades como Niquero, Manzanillo y

Santiago de Cuba, donde Frank País y los núcleos del 26 esperan el desembarco con un alzamiento.

La palabra de orden es insurrección y huelga general. ¿En qué se basan estos sueños eufóricos? Sólo en esa psicología revolucionaria de imaginar que la realidad corresponde al deseo, a la voluntad de la revolución. ¿Pensaba realmente Fidel Castro en tal posibilidad? De la experiencia vivida, más bien pienso que jugaba con los acontecimientos. A excepción de Santiago, las milicias del 26 no tenían armas, dinamita, ni casi organización, ni estaban preparadas para comenzar una lucha violenta.

Tres días después del aviso de Fidel, cuando recibimos el telegrama, sabíamos que el *Granma* estaba en el mar, también lo sabía la aviación, la marina y el ejército de Batista, como prueban documentos oficiales de la época. La búsqueda fue por suerte ineficaz, aparte de que los cuerpos de la dictadura no brillaban por la rapidez de sus acciones, tenían poca marina y aviación militar.

En La Habana, el Directorio Revolucionario, principal protagonista de la lucha, que preparaba el ataque al Palacio, de acuerdo con el pacto de México, como respaldo al desembarco, descubre que el 26 habanero es un fantasma y que, en pocas horas, no se puede realizar una acción tan complicada y difícil, y decide, ante su seguro fracaso, posponerla.

La noche del 30 de noviembre, Frank País, que tiene acuartelados a un centenar de jóvenes en varias casas de Santiago, preparados armas y uniformes, sin que nada se filtre a la policía y el ejército, calcula que la hora del desembarco del *Granma* se aproxima y ordena atacar la ciudad por varios puntos. Milicianos del 26, al mando de Sotu, toman la Estación Marítima. Otras brigadas queman la jefatura de policía y ocupan varias calles de la ciudad que ve desfilar por primera vez el verde olivo, con brazaletes rojos y negros del 26 de julio. Es el primer aplauso popular. En los furiosos combates, el 26 pierde algunos de sus dirigentes: Pepito Tey, Tony Alomá. Durante horas el ejército, atemorizado, que espera un ataque, se acuartela y no interviene, permitiendo que la segunda ciudad de Cuba se mantenga en las manos del 26. Horas más tarde, Frank da la orden de retirada; todos los hombres y armas son escondidos por la población. El ataque prueba la capacidad de Frank País y de las milicias santiagueras, y crea un gran revuelo nacional, cuando la poderosa radio, prensa escrita y televisada dan la noticia de lo ocurrido.

Muy lejos todavía, navegando por la costa sur, el *Granma* avanza lento cuando, por radio, oyen la noticia del comienzo de la insurrección en Santiago. Castro no admitió que se había equivocado en dos días; Guevara, más amante de la verdad, lo reconocería públicamente. Dos interminables días pasarán para que el *Granma* se aproxime a la costa de Niquero. En la madrugada del 2 de diciembre, con la costa vecina, ocurre un accidente que retrasa el desembarco; Roque, uno de los marineros, cae al agua. Fidel ordena encender las luces hasta entonces apagadas, y los gritos del caído se oyen cada vez más lejos; el yate se detiene hasta que Pichirilo Mejía, timonel del *Granma,* exiliado dominicano y lobo marino, localiza en el agua al marinero perdido y lo salva. En vez de desembarcar de noche, como preparado y previsto, tienen que desembarcar a la luz del día, con todos los riesgos imaginables.

Un error que será fatal hace que el *Granma* se aproxime a la costa no por el lugar previsto, muy cerca de allí, donde esperaban, escondidos, los hombres y los camiones del 26, dirigidos por Celia Sánchez y Crescencio Pérez, sino por unos bajos cenagosos, poblados de manglares, y encalla en el bajo fondo. Los expedicionarios tienen que tirarse al agua y fango, abandonar el mejor equipo pesado y hacer una travesía que les lleva mucho tiempo hasta llegar a la costa. Naufragio, no desembarco, lo definiría Juan Manuel Márquez, el segundo de Fidel, que morirá poco después. Pasan horas para que los expedicionarios salgan de los tupidos y cenagosos manglares de las costas de la playa Colorada. Allí encuentran un bohío, y Castro ordena a Luis Crespo que vaya a hablar con el campesino, Ángel Pérez, para que les prepare algo de comida. Acampan allí, mientras se fríe el lechón, y Castro explica a la familia de Pérez las razones del desembarco. Aparecen aviones enemigos, señal de que la expedición ha sido localizada. Comienzan los ametrallamientos y los expedicionarios tienen que abandonar el lechón e internarse en bosques y cañaverales. Han desembarcado en el único lugar de la costa en que los hombres del 26 no podían esperarlos. A una mala suerte, otra: ni aquella mañana, ni en los tres fatales días siguientes, a causa de los movimientos del ejército en aquella zona, se encontrarán los expedicionarios y las milicias campesinas del 26. Sin prácticos, confiando en los campesinos que encuentran, agotados físicamente, por el mareo en un mar agitado y violento, en un yate pequeño, hambrientos, sin experiencia de guerrilla, van dejando rastros evidentes de latas de comida y de cañas tiradas en las guardarrayas de los cañaverales, por los caminos y lugares que atraviesan.

Ocho expedicionarios se pierden aquel día. En la noche del 2 acampan en un bosque con el estómago vacío. Al amanecer caminan hacia el este, buscando la Sierra y encuentran a un campesino que les prepara un plato sabroso y muy cubano: panales de miel de abejas y yuca con mojo. Fidel paga al campesino, costumbre que continuaba durante la guerra. Los aviones aparecían y desaparecían en esta zona costera, de tierras rocosas. Casi no había campesinos, frutos ni siembras, sólo algún carbonero que, al verlos, huía asustado. Son días interminables, hasta que el 5 tienen la alegría de encontrar a los ocho hombres perdidos, guiados por un campesino. Fidel había dado la orden de dormir de día y caminar de noche para evitar los aviones. El día 5 acampan para comer pan y chorizo, dentro de unas maniguas, en un lugar llamado Alegría del Pío. Los ochenta y dos hombres unidos —vanguardia, retaguardia y estado mayor— estaban amontonados, sin poner guardias, ni postas que vigilaran los alrededores, sentados en tierra; algunos se quitaban los zapatos, mientras devoraban el poco alimento. A las 4.45 de la tarde son sorprendidos por tierra y aire, por una gran balacera, que hiere y mata a varios expedicionarios, y provoca el pánico y la desbandada hacia cañaverales y montes cercanos. Algunos resisten con sus armas: Faustino Pérez, Almeida, Guevara, Camilo Cienfuegos, que al oír gritos de rendición, grita más fuerte, disparando: "¡Aquí no se rinde nadie, coño!"

Guevara cuenta que Almeida agrupaba a algunos hombres, preguntaba por las órdenes de Fidel, a quien no se veía, cuando fue herido por una bala que rebotó sobre su pecho y le entró por la garganta. Guevara, herido, piensa que iba a morir, y con otro compañero herido a su lado, dispara en dirección del enemigo. Debido a los árboles, bosques y cañaverales, los guardias no veían bien a los fidelistas ni éstos a aquéllos. Los aviones ametrallaban y descargaban bombas, que incendiaban los cañaverales. Fidel Castro quedó solo en un cañaveral, cuando se le une Universo Sánchez y, ya de noche, Faustino Pérez, cuando Castro ordena a Universo disparar cuando el enemigo esté muy cerca. Al oír Universo ruidos en el cañaveral, ve un uniforme verde olivo: reconoce a Faustino. Juntos los tres huyen por los cañaverales. Guevara, herido, es recogido por el grupo de Almeida, mientras Raúl Castro, con cinco expedicionarios más, escapa por otro cañaveral.

Muchos de los expedicionarios huyen hacia una zona rocosa de diente de perro, intransitable; allí son sorprendidos por el ejército y asesinados; otros, con mejor suerte, escapan por montes y cañaverales y, ayudados por campesinos, salvan la vida.

Escondidos en los cañaverales, que por las tierras malas estaban muy bajos, alimentándose de caña, estuvieron varios días Fidel Castro, Universo Sánchez y Faustino Pérez. Cuando, el 13 de diciembre, la familia de Guillermo García, que vivía allí, los encontró, Fidel, desconfiado porque el padre de Guillermo lo identificó, huyó, pero el viejo García avisó a su hijo, y él y Fajardo lograron encontrar a Fidel y a sus dos compañeros. Esos mismos campesinos del 26 recogieron a los grupos de Raúl y Almeida, ocultándolos al ejército, que los buscaba por todas partes y lo llevaron a la casa de Mongo Pérez, hermano de Crescencio, más alejada y protegida, donde se encontraron los tres grupos.

El día 24 de diciembre, día de Nochebuena, las milicias campesinas terminaron de rescatar a los expedicionarios perdidos y las armas tiradas, agrupándolos en la casa de Mongo Pérez, donde celebraron con dos lechones asados el día de Navidad, y se prepararon para subir a la Sierra.

Como doce es un número mítico, Fidel Castro, al contar después aquel episodio, olvidaría a los campesinos, que fueron determinantes y mitificaría como héroes de la revolución al grupo expedicionario, los famosos Doce que, en realidad, no eran otra cosa que el único núcleo rescatado por los campesinos de aquella gran expedición fracasada.

¿Quiénes fueron los héroes, pues? Los doce expedicionarios que huían por terrenos desconocidos, o los campesinos de la milicia que los encontraron y salvaron de los guardias, los llevaron a lugar seguro, recogieron las armas tiradas y los reagruparon en la casa de Mongo Pérez y se les unieron después, cuando más de un carbonero asustado los denunció al ejército; aquel grupo de campesinos organizados por Frank País y Celia Sánchez, salvó a Fidel Castro y a sus compañeros.

En los primeros días de 1957, Guillermo García, Fajardo y los campesinos del 26 condujeron a Fidel y a su pequeño grupo hacia las lomas de Caracas, en la sierra Maestra.

Fidel ordena a Faustino Pérez bajar de la Sierra, hacer contacto con Frank País, informar al movimiento de lo ocurrido, de la dispersión de los expedicionarios, pero de que él, Raúl, Guevara y otros hombres más habían escapado y ahora, protegidos por los campesinos de Crescencio Pérez, esperaban recibir refuerzos y ayuda de la ciudad, mientras se preparaban a bajar hacia la costa y atacar allí, en la desembocadura del río La Plata, un cuartelito. El día 14 de enero, los veintitrés hombres de Fidel Castro, doce expedicionarios y once campesinos, rodearon, atacaron y quemaron el cuartelito de La Plata, haciendo varios muertos y prisioneros al ejército y ocupando ocho armas y mil balas.

La pequeña victoria —los soldados de aquel cuartelito no pasaban de diez—, dio moral a la pequeña tropa, y en algo los repuso del desastre del desembarco y Alegría del Pío.

Fidel y sus guerrilleros se alejaron velozmente de La Plata hacia Palma Mocha, zona abrupta de la Sierra, y fue entonces cuando Fidel dijo aquellas palabras que mucho impresionaron al pequeño grupo guerrillero: "Ya Batista no me gana la guerra."

1956-1957: LA SIERRA Y EL LLANO

Desde diciembre de 1956, cuando desembarca, a diciembre de 1957, en trece meses de guerrilla, la acción militar de Fidel Castro y sus hombres es la mínima indispensable para foguear la guerrilla, conocer el terreno, los hábitos del enemigo. Un largo tiempo de aprendizaje y prudencia, con los riesgos mínimos, inevitables. Un solo ataque difícil: el asalto al cuartel del Uvero, en mayo de 1957, la toma de algunos cuartelitos pequeños, La Plata, el Hombrito, muchas emboscadas y tiroteos de menor cuantía. Único riesgo grande, el causado en tres ocasiones por la traición del mensajero Eutimio Guerra. Unas cincuenta armas ocupadas al enemigo, una veintena de soldados muertos, y otros tantos prisioneros y liberados. Cuatro refuerzos de hombres y armas enviados por la clandestinidad: unos cien hombres, con sus respectivas armas, incluidas algunas ametralladoras, el dinero para la subsistencia de la guerrilla, alimentos, uniformes, medicinas, médicos, implementos logísticos indispensables, y también grandes periodistas norteamericanos y cubanos que, llevados al frente, hacen grandes entrevistas y dan a conocer la figura del jefe de la revolución.

La clandestinidad es durante este primer año activa en todos los frentes: en el militar, con tres grandes acciones en las tres principales ciudades de Cuba: la toma de Santiago, el 30 de noviembre, el asalto al Palacio presidencial de La Habana, el 13 de marzo, la toma de Cienfuegos, el 5 de septiembre de 1957. Grandes atentados eliminan a tres jefes policiacos de la dictadura: el jefe del SIN, coronel Blanco Rico; el de la policía, teniente coronel Salas Cañizares, y el jefe militar de Holguín, coronel Cowley. Grandes sabotajes, como el de Suárez 222, en La Habana, paraliza la capital durante tres días, la quema de caña en todos los lugares de Cuba, se hacen miles de apagones y sabotajes, en barrios, pueblecitos, ciudades grandes o pequeñas. La impresión es fuerte: miles y miles de arrestos, torturas, asesinatos, protestas. Grandes huelgas, como la de agosto de 1957, por el asesinato de Frank País, que paralizó la mitad de la isla.

El movimiento clandestino organiza las Instituciones Cívicas, que agrupan a los colegios de médicos, abogados, ingenieros, periodistas y de otros profesionales, de enorme influencia política, en la creación del Movimiento de Resistencia Cívica; colateral del 26, que cubre sus espaldas, agrupando a las personas más conocidas, de mayor edad y prestigio. La organización del movimiento obrero del 26, en casi todas las fábricas y talleres de la isla, la formación de grupos estudiantiles y de milicias clandestinas en las ciudades, de escopeteros en los campos, la recaudación económica y la propaganda clandestina, con la edición del periódico *Revolución* y miles de actividades que unían fantasía, coraje y eficacia, hacen difícil la vida de la dictadura y le impiden atacar a fondo a Castro y su guerrilla.

A cada desmembramiento de algún lugar, ciudad o centro de estudio o de trabajo, cuando el grupo más activo cae preso, le sucede otro desconocido, autoorganizado, que se proclama del 26 y continúa la lucha.

Con esa mínima acción militar de la guerrilla, ¿cómo se agranda la figura de Castro y se convierte en el antagonista principal de Batista?

Castro es el 26 de Julio, representa la guerrilla y la clandestinidad; en cada acción aparece su nombre, él es el símbolo y el jefe del movimiento. Castro no es sólo la Sierra, es el llano y la ciudad. Desaparecen los dirigentes con madera de líderes: José Antonio Echevarría, del Directorio Revolucionario, que muere el 13 de marzo, cuando el asalto a Palacio, y Frank País, jefe de la clandestinidad del 26, que es asesinado el 30 de julio en Santiago de Cuba. Para el pueblo, la opinión pública nacional, norteamericana, latinoamericana y mundial, hay un solo 26, en ciudades y campos, en llanos y montañas, la cabeza visible es Fidel Castro.

Si la actividad militar de Castro es mínima y precavida a

lo largo de 1957, su acción propagandística es enorme: la entrevista del *New York Times,* la película de la CBS, con las imágenes románticas de los barbudos que rifle en alto, fotografiados en el pico Turquino, la más alta montaña de la Sierra Maestra y de Cuba, parecían símbolos de rebeldía y libertad.

Hay, como siempre, dos Castros: uno público, el contado antes, otro clandestino, que fustiga la ciudad, crea sólo a héroes militares, que no permite otros frentes, que divide la organización y no la respeta, el Fidel militar y caudillista que, por personalidad e intereses políticos, está creando las condiciones para no compartir el poder a la hora del triunfo con otros dirigentes, con las organizaciones civiles, creando un ejército obediente, que no se desangrará como los luchadores clandestinos, que será la única organización a la caída de Batista, el Fidel que dice una cosa en público y hace la contraria en privado, que niega sal y agua a quien le parece que piensa con su cabeza.

Afuera parece un civilista democrático, adentro es ya un militarista, un caudillista; muchos de sus mejores compañeros lo descubren y luchan para equilibrar su poder con la creación de las instituciones revolucionarias, frentes guerrilleros, milicias, organizaciones estudiantiles, obreras, una conciencia popular. La clandestinidad es prisionera de un dilema: para combatir a Batista, ha aceptado el movimiento de Fidel. Ahora, en el fragor, dificultad y dureza del combate, descubre los riesgos de su jefe, pero no puede romper con él, y su lucha para cambiarlo, por equilibrarlo, al fin será derrotada.

Al final de 1957, la ciudad es grande, la Sierra pequeña; por encima de la ciudad y la Sierra hay un solo jefe: Fidel Castro.

VIDA NÓMADA

En el primer año de la guerra, Fidel hacía una vida nómada; sabía que dormir en un rancho, en la casa de un campesino amigo, era un peligro, era allí donde iban los soldados, el sitio preferido de los aviones para ametrallar y bombardear.

La hamaca era su casa, y la de los otros guerrilleros, que al principio no pasaban de veinte y que fueron lentamente aumentando, a causa de la falta de armas, no de hombres, para ser unos doscientos en marzo de 1958, quince meses después del desembarco; no más de quinientos, cuando la ofensiva enemiga de mayo, y apenas dos mil al terminar la guerra. Cuando más alto, escondido y aislado era el sitio en que la guerrilla acampaba, más seguro era. El alimento conseguido, bien comprado al campesino o mandado de la ciudad, se compartía en igualdad; sólo a partir de que Fidel ordenó incautarse de diez mil reses del ganadero Arcas, con una carta promesa que nunca fue cumplida, y sólo entonces, con la abundancia y el filete, comenzó la diferencia entre el jefe y la tropa, limitada antes al vino español y a una que otra inocente caja de caramelos o chocolate.

Una escolta vigilaba noche y día, cuidando su vida preciosa para la guerrilla; Manuel Fajardo y Guillermo García, los dos primeros campesinos que se unieron a la guerrilla, bajo el mando del moncadista Juan Almeida, eran entonces su guardia de cuerpo, vigilaban mientras dormía, le ayudaban a guardar la mochila en las largas caminatas, cuando todavía no tenían un mulo de carga, llevaban mensajes, servían de contacto cuando llegaba alguien de la ciudad, combatientes, armas, medicinas, dinero, ropa, comida, periodistas.

Si se exceptúa el comer y el dormir, ni Fidel ni la guerrilla tenían tiempo para ocuparse de sus vidas personales: caminar, caminar, emboscar al enemigo, pegar y huir, hacer planes de combate, escribir cartas y manifiestos, leer la correspondencia de la clandestinidad, oír noticias por la radio que Fajardo llevaba era, y sería, la única vida de Fidel, con su cabeza concentrada en la guerra, que no sólo hablaba de sus planes futuros, prometiendo a los campesinos escuelas, mejores precios y tierra de forma individual.

No eran tiempos de mucho pensar, de hablar, predominaba la acción, el subir altas montañas y bajarlas, no ser sorprendidos por el enemigo, sorprender a los soldados cuando menos se lo esperaban, recuperar las energías físicas durmiendo como una piedra, cuando no se estaba de guardia.

El amor era clandestino y peligroso; el serrano no admitía relajos con la familia, y Fidel, de buen psicólogo, hizo una dura ordenanza y predicó de palabra que no se podía tocar la mujer campesina; infringir la regla era exponerse a la pena de muerte; más de un guerrillero, como el maestro que se hizo pasar por *el Che* y que como médico podía examinar a las mujeres, fue sorprendido y fusilado. Fidel hablaba alguna vez con los campesinos de sus problemas, animaba a la pequeña guerrilla con su fe en la victoria, concedió grados, algún que otro tabaco, hablando sin dejar hablar, sin oír, haciéndose el sordo, si no le convenía, casi no hablaba de cosas personales, ni de ideología, sólo de libertad, justicia, democracia y otras bellas y mágicas palabras.

Sus relaciones eran políticas, no personales, como la vida que llevaba, su personalidad y la guerra misma.

La llegada de Celia Sánchez humanizó su vida individual, no cambió sus hábitos, y como ya entonces la guerrilla era más fuerte y el ejército subía menos, hubo uno que otro ranchito, en la montaña, y más tiempo para leer algunos libros que llegaban.

Nunca fue muy dado a lo personal, a la confidencia, a la confesión, a la conversación privada; era entonces después, al mil por mil concentrado, en las cuestiones de la guerra, más tarde de la revolución y el poder.

Eran y serían éstos entonces, y después su única y verdadera vida y familia, y no exageraba en 1959, cuando afirmaba que él no creía ni en su madre, que su madre era la revolución; él estaba casado con la revolución; era su padre.

No sé si era hábito, herencia de sus tantos años de vida jesuita, como interno, de niño sin niñez, alejado de casa y familia, si el acostumbrarse al vivir colectivo, en compañía, o su naturaleza misma de solitario, que goza sólo de la compañía colectiva, no de la individual: "No puede vivir cinco minutos, sin estar rodeado de gente y hablando, en función activa, nunca quieto, oyendo a los otros, solo", decían, quejándose, sus cansados escoltas.

Hábito o naturaleza, quizá si una y otra, la verdad es que *el Comandante* no gusta de la vida individual, sólo de la colectiva.

LAS GALLINAS DE FIDEL

Eran los primeros días del año 1957 y la guerrilla, unos diecisiete hombres, hacía su cura y aprendizaje de guerra y montaña, con el "pega y huye", que era más bien "tira y huye", caminaba grandes distancias al ritmo de las enormes zancadas de Fidel y no estaba nunca en un punto fijo. "Este hombre no se cansa nunca de caminar", se decía. La comida era bien ocasional y dependía de algún campesino amigo, o familia de los incorporados de Crescencio Pérez, Fajardo, García, Sardiñas, Mora. Un día Almeida vio una gallina en una falda de la montaña y, después de furiosa corrida loma abajo, logró agarrarla, todos se hicieron la boca agua, mientras preparaban una fogata para hacer un sabroso sopón caliente.

Entonces la gallina tiene ganas de poner un huevo y se pone a cacarear y despierta a Fidel, que dormía en una hamaca. Fidel mira a la gallina, mira la cara de sus guerrilleros y entonces dice: "Tenemos que ser previsores: si no nos comemos esta gallina, pondrá muchos huevos, nacerán polluelos, nos comeremos sólo los machos; las hembras seguirán poniendo huevos y de los huevos nacerán miles de gallinas; no pasará mucho tiempo y tendremos docenas de miles de gallinas ponedoras; con esta crianza que iniciamos hoy, dándole esta gallina y un poco de dinero, a estos campesinos para que nos las cuiden." Y ante los ojos y estómagos hambrientos, que veían escapar la exquisita sopa, Fidel agregó: "Verán que es un sacrificio que vale la pena."

Días después la guerrilla capturó otra gallina; entonces la maldita gallina se puso a cacarear. Universo Sánchez dijo: "Si esta cabrona gallina pone un huevo delante de Fidel nos jodemos." Entonces Guillermo García le sacó el huevo a la gallina, se lo comió con cáscara y todo y, haciendo como que la gallina se le escapaba, se dejó rodar loma abajo y regresó con la gallina aplastada, y ese día sí que pudieron saborear una sabrosa sopa de gallina.

La guerrilla se desplazó de aquella zona abrupta de la Sierra hacia otras bien lejanas, y la gallina de Fidel quedó en el olvido.

A mediados de 1959, un día que visitaba los campos con Celia Sánchez, Fidel, al llegar a una granja, de pronto recordó y dijo: "Celia, mis gallinas, mis gallinas", y entonces ordenó a su ayudante que fuera a la Sierra, en busca de sus gallinas, que nunca aparecieron.

Fidel no se dio por vencido y mandó ·comprar a Canadá decenas de miles de polluelos y de ponedoras, y con ellos comenzó una gran crianza; serían sus gallinas de los huevos de oro, una de sus "fijaciones" positivas, y en verdad que lo único que no falta hoy en Cuba son huevos fidelistas.

LOS BAUTIZOS DE FIDEL

Fidel sabía que lo que más apreciaba un campesino era que bautizaran a su hijo. La Sierra era un territorio aislado, difícil, en que no había una iglesucha, ni menos un buen sacerdote que bautizara a los niños. Muy pronto Fidel mandaría a buscar un sacerdote, el famoso padre Sardiñas, que terminaría la guerra de comandante. Cuando los campesinos veían llegar a Fidel, cruz al cuello, acompañado del padre Sardiñas, veían los cielos abiertos. Al fin aquel viejo sueño de volver cristianos a sus hijos se hacía realidad. Con Fidel de padrino y Sardiñas sacerdote, media Sierra se bautizó; los ahijados serranos de Fidel, pequeños o grandes, hembras o varones, fueron muchos y no se olvide que en la tradición campesina, el padrino era también un segundo padre. Salvados entonces el cuerpo y también el alma, no había llegado todavía la época de la supresión de la Iglesia y de la fe; aquel famoso padrino ha prohibido en el poder, bautismo y religión, casi sin excepción; la población cubana de menos de veinte años está hoy sin bautizar, y si alguien se bautiza o se vuelve cristiano, protestante, espiritista, testigo de Jehová o de cualquier otra religión africana, ya sabe que tendrá vida difícil, que no podrá ser miembro del partido, ni tener ningún cargo oficial.

EL TRONCOMÓVIL Y OTRAS INVENCIONES FIDELISTAS

Las invenciones guerrilleras de Fidel fueron muchas, entre las más efectivas, el llenar las entradas de montañas y caminos serranos de grandes huecos, que protegían de los ametrallamientos y bombardeos de la aviación y permitían a un rebelde bien cubierto hacer frente a varios enemigos con eficacia y poco peligro. También sus eficaces minas rudimentales, construidas con bombas lanzadas por aviones que no estallaban, y que sembraban el pánico entre los soldados enemigos cuando, bien colocadas, los sorprendían en los caminos. Antes había escogido los famosos fusiles con mirillas telescópicas, que podían fusilar a distancia, sorprendiendo al enemigo, cuando menos lo esperaba. Muchas y buenas fueron estas y otras invenciones guerrilleras.

Hubo una, en cambio, algo grotesca, que nunca funcionó: fue el famoso "troncomóvil fidelista", que Fidel hizo experimentar en algunos combates y que consistía en usar un gran tronco de árbol cortado, que pesaba mucho, detrás del cual el guerrillero en combate se protegía de los tiros enemigos, una especie de trinchera andante. El problema era cómo mover el desgraciado tronco. No duró mucho el troncomóvil, entre uno y otro chiste guerrillero, bien bajito. No sería la única extravagante invención del famoso comandante; otras cosas geniales inventaría, sobre todo en la paz, cuando le dio por inventarlo todo, entre ellas la sopa de pangola, una famosa hierba para las vacas, que era intomable y que reventó el estómago a más de un servidor del comandante, el vinagre fidelista y tantas y tantas otras de triste memoria en Cuba.

UN VORAZ APETITO QUE LA MUERTE NO TERMINA

Era el día 30 de julio de 1957, la guerrilla, todavía no muy numerosa, menos de un centenar de hombres, hizo un alto en un bohío serrano, para comerse un lechón asado, maravilloso manjar para sus hambrientos estómagos, cuando en la radio que los acompañaba siempre oyeron una noticia que los paralizó: Frank País, jefe del 26 clandestino y líder del 26 de Julio, acababa de ser asesinado en las calles de Santiago. Fidel, indignado, se puso a escribir una proclama, ante el silencio de sus guerrilleros, muchos de los cuales habían llegado allí enviados por el propio Frank.

La muerte de Frank hizo perder el apetito a los guerrilleros.

Fidel terminó su carta proclama que leyó ante el silencio conmovido de sus compañeros y, después de ordenar a un mensajero de llevarla a Santiago para que fuera conocida del movimiento y transmitida clandestinamente al pueblo, que poco después comenzaría una gran huelga, con las madres gritando por las calles de Santiago y el cadáver de Frank como bandera, con los colores rojo y negro del 26 de Julio sobre su cuerpo de héroe y mártir.

Entonces Fidel, terminada la carta, comenzó a devorar uno tras otro sabrosos platos de lechón asado. En tantas otras ocasiones cayeron en combate jefes guerrilleros: Cuevas, Paz, Daniel, que eran pilares de Fidel. Con absoluta calma, como si la muerte fuera cosa natural en la guerra —¿lo era?—, Fidel proseguía su vida de siempre, sin ninguna relación aparente que alterase sus costumbres ni su apetito.

Después de varios días de infructuosa búsqueda, cuando la desaparición del comandante Camilo Cienfuegos, en octubre de 1959, Fidel con un grupo de personas aterrizó en la isla de Turiguanó, famosa por sus crianzas de ganado, al norte de Camagüey. Fidel, que había vivido aquellas intensas jornadas con dramatismo, buscando intensamente, sacó su fusil y disparó a uno de los toros padres y ordenó que preparasen un asado con la exquisita carne, que devoró con su insaciable apetito, famoso ya antes de la revolución, cuando más de una vez, invitado a una cena, comía con tal rapidez que más de uno de sus antiguos amigos se quedó con la boca seca, y que la guerra ni la victoria alterarían. Después de aquel episodio de Turiguanó, alguien comentaría su insensibilidad frente a la muerte de quien, como Camilo, se suponía a él tan vinculado. Independiente del misterio Camilo: ¿desaparición, accidente, pérdida en el mar?; en la guerra como en la paz, era, y es, invariable esta conducta de Fidel Castro, la muerte no le quita el apetito.

Es de pensar que cuando se envía al paredón a un antiguo amigo y compañero, como el comandante Sorín Marín, y tantos otros, por el que habían intercedido madres, familiares y amigos, aun el más duro de los hombres debería de sentir cualquier cosa en su corazón: la muerte de amigos, o de enemigos-amigos, no conmueve a Fidel Castro. ¿No siente?

Se pueden contar los actos de un hombre, no el porqué de sus actos. Era evidente la relación de Fidel Castro con los comandantes Paz y Cuevas, que con sus actos heroicos, siguiendo órdenes de Fidel, salvaron la guerrilla en momentos difíciles. Pienso que de buen guerrero, y mejor militar, la muerte de los otros era, y es, para él cosa natural. ¿No es la guerra, la revolución, un matar, un morir?

Pienso que Castro está más allá de lo humano, es un hombre sobrehumano, no el único de su especie; me parece que esta suya es una característica de guerreros, militares, políticos e incluso de muchos genios literarios, artísticos, científicos. Están más allá de los otros. Es mi deber contar los actos del biografiado, no el porqué, si es que hay porqué; lo único que puedo decir es que la muerte de los otros no le quitaba el apetito al *Comandante*.

LA MARIHUANA

La marihuana se cultivaba en gran escala en las aisladas montañas de la Sierra Maestra; la población campesina era escasa, pobre y rebelde; muchos de los que allí vivían eran perseguidos de la guardia rural o campesinos a quienes habían robado la tierra y se habían refugiado allí con sus familias.

Algunos de los héroes de la guerrilla, de sus comandantes, habían sido correos de la hierba, y la guerra, al darles conciencia, les hizo cambiar de oficio. En la Sierra se sembraba marihuana, pero casi no se consumía: era el ron la verdadera peste serrana.

El encuentro con los campos de marihuana produjo más de una indignación entre los rebeldes. Fidel hacía la vista gorda, sin oír a más de un comandante que quiso prohibir su cultivo; en verdad, los rebeldes no fumaban marihuana, y en cuanto al ejército de Batista, acusado por Raúl Castro de marihuanero, hay que decir que si fumaban, eran la excepción y no la regla. Durante mucho tiempo hubo una coexistencia pacífica entre la guerrilla y la marihuana, y fue después de casi dos años de guerra cuando el comandante Faustino Pérez creó la Administración Civil del territorio libre, que Fidel le permitió hacer un decreto prohibiendo la siembra de la marihuana. Antes, a su insistencia, respondía: "¿Quiere que perdamos la guerra, poniéndonos los campesinos contra, porque les prohibimos sembrar marihuana? Ya llegará el momento oportuno de hacerlo." Y ese momento fue al final de la guerra.

LA HUELGA DE ABRIL

En 1958 la guerrilla dejó de ser nómada, dio un salto de calidad: la creación de territorios libres, fijos. Su creador fue el comandante Guevara, en la zona del Hombrito, donde operaba su guerrilla a finales de 1957; estableció allí una zona libre, creó escuelas, panadería, zapatería, armería, talleres, almacenes, hospitales, puso banderas del 26 de Julio. Era una estrategia correcta, pero Guevara no tenía hombres, armas ni las condiciones geográficas de aislamiento para mantener aquel territorio liberado, y en poco tiempo el Hombrito fue arrasado y tomado por las fuerzas de Sánchez Mosquera.

Fidel, con su habitual pragmatismo, aplicó la táctica de territorios libres en la zona de La Plata, una de las de más difícil acceso, de las montañas de la Sierra Maestra, con más hombres y recursos, estableciendo allí la comandancia general, el hospital y Radio Rebelde. Era un territorio muy extenso, que dominaba una zona montañosa, los caminos de entrada a la Sierra y algunos pequeños pueblos en las inmediaciones de las montañas: las Vegas de Jibacoa, Las Mercedes, Santo Domingo, los caminos vecinales y carreteras por donde podían transitar vehículos. La zona libre se extendía por la costa sur de la Sierra, desde la desembocadura del río La Plata, el Uvero, el Macho, por muchos kilómetros. Había un aeropuerto improvisado en Las Mercedes, donde aterrizaron varios aviones, y un terraplén en La Plata, para avionetas.

El abastecimiento estaba garantizado por las siembras de malanga y frutos menores, por la incautación ordenada por Fidel, de miles de cabezas de ganado, propiedad de los Arca, que resultaría decisiva durante la ofensiva enemiga. El parque, las medicinas, los uniformes, los refuerzos de armas y hombres venían de la ciudad, y a los muchos del año 1957, se unieron dos importantes cargamentos en aquellos primeros días de 1958, a los que hay que agregar dos aviones venidos desde el extranjero, el de Huber Matos, de Costa Rica, y el de Díaz Lanz y Carlos Franqui, de Miami.

Tres columnas principales, la uno, de Fidel, la cuatro, del *Che* y la de Ramiro Valdés y Guillermo García, en la zona de la Mesa, otra entrada de la Sierra; operaban afuera, en el llano, las guerrillas de Camilo Cienfuegos, Lara y otros jefes, tiroteaban y distraían al enemigo, hacían sabotajes, cortaban comunicaciones y quemaban cañaverales. Más al sur, en los alrededores de Santiago de Cuba, había otro frente guerrillero, comandado por Juan Almeida y Universo Sánchez, que hostigaba la capital de Oriente y la carretera Central.

En marzo de 1958 hubo en la Sierra una reunión de la Dirección Nacional del 26 de Julio: Faustino Pérez, René Ramos, Daniel, Marcelo Fernández, David Salvador, Manuel Ray, Vilma Espín, *Che* Guevara, Fidel Castro. El principal acuerdo fue redactar un manifiesto que firmaron Fidel Castro y Faustino Pérez, llamando a la huelga general que, pensaba, pondría fin a la dictadura: la lucha clandestina se había extendido a todo el país, en todas partes había sabotajes, apagones, protestas, tiroteos, atentados, asesinatos, los exiliados cubanos en Estados Unidos, América Latina y París denunciaban los crímenes de la tiranía y la prensa mundial comenzó a interesarse por Cuba y a influir sobre la opinión pública. Las poderosas Instituciones Cívicas Cubanas, que incluían todos los colegios profesionales, pidieron la renuncia del dictador.

Es en ese clima en el que el Departamento de Estado del gobierno de Estados Unidos decreta el embargo de armas a Batista; el golpe dejaba al régimen privado de su principal abastecedor militar. Era terrible psicológicamente para el ejército, y para los bien pensantes que siempre miraron al norte como el lugar donde se decidía el destino de Cuba y que ahora los abandonaba.

Todo el mundo pensó que Batista se caía. Se creó una peligrosa ilusión de victoria, que no tomaba en consideración el que el principal apoyo de la dictadura era el ejército, todavía intacto, ni la carencia de armas de la clandestinidad, ni las dificultades del movimiento cívico y obrero, ni la pequeñez y poca extensión de los frentes guerrilleros, que no pasaban de quinientos hombres.

En esas condiciones Fidel Castro tomó una decisión muy arriesgada: dividir sus casi trescientos hombres en dos columnas, y enviar a Raúl Castro con cien guerrilleros a la zona norte de Oriente, llamada Segundo Frente Oriental. El Directorio Revolucionario, que comenzaba a reponerse del terrible ataque a Palacio, envió el Segundo Frente del Escambray, en el centro de Cuba, una expedición que desembarcó por Nuevitas, al mando de Chomón y Cubelas; allí operaban las guerrillas de Eloy Gutiérrez Menoyo, Carreras, Morgan y otros que habían abierto el frente.

En ese clima de euforia y victoria, la dirección del 26 de Julio en La Habana, ordenó, el 9 de abril de 1958, que se proclamara la huelga general, cometiendo dos errores tácticos tremendos: dejar pasar el momento de mayor tensión, cuando ya Batista había decretado la censura de la prensa, y hacer el llamamiento a la huelga por sorpresa, lo que hizo que casi nadie se enterara. El fracaso fue grande y la represión terrible. La huelga fue ahogada en sangre, y la clandestinidad sufrió un golpe mortal, del que nunca se recuperaría. Más allá del fracaso táctico, la huelga fue un error estratégico: no había organización obrera, ni milicias, ni armas, ni recursos para sostenerla. La huelga podía haber sido el apoyo decisivo a una insurrección armada, a la invasión de columnas rebeldes y de milicias clandestinas, sitiando y atacando ciudades. La huelga, su fracaso, sólo lo pagó la clandestinidad, aun si Fidel Castro tuvo tanta responsabilidad como los dirigentes clandestinos. La aceptó, firmó el manifiesto proclamándola, sin que con su realismo pudiese ignorar que las condiciones no estaban maduras para una batalla decisiva, y si en otros momentos nadie reprochó a Fidel Castro sus grandes derrotas —el Moncada, el desembarco del *Granma* y Alegría del Pío—, esta vez Fidel Castro, que tenía una gran pugna con la dirección del movimiento clandestino, aprovechó la derrota de la huelga de abril para responsabilizar del fracaso e intervenir militarmente el movimiento.

Se pasó de un clima de victoria a un clima de derrota. Batista, eufórico, pensó que la derrota de la huelga de abril, consolidaba su dictadura, que terminada la zafra, y con las ciudades más tranquilas, podría lanzar una ofensiva contra la Sierra Maestra, que aniquilara a Fidel Castro y su guerrilla.

LA OFENSIVA DE BATISTA

A principios de mayo de 1958, el ejército comenzó a concentrar tropas en las inmediaciones de la Sierra. El general Cantillo, desde su cuartel general de Bayamo, tenía informes casi exactos del número de rebeldes y de sus armamentos: menos de trescientos guerrilleros, no muy bien armados, ni con mucho parque. Cantillo subestima la verdadera fuerza de la guerrilla que era su idealismo, experiencia, movilidad, conocimiento de las montañas, capacidad de caminar en horas grandes distancias, subiendo y bajando altísimas lomas.

Cantillo dispuso que unos dos mil cuatrocientos soldados atacaran la Sierra, por tierra y por mar, cortando los principales caminos y entradas, con la intención de apoderarse de todos los territorios libres y de aniquilar las fuerzas guerrilleras, en un momento en que la tensión de la lucha en la ciudad había caído, por la derrota de la huelga de abril. Fidel Castro escribió a los comandantes serranos una carta con las instrucciones para la defensa del territorio libre: su estrategia era resistir, ir abandonando terrenos de difícil defensa, desgastando y cansando a los soldados, poniéndoles minas, tiroteándolos a todas horas para no dejarlos dormir, concentrando la defensa en la zona alrededor de La Plata, donde estaban Radio Rebelde, el hospital y la comandancia general; ordenó hacer miles de huecos y trincheras rudimentarias en los caminos y subidas a la Sierra, contener al mínimo los disparos, pues iba a ser difícil, en aquellas condiciones, recibir refuerzos o municiones de la ciudad o del extranjero. Las últimas armas y municiones llegaron de Miami en un avión Cesna, conducido por Díaz Lanz, que el 28 de mayo hizo un aterrizaje y un despegue de fortuna en la zona de la costa, en el que llegó el que estas páginas escribe, pues iba a incorporarse a la guerrilla y a dirigir Radio Rebelde. Por otros caminos habían llegado los dirigentes del 26: Faustino Pérez, David Salvador, el comandante Daniel, mandados a buscar por Fidel, que, de hecho, les quitaba el control de la lucha clandestina; sólo quedó Marcelo Fernández. El movimiento clandestino fue intervenido militarmente por los comandantes Ochoa, Escalona y otros que asumieron el control de las ciudades.

Las tropas de Batista avanzaron en los primeros momentos con cierta facilidad: los caminos eran buenos, podían usar tanques y artillería pesada, desembarcar por varios puntos de la costa, apoyados por fragatas y aviación. Tomaron Las Mercedes, se acercaron a Las Vegas, una de las entradas de la Sierra, avanzaron por la Pata de la Mesa, ante el repliegue de las guerrillas y tomaron con relativa facilidad los campamentos rebeldes a orillas de la costa, defendidos por René Rodríguez y Pedro Miret.

Las guerrillas, siguiendo las instrucciones de Fidel, iban replegándose a posiciones más seguras. Los hombres de Camilo, Almeida, Lara y otras guerrillas, que operaban fuera de la Sierra, fueron mandados a buscar y se incorporaron a la defensa del territorio libre.

En junio, el avance del enemigo por todos los frentes fue considerable. El territorio libre se fue reduciendo a un pequeño triángulo, alrededor de La Plata, que iba de Las Vegas de Jibacoa a Santo Domingo, Minas del Frío y el Jigüe. Se combatía día y noche.

Un día, Las Vegas cayó casi sin resistencia: el comandante Guevara, que sólo en su mulita allí entraba, hubiese caído prisionero si el comandante Sorí Marín, el último que salía, no lo hubiese encontrado en el camino de las Minas del Frío. A fines de junio, la situación se hizo muy difícil. Otra tropa penetró profundamente desde la costa, en territorio rebelde, mientras el coronel Sánchez Mosquera se acercaba peligrosamente a Santo Domingo.

El teléfono rebelde, mandado instalar por Fidel Castro, con líneas y postes arrancados en el llano, fue entonces de gran utilidad.

Los teléfonos comunicaban con La Plata, donde estaba la comandancia general, que los guardias se acercaban por todas partes, mientras la aviación bombardeaba los territorios libres.

Radio Rebelde, de la que me había hecho cargo, sustituyendo a Luis Orlando Rodríguez, decía toda la verdad acerca de lo que ocurría, el avance enemigo, la pérdida de territorio y la resistencia encarnizada que paralizó las tropas que subían por Las Vegas. El 28 de junio, un mes después de comenzada la ofensiva enemiga, el territorio rebelde había quedado reducido a unos pocos kilómetros cuadrados, el parque escaseaba, la Sierra estaba cortada por tierra, aire y mar, y en cuestión de horas las tropas enemigas podían tomar todo el territorio libre. En la comandancia general nos encontrábamos sólo Fidel Castro, Celia Sánchez y el grupo de Radio Rebelde; había una sola arma larga, y se veía abajo los guardias a muy poca distancia, disparando hacia todas partes.

El humo de los ranchos campesinos quemados oscurecía el cielo; los pocos campesinos que por allí vivían abandonaron la Sierra; sólo quedó allí la familia Mompié. El comandante Guevara tuvo problemas, pues no era fácil dejar salir a las familias que conocían las posiciones rebeldes y que, obligadas por el ejército, podían hablar. En esas condiciones, en un día que amaneció lluvioso, nublado, comenzó un combate que iba a ser decisivo: el de Santo Domingo. De su suerte dependería la guerra misma. Fidel Castro estaba ya tomando en consideración la última posibilidad; es decir, abandonar los frentes e internarse en las zonas abruptas del Turquino, con pequeñas guerrillas, como al comienzo de la guerra, lo cual supondría además de una derrota, un peligro y un retroceso. Volver a un tiempo ya superado, aun si esto era más inteligente que ser aniquilados por la ofensiva enemiga. Ese día 29 de junio se jugó la suerte de la guerra; se podía retroceder dos años, morir, o contener el avance enemigo, que era casi como derrotar al ejército. La astucia, el valor, el idealismo, animaban a las fuerzas rebeldes. Fidel Castro, con la fe que había infundido en sus hombres, los preparó para acciones suicidas. Uno de ellos, el comandante Lalo Sardiñas, un campesino serrano, bravo, pero violento, que había matado a un compañero (y matar a un compañero suponía en la guerrilla una condena a la pena de muerte), había sido salvado en un juicio democrático, en el que votaba toda la guerrilla. Con la votación empatada, faltando sólo por votar Fidel Castro, éste votó en contra de la pena y le salvó la vida. Sardiñas fue, aquella noche decisiva, el hombre encargado de la misión más peligrosa, acompañado de Paco Cabrera, Huber Matos y algún otro: tenían que morir o detener el avance enemigo. Las balas luminosas silbaban iluminando el cielo. Yo, con la poca voz que tenía, gritaba por los altoparlantes improvisados: "Sánchez Mosquera, asesino." Coroneaux hacía sonar su maravillosa calibre 50, tiro a tiro; el enemigo respondía con cerradas descargas de mortero, que estallaban con un ruido infernal. Después de un furioso combate, el enemigo dejó los cuerpos de los muchos soldados muertos tendidos en las aguas del río Santo Domingo, que no pudieron atravesar. Los soldados huyeron dejando abandonados muchas armas, parques, heridos y prisioneros. Aquella noche, el ejército tuvo la sensación de su derrota, de que no pasaría; la pequeña guerrilla, de su gran victoria, de que sería el comienzo del fin del ejército y de la dictadura.

Es mi deber contar los actos de biografiado, no el porqué, si es que hay por qué. Lo único que puedo decir es que la muerte de los otros no le quitaba el apetito al comandante. (Foto posterior.)

En 1958 la guerrilla dejó de ser nómada, dio un salto de calidad: la creación de territorios libres, fijos. Fidel, con su habitual pragmatismo, aplicó la táctica de territorios libres en la zona de La Plata. (En la foto, Faustino Pérez, Pity Fajardo, Carlos Franqui y Fidel Castro, entre otros, en el campamento de La Plata, 1958.)

EL JIGÜE, COMBATE DECISIVO

La victoria de Santo Domingo dio moral a los rebeldes, resolvió la escasez de parque y, gracias a las armas ocupadas al ejército, se armaron nuevas guerrillas y reforzaron posiciones con morteros y ametralladoras. Para el ejército fue un golpe duro, desmoralizante. Derrota, muertes, heridos, prisioneros, reforzamiento rebelde, fin del avance en un punto clave de la ofensiva. Pudo haber sido una advertencia para el general Cantillo: había subestimado el valor de las fuerzas rebeldes. ¿Cuántos militares valía un rebelde en aquellas condiciones? Sin duda muchos. La naturaleza montañosa era el cuartel del guerrillero. El soldado no estaba acostumbrado a combatir allí; se sentía fuerte en su cuartel; allí era una masa armada, que cuando se le atacaba, se defendía bien, protegido por muros y armas pesadas y rechazaba el ataque con pocas pérdidas. El de Cuba, entonces, era más un ejército político, con un caudillo militar, Batista, que un ejército profesional.

En un sitio inhóspito de la Sierra estaba Puerto Malanga, extraña prisión, con unos cuantos soldados prisioneros, cuidados por un capitán rebelde llamado Hermes. El espíritu guerrillero era alérgico a las rejas, realidad de la dictadura. ¿Qué hacer con los pocos prisioneros que se hacían, casi siempre heridos en combate? Una vez curados, liberarlos era peligroso: conocían la zona, tácticas, escondrijos, caminos, armamentos y la fuerza real de la guerrilla, débil todavía. Se pensó entonces en hacer con ellos una especie de cooperativa en un lugar en que las montañas y dificultades de comunicación hacían imposibles las fugas; allí, libres, trabajaban para sustentarse bajo la dirección de Hermes. No pasaría mucho tiempo y la fama de Puerto Malanga, como el lugar mejor abastecido y alimentado de la Sierra, sería envidia de muchos estómagos rebeldes.

Al general Cantillo le llegaron noticias de aquellos soldados prisioneros y, sin pensarlo mucho dispuso, en medio de aquella ofensiva suya, mandar al corazón de la Sierra a uno de los mejores batallones del ejército, dirigido por un oficial joven de prestigio, el comandante Quevedo, quien había sido compañero de estudios de Fidel Castro, en la Universidad de La Habana. Quevedo debía penetrar profundamente en las montañas y rescatar a los prisioneros. En el informe del general Cantillo se lee que los rebeldes eran pocos y mal armados, lo que hacía suponer que aquélla, más que una difícil operación militar en territorio enemigo, era una excursión turística para entrenar a las tropas. El ejército emprendió aquella operación para eliminar a la guerrilla rebelde de la Sierra, en un clima de victoria por el aplastamiento de la huelga general de abril. De la ilusión de victoria anterior a la huelga, se pasó a un clima de depresión y derrota civil, y Batista aprovechó el momento favorable para hacer una ofensiva contra la Sierra. Sus generales fueron allí seguros de una fácil victoria y subestimando la guerrilla. El general Cantillo, jefe de operaciones, en su cuartel general de Bayamo, cerca, pero no en la zona de operaciones, al ver que los primeros avances eran fáciles y poco costosos, estaba eufórico.

Estabilizado el frente de Santo Domingo, paralizado el avance por Las Vegas, Fidel pudo mandar algunas guerrillas a otros lugares calientes: los hombres de Paz, Cuevas, Daniel, corrían por las montañas y, con una gran moral de combate, paralizaban fuerzas enemigas bien armadas, en una proporción de 20 a 1. Estos tres jefes y sus guerrilleros morirían casi todos. Eran trincheras vivientes y movibles aquellos terribles barbudos; tan bravos eran que Cuevas y Paz peleaban de pie, no porque ignorasen el peligro; era casi la única forma de resistir, inspirando a sus compañeros. Su vida contra el enemigo. La vida se perdía, pero el enemigo no podía avanzar.

Informado Fidel de que una tropa enemiga, que había desembarcado por la costa, avanzaba profundamente en la montaña, dejó al *Che* Guevara la responsabilidad de defender la zona de la comandancia de La Plata, y a otra guerrilla la de resistir en la zona de Santo Domingo, y trasladó a la mayoría de los trescientos guerrilleros, las mejores armas y el parque capturado, a la zona montañosa del Jigüe. El plan de Fidel era rodear el batallón enemigo, emboscándolo en un sitio de terreno favorable, ir tiroteándolo y hostigándole hasta que cayera allí; una vez caído en un pequeño valle, rodeado de montañas y bosques, con sólo una salida, sitiarlo, agotarlo, desangrarlo, hambrearlo, desmoralizarlo y rendirlo.

A los comandantes Paz y Cuevas asignó la misión más difícil. Para que su plan funcionara, era fundamental que los refuerzos enviados por el ejército desde la costa para rescatar el batallón oficial no pudieran pasar. Para evitar el ametrallamiento y el bombardeo de la aviación enemiga, la fuerza que rodeaba el batallón sitiado tenía que acercarse mucho, desde trincheras bien camufladas. Por tercera vez en aquellos días Fidel Castro daba prueba de su capacidad táctica, del conocimiento del terreno, de su adivinar el movimiento, lugar y forma de ataque del ejército y de inspirar a la guerrilla que con sus ideales de libertad y admiración a su jefe, era capaz de acciones suicidas. Tres fueron sus jugadas maestras: la estrategia de defender el territorio rebelde, la batalla de Santo Domingo y ahora este que iba a ser un combate que definiría la guerra.

Las fuerzas del batallón de Quevedo avanzaban sin mayores dificultades, penetrando las montañas, tiroteadas por guerrilleros, que hábilmente las conducían al Jigüe, el lugar escogido por Fidel; cuando intentaban escapar por un río, fueron ametrallados, sufriendo las primeras bajas, y tuvieron que retroceder. Ni el comandante Quevedo ni sus hombres estaban demasiado preocupados, pues pensaban romper el cerco y, caso de que no fuera posible, la lógica les hacía creer que las fuerzas armadas, con decenas de miles de hombres, una marina de guerra, en una costa vecina, y la aviación, rescatarían el batallón sitiado por unos cientos de barbudos. Después de intentar salir dos o tres veces y ser rechazados, Quevedo pensó que una salida a la desesperada no era imposible, pero dada su mala posición y la privilegiada de las fuerzas rebeldes le costaría mucha sangre. Resistir con pocas bajas y esperar los refuerzos fue su orden.

Paz y Cuevas, con poca fuerza y actos heroicos, detuvieron los refuerzos enviados, causándoles muchas bajas. Los encuentros eran feroces, y el comandante Cuevas pagó con su vida en uno de ellos, mientras su guerrilla rechazaba al enemigo. El cerco rebelde se fue cerrando, aproximándose al batallón sitiado; de las trincheras rebeldes a la de los guardias no había más que unos pasos. Con un aparato de comunicación ocupado al enemigo, el comandante Coroneaux, ex sargento militar, que había rechazado el ataque de Fidel al Moncada, pero se había pasado a los rebeldes con Frank País, quien lo había enviado a la Sierra como ametralladorista, se hizo pasar por soldado, habló con la aviación y dio como posiciones rebeldes las ocupadas por los soldados, de modo que éstos, para desesperación suya, fueron bombardeados y ametrallados por su propia aviación.

Al combate físico seguía el ablandamiento psicológico: altoparlantes, con canciones y músicas en horas de tregua, consignas, cartas al comandante enemigo, enviadas mediante soldados prisioneros, tiroteos constantes para que no pudieran dormir. La situación del batallón se agravó y se hizo insostenible por el cansancio, el hambre, las bajas, las salidas suicidas para romper el cerco rebelde. Seguían resistiendo con coraje, aquellos soldados querían a su jefe y esperaban de un momento a otro que su poderoso ejército los liberara. El tiempo pasaba y los refuerzos no aparecían, pues eran derrotados uno tras otro antes de llegar al Jigüe. Castro sabía que la batalla contra los refuerzos sería decisiva, había pensado que aquélla eran dos batallas en una, la de los refuerzos que impedirían el rescate, que desmoralizaría al ejército, y la de hacer prisioneros al batallón sitiado, que sería un golpe decisivo. Fidel comenzó a proponer más treguas, mandó varias cartas al comandante y a los oficiales, y ofreció por los altoparlantes una rendición decorosa: libertad para todos, los heridos serían curados, los oficiales conservarían las armas, el batallón sería entregado a la Cruz Roja Internacional, a la que Radio Rebelde había contactado, vía Venezuela, en Ginebra.

Fidel estaba seguro del triunfo, de que haría prisionero al batallón enemigo, y no aceptó la sugerencia de algunos combatientes de asaltar las posiciones por temor a los refuerzos. Explicaba que costaría mucha sangre rebelde, que los soldados se defenderían hasta la última sangre, y que lo más importante de esta batalla era entregar el batallón prisionero al propio ejército: aquel batallón enemigo debía ser el caballo de Troya rebelde, hechos prisioneros, curados, bien tratados, alimentados, liberados, admirados de su derrota y, tras descubrir el humanismo de los rebeldes, entregados a la Cruz Roja, aquellos doscientos cincuenta y tres soldados y oficiales acabarían de desmoralizar al ejército ya quebrado por su derrota en la fracasada ofensiva, cansados, mal pagados, abandonados por sus jefes ladrones, que ni siquiera visitaban el frente, el mito de Batista moría entre sus soldados.

En un momento del combate, Fidel me pidió que redactara un documento de unidad, para proponer por Radio Rebelde a los responsables de la oposición cubana, exiliados en Venezuela, el Pacto de Caracas. Caminábamos, discutíamos las bases del manifiesto, cuando noté que habíamos entrado por una zona del cerco al batallón enemigo, donde no había rebeldes. Extrañado, lo comenté con Fidel, que me respondió que no tenían suficientes hombres, pero que estaba seguro de que aquél era el único lugar por donde los soldados no intentarían escapar, porque allí penetrarían aún más en territorio rebelde, del que intentaban huir. Todos sus intentos para romper el cerco estaban dirigidos hacia la costa, y por esa razón Fidel había dejado aquella zona de nuestro territorio sin hombres porque se cuidaba sola. Así ocurrió. No fue la única vez. La psicología era una de las mejores armas de la guerrilla y de su jefe.

Después de 10 días de furioso combate, sin que aparecieran los refuerzos, el batallón sitiado, diezmado, abandonado, que alternaba los tiros con las treguas y los cigarros ofrecidos por los rebeldes (cuando ambos descansaban, dejaban las trincheras y se ponían a conversar), entonces oficiales y soldados se rindieron. Aquel duro combate en que alternaron la sangre, muerte, las palabras, la música y el baile, terminó con un abrazo. Los soldados heridos, curados por los médicos rebeldes y alimentados, al ser liberados, se llevaban escondido el autógrafo de Fidel Castro.

Me tocó a mí conducir aquella extraña caravana: doscientos cincuenta y tres soldados y diez oficiales armados, por difíciles caminos montañosos. A mí mismo me parecía increíble: era yo el único rebelde e iba desarmado, por lo que le pedí al bravo de Faustino Pérez que me acompañara. Al final se nos unió el capitán Horacio Rodríguez. Tres rebeldes éramos la única escolta que conducía a los prisioneros a un cuartel enemigo, en Las Vegas de Jibacoa, donde había cien soldados y donde encontraríamos a los delegados de la Cruz Roja Internacional, a quienes los entregaríamos.

Después supimos que el comandante Ugalde Carrillo había dado orden de disparar a los rebeldes que conducían a los prisioneros, pero el capitán de Las Vegas se había negado a cumplir la orden. Por precaución, cosa que nosotros no sabíamos, *el Che* Guevara había enviado a la bella y brava guerrillera Teté Puebla montada a caballo, quien al amanecer fue la primera rebelde en entrar en el cuartel.

Confundidos allí, en Las Vegas, estábamos bien entrada la tarde, ya muy cansados, los delegados de la Cruz Roja Internacional, los oficiales del ejército, los soldados liberados, los soldados del cuartel y nosotros. Cuando Faustino y yo firmábamos el acta de liberación, ante los representantes de la Cruz Roja Internacional, apareció un barbudo, fumando una pipa, en una mulita, un guerrillero legendario: *el Che* Guevara. Asombro causó aquella aparición extraordinaria.

Aquel ejército estaba ya perdido. Tres días después, aquellos mismos guardias y sus oficiales se rendirían de la misma manera a las fuerzas del guerrillero argentino. En el Jigüe, Batista había perdido la guerra.

Al Jigüe seguirían otros combates: Santo Domingo, Las Mercedes. A finales de agosto quedaron liberados los territorios rebeldes que el ejército enemigo había ocupado en su ofensiva. La derrota de la ofensiva desmoralizó al ejército, que había perdido una batalla de la que ya no se repondría más.

Puede parecer fácil ahora (era bien difícil entonces) haber convertido aquella derrota de abril en victoria. Al ganarla Fidel Castro, pasó a ser el héroe de la guerra, el jefe indiscutido de la revolución.

GUERRA EN EL CAMPO, NO GUERRA CAMPESINA

Se había mitificado y confundido el término de guerra campesina —es decir, la guerra del campo a la ciudad, según la estrategia maoísta—, con el de guerra en el campo —es decir, hombres de las ciudades que van a las montañas—, y que fue el caso de Cuba.

Fue la ciudad la que llevó la guerra a las montañas.

Los nombres de comandantes, oficiales y soldados así lo prueban: de cerca de un centenar que produjo la insurrección, no pasan de diez los comandantes de origen campesino: Crescencio Pérez, Manuel Fajardo, Guillermo García, Lalo Sardiñas, Víctor Mora, Verdecia y algún otro.

Ninguno de los campesinos que se unió a la guerrilla fue jefe de un frente, ni tuvo una acción determinante ni en la guerra ni en el poder. A menos que se diga que la guerra es campesina porque Fidel Castro nació en el campo y de niño vivió cinco años en un latifundio. Sólo un campesino, Crescencio Pérez, fue protagonista de la guerra: Crescencio era un patriarca, un rebelde, un político, un cacique, y el padre y abuelo de media Sierra Maestra; es su incorporación a la guerrilla lo que lleva a su gran clan familiar a incorporarse a la lucha, y en verdad que fue importante para la guerrilla el conocimiento del terreno, la red de avisos y comunicaciones, la protección que salvó a los dispersos hombres de Fidel después de la derrota y desastre de Alegría del Pío, cuando las células campesinas de Crescencio recogieron a los famosos Doce, los reunieron en la casa de Mongo Pérez, llevándolos después a la Sierra.

La guerrilla tuvo, sí, apoyo campesino en la Sierra, en el norte de Oriente y en el Escambray, pero sus jefes, oficiales, y aun la tropa, fueron en su mayoría hombres de la ciudad, alzados en los campos.

Bastaría recordar que el 29 de junio de 1958, *Che* Guevara tuvo que prohibir a las últimas familias campesinas que quedaban, de salir del territorio libre de la Sierra, por miedo a que los soldados los hicieran hablar y contaran la crítica situación de los rebeldes, sitiados por todas partes.

De millones de campesinos cubanos, menos de un millar participó en la guerra. Cómo llamar a esta guerra campesina. Fueron los hombres de la ciudad, en campos, montañas, pueblos y ciudades los que hicieron la guerra, y no fueron miles, ni decenas de miles, tuvieron, sí, en un momento, el apoyo de la mayoría de los cubanos, y por eso el ejército desmoralizado se rindió.

CARTAS A MILITARES

Una práctica inteligente de Fidel Castro durante toda la guerra fue cultivar a los oficiales enemigos, que iban a combatirlo a la Sierra, con cartas respetuosas, en las que hacía elogios de su valor como militares y señalaba la política suicida del ejército del que formaban parte.

En otras ocasiones Fidel enviaba a sus emisarios personales, dirigentes del 26, como Julio Camacho o Ismael Suárez de La Paz, que participaron activamente en las conspiraciones que, sobre todo a partir del fracaso de la ofensiva batistiana, surgieron en el ejército; otras veces Castro usaba mujeres o sacerdotes como emisarios indirectos, con el pretexto de amigos comunes o de la fe religiosa.

En sus cartas no exageraba nunca sus fuerzas: tal fue el caso de las cartas al general Cantillo, en el crítico momento en que éste, con varios batallones, invadía la Sierra, como antes al capitán Chinea, al coronel Corso, al coronel Carrasco Artiles. Con el comandante Quevedo, cuando la batalla del Jigüe, usó todos los trucos del oficio, escribiéndole casi todos los días, unas veces recordándole cuando estudiaban en la Universidad, otras, señalándole que el ejército lo dejaría solo, y otras, proponiéndole una honorable rendición.

La última carta maestra, Castro la dirigió al coronel Rego Rubido, jefe de la plaza de Santiago de Cuba, cuando la huida de Batista, al dar Cantillo su golpe en la capital, y convencer Fidel al coronel de que se le uniera, nombrándole jefe del ejército, cosa que en la práctica nunca ocurrió, pero que fue decisivo en aquellos momentos de peligro.

LA MARCHA SOBRE LA HABANA

La huida de Batista el primero de enero de 1959 sorprende a Fidel Castro. Otros frentes y columnas rebeldes son los protagonistas de los últimos días de diciembre. *Che* Guevara, en el centro de Cuba, toma cuarteles, corta la isla y la carretera central, rodea Santa Clara, una de las primeras ciudades de Cuba, derrota en espectacular asalto el tren blindado de refuerzos, última esperanza del dictador, con un ataque casi a la indiana. La prensa norteamericana, mundial y cubana, incluida Radio Rebelde, abandonan aquellos días a Fidel y enfocan sus reflectores sobre el guerrillero argentino que triunfa en el centro de Cuba.

Raúl Castro, con sus columnas del Segundo Frente, toma cada día un cuartel y buena parte del territorio de Oriente. Húber Matos, apoyado por otras columnas, asedia Santiago de Cuba. El Directorio Revolucionario, temido fantasma, renace, sus columnas apoyan al *Che,* entran en las ciudades. El comandante Cubelas es otro de los héroes; en 'el Escambray combaten las guerrillas de Menoyo.

La gran batalla, la principal batalla de la guerra, debía ocurrir en Santiago de Cuba, la ciudad revolucionaria, allí donde Fidel había iniciado la lucha el 26 de julio de 1953; las fuerzas rebeldes orientales del primero, segundo, tercero y cuarto frente convergerían hacia Santiago. Fidel Castro, siguiendo la ruta del general mambí Calixto García, abandona la Sierra, sin dejar allí fuerza alguna —"la Sierra se defiende sola", decía, y era verdad—, imagina cuál va a ser la táctica del ejército: dejar los pequeños cuarteles y pueblos, concentrarse y defender las grandes ciudades. Fidel, que conocía bien la lección de Moncada, sabe que atacar de frente un gran cuartel, con pocas fuerzas, sin artillería, tanques, morteros y aviación, es suicida. Ordena entonces rodear las ciudades, tomar posición a posición, hostigando al ejército, desmoralizándolo, sin correr casi riesgos.

Envía seis columnas rebeldes a invadir la isla, tres hacia el Oriente: las de Almeida, René de los Santos y Húber Matos; tres hacia el Occidente: Guevara, Cienfuegos, Vega, la única que sería dispersada en su combate. Dos veces en la guerra de independencia cubana, los generales Gómez y Maceo invaden la isla, una hazaña militar, que se volvería glorioso mito y que ahora Castro, conociendo que el ejército no quería pelear, ni salir de los cuarteles, iba a repetir su hazaña más política que militar, que le daría el control de la isla ante la caída ya inminente de la dictadura.

Su columna número uno baja de las montañas a la carretera Central. Toma Guisa y Maffo, se aproxima a Palma Soriano. La impotencia del ejército de Cantillo, a poca distancia de allí, para recuperar la carretera Central, es un síntoma de su debilidad. El ejército no tiene más ganas de pelear. Se siente derrotado, abandonado, humillado. Estados Unidos no le vende más armas —ni otros países—, tiene poca aviación, el pueblo ha votado contra la dictadura, absteniéndose en las elecciones del 3 de noviembre; en las ciudades y campos de Cuba los jóvenes se rebelan; un grupo es detenido, otros surgen. El sabotaje está en cada esquina, y ahora los alzados y barbudos también. Generales incapaces sufren derrotas y derrotas. Batista y sus generales ni por equivocación visitan los frentes. Los soldados saben que, si caen prisioneros, serán liberados, cosa que, desde el Jigüe, está ocurriendo en todos los frentes de la isla, en que miles de soldados prisioneros, rendidos en sus cuarteles, son liberados.

Las guerrillas han invadido todo el país; en los últimos cuatro meses todo el mundo está contra Batista: burguesía, Iglesia, clase media, campesinos, obreros, instituciones cívicas, opinión pública mundial. De meses el ejército no tiene ganas de pelear. En semejante situación, las conspiraciones militares se ponen a la orden del día. Se conspira en La Habana, Las Villas y Santiago de Cuba.

Conspira hasta Cantillo, que es el jefe de operaciones del ejército. El 28 de diciembre de 1958, el general Cantillo se reúne en el Central Palma con Fidel Castro; están presentes Raúl Chibás, Celia Sánchez, Raúl Castro, el comandante Quevedo, el ex oficial prisionero del Jigüe ahora rebelde, y el padre Guzmán, sacerdote católico que ha sido el contacto entre Fidel y Cantillo para la reunión.

Es un encuentro de dos enemigos: ninguno enseña sus armas, ni descubre sus intenciones, aun cuando no había que ser adivino para descubrirlas. El general Cantillo quiere salvar el ejército; lo que no había logrado en la guerra, quiere conseguirlo con un golpe de última hora en la paz. Dispone del apoyo del embajador de Estados Unidos, de algunos bien pensantes de La Habana que viven más de ilusiones que de realidades, y quizá incluso del mismo Batista y de sus generales, quiénes, viéndose perdidos, le envían a esta última maniobra. Cantillo, que subestimó a Fidel en la guerra, lo subestima en la reunión, piensa que puede neutralizarlo, aislar sus pocas fuerzas militares. Fidel Castro intuye que Cantillo se está suicidando, echando agua al molino rebelde, sabe que el ejército no tiene más ganas de pelear y, por experiencia, que sería un error atacarlo dentro de los grandes cuarteles, donde el soldado sí resiste y pelea. Le había ocurrido en Maffo, y a Camilo en Yaguajay. Hay que evitar sangre, ganar con astucia. No se comprende por qué Cantillo, con el prestigio y la fuerza que tenía, si no estaba de acuerdo con Batista, no le había dado un golpe y negociado con Fidel desde posiciones de fuerza. Cantillo no había asesinado ni robado, pero había perdido la guerra y ahora perdía la paz. Fidel, que casi había ganado, tenía poco que perder y mucho que ganar en aquella conspiración, con su principal jefe enemigo. La verdad es que se habló en forma vaga, de una y otra parte, no se llegó a un compromiso formal. Una cosa era clara: Cantillo nunca dijo que estaba de acuerdo con Batista, y se comprometió para una acción conjunta con el ejército rebelde que pusiera fin a la guerra. A su regreso a La Habana, el general Cantillo no cumplió lo pactado, quiso salvar a Batista, dejándole escapar con los principales responsables de la dictadura; tomó el poder de acuerdo con ellos, intentó nombrar un nuevo gobierno y evitar el triunfo de la revolución. Seis meses antes, Cantillo hubiera podido actuar así, ahora no. Era demasiado tarde y, en la hora de la derrota, Cantillo duró menos que el famoso merengue en la puerta del colegio.

El ex coronel Barquín y los oficiales presos en isla de Pinos no más entraron en Columbia y desplazaron a Cantillo y a los suyos de la misma manera que, horas después, Camilo Cienfuegos y el Che Guevara tomaron aquellos grandes campamentos militares en los que miles de soldados se rendían al primer barbudo que veían.

Las pocas milicias armadas del 26 tomaban estaciones de policía, pequeños cuarteles del interior y la capital. Más de un civil desarmado entró, tomó y desarmó a decenas de soldados armados. Así es la psicología de la derrota; aquel casi invencible ejército, que se sentía todopoderoso, ahora no valía nada.

Fidel, protagonista siempre, quedó en las sombras en este final inesperado de la guerra. Sin poder dar su gran batalla de Santiago; allá, en el centro de Cuba, el comandante Guevara era el héroe del día, el Directorio resucitaba y el Segundo Frente de Menoyo tenía varias columnas y prestigio; en La Habana, el 26 de julio, la clandestinidad con la huelga general y el apoyo del pueblo emergían como protagonistas.

Fue una semana peligrosa para el jefe de la revolución que, con una serie de actos y con una marcha lenta hacia La Habana, hizo que los reflectores enfocaran su persona; donde estaba el comandante estaba la revolución.

En aquella madrugada la huida de Batista nos sorprendió durmiendo. Se combatía en Palmas Soriano; cerca de Santiago, volvíamos a la vida de ciudad, después de dos años de guerra en las montañas. ¡Qué diferencia entre una hamaca y una cama! Fidel estaba en el Central Palma, donde se le avisó de la huida de Batista, pronto en la mañana, cuando lo supimos por radio. Radio Rebelde era la voz y el contacto del ejército rebelde y de Fidel Castro y hacia ella se dirigieron todas las voces de La Habana, Santa Clara, jefes de columnas, amigos, ex enemigos, periodistas. Dimos instrucciones al movimiento clandestino y sindicatos del 26 para que las milicias ocuparan cuarteles, estaciones de policía y armas, que mantuvieran el orden, evitaran venganzas, saqueos, que los sindicatos organizaran la huelga general, que las columnas rebeldes ocuparan las principales ciudades y fortalezas militares, que todas las estaciones de radio se pusiesen en sintonía con nosotros, para escuchar las palabras de Fidel Castro, quien hizo su primera alocución y ratificó las instrucciones que habíamos dado, con la colaboración de Faustino Pérez y otros dirigentes del movimiento allí presentes. Fidel ordenó a Camilo y al *Che* que marcharan sobre La Habana sin las tropas del Directorio y de Menoyo, a Camilo que ocupara Columbia, al *Che* la Cabaña; a otras columnas rebeldes, en otras partes de la isla, de ocupar las ciudades, ratificó la orden de huelga general y acusó a Cantillo de traición.

Importante, piensa Fidel, es ocupar Santiago, segunda ciudad de Cuba, símbolo de la resistencia y negociar desde posiciones de fuerza, con los militares del Moncada, convertirla en la ciudad primera de Cuba, disminuir La Habana, quitarle poder, que dejara de ser noticia; Fidel en Santiago sería la noticia.

Ordena a Raúl y a las columnas de otros frentes que marchen sobre Santiago, hacia donde se dirige con su columna. Entra en contacto con el coronel Rego Rubido, jefe de Santiago, amigo del general Cantillo, conocedor del acuerdo entre éste y Castro. Lo importante era tomar el cuartel, sin perder tiempo, sin derramar sangre. Raúl Castro, Húber Matos y otros rebeldes entran en el cuartel de Santiago, donde ya nadie quiere pelear, hablan con oficiales, preparan la entrada de Fidel, se ponen de acuerdo, nombran a Rego

Rubido jefe del ejército y al capitán Asa jefe de la policía. La entrada rebelde a Santiago es triunfal y apoteósica.

Esa noche, en histórico acto, Fidel proclama a Santiago capital de Cuba, quitándole a La Habana el mando, la noticia y el protagonismo. Por unos días La Habana dejó de ser la capital de la isla. Revolución, Santiago, Fidel eran ahora el poder. El país no tiene gobierno. Fidel, que durante semanas ha convivido con Urrutia, llegado de Venezuela con su cargamento de armas, mandado por el gobierno de aquel país, posponía, por diferencias con éste, su ratificación como presidente. Ahora Fidel necesita la ley, anular las maniobras de La Habana y Urrutia es proclamado presidente.

El discurso de Santiago es muy significativo. Castro anuncia: "Esta vez, la revolución que no se hizo se hará." Recuerda el fin de la guerra contra España, cuando el ejército norteamericano negó la entrada en la ciudad a los mambises cubanos que combatían por la independencia desde 1868, y que con su sangre la habían ayudado a liberar. Esta vez no será así: serán los norteamericanos, su misión militar en La Habana, los que deben recoger sus maletas, pues en Cuba nada tienen que hacer. El de Santiago es un discurso clave, de un antinorteamericanismo radical. La emotiva arenga tocará los sentimientos nacionalistas de aquella ciudad heroica, en la que los mambises fueron humillados por los yanquis y en la que Cuba pasó de España a Estados Unidos.

En ese discurso, Fidel acusa al general Cantillo de traición: ha dejado escapar a Batista y a los responsables de la tiranía, intenta dar un golpe en la capital, robarse la revolución. El general Cantillo, que ha perdido la guerra, pierde ahora la paz, incapaz de darse cuenta de que el ejército que él ha conducido a la derrota no lo seguirá para oponerse a Fidel Castro. El general Cantillo dura poco. El ex coronel Barquín sale de la prisión de isla de Pinos, entra en el campamento de Columbia y, en unión de sus compañeros, lo ocupa; junto a él están Hart, Hidalgo, Aldo Vera, dirigentes del 26; el coronel Varela ocupa la Cabaña y el coronel León la policía. Fidel, receloso, piensa que intentan "robarle" el poder y se niega a hablar con Barquín; ordena a Hart salir de Columbia y a mí me dice que hable con Barquín y le comunique que entregue Columbia a Camilo y La Cabaña al *Che*.

Otra decisión sorprendente de Fidel es que no ordena a Guevara tomar Columbia, a pesar de que está cien kilómetros más cerca que Camilo, todavía enfrascado en el combate del pequeño cuartel de Yaguajay. La entrada de Camilo en Columbia, lo convierte en el héroe de la revolución y pone en segundo plano la figura del *Che,* que ocupando una posición secundaria como es La Cabaña, queda reducido.

Días antes, Castro había reprochado a Guevara que, con su pacto con el Directorio Revolucionario de Chomón y Cubelas, había revivido a un muerto. *El Che* hizo este pacto, llamado del Pedrero, no sólo por la ayuda que le dieron a su llegada al Escambray las guerrillas del Directorio, también lo hizo para introducir por debajo de la manga a los comunistas de Félix Torres, sus pocos escopeteros de última hora, que se habían alzado en Las Villas, para "salvar la cara del Partido Comunista", que hasta los últimos meses había estado contra la insurrección. Fidel prohíbe que las tropas del Directorio y las de Menoyo entren junto a las suyas en la capital. Chomón, Cubelas y Menoyo entran solos, el Directorio toma la Universidad y Palacio — su nacimiento y su muerte — ; días después son acusados por Fidel de querer dividir la revolución y liquidados políticamente.

En ese discurso de Santiago, Fidel fabrica otro mito: el de los Doce, los guerrilleros heroicos que han ganado la Revolución. Fidel conoce el complejo de los "ojalateros": aquellos que querían que Batista cayera, pero que no hicieron casi nada para tumbarlo y ahora, acomplejados, lo endosan; fue una minoría exigua —el 26 y el Directorio— la que puso en movimiento una oposición que, al final, se generalizó. En realidad la dictadura cae no tanto por una derrota militar, como por una derrota política, pues el ejército, miles y miles de soldados, se rinden sin pelear. Fidel sabe que los héroes gustan a la mayoría y los caudillos aún más.

El primer discurso del poder, tras una revolución que él había dirigido y ganado con la verdad, es el primer discurso de la mentira, como si poder y mentira fueran inevitable matrimonio.

El país tiene ya un gobierno, el de Urrutia, y una nueva capital. La huelga general es total, y Fidel, ya con las cámaras enfocadas, se dirige, lenta, muy lentamente, en larga marcha hacia La Habana.

Habla en mítines, "ocupa" ciudades ocupadas, concede entrevistas, hace discursos, gana tiempo y popularidad. Proclama su desinterés por los cargos y el nuevo gobierno; él no luchó, dice, por el poder, legalmente es sólo el delegado del presidente Urrutia. Por donde pasa nombra alcaldes, tres, no uno, y como tienen la misma función, los tres entran en seguida en conflicto.

El nuevo gobierno en La Habana es una ficción. El verdadero poder es Fidel Castro: jefe indiscutido, comandante en jefe del ejército rebelde, héroe popular, poder real.

Lo importante, piensa Fidel, no es ser; lo importante es parecer, nadie puede reprocharle que, cuarenta y cinco días después, las circunstancias lo obliguen a aceptar el cargo de primer ministro, que no quiso el primer día, aun si en la práctica no hubo un minuto en que él no fuera el poder, y el gobierno, una entelequia.

Bayamo, Holguín, Camagüey, Santa Clara, Matanzas, La Habana, la caravana de la libertad, como la marcha sobre Roma de Mussolini, dura una interminable semana, en un país paralizado después de una cruenta guerra civil, pero cuando Castro mete pie en La Habana, toda Cuba fue fascinada por el joven héroe, el barbudo de verde olivo, con los colores rojos y negros del 26 de Julio, está a sus pies.

El 26 no preocupa a Fidel, él es el 26. Como por encanto "desaparece" la clandestinidad del veintiseísta y reaparece el ejército rebelde, el barbudo guerrillero, *el Comandante,* que será el héroe de la revolución. Los sobrevivientes clandestinos en las ciudades, cementerios de jóvenes revolucionarios y tumba de la dictadura, en una lucha anónima y clandestina, desaparecen de la historia: los héroes son Fidel Castro, Camilo, Guevara, Matos, Raúl Castro, Amejeira, Almeida, Celia Sánchez. Muertos Frank País y José Antonio Echevarría, los otros revolucionarios vivos quedan en la sombra, actores de una guerra desconocida no están ahora en la caravana de la victoria; si muertos, mártires; si vivos, no héroes.

En el país no queda títere con cabeza; los políticos se han suicidado y aquellos que, como Raúl Chibás, avalaron con su prestigio de dirigente ortodoxo, los momentos difíciles del principio de la guerra, quedan ahora en lo oscuro. Pasos, firmante de la Carta de la Sierra, economista de prestigio, regresa del exilio, así como el ex candidato ortodoxo Roberto Agramonte, pueden ser ministros, no dirigentes. Prío, el ex presidente, paga su incapacidad para derrotar a Batista; la Ortodoxia se ha vuelto 26, el autenticismo se ha suicidado, Menelao Mora, uno de los líderes, héroe del ataque a Palacio, muere en un acto del Directorio. El ejército se ha rendido, las instituciones, desmoralizadas, hacen aguas, los sindicatos deben ser reconstituidos, la Iglesia no tiene gran peso, las clases económicas pasaron de los obligados homenajes a Batista a un final fidelista, la prensa aceptando la censura y, gran parte de ella, subvenciones oficiales, carece de moral, con excepción de la revista *Bohemia,* de gran tirada, opositora, y en cuyas páginas Fidel Castro encontró siempre la mejor acogida.

El popular ortodoxo José Pardo Llada perdió en la guerra lo ganado en la paz; su viaje de última hora a la Sierra no fue suficiente: ésta no es la hora de su voz.

Este desmoronamiento de las instituciones es grave, amenaza no sólo con arrastrar lo viejo, sino también lo nuevo, a menos que se creen nuevas instituciones que sustituyan a las viejas. Cuba está en las manos omnipotentes del joven héroe. Como buen jesuita y mejor político, Fidel Castro ofrece el olivo de la paz y la paloma del señor. Bendiciéndolo, cerca, muy cerca, un joven barbudo, bello: un cristo rumbero, Camilo Cienfuegos, a quien el mismo Fidel, por arte de magia, ha sacado de la oscuridad, enviándolo a Columbia. Ante La Habana allí presente y el país que lo está viendo por televisión, Fidel le pide su bendición con estas mágicas palabras: "¿Voy bien, Camilo?" Y Camilo responde: "Vas bien, Fidel." ¡Es la locura!

En el Palacio hay un pobre gobierno: el presidente Urrutia, un honesto magistrado, no tiene poder ni autoridad política, es un juez de provincia, falto de audacia, más bien prisionero de aquel Palacio, que se vuelve más un restaurante que la casa del poder. La mayoría de los ministros son dirigentes del 26, capacitados, también ellos carecen de poder. Lo importante hubiera sido restablecer la prometida Constitución del 40, derogada por Batista y en nombre de la cual se hizo la lucha. Pero una discusión bizantina, acerca de si debe o no incluirse en su preámbulo la palabra "Dios", paraliza durante casi un mes toda decisión y, al fin, se crea un nuevo estatuto constitucional, dado que la antigua Constitución prohibía la pena de muerte y ahora se considera que es necesario el fusilamiento de los criminales de guerra.

El tiempo pasa y el gobierno fantasma, que en realidad no es gobierno, parece no hacer nada. La situación se agrava y la única solución es la de que el poder verdadero, Fidel Castro, pase a ser poder legal, de modo que, en febrero, con gran alegría del cansado país, Fidel Castro es nombrado primer ministro.

ANARQUÍA

La Habana vivió momentos de tensión y peligro aquella primera semana del 59, en horas una dictadura se desintegró, sus jefes mayores y menores huyeron, se rindieron; durante siete días no hubo en la capital, ciudad de dos millones de habitantes, policía, autoridades, Gobierno, poder.

Santiago de Cuba había sido proclamada capital provisional de la República, Fidel Castro, el nuevo poder, parecía no llegar nunca.

El M-26, el Directorio Revolucionario y otros grupos tenían escasas fuerzas; en aquellas horas, estaciones de policías y cuarteles se rendían al primer civil que llegaba; la ciudad se llenó de gente armada por la libre, cualquiera se ponía un brazalete rojo y negro, se proclamaba capitán, comandante, jefe.

Los centenares de barbudos de Guevara y Camilo, los primeros en llegar, desaparecieron en la enorme Columbia y la Cabaña, principales cuarteles de La Habana; la columna del Directorio Revolucionario tuvo que acampar por su cuenta en la Universidad y el Palacio presidencial, igual suerte cupo a Menoyo y las guerrillas del Segundo Frente del Escambray; la orden de Fidel Castro de que no podían entrar con las fuerzas revolucionarias, marginándolos del nuevo ejército rebelde, produjo enorme tensión.

Comenzaron venganzas y actos fuera de la ley, que en la práctica no existía, tiroteos, algún que otro muerto, como el caso de 23 y 12, donde una patrulla disparó en la confusión reinante. Las pocas milicias del 26 se multiplicaban para estar en todas partes y guardar el orden, pero era más una fuerza simbólica que real.

La situación de caos y anarquía amenazaba la capital: huelga general, intentos de golpes y conspiraciones, caos, desorden, conflictos. Las horas, los días, iban pasando: el 2, el 3, el 4, el 5, el 6 de enero, y Fidel marchaba lentamente de pueblo en pueblo, no llegaba a la capital.

Un instrumento de Gobierno se rebeló fundamental entonces y fue la televisión, que tomada por el inteligente grupo de propaganda del 26 de Julio de La Habana, dirigido por Vicente Báez, Emilio Guedes y sus colaboradores, que incluía periodistas, publicitarios e intelectuales, convirtió la televisión en Gobierno, orden, serenidad, calma. Las palabras responsables de aquellos jóvenes pidiendo calma y diciendo al pueblo de autogobernarse, que impidiese venganzas, que se haría justicia, que no permitiera robos, restablecieron el orden. Los habaneros demostraron una madurez política impresionante; las palabras y consignas televisivas fueron más fuertes que el caos y la anarquía y gobernaron la capital

y otras ciudades, grandes y pequeñas, en aquellos días de
interminable espera; cuando al fin llegó Fidel, una capital
que supo autogobernarse un movimiento político capaz, el
26, que venía de la clandestinidad, lo recibieron con los
brazos abiertos.

EUFORIA

Los primeros meses de 1959 se vivieron en un clima de
euforia: qué maravilla la libertad que sucedía a la dictadura,
la dignidad cubana recuperada, el primer ministro cubano
que hacía su primer viaje, a la bolivariana y no de mucho libre
Venezuela, que viaja a Estados Unidos, no con la cabeza baja
y la pobre mano extendida, a ver cuántos dólares le dejan
caer. Los tiempos parecían haber cambiado: la visita, más
que a Washington, era al pueblo norteamericano, ofreciendo
y pidiendo amistad y respeto. Las riquezas que militares,
políticos y sus cómplices habían robado al pueblo eran recu-
peradas, el nuevo Gobierno se autorrebaja los sueldos al
mínimo; las más sentidas necesidades soñadas en la República, una tras otra, se volvían realidad: rebaja de alquileres,
carne, medicinas, teléfonos, electricidad, transportes, supresión del juego y el garrote, nuevos empleos, playas libres para
el pueblo, fin de la discriminación racial, intervención de
trust extranjeros, amplias libertades políticas, sindicales,
religiosas, reivindicación de la población campesina y pronta
promesa de reforma agraria, aumentos de salarios, mayor
consumo, mejoramiento del nivel de vida.

Un pueblo recuperaba su historia, libertad y destino.

Proyectos y sueños parecían volverse realidad: un líder
joven y brillante hablaba al país, que se identificaba con su
acción y palabra, al que sólo se oponía algún que otro derrotado de la vieja tiranía.

Una revolución nueva, humanista, no comunista, decía su
jefe, el sueño de la libertad, el sueño de la revolución.

A la gente aquel hombre, el héroe barbudo Fidel Castro,
no parecía humano, parecía un Dios, bajado no del cielo,
venido de la Sierra, el Dios de la libertad que enloquecía a las
multitudes.

LAS GUERRAS MAMBISAS Y LA SIERRA MAESTRA

Fidel Castro tomó algunas experiencias militares de nuestras guerras de independencia: la guerrilla, la táctica sorpresiva del pega y huye, la emboscada, el código militar, que le permitían confiscar, condenar, fusilar, única ley del mundo mambí a la que dio vigencia.

Las guerrillas mambisas, casi siempre de caballería, caminaban grandes distancias con rapidez, su movilidad sorprendía a las columnas españolas, actuaban en grandes territorios marchando sin cesar de un campo a otro. Guerra de campos y llanuras, más que de montañas, como las fidelistas.

Los mambises combatían con un aguerrido ejército español de doscientos mil hombres, al que diezmaban en grandes marchas y combates. Aquélla fue una guerra grande: la castrista, desde el punto de vista militar, una pequeña y breve guerra, sin que esto disminuya su importancia política.

Son dos acontecimientos que no admiten comparación, como sería absurdo comparar los numerosos alzamientos en los campos, de la época republicana, terminados en derrotas rápidas con las guerrillas de la Sierra, el norte de Oriente, el Escambray.

Ni el ejército de Batista era la sombra de la armada española, ni la guerrilla fidelista tuvo sus dimensiones en tiempo, territorios, combates, bajas, expediciones, invasiones, combatientes. ¿Dónde están los Céspedes, Agramonte, Maceo, Gómez, Martí, Calixto García? Castro preservó a sus hombres, que todavía seis meses antes de la victoria no llegaban a mil, permaneciendo veinte meses en zonas abruptas de las montañas y bajando al llano con sus columnas rebeldes cuando el enemigo estaba desmoralizado y no quería combatir más. Hay una sola batalla importante al final de la guerra, y es la del *Che* Guevara, en Santa Clara, en el centro de Cuba.

El desgaste militar y político de la dictadura se produjo en la durísima lucha clandestina en las ciudades, al precio de miles de muertos. Para Castro no fue difícil defenderse en la montaña y descender a las llanuras al final, para recoger los frutos de la victoria. Fue una doble victoria: contra el enemigo y contra sus compañeros diezmados y casi desconocidos, decisivos en la guerra, anónimos en la paz.

Los principales dirigentes clandestinos vieron a la guerrilla sólo como un foco, para usar la palabra de Hart, importante sólo porque allí estaba Fidel, creyendo que la ciudad sería la protagonista de la lucha y de la victoria, cuando en realidad fue un doble cementerio para ambos contendientes: sólo pocos dirigentes de la ciudad vieron claro la importancia de la guerra de guerrillas y del nuevo ejército revolucionario: Frank País y el comandante Daniel, que abrieron el Segundo Frente Oriental, que cayeron en la lucha, frente que .Raúl Castro pudo intervenir y Eloy Gutiérrez Menoyo, que quiso convencer al Directorio y a los grupos auténticos de Menelao Mora y su hermano Carlos, héroe de Palacio, de no desangrarse en La Habana, Menoyo organizó el Segundo Frente del Escambray, que Castro enviando allí a las columnas de Guevara y Camilo Cienfuegos, disminuyó en el momento de la victoria.

En el orden político Castro no siguió la tradición de las guerras independentistas, que tuvieron todas una gran preocupación por crear, en la guerra contra España, los instrumentos políticos necesarios de la futura república democrática.

Los mambises tuvieron siempre constituciones: Jimaguayú, Guáimaro, gobiernos civiles con plena potestad, una organización militar lo menos centralizada posible, estados mayores, jefes militares de provincias y regiones. Un pensamiento de José Martí resume esas preocupaciones: "... un pueblo —general— no se funda como un campamento militar."

Eso era y es todavía el castrismo: un campamento militar fundido con el aparato de poder soviético. Con ellos Castro ganó la guerra y el poder, y Cuba perdió la revolución y la paz.

Castro nunca tuvo estado mayor, era el comandante en jefe, otorgaba o negaba grados y mandos, decidía todo sin consultar con nadie: según él, el poder no se comparte ni en la guerra ni en la paz. Un comandante podía decidir sólo cuando estaba lejos de la Sierra.

No hubo en la Sierra ni la sombra de un Gobierno civil o revolucionario —los esfuerzos en ese sentido de Frank País, a principios de 1957, fracasaron—, ni Constitución, ni estado mayor o dirección colectiva o militar.

Sólo en tres ocasiones Castro accedió a las muchas peticiones de reuniones demandadas: la primera, en febrero de 1957, la segunda, en marzo de 1958, la tercera, en diciembre de 1958. En esas reuniones con la dirección que funcionaba en la clandestinidad, sólo se discutieron cuestiones tácticas.

En diciembre de 1958, cuando era evidente la caída de Batista, hubo una reunión informal, aprovechando la presencia de Raúl Castro y de dirigentes de la ciudad. Castro dijo entonces "que el movimiento no debía tomar el poder a la victoria". Todos estuvieron de acuerdo, con la excepción de Raúl Castro y de la mía. (Por una vez Raúl y yo, enemigos de siempre —él procomunista, prosoviético y militarista, yo, que estaba por una revolución humanista, libertaria antiimperialista y antisoviética—, coincidimos en que el vacío de poder que dejaría Batista nos obligaba a tomarlo: no hacerlo sería perder la revolución.)

Después de lo ocurrido, no pude menos que reconocer el papel de ingenuos que hicimos. La virginidad de Fidel duró exactamente cuarenta y cinco días, en los que no tuvo cargos civiles, pero en los que era el poder real, entonces se "sacrificó" y ya para siempre.

A la victoria, después de meses de presiones y necesidades para reunirnos con Fidel, lo conseguimos por primera y última vez, pero al llegar al Tribunal de Cuentas de La Habana, estaban allí no sólo los dirigentes del 26, había casi cien personas, incluidos ministros, comandantes y otras personalidades; hubo un incidente entre Raúl y Fidel, a propósito de la situación y de los comunistas, y la única cosa que conseguimos fue que se terminaran los fusilamientos.

4

REFORMA AGRARIA

La primera ley revolucionaria del Gobierno de Fidel Castro es la reforma agraria. Precedida de una inteligente campaña, que hizo del guajiro, discriminado, héroe y libertador: la revolución venía de la Sierra, la montaña liberaba la ciudad, aun si la insurrección no fue campesina, la gente de la ciudad fue a las montañas, que no eran el típico campo de Cuba: poblado, cultivado, azucarero, tabacalero, ganadero, minero, con buenas comunicaciones, entre pueblos y ciudades. La Sierra Maestra, las montañas del norte de Oriente y del Escambray eran regiones aisladas, poco pobladas, marginadas, cultivaban café y algún cacao. Guerra de la ciudad en el campo, sí; guerra de la ciudad en la ciudad, sí; guerra campesina, no.

Si el barbudo fue el primer liberador que vino de la montaña, el segundo héroe fue el campesino puro, de sombrero de guano y machete al cinto, y la ciudad egoísta, burlona y culpable, descubrió, puso de moda: "Mete un campesino en tu casa."

Todo tenía aire de pachanga, pero esta vez iba en serio. Por arte de magia fidelista, y de mimetismo cubano, todo el mundo apoyaba la reforma agraria: latifundistas, ganaderos, ricos, dueños de ingenios, grandes colonos, tabacaleros, azucareros, cerveceros, industriales, comerciantes, hasta la madre de los tomates ponía en los periódicos grandes anuncios de apoyo a Fidel y a su reforma agraria.

No sé si se debía a que no se pensaba, que se pensaba poco, que a la cubana, las palabras no querían decir nada, era típico de Cuba, que el lenguaje más radical fuese un puro relajo. Estos períodos revolucionarios no son para pensar, se pierde el sentido común, se vive de proyectos, sueños, generosidad, y todo el mundo se vuelve bueno. La reforma agraria era una necesidad, ya proclamada en la Constitución del 40, que establecía el fin del latifundio.

La cuestión era qué tipo de reforma agraria iba a realizarse: dar la tierra al campesino en forma individual, crear cooperativas, no destruir las muchas riquezas agrarias. Un punto sería clave: el límite del latifundio, su extensión, según las necesidades económicas y productivas. El tabaco y el café necesitan poca tierra, eran casi minifundarios; la ganadería, la caña de azúcar y el arroz exigían muchas tierras; otros cultivos bien desarrollados estaban en manos de campesinos medios.

Guevara, Raúl Castro y los viejos comunistas se interesaban más por la política que por la economía, no pensaban en riquezas, ni en producción, pensaban en destruir el capitalismo agrario, como primer paso para provocar una feroz lucha de clases y, como reacción, implantar el socialismo. El comandante Sorí Marín, Manuel Ray y otros pensaban que la reforma agraria debía corregir injusticias, dar tierras al campesino, fortalecer ese pilar de la cubanía y limitar el latifundio, sin destruir riquezas, ni estatalizar. Se oponían a la propiedad estatal, que destruiría las riquezas agrarias y harían del campesino un proletario, como demostraban las experiencias de los países comunistas.

Fidel en público no decía nada. Oficialmente, la única ley de reforma agraria era la que preparaba Sorí Marí, hombre moderado, bien aceptado por las clases dirigentes del país. Pero había otra reforma agraria clandestina que Fidel no sólo conocía, sino que dirigía, y que no por ser secreta era menos real. Sólo un punto no había definido el comandante: si dejar cien caballerías como máximo, o sólo treinta, a cada latifundio. Fidel no pensaba en términos económicos: para el revolucionario, la economía y el mercado no existen, se pueden cambiar con la política.

La agricultura cubana era en muchos renglones autosuficiente y en otros —azúcar, tabaco, frutas—, exportadora. Nacida de la conquista española, de la España castellana, trasplantada a Cuba, con las encomiendas, que la Corona otorgaba a los conquistadores, junto a la esclavitud de los indios que sucumbirían y serían sustituidos por los negros africanos, desarrolló una poderosa ganadería de tipo extensivo, perfeccionada en la república. Si en verdad ocupaba muchas tierras, producía mucha leche y carne, a buen precio, para el mercado nacional. Lo mismo pasaba con la caña de azúcar, que ocupaba las mayores y mejores tierras del país, y aun el arroz. El café se cultivaba en las montañas y era minifundario o de propiedad media. El tabaco precolombino, el mejor del mundo, predominaba en Vuelta Abajo, Pinar de Río, Manicaragua y otras zonas de la Villa. El cultivo difícil, delicado, dependía mucho de los isleños procedentes de las islas Canarias, magníficos agricultores, cubanizados de muchas generaciones, fueron los vegueros, después de los negros, los primeros revoltosos contra la colonia, reclamando el fin del monopolio del tabaco y la libertad de comercio. El tabaco era agricultura e industria; una vez cortado y secado en los campos, las despalilladoras separaban las distintas calidades de hojas, unas iban a las grandes fábricas de tabaco, y allí los tabaqueros hacían los famosos habanos, y otra parte a las muchas fábricas de cigarros. Se cultivaba mucho maíz, boniatos, plátanos, frijoles, papas, malangas, yuca, hortalizas y magníficas frutas tropicales.

Las principales deficiencias de la agricultura cubana eran las grasas, el olivo no crece en el trópico, las grasas vegetales casi no se producían, se consumía mucha manteca, que venía de Estados Unidos a bajo precio y que impedía el desarrollo de una buena industria de grasas vegetales a base de maíz, maní, girasol.

La caña de azúcar era la reina de la agricultura cubana: el país estaba lleno de cañaverales. Ocupaba más de cien mil caballerías de las mejores tierras, requería una enorme mano de obra para plantar, limpiar, cortar y transportar la caña, trabajo duro, mal pagado, y estacionario: seis meses de actividad, seis meses de tiempo muerto. Para transformar la caña en azúcar, mieles, alcoholes y ron, había una industria, que era la primera del país; ciento cincuenta centrales azucareras, una enorme red ferroviaria y marítima, almacenes, refinería, donde trabajaban alrededor de medio millón de cubanos, organizados en combativos sindicatos. Pocas industrias en el mundo pueden costearse trabajando sólo cuatro meses al año, y estando paradas ocho, como es el caso del azúcar, pues la molida dura unos cuatro meses. La industria azucarera consumía mucho petróleo importado, así como repuestos, la propia maquinaria, los equipos para el transporte. Requería un gran mercado, y debía afrontar periódicamente algunos años de buenos precios del azúcar, y otros, la mayoría, de bajos precios. El azúcar era una riqueza que en gran parte sostenía la economía del país y que al mismo tiempo condicionaba su desarrollo. La caña era odiada, pero necesaria: producía revueltas, quemas y protestas; todas las revoluciones cubanas se hicieron contra la caña; fue ella la causa de que los hacendados cubanos, asustados con la rebelión negra de Haití, no apoyasen la independencia, a principios de 1800, cuando casi toda América Latina se liberó de España. Céspedes comenzó la gran guerra, liberando a sus esclavos y quemando su central, la Demajagua; la historia se repetiría en el 1895, en la República y en la lucha contra Batista.

Cuatro elementos sociales intervenían en la agricultura cubana: el latifundista, que a veces era el propietario del ingenio, el campesino medio, el pequeño, a veces precarista, aparcero o arrendatario, y el obrero agrícola: mitad obrero, mitad campesino. El control de la producción dependía de mayorales, inspectores de campos y, dentro de los ingenios, de obreros especializados y de una mano de obra que no se improvisaba. Para cortar la caña no era suficiente la mano de obra nacional, y todos los años venían a Cuba haitianos y jamaicanos, buenos cortadores de caña.

La reforma agraria cubana debía reparar la injusticia del latifundio, reconocer el derecho a la tierra al minifundista, diversificar y mejorar el autoabastecimiento agrícola, tecnificar y mecanizar la agricultura, compensar el desequilibrio creado por la caña de azúcar: el monocultivo y el monomercado norteamericano ejercían una poderosa influencia económica sobre el país.

A mitad de mayo, en una noche dramática, Fidelito, el hijo de Castro, tuvo un accidente espectacular, por el que era operado mientras Castro hablaba en CMQ Televisión. Al darle la noticia, el profesor Jorge Mañach, le ofreció la oportunidad de abandonar la transmisión y de ir a la clínica, pero Castro le contestó que no iría, porque su deber político estaba primero que el paternal. Esa noche misma por boca de Castro, el comandante Sorí Marín, ministro de Agricultura, se entera que su ley de reforma agraria, que contemplaba otorgar tierras en forma individual y de forma cooperativa y limitar el latifundio sin afectar la producción e indemnizando económicamente a los propietarios afectados, no sería aprobada; la ley oficial sería la de Guevara y los otros. Sorprendido, engañado, Sorí Marín, al conocer el proyecto, dice a Castro que esa ley producirá un desastre económico y social, que ha sido engañado, que no cuente con su presencia como ministro de Agricultura, en la firma de la histórica ley en el famoso campamento de La Plata en la Sierra Maestra y que su renuncia es irrevocable.

A Castro le queda una sola cosa por decidir: cien, o treinta caballerías de tierra, como máximo, para los grandes latifundios. Lo demás está ya decidido: indemnizará con bonos estatales, en cuyo valor nadie creerá y que nunca serán pagados, no repartirá los latifundios, con la teoría de que sería un atraso social hacer del obrero un campesino, que era antieconómico convertir la gran producción en pequeña. En realidad, la intención de Castro era estatalizar enormes tierras, simulando primero formas cooperativas, y conceder las otras menores en forma individual, sólo a campesinos pobres, con pocas tierras.

Aspiraba Fidel a cambiar toda la agricultura cubana, a hacer tierra de nadie toda la estructura social y económica agraria. Mandaría la ciudad al campo: los revolucionarios de la ciudad serían los interventores de los grandes latifundios. Si antes ya eran grandes por su extensión, Fidel los agigantaría aún más.

El 17 de mayo de 1959, la ley de reforma agraria fue proclamada solemnemente por el Consejo de Ministros, reunido en la Sierra Maestra, con la lectura de la ley, en transmisión especial de Radio Rebelde: se supo que el límite del latifundio sería treinta caballerías de tierras. Por primera vez los ricos cubanos del campo y la ciudad temblaron; sintieron que la revolución era una cosa seria. Precedida, como había estado, de una inteligente campaña política, el pueblo recibía con alegría aquel que pensaba era otro viejo sueño realizado: el fin del latifundio, el principio de la revolución agraria. La primera reacción de los latifundistas fue abandonar los campos y la producción, y más tarde el país. Pensaban que la segura caída de la producción agrícola traería hambre, y el hambre ayudaría a la caída del castrismo. Su fe en Estados Unidos les hacía creer que el Gobierno de aquel país no permitiría una revolución a sus puertas, en una isla como Cuba, en que sus intereses económicos y políticos eran tantos. Comenzaba su gran suicidio y también el suicidio de la agricultura cubana, que, intervenida por el estado, caía en manos de gentes inexpertas que la odiaban y se divertían destruyendo riquezas.

No se equivocaron los latifundistas en cuanto a la caída de la producción; se equivocaron al pensar que el hambre tumba revoluciones: fe y terror son más fuertes. Se equivocaron también, en su ilimitada confianza en el poderío norteamericano, en esta ocasión ineficaz. No estaba el estado cubano en condiciones de sustituir la gran propiedad privada cubana y norteamericana, a los técnicos y capitalistas, jefes y dueños de la agricultura y la ganadería, y de hacerla funcionar con regularidad.

Pero 1959 era muy pronto todavía para darse cuenta de lo que iba a ocurrir; aquella gran agricultura, herida de muerte, produciría aún durante un par de años. Sólo en 1961 surge la primera gran crisis de producción agrícola, el primer racionamiento de productos del país. Castro, entonces, contradiciendo a Guevara, dijo que el racionamiento duraría poco, pero, veintisiete años más tarde, la libreta de racionamiento oficial de productos agrícolas —y de otras cosas— da menos que entonces. Ni Castro en sus discursos oficiales promete ya mejorarlo.

Aquella necesidad, aquel sueño de reforma agraria (recuperar las tierras de manos extranjeras, terminar con la gran propiedad latifundista, liquidar el monocultivo azucarero y crear una estructura más diversificada) era un sueño justo, que terminó mal. No fue una reforma agraria, fue una revolución agraria. Se puede pensar que, de aplicarse el proyecto Sorí Marín, la situación hubiera sido diferente, se habría fortalecido la clase campesina cubana, y limitando el latifundio improductivo, sin por ello destruir las riquezas agrícolas. Las riquezas se pueden distribuir mejor, más justamente; si se las destruye, como ocurrió en Cuba, la pobreza no sustituye la riqueza. No se intentó seriamente en Cuba un proyecto de descentralización agrícola, de cooperativismo, como propuso el agrónomo francés René Dumont, que por su fama fue invitado por Castro, y cuyos sabios consejos y experiencias agrarias, adquiridos en otros países tropicales y en momentos revolucionarios, no fueron oídos. Al final todo terminaría en un conflicto entre el sabio agrónomo y el infalible Fidel, que naturalmente ganaría, y perderían Dumont, la agricultura y el pueblo cubano.

Muchas otras y más radicales leyes agrarias serían ordenadas por Castro en los años siguientes. Al final, el 90 por ciento de las tierras de Cuba pasarían al Estado, y éste las mantendría en forma de granjas estatales —del tipo soljós, que aun en la Unión Soviética es el menos empleado—. Los resultados productivos, como en todos los países socialistas, han sido desastrosos, a pesar de la enorme maquinaria agrícola importada. El campesino cubano casi ha desaparecido como clase. Perseguido, ha terminado en la ciudad o en el exilio. El hombre de la ciudad, el estudiante que va al campo, o el militar, o el nuevo cuadro que va a dirigir la agricultura,

En un momento
del combate Fidel
me pidió que redactara
un documento de unidad
para proponer por
Radio Rebelde
a los responsables
de la oposición cubana,
exiliados en Venezuela,
el Pacto de Caracas.
(En la foto, Fidel
Castro con el autor.)

La guerrilla tuvo, sí, apoyo campesino en la Sierra, en el norte
de Oriente y en el Escambray, pero sus jefes, oficiales y aun la tropa,
fueron en su mayoría hombres de la ciudad, alzados en los campos.

ha sido incapaz de sustituir a los viejos técnicos y especialistas. Ser proletario, obrero agrícola, trabajar ahora para el Estado, como antes para un latifundista, ha cambiado muy poco su vida cotidiana.

ELECCIONES, ¿PARA QUÉ?

En la *Carta de la Sierra,* firmada por Castro, Chibás y Pazos, en julio de 1957, documento político clave de la guerra, redactado de su puño y letra, Fidel anunciaba: "... que a la victoria se restablecería la derogada Constitución del 40 y se celebrarían elecciones, a dieciocho meses del triunfo." En los primeros días de enero, Castro mantendría de forma vaga la promesa; en abril, cuando su viaje a Estados Unidos, presionado por periodistas se contradijo, y rectificó el cuándo de las elecciones, hablando de cuatro años, con el pretexto que, de hacerlas en aquel momento, los *survey* probaban que tendría el 90 por ciento de los votos —cosa que era cierta, que significaba establecer un precedente posterior y permitir una oposición política legal a la que no estaba dispuesto—, en los meses siguientes el tema desapareció y bajo cuerda comenzó una campaña contra la politiquería, que tenía como blanco las elecciones; finalmente Castro dijo como realmente pensaba, en su famoso discurso de "Elecciones, ¿para qué?". En enero de 1958 había dicho entre grandes aplausos: "Armas, ¿para qué?" En mayo hacía una gran campaña popular para las milicias y la recogida de fondos para comprar armas.

Castro se oponía a las elecciones políticas, sindicales, estudiantiles, profesionales; a cualquier consulta, mediante voto secreto. Lo irritaba que en todo el país, en fábricas, talleres, industrias, comercios, servicios, en ciudades y campos, los poderosos sindicatos cubanos renacían; era imposible impedir sus elecciones, después que habían sido intervenidos por Batista, aun si los obreros elegían a los dirigentes sindicales del 26, con el 90 por ciento de los votos, mientras los comunistas no pasaban del 5 y lo mismo ocurría con las elecciones para el primer Congreso Nacional de Trabajadores Libres, que se efectuaría a finales de año, para elegir a los representantes de la CTC revolucionaria y que sería la única batalla perdida por Castro, cuando los delegados de su propio movimiento se negaron a aceptar la unidad con los comunistas que quiso imponerles. La victoria obrera no duraría mucho. En 1960 Castro intervendría de nuevo los sindicatos.

Las sombras de la revolución, nacidas más que del fusilamiento de los acusados de crímenes, de la falta de legalidad
de los juicios, y del aplicarse a los menos responsables, en un
clima más de venganza que de justicia, culminan en el juicio
de los aviadores batistianos, acusados de bombardear zonas
campesinas de Oriente y de provocar muertos en la población
civil. Los aviadores eran, con razón, odiados por sus impunes
bombardeos, pero el tribunal revolucionario, presidido por el
comandante Félix Pena, uno de los héroes de la guerra, y por
el aviador revolucionario Yabur Mitchel, encontró las pruebas del delito, pero no a los culpables. Pidió jurisprudencia a
las Naciones Unidas y no encontró ninguna manera legal de
condenarlos, de modo que absolvió a los aviadores. No eran
tiempos de derecho, se vivían tiempos de revolución. Fidel
Castro, indignado, anuló el juicio, nombró a otro tribunal
obediente que condenó a los aviadores absueltos. El comandante Félix Pena, abochornado por las duras palabras de
Fidel Castro, se suicidó.

En junio, después de una afanosa búsqueda en la enorme
ciénaga de Zapatas, para encontrar a Raúl Castro y Vilma
Espin, allí perdidos, cuando tuvo que hacer un aterrizaje de
urgencia con su avioneta el comandante Díaz Lanz, jefe de la
aviación Rebelde, que había realizado trece viajes clandestinos a la Sierra Maestra y que era aviador particular del
propio Fidel Castro, renunció y se fugó a Estados Unidos.
Llevado ante el Congreso, fue allí el primero en acusar públicamente de comunista a Fidel Castro: había oído conversaciones de Fidel, Raúl y Guevara y visto la infiltración en
departamentos claves del nuevo ejército de viejos comunistas
que nunca habían participado en las luchas.

La fuga, la acusación ante el Congreso de un país extranjero, y no en Cuba, el prestigio de Fidel y las acusaciones que
éste lanza contra Díaz Lanz hicieron que poca gente creyera
en su denuncia.

Días después, otro acontecimiento dramático conmovería
el país: la renuncia de Fidel Castro como primer ministro del
gobierno revolucionario. Conmoción que Castro convertiría
en acusación al presidente Urrutia, al que acusaría por CMQ
Televisión de "...estar al borde de la traición", curiosa figura
de derecho que obligó al presidente a renunciar. Quizá sí una
de las más hábiles puestas en escenas políticas de América
Latina, experta en materia de golpes militares, en este caso,

camuflado de civilismo y en nombre de la ley. El presidente no tuvo ningún medio de comunicación que transmitiera sus palabras de defensa. Las multitudes marcharon sobre Palacio, donde el presidente, prisionero, pudo escapar disfrazado y meterse en una embajada, mientras La Habana, en vista de la primera concentración campesina, para celebrar el 26 de julio, se llenaba de guajiros, machetes y consignas de viva la reforma agraria, abajo los traidores.

Durante días Castro mantuvo la renuncia. La expectación era grande, pero él esperaba el gran mitin, en que nombró presidente al abogado cienfueguero Osvaldo Dorticós Torrado, ministro de leyes revolucionarias y vicedecano del Colegio de Abogados.

Fue el suyo un nombramiento por sorpresa y con alevosía: Fidel dijo a Dorticós que convocara a su casa al ex primer ministro Miró Cardona, amigo y jefe de Dorticós y le comunicara que le esperara allí, para ir a Palacio. Dorticós convocó a Miró Cardona, que tranquilo, al son del buen café, esperaba a Fidel para ir a Palacio, donde sería nombrado presidente.

En el ínterin, enterados los viejos comunistas —Carlos Rafael Rodríguez y Joaquín Ordoqui—, hablaron con Raúl Castro y le convencieron de que había que cranquear a Fidel, diciéndole que Miró Cardona iba a crearle mayores problemas que Urrutia, que era más hábil y maquiavélico, que tenía el respaldo del gobierno de Estados Unidos y que podía ser un presidente peligroso; que una vez convencido Fidel de no nombrar a Miró Cardona, había que proponerle a Dorticós para presidente, pues era del 26, buen abogado y uno de los autores de la reforma agraria, un fidelista, que haría lo que Fidel y la revolución dijeran. ¿Estuvo o no estuvo Dorticós en la maniobra presidencial? Nunca se supo. La razón determinante para el Partido Comunista era que Dorticós, por su pasado, no podía enfrentárseles, había sido compañero de viaje de los comunistas, abogado de un gran bufete y luego representante de los hacendados azucareros frente a las reivindicaciones y huelgas de los sindicatos azucareros, los más potentes y rebeldes de Cuba. Dorticós era el hombre ideal para manejarlo tras las bambalinas.

Raúl Castro convenció a Fidel y Miró se quedó esperando en la casa de Dorticós. Aquello parecía una broma terrible, pero era verdad. Nunca nadie estuvo más cerca de la presidencia. ¿Qué hubiese ocurrido de ser nombrado Miró Cardona? Fidel decía, años después, que, de ser nombrado, estaría en el Comité Central. El alusivo retrato se parecía más a

Dorticós que a Miró Cardona. Miró se fue de Cuba en 1960 y fue nombrado en 1961 presidente del Gobierno cubano en el exilio, cuando el desembarco de Girón, retenido con sus ministros por la CIA, que preparaba la expedición para su desembarco en Cuba, sin ni siquiera informarlos; la respuesta de Miró fue renunciar públicamente poco tiempo después.

Dorticós se mantuvo muchos años como presidente, viviendo una tensión tremenda entre Fidel y la presión de la realidad. Fidel era invisible casi siempre; Dorticós era el paño de lágrimas de todos los funcionarios grandes o pequeños, que tenían que resolver problemas administrativos y no encontraban al comandante. Difícil y eficaz intermediario, en 1976 Fidel lo sustituye como presidente; caído en desgracia en el inútil Ministerio de Justicia, tiempo después Dorticós se suicidaría.

Otros acontecimientos dramatizarán el claroscuro de luces y sombras del primer año de la revolución: la detención del comandante Húber Matos y de sus oficiales guerrilleros; la intervención de Fidel Castro en las elecciones de la Federación Estudiantil Universitaria y su presión sobre el primer Congreso Libre de Trabajadores; elegidos en todos los sindicatos del país los representantes del 26, obtuvieron el 90 por ciento de los votos y los comunistas sólo el 5 por ciento; a la hora de formar el ejecutivo de la Confederación de Trabajadores Revolucionarios, que presidía David Salvador, Castro insistió repetidamente invocando la unidad, para que incluyesen a los comunistas, cosa que rechazaron los delegados obreros, pese a ser fidelistas mil por mil. Serían éstas las únicas elecciones libres celebradas en Cuba después del triunfo de la revolución. No porque Fidel las quisiera, por necesidad del movimiento obrero, que tenía que organizarse después que la dictadura diezmó sus filas. Caro costaría a aquellos fidelistas, no comunistas, su "No" a Fidel. No pasaría un año antes de que todos empezaran a ser destituidos, perseguidos y encarcelados, por el Ministerio de Trabajo y la Seguridad. Ni uno solo de los dirigentes de aquel gran grupo de obreros revolucionarios ocupa hoy en Cuba una posición sindical.

TERROR

En octubre ocurre un hecho que definirá en la práctica el carácter de la revolución cubana: Húber Matos, uno de los más populares comandantes de la insurrección, exiliado en Costa Rica, aterrizó en la Sierra Maestra con un avión, hombres y armas, en marzo de 1958, víspera de la huelga general, jefe de la columna 9; Antonio Guiteras, que sitió Santiago de Cuba, en los meses finales de la lucha, entró con Raúl Castro a parlamentar con la oficialidad en el cuartel Moncada, cuando la fuga de Batista, y fue nombrado jefe militar de Camagüey, en los primeros días de enero.

Húber Matos es por formación, carácter e historia, uno de los pocos comandantes no moncadistas-fidelistas. A Castro no se le escapó su personalidad e independencia, manifestada en la guerrilla, inclusive una renuncia, por un incidente con Fidel a causa de una ametralladora. Oriental, admirado en Santiago de Cuba, que sitió a finales de 1958, debió ser el jefe allí, pero Fidel, que ya decía haber cometido un error cuando lo hizo comandante y jefe de columna, nombró a Raúl Castro y mandó a Matos a Camagüey. Su presencia, oratoria y capacidad organizativa, en aquella difícil provincia, se probaron con un trabajo eficaz, que provocó celos y envidias, acentuados por su posición crítica a los viejos comunistas, sus buenas relaciones con la clandestinidad, el ex presidente Urrutia y Díaz Lanz.

La penetración de los comunistas en el ejército rebelde, dirigida por Raúl Castro, Guevara y Ramiro Valdés, se acentuaba con el tiempo y aumentaba ahora con las milicias, nuevo cuerpo militar-civil. La polémica del ala civilista y clandestina del 26 con los pro comunistas estaba al rojo vivo: éstos ganaban sus posiciones; los civilistas, simpatías y victorias en el movimiento sindical; allí los comunistas perdían las elecciones, en el movimiento estudiantil y en batalla, con los conservadores, que se oponían a su radicalización, y contra los viejos comunistas, que la penetraban y desnaturalizaban.

Fidel Castro, por encima de todos, repetía palabras de fuego en conversaciones y visitas indiscretas a *Revolución*: "Si *el Che* o Raúl se ponen contra la revolución, los fusilo: yo no creo ni en mi madre", y en la Universidad, con el método eficaz de decir cosas en privado para que corrieran como rumores y calmaran a los inquietos, y en la práctica hacer lo contrario.

Las conversaciones con Fidel sobre el tema comunista terminaban por su parte con "tengan confianza en mí", o como diría a Emilio Guedes y otros dirigentes del 26, que le llevaron las pruebas y listas de los comunistas que acusaban a Raúl y Guevara: "Denme tiempo, yo sé lo que ustedes dicen, pero no puedo destituirlos porque sería dividir la revolución y debilitarla." Como se vería después, era su juego, no su intención: ganar tiempo con unos y con otros. Al *Che* y Raúl decía: "No podemos desafiar a Estados Unidos antes de tiempo; tengan calma, ya llegará el momento", y a los otros: "Tengan calma, ahí están mis palabras sobre el humanismo, contra los comunistas; denme tiempo."

Palabras y promesas que no resolvían los problemas de la infiltración comunista. En conversaciones, en más de una reunión, comandantes, ministros, dirigentes obreros, políticos, estudiantiles (Faustino Pérez, David Salvador, Húber Matos, Boitel, Ray, Oltuski, Carlos Franqui, Marcelo Fernández, Chibás, Manuel Fernández, Almeida, Universo Sánchez, Fajardo, Crescencio Pérez y otros), discutieron la posibilidad de una renuncia colectiva de un planteamiento oficial a Fidel Castro, para definir la situación; la mayoría estaba por usar la táctica de resistir sin quemarse, ni renunciar: era claro que Castro no permitiría un enfrentamiento que le obligara a compartir el poder; unos pensaban que no renunciar era hacerle el juego a Raúl y a Guevara, y otros que, renunciando, se les dejaba el campo libre; ambos grupos, a pesar de lo que veían, seguían teniendo confianza en Fidel, que era el gran padre de todos; ninguno estaba todavía preparado para enfrentársele. El caso de Urrutia, siguiendo al de Díaz Lanz, así lo probaba.

En esas circunstancias, Húber Matos decidió mandar una carta privada a Fidel Castro, renunciando a su cargo, en la que le decía que era imposible seguir dirigiendo Camagüey, como jefe militar, a causa de las dificultades con Raúl Castro, y le señalaba la penetración comunista en el ejército rebelde. Pareció en las primeras horas que Castro iba a aceptar la renuncia de Húber o, al menos, así lo hizo creer a colaboradores, bien fuera una táctica para descubrir si otros la conocían, o porque cambió de opinión y vio los peligros futuros de un opositor de prestigio —y él nunca aceptó crítica, ni oposición a su jefatura— o porque Raúl Castro, Piñeiro y la Seguridad, inventaron una conspiración militar fantasma en Camagüey, que se basaba en la renuncia de los capitanes de Matos, lo cierto es que esa noche mandó Castro al popular Camilo Cienfuegos, jefe del ejército, a detener a Húber Matos y le acusó de traidor de la revolución.

En el campamento militar de Camagüey ocurría todo lo contrario: los capitanes de la columna 9 querían resistir.

Tenían el respaldo militar y civil de la mayoría del pueblo camagüeyano y pensaban que no sería difícil disparar, defender el cuartel contra Camilo, Fidel, o quien fuera.

Matos, al contrario, no quería derramamiento de sangre, ni conspiración, y tuvo que usar toda su influencia para evitar que sus hombres aceptaran sus palabras de no rebelarse.

Matos fue detenido, acusado de traidor, de organizar una conspiración militar y, como Fidel Castro era la revolución y su palabra ley, y nadie conocía las razones de Matos, a quien se le impidió hablar y defenderse, ni lo realmente ocurrido en Camagüey, aun si con dudas y conflictos de conciencia, casi todos aceptaron como buenas las razones de Castro, y Matos fue condenado a veinte años de prisión y sus oficiales a quince y diez años.

En el Consejo de Ministros, durante una dramática reunión en Palacio, al otro día de la detención de Húber, el comandante Faustino Pérez, prestigioso jefe de la clandestinidad y popular ministro de Recuperación de Bienes Malversados, que había hecho una gran labor interviniendo con justicia las tantas propiedades nacidas del robo público o la corrupción, Manuel Ray, jefe de la Resistencia Cívica, ministro de Obras Públicas, elogiado por el propio Castro por su capacidad y eficiencia, y el ingeniero Enrique Oltuski, benjamín de la revolución, dirigente del 26, ministro de Comunicaciones, interventor de las compañías de teléfonos y electricidad, plantearon a Fidel Castro su desacuerdo con lo ocurrido en Camagüey y proclamaron la inocencia de Húber Matos.

Fidel Castro, tajante, violento, gritó: "O yo soy un mentiroso, o Húber Matos es un traidor, escojan."

Raúl Castro y Guevara, furiosos, pedían el fusilamiento de todo el grupo civilista, mientras este cronista recordaba a Fidel Castro sus palabras, según las cuales "esta revolución no será como Saturno, devoradora de sus hijos".

Los acusados-acusadores replicaron con civismo y valor a Fidel Castro; sus amenazas se parecían al viejo terror batistiano. "Batistiano no, terror revolucionario", replicó Castro, y ellos contestaron: "No es cuestión de mentira o traición, es que no hay pruebas de la conspiración de Matos, para nosotros es cuestión de conciencia."

Castro dijo a Guevara y Raúl que no iba a fusilar a nadie, que no haría mártires; a los defensores de Húber, Guevara reconoció al fin el valor de mantener a riesgo de sus vidas las propias opiniones y que merecían seguir de ministros; Castro dijo: "Es imposible porque han perdido la confianza de la revolución."

Aquél fue el comienzo del fin del poderoso grupo veintiseísta: unos primero, otros más tarde, fueron barridos de sus cargos, marginados de sus actividades públicas, perseguidos, anulados políticamente.

DESAPARICIÓN DE CAMILO CIENFUEGOS

Para complicar la situación, el popular Camilo Cienfuegos salió del aeropuerto de Camagüey, casi de noche, y desapareció con su avioneta; nunca se supo lo que ocurrió, dónde cayó, si fue accidente, asesinato, sabotaje. Un misterio total. La muerte del Cristo rumbero, del más popular, simpático y cubanazo comandante de la revolución, conmovió a la opinión pública durante la semana de búsqueda, decretada por Fidel, e hizo pasar a segundo plano la detención de Húber Matos. Lo cierto es que Camilo no apareció ni vivo ni muerto. Una serie de extrañas coincidencias, ocurridas en el momento de su desapareción, la muerte de algunos de los que aquella tarde tuvieron que ver con su salida de Camagüey crearon el mito de que había desaparecido no en el mar, sino en las alturas. Pruebas de una cosa o la otra nunca se encontraron.

Como si el misterio protegiese la fama del héroe joven.

Tiempo después Húber Matos fue juzgado por un tribunal militar, acusado por Castro. Cuando quiso defenderse, lo privaron de la palabra, y fue condenado a veinte años. Veinte años que cumpliría hasta el último minuto aislado, en una durísima prisión.

La contradicción entre la injusticia individual y la revolución que hacía la reforma agraria y cambiaba el país —es decir, la justicia colectiva— laceró la conciencia de muchos revolucionarios, incapaces entonces, por su fe en la revolución y en Fidel Castro, de ver que lo individual se vuelve colectivo, de que la justicia es indivisible, aun cuando la justicia no fuera el motor principal de la revolución.

No sólo cayó Matos, aun si su caída fue más dramática, cayeron también los ministros que protestaron de la detención de Matos, Felipe Pazos, prestigioso presidente de la Banca Nacional y sus colaboradores económicos y, más tarde, los dirigentes del 26 y los líderes obreros independientes.

Tabla rasa de hombres y de política; vía libre a Raúl Castro, a los viejos comunistas y a Guevara, nombrado presidente de la Banca y jefe de la economía, aún si la resistencia continuó en la Universidad, el mundo cultural, *Revolución, Lunes* y en el movimiento obrero, en cuyo congreso los comunistas sufrieron una derrota aplastante, ni aun el enorme peso de Fidel Castro convenció a los delegados a incluirlos en la dirección de la CTC.

Aquél sería el primer acto de auténtico terror vivido por los revolucionarios no comunistas; el miedo, más psicológico, ideológico, que físico, de ser acusado, considerado, definido traidor, contrarrevolucionario, que era para un revolucionario más grave y bochornoso que perder la vida. El mecanismo de asociación, que unía un acto, un gesto de la solidaridad humana, la conversación, el encuentro casual, un saludo a la familia de un preso, todo era sospechoso. Con el apestado la más mínima relación era sospecha, y la sospecha crimen contrarrevolucionario. La revolución dejaba de ser una libertad compartida, una suma de actitudes diferentes, de opiniones disímiles, unidas en la lucha, ahora se volvía disciplina, obediencia, terror. Según Ramiro Valdés, el error, la equivocación política, eran contrarrevolucionarios. La apreciación entre verdad y error, revolución y contrarrevolución, sería determinada por la policía, la jefatura, arriba, no abajo. Era una extraña sensación, más fuerte que el pasado compartido, que, con humor negro, el comandante Faustino Pérez, ex ministro, tirándole el brazo por encima al esquivo Armando Hart, ministro de Educación y hermano de clandestinidad, cuando lo encontraba, por caso: "Retrátenlo conmigo, que tiene miedo de caer en desgracia", decía a los fotógrafos de *Revolución*. El miedo revolucionario, gran protagonista futuro, hacía su aparición.

Balas y papelitos: un día una avioneta, conducida por Díaz Lanz, se arriesgó y bombardeó La Habana con papelitos que acusaban a Castro de comunista; los papelitos volaron con el viento y cayeron en el mar, pero, en la confusión, la ciudad estaba llena de las llamadas Cuatro Bocas, unas ametralladoras manejadas por milicianos inexpertos, llenaron los aires de tiros que provocaron numerosos heridos y que fueron atribuidos a la supuesta avioneta enemiga; sólo después se descubriría que habían sido disparos de las milicias.

El miliciano fue el tercer héroe del año: primero el barbudo; después el campesino; luego el miliciano, que entraba en un cuerpo revolucionario, populista, que igualaba a todos. Con las milicias el país se militarizaba: era una militarización voluntaria, simpática, y por ello más peligrosa, permitía a todo el mundo andar armado, disparar, se descubría el espíritu bélico, el juego peligroso de las armas, de la guerra, de la fuerza, todo el mundo se vestía de miliciano. La camisa azul obrera adquiría dignidad heroica. Del trabajo se iba a la milicia, en las horas libres: durante los fines de semana, marchas, ejercicios, disparos. No pasaría mucho tiempo y las milicias revolucionarias contarían un millón de hombres y mujeres. Allí se encontraba una igualdad revolucionaria, una libertad que antes no se tenía. Revolución y amor se mezclaban con mayores o menores infidelidades, virginidades rotas, las bellas mulatas, las lindas cubanas, con sus grandes culos y su andar sensual, más que ejército parecían una orgía caminante.

Aun antes de ser atacado de afuera o de dentro, antes de surgir una oposición violenta, en la guerra de palabras con Estados Unidos, batistianos, latifundistas y "traidores", el espíritu bélico invadía el país, bajo la estupenda dirección del jefe máximo, que exaltaba, enardecía, aquello que él llamaba: "el pueblo armado". Automilitarización, trabajo, estudio y fusil eran las palabras de orden, a las que seguirían las más dramáticas "patria o muerte", "paredón, paredón", "venceremos", "el pueblo unido jamás será vencido". Ya casi no se oía el grito de: "veintiséis, veintiséis", y menos aun el de: "libertad con pan, pan sin terror".

LA CIÉNAGA DE ZAPATA

La Ciénaga de Zapata es una enorme extensión pantanosa que se extiende por la costa sur de tres provincias cubanas, Las Villas, Matanzas y La Habana, por centenares de kilómetros; las fajas cenagosas penetran profundamente tierra adentro. Zona casi impenetrable, deshabitada, orgía de mosquitos, algunos cocodrilos, aislados carboneros, el terreno impide las comunicaciones, pues la enorme Ciénaga está atravesada por pocas carreteras.

Durante años, Fidel Castro se ha enamorado de la Ciénaga; una parte de su tiempo vivió allí, y soñó convertirla en tierra productiva, turística, la arrocera de Cuba, su cocodrilera, su aldea india, aldea que, por su construcción tarzanesca, quería homenajear la inexistente arquitectura india.

A principios del 1959 ordenó al ingeniero Manuel Ray, ministro de Obras Públicas, un estudio sobre la Ciénaga.

Ray, con métodos científicos, ingenieros y técnicos serios, investigó atentamente, y al final de un trabajo exhaustivo, la Comisión Científica expresó una conclusión unánime: la Ciénaga era imposible de cultivar o desecar. Ray comunicó a Castro el resultado de la investigación, y éste, despectivamente, lo tiró, diciendo que "era pesimista y poco serio". En julio anunció uno de sus primeros magnos proyectos cenagosos: "Sembraremos diez mil caballerías de arroz, daremos empleo a ciento veinte mil trabajadores en la Ciénaga de Zapata, no tendremos que importar más arroz."

Sus palabras se las llevó el viento, o, mejor dicho, el fango, pero él no se dio por vencido: todavía en 1967-1968-1969, el Gobierno de Cuba negoció con varias compañías y Gobiernos de los países escandinavos, con la experiencia de recuperación de tierras. Último gran proyecto fidelista: convertir la Ciénaga y la Costa Sur de Cuba en un lago de aguas dulces, el más grande del mundo. Los expertos europeos dijeron que era imposible el gran lago fidelista, dejaron de ganar millones de dólares; el proyecto les pareció una locura: imposible rellenar con tierra la Ciénaga, drenar el agua salada por decenas de miles de kilómetros de aguas marinas y hacer allí después el más grande lago de agua dulce del mundo.

Gabriel García Márquez, buen conocedor de dictadores latinoamericanos, había imaginado para *El otoño del patriarca* un proyecto idéntico, que, con un golpe de pluma, no de dados, cambiaría para no retratar a Castro, después de que un día en Barcelona, este amigo cubano de entonces le contara el proyecto fidelista, que era idéntico al proyecto del patriarca de Gabriel, todavía un manuscrito. Baudilio Castellanos, viejo amigo y defensor de Castro, cuando el Moncada, entonces embajador de Francia, y responsable del globo fidelista del lago gigante, se desesperaba ante el rechazo de las empresas que debían estudiar el proyecto. Sabía Castellanos que el fracaso del proyecto del lago más grande del mundo sería su ruina política. No se equivocó.

Este y otros grandes proyectos fidelistas fracasaron: Cuba sigue con el arroz muy racionado, desde 1961, importándolo, y lo único que consiguió Castro en la Ciénaga es aumentar los cocodrilos e introducir como menú turístico, en el viejo y decadente Floridita hemingwano, la cola de cocodrilo, la misma por la que "verdes" e izquierda de Brasil protestan como crimen ecológico.

Sic transit gloria Fidel.

No sería aquél el único iluminado proyecto de aquellos días: Fidel afirmó que podía producirse la misma cantidad de azúcar con la mitad de las tierras de caña de la isla, y en la otra mitad diversificar la agricultura, sembrar maní, girasol, producir grasas vegetales, frutales, bosques, viandas y otros productos agrícolas, para garantizar la alimentación popular, mejorarla y ahorrar los millones de dólares que se gastaban importando estos productos de Estados Unidos.

Los desastrosos resultados serían una caída vertical del 50 por ciento de la producción de azúcar, con grandes pérdidas de trabajo y economía. Da risa leer hoy la famosa carta oficial de Fidel Castro al ministro de Agricultura norteamericano, en que lo desafiaba a adquirir seis millones de toneladas de azúcar, que garantizarían a bajo precio el consumo de azúcar en Estados Unidos.

Veintisiete años después, la agricultura cubana es deficiente, el país no es autosuficiente en productos agrícolas, como fue prometido entonces. Azúcar, carne, leche, arroz, café, frutas, grano, hortalizas, se producen y consumen menos que entonces, como señala la libreta de racionamiento, y Cuba, "azucarera del mundo", ha tenido que comprar recientemente quinientas mil toneladas de azúcar en dólares, para enviarlas a la Unión Soviética y cumplir compromisos contraídos con aquel país.

Entonces la palabra de Fidel era ley, era ciencia, y verdad. Él era la revolución, y ésta, como Dios, todo lo podía.

AQUEL AÑO DE GLORIA DE 1960

Después de las nacionalizaciones, el conflicto con Estados Unidos: supresión de la cuota azucarera, bloqueo, sanciones económicas, presencia soviética, exaltado nacionalismo, desenfrenado consumismo, que devoró las reservas del mercado, aquel año de gloria de 1960: los primeros sabotajes, el terror blanco y el rojo, guerrillas en el Escambray, conspiraciones, juicios, milicias armadas, cada día un acontecimiento, una acción, un conflicto; se entró en una era en que era imposible pensar, la reflexión, la neutralidad; se vivía un combate real y artificial, entre la revolución y sus opositores internos y externos, blanco o negro, luz o sombra, aun si en lo más profundo la luz era también sombra y la sombra, no toda oscura, aún clara, era casi imposible escapar de la dicotomía: revolución-contrarrevolución, y quien dentro de la revolución, o la contrarrevolución, quería ser independiente, era devorado por la una o la otra.

Fidel Castro sólo admitía síes; de la otra parte, la CIA desconfiaba de los ex revolucionarios y sólo aceptaba *yesmen*.

En tiempos de guerra, violencia o revolución, no se puede pensar, pensar es un peligro, un delito. La pasión, la fe, el gesto, el grito, el odio sustituyeron a la razón, malos tiempos se avecinaban. Tiempos de histeria, locura, confusión, todo parecía claro y nada lo era; arriba en Cuba, nadie parecía comunista y todos de hecho lo eran, afuera, en las tantas oposiciones, no todos lo eran, pero parecían imperialistas, capitalistas, conservadores, enemigos de la revolución, traidores, agentes de la CIA.

El 3 de enero de 1961, Estados Unidos rompió oficialmente sus relaciones diplomáticas con Cuba. Aquella noticia, que en otros tiempos hubiese sido el apocalipsis, produjo una furia nacional, una liberación, una alegría enloquecida; ver partir los enemigos norteamericanos, ver llegar los barcos rusos amigos, pareció no el clásico cambio de la vaca por la chiva, lo mejor que podía ocurrir.

Al grito de Cuba libre, en ese clima encendido y violento, Fidel Castro lanzó la nueva consigna: la ciudad alfabetizaría el campo. "Cuba territorio libre del analfabetismo." Decenas de miles de jóvenes alfabetizadores irían a montañas, campos y barrios, con la luz del saber, para que el millón de cubanos que no sabían leer aprendieran. Una bella idea que rompió la mentalidad machista, el complejo virginal, aquello que en otra época hubiese sido un horror, no ya los muchachos, las jovencitas, a convivir solas, con campesinos, negros, hombres, todos aceptaron y allí mismo terminó el famoso y viejo dicho aristotélico: la mujer debe obediencia al marido, los hijos al padre, los esclavos al señor; libro o cartilla en mano, la isla fue invadida de alfabetizadores y alfabetizadoras. ¡Qué bella juventud!

Hubo en esta hermosa campaña mucho de sueño, de verdad, algo de demagogia y locura, un conocerse de ciudad y campo, un liberarse de la tutela familiar, muchos amores y virginidades rotas, bastantes alfabetizados, un sentir colectivo, un identificarse con algo tan bello como enseñar a leer a quien no sabía, al olvidado, al que no tuvo escuela o recurso para aprender. Un sentimiento de creación colectiva y sorpresa en la juventud. Y si hubo exageración, cuando al final del año 61, Castro declaró a Cuba "territorio libre de analfabetismo", realmente fue la única cosa bella, constructiva, de aquel año 1961, el primero, en la práctica, terrible de la revolución. Aquel 1961, en que pachanga, alegría, fiesta, liberación, se volvieron sangre, tragedia, prisiones, detenciones colectivas, fusilamientos, guerra, odios, fugas, exilios, escasez, racionamiento, muertes.

El corazón revolucionario que maldecía a los yanquis y el estómago "burgués", que vomitaba la horrible carne enlatada rusa, el primer alimento de aquéllos, que serían después en el comer y en el vivir, la cura de caballo rusa y fidelista. Aun si todavía se culpaba a los malos, con sus cosas buenas, y se disculpaba a los buenos, por sus cosas malas y se daba la culpa de todo, no al toti del cuento, al yanqui, que quería estrangular al país.

NOTA. JEAN-PAUL SARTRE

Fidel piensa hablando, o más bien, vuelve a pensar todo lo que va a decir: lo sabe y, sin embargo, lo improvisa. Para tener tiempo de ver claramente la relación de las ideas, repite lentamente las palabras, dándole a cada frase —el tiempo de un desarrollo particular— el mismo comienzo: "Y es el pueblo, después de haber sufrido tanto, el que..., etc. Y es el pueblo, después de haber luchado tanto, el que..., etc. Y es el pueblo, después de haber triunfado, el que..., etc."

Por medio de esas repeticiones, de esa elocuencia pedagógica, a veces un tanto pesada y otras fulgurante, daría a un oyente francés la impresión apenas consciente de oír hablar a Charles Peguy. Me han dicho que sedujo a los cubanos desde el primer día que usó de la palabra. Cansada de discursos, la nación desdeñaba las frases; desde que Fidel le habla, no ha oído una sola. Hechos. Demostraciones. Análisis. Estupefactos, los cubanos no reconocieron en eso los viejos arrebatos del parlamentarismo. La voz humana, pues, podía servir para otros usos.

Pero ningún periódico haría sentir lo que fue, en verdad, el discurso: una larga marcha contra el viento, bajo las nubes, en la noche, hacia un paso todavía desconocido: victoria o exterminación.

Cuando estalló La Coubre, descubrí el róstro oculto de todas las revoluciones, su rostro de sombra: la amenaza extranjera sentida en la angustia. Y descubrí la angustia cubana porque, de pronto, la compartí.

Hay que haber visto la alegría siempre despierta de cons-

truir y la angustia, el temor permanente de que una violencia estúpida lo aplaste todo: hay que haber vivido en la isla y haberla amado, para comprender que cada cubano siente a cada minuto las dos pasiones juntas y que en él una se exalta por la otra.

Después del sabotaje, fueron suprimidas las fiestas del Carnaval que estaba celebrándose y se llevó a cabo una colecta nacional para comprar armas y aviones.

5

ESTADOS UNIDOS, COMUNISMO, DICTADURA

Hay un período decisivo, entre octubre de 1959 y abril de 1961, que define tres momentos claves de la revolución cubana y de la acción de su jefe Fidel Castro: Estados Unidos, comunismo, dictadura.

La detención del comandante Húber Matos, acusado de conspiración y condenado a veinte años, sólo por renunciar en carta privada a Fidel Castro, en que indicaba la infiltración comunista en el ejército rebelde, significa en la práctica la eliminación de la poderosa ala civil, democrática y nacionalista del 26 y la revolución, el predominio del grupo militarista prosoviético. Destruidos los ministros Faustino Pérez, jefe de la clandestinidad (fidelista anticaudillista); Manuel Ray, artífice de la Resistencia Cívica, representante democrático de los profesionales y la clase media; Felipe Pazos, el más prestigioso de los economistas cubanos, creador del Banco Nacional de Cuba, defensor de una economía de mercado y de relaciones con Estados Unidos, firmantes de la histórica *Carta de la Sierra*, con Castro y Raúl Chibás, presidente y símbolo éste de la Ortodoxia de la que nació el 26; Chibás, nacionalista, democrático, civilista y revolucionario del 30, que no aceptó la presidencia de la República ofrecida por Fidel y reclamaba elecciones; Manuel Fernández, ministro de Trabajo, guiterista, revolucionario, que impidió a los comunistas desde su ministerio apoderarse del movimiento obrero, condenado a veinte años; Pedro Luis Boitel, dirigente estudiantil, y David Salvador, elegido en el Congreso Obrero en elecciones libres en noviembre de 1959. El período del sectarismo se inicia en ese fin de año 1959, comprenderá 1960, se agudiza en el 1961 y principios del 1962, cuando Castro, amenazado por el monstruo que él mismo había creado, lo golpea arriba, sin cambiar nada abajo. Son eliminados en ese período el movimiento sindical y estudiantil *Lunes de Revolución,* semanario de vanguardia de arte, literatura y libertad de la cultura, suplemento del periódico *Revolución,* que luchaba por un humanismo en una sociedad de pan sin terror, de libertad con pan.

Dirigentes del 26, como Marcelo Fernández y otros pasan a cargos sin importancia. Son destituidos, desplazados, comandantes independientes, en sordina, figuras como Almeida, Haydée Santamaría, Celia Sánchez, secretaria de Fidel Castro, sustituida, Melba Hernández, la otra heroína del Moncada. Perseguidos, encarcelados, fusilados: el comandante Humberto Sorí Marín, los comandantes William Morgan y Jesús Carrera, el dirigente revolucionario Eufemio Fernández. El comandante Efigenio Amejeiras, jefe de la policía revolucionaria, héroe de la Sierra y de Girón, es sustituido. A niveles medios y bajos no queda revolucionario con cabeza. Hacía este grupo eliminado, una presión directa, no a la jefatura de Fidel Castro, considerado y aceptado por todos, como padre de la revolución, a sus métodos sectarios. Se oponía desde la guerra, al otro grupo del ejército rebelde, y el 26, cuyas cabezas visibles eran Raúl Castro y *Che* Guevara, apoyados por otros comandantes. Punto de discrepancia, la Unión Soviética, no Estados Unidos, definido en la vieja polémica de Guevara: "La salvación del mundo está en esa que ustedes llaman cortina de hierro..." Comandante Daniel: "Queremos liberarnos del dominio yanqui, pero no caer bajo el dominio soviético." Castro no intervino entonces para impedir estas discusiones y luchas, ni aparentemente apoyar a unos o a otros. Él estaba arriba, sobre las partes. Pero dijo siempre para sus compañeros y colaboradores que no era comunista, y antepuso de 1953 a 1959, *La historia me absolverá* a la *Carta de la Sierra,* manifiestos del 26, declaraciones y entrevistas, la cubanía, independencia, civilismo, espíritu martiano de la revolución cubana, y después del triunfo, nacionalismo y una tercera vía, "ni dictadura de izquierdas ni de derechas, una revolución libertaria y humanista".

Estos dirigentes y las fuerzas que ellos representaban —sindicales, estudiantiles, populares, culturales— apoyaban una revolución radical, antiimperialista; luchaban contra los intereses creados, no temían a Estados Unidos, pero estaba en total desacuerdo con el prosovietismo y alianza con los comunistas cubanos de Raúl Castro y Ernesto Guevara. Una minoría —Pazos, Ray— eran demócratas y creían en la propiedad privada; otros, como Chibás, más radicales, no aceptaban la dictadura. David Salvador, el grupo obrero y el de *Revolución* eran socialistas, no comunistas.

¿Por qué elimina Fidel Castro esa mitad del 26 de Julio, tan popular en Cuba? Dos son las razones: primera, todos ellos decían muchos sí, pero también algunos no. Fidel Castro los llamaba cabezas duras, porque pensaban con su cabeza y no con la de Fidel.

Castro piensa y actúa como militar: un solo jefe él, una disciplina, la suya; confianza ilimitada en sus actos y palabras. Además este importante grupo era radical, pero no aceptaba el comunismo. Sin ellos, ni la revolución ni la jefatura de Castro, hubiese sido posible. Necesarios antes, Castro, que no comparte el poder, ni acepta la crítica, la discusión, ni con hombres ni con instituciones políticas, sindicales, culturales, colectivas. Con su enorme popularidad y el dramatismo de los acontecimientos los eliminará a todos. Unos tratarán de hacer oposición revolucionaria —David Salvador—, otros oposición democrática —Ray, Chibás— armada, como Sorí Marín y terminan fusilados, presos o exiliados. Otros intentan oponerse desde el interior de la revolución: la FEU, parte del Directorio del 26, de *Revolución*, y son sustituidos o marginados.

A partir de octubre de 1959, Fidel Castro define en la práctica la revolución cubana, aun si entonces no se ve y, él no sólo no lo dice, lo niega: son Raúl Castro, Guevara y Ramiro Valdés, bajo su mando, los que dirigen el país; con ellos penetran en avalancha los viejos comunistas y su aparato, que sustituirán a los revolucionarios desplazados en sindicatos, universidades, reforma agraria, estado, ejército, ingenios, campos y ciudades y casi invisibles, bien clandestinos los hispano-soviéticos, que los rusos envían a Cuba para organizar la Seguridad del Estado, de Ramiro Valdés y Piñeiro, el ejército de Raúl Castro, la agricultura de Núñez Jiménez, la economía de Guevara, la cultura de Alfredo Guevara y Edith García Buchaca, el partido y el estado de Aníbal Escalante y Carlos Rafael Rodríguez.

¿Es este acto sin precedentes de Fidel Castro, una sorpresa, un viraje, una necesidad contingente o consecuencia de actos anteriores?

Con Castro estuvieron en el mando, desde 1953, el núcleo moncadista; Guevara, que se incorpora en México, no ocultaba sus ideas marxistas; Raúl Castro, miembro de la Juventud Comunista, las negará sólo al exterior. Hombres decisivos en la guerra, algunos con personalidad, otros, como Ramiro Valdés, fabricados. Fue Castro quien hizo comandantes, designó jefes, exaltaba o silenciaba, denigraba, o liquidaba personalidades. Los hechos históricos: Guevara, primer comandante; Raúl Castro, jefe de la primera columna invasora, que en marzo de 1958 sale de la Sierra hacia el frente norte, que tenía guerrillas organizadas, que combatían y tomaban cuarteles, jefes prestigiosos como el comandante Aníbal.

Cuando la invasión de la isla, a finales de 1958, Guevara, Valdés y Camilo Cienfuegos, los jefes, otros comandantes quedan en sordina, una excepción escapa a la regla, Húber Matos, que el sitio de Santiago de Cuba convierte en héroe popular.

Muertos José Antonio Echevarría, Frank País y el comandante René Ramos Daniel, figuras carismáticas, intervenida la clandestinidad, después de la huelga de abril, opacados o disminuidos otros jefes en la guerra, en la paz y en el Gobierno (Chomón, Cubellas, Menoyo), Castro, que en cuestiones político-militares, no se equivocaba, que sabía que el control del nuevo ejército, de los frentes y de los jefes, serían decisivos en la victoria y la paz, coloca en posiciones importantes a tipos como Augusto Martínez, un abogado a quien Raúl Castro regala un grado de comandante, primero ministro de Defensa, después nada menos que primer ministro provisional, cuando el viaje de abril de Castro a Estados Unidos y América Latina y, al final, ministro de Trabajo, para liquidar sindicatos libres y los dirigentes revolucionarios, Pepín Naranjo, Antonio Núñez Jiménez, el intramontable Osmani Cienfuegos, heredero de un apellido glorioso.

Dos hombres de cierto talento brillarán en la corte castrista: Osvaldo Dorticós, abogado capaz, hombre de equilibrio, que juega la cuerda floja, que mueve el terrible y difícil Fidel, y que como presidente trata de deshacer entuertos y que, en desgracia años más tarde, escoge la vía del suicidio. El otro es el único casi inmortal, comunista cubano, Carlos Rafael Rodríguez, subestimado en el viejo partido, quizá si por intelectual o sus orígenes algo burgueses, por no ser populista, o mulato como Blas Roca, Lázaro Peña, García Aguero; fue el hombre que dentro del viejo partido jugó la carta de Fidel, y al final, el único viejo comunista cubano que no ha caído en desgracia, que conserva cargos importantes en el Gobierno y en el partido. Cargos ganados por su frialdad comunista y su talento maquiavélico, pagados al precio que requiere la cumbre del poder: la complicidad en crímenes que tiraron a sus viejos camaradas a la fosa de los leones. Carlos Rafael Rodríguez llegó a la Sierra Maestra a finales de julio de 1958, después de la batalla del Jigüe; discreto, dejó que la jauría cayese encima al popular José Pardo Llada, que no era el peligro, pero lo parecía, y desde la sombra preparó, de acuerdo con Fidel, Guevara, Camilo, Raúl, Escalante y Osvaldo Sánchez, los acontecimientos futuros: el primero eliminar la clandestinidad del 26, a la que no se informa del recorrido y llegada de las columnas invasoras. Los correos en Camagüey y Las Villas serían los viejos comunistas que se colaban así en la guerra y, de paso, marginaban las fuerzas del 26.

El Segundo Frente Oriental, grande, desconocido, y aislado de la Sierra, controlado por su jefe Raúl Castro, que con indiscutible capacidad de organizador y comunista con carnet o sin él, que formó a otros, que penetraron organizaciones civiles, sindicales, campesinas, políticas, militares. Cosas que no se sabían en otros frentes guerrilleros, era una república aparte aquella de Raúl.

A la victoria el solo dirigente comunista conocido, Carlos Rafael Rodríguez, estaba pero no se veía. Dos dirigentes comunistas importantes: Osvaldo Sánchez, formado en la Unión Soviética, en la Seguridad, organiza de acuerdo con Guevara y Valdés, los primeros aparatos policiacos; el control de los antecedentes políticos, se apodera de los archivos de la tiranía, persigue a los revolucionarios. Osvaldo Sánchez muere en un raro accidente: la avioneta en que volaba sobre un campamento rebelde es ametrallada por el supuesto error de una batería antiaérea; que lo confundió con una avioneta enemiga, procedente de Miami en 1961. Aníbal Escalante, de acuerdo con Fidel, controla la organización política, y a través de ella el estado, los sindicatos, la economía, la cultura; agresivo, buen conocedor de Stalin, organizó un aparato de control que le respondía personalmente, y en 1962, con apoyo de la Seguridad y de la Embajada Soviética en Cuba, preparó el golpe final contra el propio Castro, después que éste le había permitido eliminar a los castristas, no comunistas. El 26 de marzo de 1962, poco después de que lo ratifican como secretario de organización del nuevo partido, Escalante es acusado públicamente por Castro de todos los desastres y crímenes ocurridos en Cuba y enviado a Moscú como advertencia a los suyos, de donde regresaría más tarde e intentaría organizar una segunda conspiración (la llamada microfracción) y acusado en 1968 con otros comunistas, pasó años en prisión y murió aislado y solo.

CUBA Y ESTADOS UNIDOS

Las relaciones entre el gran vecino del norte y la isla pequeña y rebelde fueron siempre contradictorias: en el siglo XIX, los norteños no favorecieron las luchas independentistas contra España; más de una vez quisieron comprar la isla, obtenerla por negociaciones, como hicieran con La Florida y otras colonias. Cuando la isla con su esfuerzo está por ganarse su independencia, después de treinta años de guerra, el acorazado norteamericano *Maine* estalla en la bahía de La Habana, en 1898. Entonces Estados Unidos declara la guerra a España. En la decisiva batalla de Santiago de Cuba, utilizan las fuerzas cubanas, pero a la rendición española no permiten a los cubanos entrar en la ciudad libre. Firman el Tratado de Paz de París con España, pero, excluyendo a los cubanos, ocupan la isla, marginan a los mambises, se alían con los españoles, que habían perdido la guerra y con los grupos cubanos autonomistas, enemigos de la independencia. Al retirarse en 1902 —la única cosa positiva de los norteamericanos es que más tarde o más temprano se retiran— dejan un gobierno pronorteamericano, después de unas elecciones amañadas. Aprueban la enmienda Platt, que les concede el derecho de intervención en Cuba, una especie de "soberanía limitada", como la intervención soviética de 1968 en Checoslovaquia.

Washington es capital verdadera. La Habana, la aparente.

Desde el punto de vista económico, la afluencia de capitales norteamericanos, iniciada en el siglo XIX, con su técnica y modernidad hizo que la riqueza de la isla, destruida por la guerra, mejorara rápidamente. Cuba se convierte en la azucarera de Estados Unidos. La economía mejoró, la independencia disminuyó. La cubanía fue sacrificada, ahogada, por la nueva riqueza: burguesía, intelectualidad, campesinado, obreros negros, independentistas, naufragaron en un clima de frustración, resentimiento, impotencia, desmoralización. Luchar, creerse libres y ser, en el instante de la independencia, dependientes de un nuevo, poderoso e irritable vecino, es bien duro.

Los yanquis se fueron, quedaron sus riquezas y una imperfecta democracia, siempre mejor que una dictadura; la República era provincia norteña. La crisis económica, aquellos y otros males se agravaron y produjeron la revolución nacional de 1930, en cuya derrota Estados Unidos tuvo gran responsabilidad. No hay prueba alguna de que el golpe del 10 de marzo de 1952 fuese organizado por la Embajada de Estados Unidos, aun si los yanquis no simpatizaban con la Ortodoxia Nacionalista, posible ganadora en las próximas elecciones, pero Batista fue reconocido en seguida por el gobierno de Estados Unidos, que le vendió las armas, le envió una misión militar a La Habana, que asesoraba su ejército, y el Pentágono, con su praxis de apoyar militares seguros y no rebeliones inciertas, apoyó y sostuvo a Batista, mientras el Departamento de Estado, bajo la presión de la prensa y de la opinión pública norteamericana, alarmada por los crímenes de Batista, denunciados por los exiliados cubanos y por los sectores oposicionistas dentro de la isla, con buenas relaciones con Estados Unidos, influyeron para que el gobierno de aquel país decretase el embargo de armas al tirano, en marzo de 1958. Duro golpe militar y psicológico para el dictador. Los ejércitos latinoamericanos, cuando ven que Estados Unidos les retira el apoyo, saben que es el principio de su fin. Cuando Batista cae, el intento de apoyar al general Cantillo fue inútil.

En su primer discurso de la victoria, ante una multitud, la noche del 2 de enero de 1959, en Santiago de Cuba, Fidel Castro dijo con evidente alusión a la guerra de la independencia: "Esta vez somos libres y la revolución se hará", advirtiendo a Estados Unidos que podían ir retirando su misión militar en La Habana.

¿Cuáles son las causas de conflictos entre Estados Unidos y Cuba a partir del triunfo de Fidel Castro?

El primero, el fusilamiento de los criminales de guerra.

El segundo, la nacionalización, en 1959, de tierras propiedad de compañías norteamericanas, no indemnizadas. Y en 1960, de casi dos mil millones de dólares, valor aproximado de las inversiones de Estados Unidos en Cuba, cifra discutida, pero aproximada.

El tercer conflicto es por el asilo concedido en Estados Unidos a los batistianos en fuga, a los primeros afectados de la revolución, y a partir de 1960, a oposicionistas perseguidos, a revolucionarios que huirán de Cuba, como el comandante Díaz Lanz y el ex presidente Urrutia y otros. En La Florida se organiza rápidamente una oposición violenta, que envía a la isla avionetas que incendian cañaverales y hacen sabotajes.

El cuarto motivo es la radicalización de la revolución: el antinorteamericanismo, la cada vez más visible penetración e influencia de comunistas y procomunistas en el gobierno revolucionario, y de los soviéticos, a partir de la visita de Mikoyan, viceprimer ministro de la URSS, en febrero de 1960. A un conflicto real, entre neocolonialismo norteamericano y nacionalismo cubano, se agrega otro mayor, entre Estados Unidos y la Unión Soviética, por el dominio de la isla, que es llave y puerta de la América Latina; peligrosa posición militar a sólo 90 millas de Estados Unidos. El gobierno norteamericano apoyará la contra cubana, sacrificará los frentes guerrilleros internos, a los exiliados demócratas y nacionalistas, como Menoyo y Chibás. Fidel Castro pasará del nacionalismo al antiimperialismo y del antiimperialismo al comunismo.

Fue una guerra de golpes y contragolpes. Castro hábilmente le puso banderillas y astutas trampas a los yanquis, en las que éstos, con su proverbial arrogancia, cayeron de pleno, pensando que el bloqueo ahogaría la revolución, sacrificando la oposición interna y la externa con la fracasada invasión de la bahía de Cochinos.

La investigación histórica no confirma que Fidel Castro se volvió comunista por responsabilidad de Estados Unidos. La verdad histórica prueba que sin los errores, oposición y presiones de Estados Unidos, Castro difícilmente hubiese podido volver comunista a Cuba. Castro mismo, en una entrevista a la TV española, afirmó no hace mucho que Cuba es comunista por un acto de su voluntad, que sus ideas eran marxistas y que los errores norteamericanos sirvieron a su decisión. Castro fue el protagonista y vencedor de este importante acontecimiento histórico: volver comunista, la primera revolución no hecha por comunistas, ni inspirada por ideología marxista, la primera fuera del territorio único del mundo socialista, la primera a las puertas mismas de Estados Unidos, en un país tropical, de lengua castellana, y raíces españolas y africanas, la primera en América Latina.

Estados Unidos facilitó con su política y agresiones menores el triunfo de Castro; demostró su impotencia en Girón y la crisis del Caribe, al instalar los rusos cohetes en la isla, poner al mundo en peligro de guerra nuclear, y cogidos con la mano en el saco, con la opinión pública a favor del presidente Kennedy, los rusos se retiran y dejan solo a Castro y los norteamericanos, negada la inspección de Cuba, acordada entre los dos K, sin el consentimiento de Fidel, que la impide, no hacen nada y, como afirmó De Gaulle, cambian la retirada de los cohetes rusos por la instauración definitiva del comunismo soviético en Cuba.

164

Fidel ordenó a Camilo y al «Che» (en el centro de la foto)
que marcharan sobre La Habana sin las tropas del Directorio y de Menoyo.

La caravana
de la libertad dura
una interminable semana,
pero cuando Castro
mete pie en La Habana,
toda Cuba fue fascinada
por el joven héroe,
el barbudo de verde
olivo, con los colores
rojos y negros
del 26 de julio.

EL PODER COMUNISTA

Castro no cree en la democracia, en la que se comparte el poder, se cambia, se crean instituciones, leyes, oposición, derechos individuales. Guerrero y caudillo, aspiraba a un poder total para toda la vida, como prueban sus largos veintisiete años de jefe absoluto de Cuba. Conocía las viejas dictaduras y caudillos latinoamericanos, sus fallas y errores. Él mismo, a partir de cero, derrotó una, la de Batista, que en dos períodos tuvo el poder dieciocho años, el primero, en que obligada a dar elecciones las perdió, el segundo en que fue derrotada militarmente.

Caudillo moderno, que aspira al poder y la gloria, Castro conoce los límites de algunas dictaduras "progresistas", como la de México, donde el poder no cambia, es siempre el PRIM, los jefes y presidentes sí, cada cuatro años, o la aventura peronista, con su populismo, demagogia, nacionalismo, falta de solidez y permanencia. Sabía que rebelado contra una vieja dictadura, no podía reproducir una dictadura idéntica.

Castro piensa, más de una vez lo ha afirmado, que era una pena que Cuba fuera tan pequeña. ¡Ah! Si Cuba fuera Brasil, el inmenso y poderoso Brasil, no importa si pobre todavía. Era allí donde debió ocurrir su revolución, decía cuando, en 1959, su avión volaba y volaba sobre el interminable territorio brasileño. Si Cuba es pequeña, por grande que sea su jefe, será siempre pequeña. De ahí su proyecto: para ser grande, hay que dar a Cuba y su revolución dimensiones universales, convertirla en una protagonista de la historia contemporánea, hacer que todos los días esté en las primeras páginas de los periódicos. Para Castro, protagonismo y publicidad son imprescindibles. ¿Quién podía volver grande a la revolución cubana? Sólo Estados Unidos, piensa Castro con evidente razón, como escribe en carta a Celia Sánchez, en junio de 1958, en la Sierra Maestra.

Para Castro, hacer una guerra política a Estados Unidos, sin perderla, ni por vía interna ni por agresión externa, significó volver a Cuba comunista. El comunismo —piensa Castro con razón—, no ha perdido el poder en ningún país, da la garantía de un poder total, nuevo, revolucionario, que suscita admiración en el mundo, esperanza, utopías, que permite calificar y eliminar a toda la oposición como contrarrevolucionaria, traidora, aliada o instrumento de la CIA. El comunismo le garantizará el poder interno, la Unión Soviética el externo, impidiendo que Estados Unidos invada la isla.

A principios de 1959, Castro sabe que no están maduras las condiciones, y reprocha a Guevara y Raúl Castro la impaciencia que puede precipitar la situación, y "ganar tiempo" es lo importante ahora, repetía una y otra vez. Hablaba mal de los comunistas, pero los dejaba penetrar en el ejército. No ignoraba Castro la reticencia y conservadurismo soviético, demostrados por la historia, cuando se trataba de países y regiones fuera de su territorio común y más entonces, cuando Jruschov quería desestalinizar la Unión Soviética, mejorar la economía, conseguir una larga coexistencia pacífica con Estados Unidos. El astuto plan de Castro descansa sobre tres puntos: provocar la reacción norteamericana, más de palabra que de acción —los norteamericanos son lentos, repetía—; crear una reacción nacionalista: cubana, continental, mundial, revivir la epopeya de David contra Goliat; inventa en los primeros meses de 1959 una aparente nueva vía: el humanismo revolucionario que proclama en Cuba, cuyo pueblo enloquece con sus palabras que repetía en Estados Unidos y en Sudamérica.

Mientras consolida su poder interno, pone banderillas a Estados Unidos, envuelve a la Unión Soviética, que, pícara y lejana, no imaginaba ni quería una isla comunista, a la que llaman "isla heroica", la isla antiyanqui, que se rebela allí en sus narices, sin intervención soviética, ni ideología comunista, puro problema que se han buscado los yanquis, una posible Hungría tropical del otro lado; otros eran los planes de Castro, que no tiene vocación de mártir, sino de poder, y que los metió a los dos en el juego, sin que después pudieran salir.

Día a día en sus palabras y actos dramatiza, multiplica, amplifica el conflicto con el gobierno de Estados Unidos, da por real palabras de amenaza de congresistas o gobernantes de suprimir la cuota azucarera a Cuba.

Cuando Mikoyan, en febrero de 1960, llega a La Habana, no será visto como el segundo jefe de la Unión Soviética y del comunismo internacional, que viene a cogerse la isla. Llega con una exposición soviética, que ha visitado antes Estados Unidos, y después México. ¿Por qué Cuba no puede hacer soberanamente lo que hacen Estados Unidos y México, que tienen relaciones diplomáticas y comerciales con la Unión Soviética?

En el fervor nacionalista y antiyanqui de Cuba, Mikoyan aparece como un amigo simpático, representante de una potencia poderosa y lejana que, mientras los yanquis amenazan quitarnos la cuota azucarera, nos compra azúcar y ofrece petróleo y amistad.

El esquema de Maquiavelo, que Castro conoce y aplica a la perfección, funciona: al enemigo grande y cercano, Estados Unidos, opondrá un amigo grande y lejano, la Unión Soviética. El pequeño, para ganar la batalla contra un grande, necesita el apoyo de otro grande. Estados Unidos será culpabilizado, responsabilizado. Son ellos —es creencia mundial— los que provocaron a Castro y con sus actos lo obligaron a volver a Cuba comunista.

Si la voluntad de Fidel Castro fue el factor principal en que Cuba se volviera comunista, ello fue posible por la "complicidad" norteamericana y el interés soviético, y sobre todo por la fe sin límites y el apoyo del pueblo cubano, a las palabras de su caudillo en un clima de nacionalismo exasperado, en que casi nadie veía, sabía los límites reales entre revolución y comunismo. Cuba sin definirse comunista, marxista, sin estar dirigida por un partido comunista; con la nacionalización de la gran propiedad privada, el estado militar castrista, propietario de todo, con el fin del viejo mundo, de la influencia norteamericana, de las instituciones republicanas, era en la práctica ya comunista. En el bautizo oficial, en abril de 1961, Castro, con eufemismo, no usó la palabra comunismo, se definió marxista-leninista.

Cierto es que durante 1960, el gobierno soviético se preocupó mucho por la radicalización de Cuba, la nacionalización de las propiedades norteamericanas, pensando que podían provocar una intervención de Estados Unidos y que los viejos comunistas cubanos, con Carlos Rafael Rodríguez a la cabeza, temblaban cuando la nacionalización de la industria azucarera y hacían resistencia pasiva a Fidel para moderarlo.

Ni la Unión Soviética ni los comunistas cubanos creían posible que Cuba se volviese comunista, sin una invasión yanqui. Fidel Castro sí, lo creía y los hechos le darían la razón. Cuanta delegación cubana iba a la URSS, a la hora de brindis y discursos, proclamaba "que Cuba era socialista"; los soviéticos respondían serios, llamándola "isla heroica". Era casi tragicómica la discusión de lenguaje, que envolvía en el fondo disposiciones oficiales definidas: Cuba, que se definía comunista, la Unión Soviética, que lo temía, trataba de evitarlo.

Si es verdad que Cuba no es comunista por responsabilidad principal de Estados Unidos, verdad es también que Cuba no es comunista por presión o imposición soviética. Si los yanquis fueron cómplices pasivos y los soviéticos responsables directos después, lo cierto es que Cuba se volvió comunista por voluntad de Fidel Castro.

Fidel llevó al país a un clima de exaltación colectiva, de furia, de exasperación, las masas parecían un ejército frenético, irracional, había llegado su momento, veían desaparecer el viejo mundo: ejército, políticos, latifundistas, banqueros, capitalistas, norteamericanos, grandes comerciantes, periódicos, radio, televisión, Iglesia, no quedaba títere con cabeza; la vida en esos días no era difícil para ese pueblo armado; las reservas alimenticias, agrícolas e industriales, todo tipo de mercancías se devoraban, porque se ganaba más, había más empleo, se tenía más dinero, se consumía como nunca, los campos producían y los comercios estaban llenos de productos norteamericanos y todo en un clima de fiesta y pachanga.

El sueño de un pueblo parecía realidad, la justicia colectiva encubría las injusticias individuales que no querían verse, era un pueblo en estado de guerra, convencido de su momento histórico, dispuesto a que nadie se lo quitara.

Cuando frente a la amenaza de Estados Unidos de suprimir la cuota azucarera, Fidel decreta la nacionalización de las centrales norteamericanas, la conmoción llega al cielo. En el acto del estadio de béisbol del Cerro, Fidel, afónico de tanto hablar, pierde la voz frente a los micrófonos —no fue aquél un truco publicitario—, se hace un largo silencio. Fidel intentaba hablar y no podía. Raúl Castro temía robarle el momento supremo al gran jefe y hermano, con sus complejos e impopularidad: el hermano menor nunca fue aceptado, cargaba sobre sí todo lo malo, tenía una cara de joven Hitler, su humor vitriólico se enfurecía en la tribuna, y el propio Fidel decía a amigos y enemigos que si lo mataban quedaba Raúl, que era más radical que él, y éste con su verborrea roja, decía que si pasaba algo a Fidel la sangre sería tanta, que el Almendares se iba a llamar el río rojo, y aquellos momentos dramáticos, con Fidel sin voz, y Raúl que no leía el famoso decreto, la multitud exasperada estalló en una furiosa conga que no tenía fin; cosa que disgustaba a Fidel, que creía que no estaban los tiempos para congas, aun si era aquélla, por sus gritos, una conga fidelista, y cuando tímidamente Raúl comenzó a leer el histórico decreto de las nacionalizaciones, disculpándose, como por arte de magia, Fidel Castro en una escena de paroxismo supremo, que provocó el orgasmo de la multitud, se alza y dice: "Creo que he recuperado la voz."

Bailes, gritos, calma, silencio, y el comandante, al fin, pudo leer el histórico decreto entre un millón de aplausos. Emoción, alegría, histeria, locura colectiva, invadieron el país en una gran fiesta. No se pensaba en las consecuencias de este acto: Cuba era norteamericana al mil por mil; desde el último tornillo, aparato, motor, máquina o fábrica, todo venía de Estados Unidos; no se pensaba entonces en piezas de repuesto, en el fin de las reservas, en perder aquel confort y productos de necesidad que venían del norte: se pensaba que el estado era Dios, Jesucristo, con su milagro de los panes y los peces; se creía que la riqueza de los ricos, ahora del estado, eran inagotables, infinitas, no se pensaba en la Unión Soviética, ni en el comunismo y sus peligros, no se sabía que el estado es incapaz de administrar o crear riquezas, que campos y cultivos comenzaban a estar heridos, unos por el abandono de los terratenientes, poco interesados en conservar el mínimo permitido por la ley y el miedo de futuras intervenciones; y en gran parte, por los desastres e incapacidad de los nuevos administradores, casi todos militantes comunistas y hombres de la ciudad, que se divertían en destruir la riqueza, viendo en la riqueza, más que en el rico, al enemigo.

Las palabras razonables parecían sospechosas, no se quería conocer lo que pasaba en las prisiones, en los cuerpos policiacos, la detención de dirigentes obreros y revolucionarios, la revolución era sagrada y no se equivocaba, por algo sería. Por todas partes se veía un solo enemigo que aplastar: al contrarrevolucionario, que así bautizó Fidel, con eficacia, una víctima, un perseguido, caído en aquella máquina formidable, ciega, terrible, que acababa con todo lo que se ponía por delante, y tenía que ser un títere, un cómplice, un quintacolumnista al servicio de la CIA, a la que se veía como único, grande y peligroso enemigo contra el que se estaba dispuesto a combatir, a morir y a matar. Un millón de hombres armados llegaron a ser entonces las milicias revolucionarias. De una emoción grande se pasaba a otra mayor; el fin de la banca, un día, el fin de las grandes propiedades cubanas, otro. A cada golpe yanqui, un contragolpe fidelista mayor, la espiral no tenía fin, y el día que Estados Unidos rompió con Cuba, el 3 de enero de 1961, fue el día de la fiesta mayor.

En una revolución no se piensa, y el que piensa, bien o mal, es aplastado; la revolución es una fuerza de la naturaleza, la terrible venganza de la multitud humillada, dominada, controlada, que de pronto se siente fuerte, poderosa, invencible y acaba con todo.

La revolución es una terrible venganza de la historia. Por un día, un mes, un año. Hasta que las masas enardecidas, aterrorizados sus jefes y éstos con su poder, las paran, controlan y dominan. Esa de las masas es su venganza, porque durante años y siglos han sufrido del poder y la venganza de los poderosos, de los que mandan, de los que disfrutan y poseen todo. Quien piense que una revolución es un acto superficial se equivoca. Es un acto real, nacido, provocado, dirigido, organizado sí, un momento particular de la historia, en que los pobres humildes, sufridos, contagian a los otros, se ilusionan con ser poder y cambiar la vida.

Bello, hermoso sueño, trágico despertar.

Asoma el rostro temible y verdadero del nuevo poder y el pueblo, frustrado y vencido, vuelve como antes a sufrir la historia que el nuevo poder le reserva: sacrificios, obediencia, trabajo. Un presente terrible para el pueblo, no para sus jefes, un prometido futuro, que como el horizonte parece muy cerca y al que nunca se llega. Pasaron en Cuba uno, dos, tres, cuatro, cinco años, para que se viera la realidad, el poder, a Fidel Castro, al comunismo, la muerte de la libertad, las dificultades materiales, la presencia del nuevo amo soviético.

Del sueño no se pasó a la pesadilla, como del infierno no se pasa al paraíso; fue una historia que duró hasta 1965. Dios y diablo, allí entonces, después y ahora, estaría Fidel Castro, jefe único. Su poder implacable dominaría todo, y un pueblo rebelde, libre, dado al reír, bailar y gozar, se vería obligado a sufrir una vida espartana, como gustaba y decidía el gran padre.

¿QUÉ ES LA REVOLUCIÓN?

Hay palabras que asustan y palabras que fascinan: comunismo es un mote quemado en América Latina, revolución, una expresión virginal. Con el comunismo y los comunistas nada, con la revolución todo.

Pero ¿qué es la revolución? Un mito nacido en las guerras de independencia contra España, en las luchas republicanas contra militares, oligarquías e intervenciones de Estados Unidos. Las revoluciones bolivarianas y martianas del siglo XIX estaban inspiradas en las francesa y norteamericana, en ideales de libertad, democracia, justicia social.

La revolución para los cubanos era la continuación de la independencia, frustrada después de treinta años de guerra

—1868-1898—, por la intervención norteamericana, la enmienda Platt y el dominio español y de los cubanos conservadores en la economía de la isla aliados al capital yanqui.

La revolución era para nosotros lo mejor de nuestra historia: aquella que en cien días había cambiado a Cuba, interrumpida otra vez por los militares y el embajador yanqui.

Fue esa palabra mágica que salía a borbotones de la boca del joven Fidel Castro y su M-26-7, proclamándose civilistas, democráticos, que lucharían por restablecer la Constitución y la libertad y prometían reformas sociales. Esa lucha contra la dictadura los comunistas criollos no la compartían, la criticaban y casi hasta el fin se le opusieron.

Fidel Castro devino el símbolo de la revolución: a la toma del poder con el conflicto con los intereses creados y la polémica con Estados Unidos, un sentimiento antiimperialista, de matices anticapitalistas por influencias socialistas, cristianas y marxistas, mezclado a humillaciones recibidas y resentimientos con el vecino grande, sirvió de caldo de cultivo a la revolución. Se entró en terreno minado: nadie sabía dónde terminaba la revolución y comenzaba el comunismo; ahora el enemigo a derrotar eran los intereses creados y la oposición de Norteamérica —a la oposición, aun a la nacionalista y campesina sólo se la veía en la óptica de hacer el juego enemigo—, Fidel Castro hizo aparecer al estado soviético no todavía como un modelo que seguir, como un amigo, que en la voz de Mikoyan nos compraba azúcar y nos vendía productos que faltaban por el bloqueo yanqui.

Extraña metamorfosis ésta en que la revolución sin proclamarlo desemboca en el comunismo, de la que la cubana es el primer caso en el mundo: cuando se nacionalizan riquezas, instituciones, el estado deviene propietario de todo, en la práctica se ha entrado en el comunismo, qué importa si los orígenes no son marxistas, si no está dirigida por un partido comunista, o como en el caso cubano, que esa función la ejerzan un caudillo revolucionario y un ejército guerrillero, que han tomado el poder, con una pequeña minoría revolucionaria.

En el tremendo conflicto con enemigos reales e imaginarios, no se piensa más, se actúa, se combate, se destruye, se siguen consignas, se grita: la revolución se mimetiza de rojo hierro y olvida el rojinegro libertario y el verde cubano como las palmas.

¿Qué es la revolución entonces?

La revolución era Fidel Castro.

Es entonces cuando Castro, que ha llegado a la destrucción de todas las instituciones nacionales, se proclama desde el poder marxista-leninista, sin saber qué es el socialismo, como él mismo confesaba, ni cómo "construirlo", llama entonces a los viejos comunistas y a los soviéticos.

De este extraño matrimonio, entre el caudillismo nacionalista y revolucionario y el modelo soviético, nace no el hombre nuevo, el nuevo monstruo.

Cuando ya es demasiado tarde para unos y para otros, para cambiar de nuevo, para encauzar a la revolución desviada de sus vías originales, aparece el rostro verdadero y terrible de la revolución comunista. La revolución, que es, además, estado de confusión suprema, con el apoyo militar, económico y político soviético, de su estado-partido, improductivo y represivo, incapaz de mejorar la economía, y de crear una nueva vida, garantiza un poder total, reforzado en Cuba por el militarismo caudillista castrista.

La revolución surgida de la necesidad, que era mito, utopía, sueño, se vuelve barbarie.

¿CONFLICTO INEVITABLE?

¿Eran insolubles desde el punto de vista de la soberanía, independencia y dignidad cubanas, los problemas surgidos con Estados Unidos? Difíciles de resolver, para uno y otro gobierno, es evidente que sí: imposibles, no. El primer conflicto por el fusilamiento de criminales de guerra, a principios del 59: ¿era posible evitarlo? No lo pienso. Desde 1930, las dictaduras de Machado y Batista, sus miles de asesinatos y torturas cometidos por jefes militares y policiales, casi siempre los mismos —sin que en ningún caso fueran juzgados—, los crímenes impunes produjeron venganzas, violencias, saqueos, justicia personal, el ajusticiar por la libre, guerras de grupos, que heredan los gobiernos democráticos de 1944-1952, y es ésta la principal razón, con el robo, la corrupción, la desmoralización, la que provocará la intervención del ejército, el 10 de marzo de 1952, y siete años más de sangres y de torturas y de muertes.

Era promesa de la revolución hacer justicia, para evitar venganzas. Si la opinión pública mundial había aprobado los juicios y condenas a muerte de Nuremberg, también los crímenes y desaparecidos del batistato, que fueron muchos, debían ser juzgados y condenados. La justicia era necesaria,

173

no hay duda. De otra parte, la opinión pública —y la prensa norteamericana— ha sido siempre sensible a denunciar cualquier tipo de violencia y no entendía los nuevos fusilamientos, los excesos e ilegalidad de muchos juicios. Raúl Castro y el comandante Serguera resolvieron el problema en Santiago de Cuba, la ciudad donde hubo más asesinatos, en un solo juicio sumario, que liquidó en una sola noche a los principales criminales de guerra. La protesta unánime por el método usado, hizo que Fidel Castro suspendiera los procesos sumarios y ordenara juicios. Provocó horror en el mundo el permiso dado por el comandante René Rodríguez, y otros oficiales rebeldes, a las cámaras de cine de filmar el fusilamiento del coronel Cornelio Rojas, un antiguo revolucionario, devenido jefe batistiano, que afrontó el paredón no sólo con valor, que dijo a sus fusiladores, antes de que le dispararan, una frase, quizá la más trascendente de la revolución cubana: "Muchachos, ahí tienen la revolución: miren a ver si no la pierden." La descarga voló por el aire su cabeza. A Despaigne, otro oficial fusilado, se le veía caer bajo las balas, en el vacío de una fosa. Era algo nunca visto y su efecto devastador. La ejecución de una pena de muerte es de esos actos terribles que se digieren más fácilmente si no se ven. Si las condenas a muerte fueran filmadas, la pena de muerte no duraría mucho.

Otro acto monstruoso fue el juicio al coronel Sosa Blanco, un oficial que asesinó varios compañeros en Oriente. Por orden de Castro, el juicio se efectuó en el Palacio de los Deportes, delante de las cámaras de la televisión y se convirtió por la histeria en un circo romano, donde el culpable parecía el inocente y los acusadores y familiares de los muertos, gritando, los culpables. El juicio produjo horror en el pueblo. Las monstruosas imágenes circularon por todo el mundo y produjeron horror e indignación. Si los primeros juicios, fusilamientos y condenas fueron inevitables, es evidente que se pudieron terminar rápidamente, como quería la mayoría de los revolucionarios y la opinión pública, que en acto multitudinario aprobó que se ajusticiase a los criminales de guerra. Su duración e inconsistencia jurídica en los juicios duró mucho tiempo y agudizó el conflicto.

El segundo motivo de conflicto con Estados Unidos es por la reforma agraria y las nacionalizaciones de tierras y propiedades norteamericanas. Que una reforma agraria fuese necesaria en Cuba, era algo tan evidente que la propia Constitución de 1940 había establecido el fin del latifundio. Que el límite del latifundio debió ser mayor, desde el punto de vista económico y productivo, afectando más las tierras improductivas, que eran muchas. Y repartiendo individualmente tierras cultivadas, en forma minifundiaria y no estatal, es también verdad. El obrero cubano era mitad campesino, seis meses al año cultivaba la tierra y seis meses como obrero, trabajaba la caña. Si en vez de convertirlo en obrero estatal, como decidió Fidel Castro, se le hubiese vuelto campesino al ciento por ciento, la agricultura hubiese sido más productiva y más democrática.

La reforma agraria era necesaria. Muchas tierras cubanas habían sido robadas o compradas por cantidades irrisorias. Se hubiese podido respetar más la inversión industrial y la agrícola: centrales azucareros, molinos de arroz, implementos agrícolas, maquinaria, modernas instalaciones ganaderas y agrícolas. Que el estado y la nación cubana no tenían recursos económicos para indemnizar es verdad; que los bonos a veinte años, ofrecidos como pago, era una coña, es cierto. Que se hubiera podido negociar desde posiciones fuertes, ir pagando paulatinamente en muchos años, con parte del azúcar de la cuota que se vendía a Estados Unidos, el níquel, el tabaco y otros productos que se exportaban, no era imposible.

Nada fue intentado por Fidel Castro en este sentido, y era evidente que esperar que Estados Unidos aceptase pasivamente perder sin indemnización alguna las grandes inversiones y propiedades norteamericanas en Cuba, valoradas en cerca de dos mil millones de dólares, un político de la perspicacia de Fidel Castro no lo creía ni en sueños, como no lo creían los viejos comunistas cubanos y la Unión Soviética, que trataron de moderar a Castro con consejos no oídos.

El tercer conflicto lo causa la oposición en Estados Unidos, el asilo a descontentos, revolucionarios y gente que huía de Cuba. Castro y los revolucionarios habían hecho lo mismo en los tiempos de Batista, conocían las leyes norteamericanas, y no era para alarmarse del todo con la repetición del fenómeno. No así con la organización de expediciones armadas y de actos de sabotaje. Dos episodios fueron determinantes en el clima de histeria de 1959: el primero, la avioneta que, piloteada por Díaz Lanz, tiró proclamas sobre La Habana, en octubre de aquel año.

El segundo y más dramático fue la explosión del vapor francés *La Coubre*, en febrero de 1960, en el puerto de La Habana, que desembarcaba un cargamento de armas y municiones y cuyo estallido causó más de cien muertos y heridos, sin que a ciencia cierta nunca se probase si había sido accidente o sabotaje, posible uno y el otro.

A sangre caliente, en el entierro de las víctimas, Castro acusó violentamente a Estados Unidos, hizo un discurso terrible en que proclamó el terror rojo, que hizo temblar a tirios y troyanos, y que Sartre describe bien en una de las pocas páginas lúcidas de su libro sobre Cuba.

LAS RAZONES DE FIDEL CASTRO

Históricamente está probada la intención de Fidel Castro de agudizar el conflicto con Estados Unidos, no de atenuarlo. La orden de secuestro de Raúl Castro contra norteamericanos, militares y civiles, en el Segundo Frente Oriental, primer acto masivo de rehenes, que tendría después largo séquito en el terrorismo mundial, fue en realidad peligroso, y pudo provocar una reacción norteamericana. El motivo principal aducido para el secuestro por Raúl Castro fue el que se permitía a los aviones de Batista cargar bombas en la base de Guantánamo y descargarlas después en la zona del Segundo Frente (en marzo de ese año 1958, el gobierno de Estados Unidos decretó el embargo de armas a Batista, que fue un golpe militar y psicológico que influyó en su derrota); parece ser que esas bombas formaban parte de un cargamento vendido antes del embargo, y el Pentágono, que no se alineó totalmente con el Departamento de Estado, autorizó el traslado y recogida de las bombas de la base. La base era también un punto de colaboración con el 26 de Julio, gracias al cónsul norteamericano de Santiago, simpatizante, colaborador y amigo de Frank País y del 26, que por allí sacó a muchos dirigentes, como Lester Rodríguez y Haydée Santamaría y facilitó el "robo" de parque y de armas norteamericanas. Raúl Castro, deteniendo a los norteamericanos, quiso de una parte protegerse de la ofensiva del ejército de Batista, en un momento difícil, pero como se lee en la redacción de la orden, su violento antinorteamericanismo fue otra de sus razones; Fidel Castro, aparentemente no informado, no compartió públicamente la decisión de Raúl y días después ordenó la liberación de los rehenes norteamericanos. Pero él, que no permitía la más mínima indisciplina, ¿cómo aceptó sin consecuencias prácticas, graves para Raúl, un acto inconsulto y peligroso de semejante gravedad?

Tácticamente no está de acuerdo, pero compartía y le gustaba el acto de Raúl, como prueba la carta que escribe entonces a Celia. No son humores del momento estas cartas históricas dirigidas a quien conservaba el archivo de la guerra, y de claros fines históricos.

Hay otro episodio de fines de la guerra, en que Fidel Castro hace violentas acusaciones a Lincoln White, vocero del gobierno de Washington; a propósito de otros rehenes norteamericanos, ya no en el frente de Raúl. Sus palabras en Santiago de Cuba, el 2 de enero, acusando a Estados Unidos, no son gratuitas, están dirigidas para recordar viejos agravios y a preparar a los cubanos para afrontar al poderoso vecino, que será el enemigo principal de la revolución.

EL VIAJE A ESTADOS UNIDOS

Su primer viaje a Estados Unidos en abril de 1959 será una obra maestra de inteligencia política, que sorprenderá a los norteamericanos y permitirá a Fidel Castro ganar tiempo y prestigio en Estados Unidos, en América Latina y Cuba.

Lo acompaña una delegación de alto nivel económico, con figuras de prestigio en Estados Unidos: Felipe Pazos, presidente de la Banca Nacional; Rufo López Fresquet, ministro de Hacienda; Regino Boti, ministro de Economía; Pepín Bosch y Daniel Bacardí, de la prestigiosa firma del ron, representantes ilustres de los industriales cubanos.

Castro rompe el protocolo establecido por Estados Unidos con los gobernantes latinoamericanos: la primera visita de un presidente, dictador o jefe de gobierno, debe ser a Washington, inevitable la petición de empréstitos, las concesiones económicas: mezcla de sumisión y dinero. El primer viaje de Castro es a Venezuela, libre como Cuba, de una reciente tiranía, la de Pérez Jiménez; allí recibe honores y multitudes. A Estados Unidos no va en viaje oficial: va invitado por la prensa. Su objetivo es agradar a la opinión pública norteamericana, usar los grandes medios de comunicación, dejar una imagen de dignidad, simpatía, civilidad, democracia. Se asesora con una agencia de relaciones públicas norteamericana, que le aconsejará sonreír ante las preguntas difíciles, ir bien presentado, hablar su inglés fantasmal, sin complejos, no dar respuestas largas, ni hacer discursos como los de Cuba, que estarían contra el ritmo productivo del tiempo norteamericano. Mostrar comprensión y simpatía hacia Estados Unidos, asegurar que no es comunista y que en el momento oportuno hará elecciones.

De magnífico actor, su actuación en Estados Unidos fue de gran impacto, fríamente. El joven barbudo no pedía dinero, ofrecía libertad y amistad, pedía respeto y comprensión. El gobierno de Eisenhower-Nixon no hizo nada para oficializar el viaje, que por otra parte Castro no quería. Sólo Nixon lo recibió. El presidente Eisenhower, *el viejo General,* no parecía que diera entonces mucho crédito al joven comandante de la islita vecina y obediente. Los empresarios norteamericanos que sí tenían muchas inversiones en Cuba, aún no habían sido tocados, y los sectores gubernamentales, que se ocupaban de créditos y negociaciones, establecieron contactos con la delegación económica, formada por los hombres más prestigiosos de la economía cubana. A cada oportunidad ofrecida, sin dar un no categórico, Castro posponía la oferta, reafirmando que no quería aparecer como uno que venía a buscar dinero. Aun si no era lo mismo pedir dinero que hacer negocios. Si la razón hubiese sido su visita, Castro a su regreso a Cuba, hubiese podido dar vía libre a estas negociaciones que fue posponiendo, alargando, ganando tiempo, sin nunca discutir seriamente estos proyectos, como confirman hechos y declaraciones de los protagonistas de la delegación. Fidel Castro, como demostraría rápidamente, no estaba interesado en tener una mejor relación con Estados Unidos, favorable a la economía de Cuba. Su objetivo era congelar los negocios, provocar la guerra económica con el vecino gigante. Castro, que continuó su viaje por América Latina, esperó un escenario mejor para hablar de economía. En Buenos Aires, en la reunión de los 21, que incluía todos los países del continente, hizo un famoso discurso, en que reclamó de Estados Unidos treinta mil millones de dólares, sin condiciones onerosas, como inyección al desarrollo latinoamericano.

Si la economía y el pueblo cubano iban a sufrir, y cómo, la guerra entre Castro y los norteamericanos, éstos a su vez la perderían. Sus propiedades fueron nacionalizadas y no pagadas, el bloqueo económico y el cese de la cuota azucarera, decretado con arrogancia, no tumbaron a Castro, sólo sirvieron para indignar y exaltar al nacionalismo cubano, para introducir como amiga a la Unión Soviética, mientras Estados Unidos se volvía el único enemigo, para consolidar el poder de Castro. Estados Unidos hizo el juego de Castro y éste pudo volver a Cuba comunista, inventando una nueva estrategia política, el factor C: Castro, Cuba, comunismo.

LA INVASIÓN DE LA BAHÍA DE COCHINOS

Al amanecer del sábado 15 de abril de 1961, aviones B-26 procedentes de América Central, ametrallan y bombardean las bases aéreas de Columbia, San Antonio y Santiago. Castro anuncia que el ataque, cuyo objetivo es liquidar la pequeña fuerza aérea rebelde y destruir los aeropuertos, es el primer acto de una invasión que de meses se preparaba en Miami y América Central por exiliados cubanos armados y adiestrados por la CIA.

Castro da la orden de alerta a sus fuerzas, anuncia a los cubanos a prepararse para el combate. En el entierro de las víctimas del bombardeo, el domingo, declara por primera vez que su revolución es marxista-leninista, que Cuba se defenderá del inminente ataque apoyado por Estados Unidos; envía una pública señal a la Unión Soviética, y en ese momento, psicológicamente favorable, bautiza de forma oficial como comunista a la revolución cubana.

Alrededor de las tres de la madrugada del lunes, una patrulla de milicianos, que recorría la costa sur de la Ciénaga de Zapatas, en la zona de Girón y la bahía de Cochinos, atacada por la brigada invasora que desembarcaba, comunica por microonda, a la jefatura militar, el desembarco enemigo, por varios lugares de la costa.

Como a las tres y cuarenta de la mañana, de la redacción del *New York Times,* después de tratar de comunicarse telefónicamente con el presidente Dorticós y el ministro Roa, sin conseguirlo, llaman a *Revolución* y preguntan sobre el desembarco —después se sabría que Washington la noche anterior pidió a la prensa norteamericana no dar la noticia de la invasión—, sorprendidos, llamamos en seguida a Fidel Castro, que nos contestó: "Por unos minutos no nos enteramos del desembarco por esa gente, y entonces nos informó que la patrulla de milicianos atacada en Girón acababa de comunicarse con el estado mayor." En la conversación expresó la duda que lo asaltaba en aquel momento: el desembarco era sólo por Girón o por varios lugares de la isla: los barcos avistados en las costas de Oriente eran para despistar o preparaban otros desembarcos; el apoyo norteamericano sería parcial o total.

Esa lógica preocupación durará horas, mientras envía fuerzas a la zona invadida, mantiene otras tropas, en espera de posibles ataques en otros lugares. Su primera decisión es enviar los pocos aviones que el camuflaje salvó del bombardeo, con la orden de hundir los barcos enemigos, privándolos del parque y armamento, cortándoles la retirada, por el efecto psicológico que produce a una tropa, que ha venido del mar, ver que en caso de derrota no puede retirarse. A las milicias ordena un ataque suicida contra los invasores: tienen que avanzar por carreteras que bordean la Ciénaga, sin protección aérea, contra fuerzas enemigas que tienen instaladas artillería, tanques y armas pesadas, que con sus aviones controlan el aire, desde donde los ametrallan.

En horas de la mañana, al no producirse otros desembarcos, Castro se convence de que es Girón el solo punto de ataque, y decide concentrar y enviar hacia allí el grueso de sus fuerzas y recursos militares.

Cuando le señalan que el ataque casi suicida de las milicias costará muchas vidas, que sería mejor retirarse, hacer una línea de resistencia en terreno firme, fuera de la Ciénaga, hacia Matanzas, responde que en la guerra la rapidez, aun con sacrificio de vidas, es economía de sangre, que el verdadero peligro no es la brigada invasora, aun si es fuerte, o está bien armada y protegida en sus buenas posiciones. Le preocupa que, consolidado el avance en territorio cubano, con un puerto y un aeropuerto, el gobierno de Estados Unidos desembarque en Girón a Miró Cardona y su gobierno cubano en el exilio, lo reconozca y le dé apoyo militar. Sólo una derrota fulminante de la invasión puede impedir el grave peligro, y hacia allí Castro envía sus fuerzas, dispuestas a morir avanzando.

Ésta será su estrategia, mientras aquella misma mañana él personalmente parte hacia el frente, pues sabe del valor de su presencia en la zona próxima a los combates.

Militarmente, la zona del desembarco fue bien situada: la costa de la bahía de Cochinos, en la Ciénaga de Zapatas, en la costa sur de Cuba, es un territorio fácil de ocupar, y de difícil acceso, pocas comunicaciones, casi aislado del territorio de la isla por tierra y mar. En la Ciénaga se podía penetrar por tres carreteras, construidas en tierras no pantanosas. En Girón había una buena pista de aterrizaje para aviones pequeños; se podía desembarcar por mar; Girón es un punto del Caribe próximo a Centroamérica, donde tenían sus bases los invasores.

De difícil acceso por carreteras, dominadas por las armas pesadas de los invasores, sin poder atacarlos desde el aire ni proteger el avance de las milicias, por la poca aviación —los seis aviones salvados del bombardeo Castro los envía a destruir los barcos enemigos —, no teniendo entonces Cuba casi marina de guerra, era Girón el lugar de Cuba más fácil de tomar y de defender.

En la guerra, y en otras cosas, una ventaja puede ser también una desventaja: lo fácil convertirse en difícil, una vez tomado Girón, la brigada invasora podía quedar aislada, sin apoyo externo, o rebelión interna.

Militarmente, la brigada invasora ocupó aquella parte del territorio cubano, se situó en óptimas condiciones, después de violentos combates, contra las primeras fuerzas castristas, que tuvieron numerosas bajas, que atacaban sus bien defendidas posiciones.

El primer día de desembarco y combate en tierra es favorable a los invasores; el solo punto a favor de Castro es que sus aviadores hunden barcos con armas, hombres y parque. El segundo día, las cosas se meten mal para los invasores, favorecen las fuerzas castristas, que avanzaban y conquistan posiciones enemigas; sus grandes pérdidas no afectaban su alta moral de combate, sostenida por una enorme superioridad numérica.

Si el primer día de combate fue suyo, el segundo, la brigada comenzó a perder y, al tercero, derrotada por las armas, abandonada por los norteamericanos, que le habían prometido apoyo, sin producirse dentro de Cuba la rebelión que esperaban, a los invasores quedó sólo la rendición.

Si la táctica funcionó, y parecía correcta, ¿por qué la estrategia fracasó?

La estrategia invasora estaba basada en cuatro puntos: detener la pequeña aviación castrista con un bombardeo, ocupación de la bahía de Cochinos, apoyo norteamericano, rebelión interna. ¿Por qué no hubo alzamiento?

No había entonces en la isla condiciones políticas para un alzamiento importante: 1961 era el inicio de una crisis, no el instante más alto, era todavía demasiado pronto, lo que era claro para una minoría, no lo era para una mayoría, que apoyaba la revolución, la oposición interna estaba desorganizada, había sido sacrificada por la CIA y el gobierno de Estados Unidos, que desconfiaba de los revolucionarios que dentro de Cuba, o en el exilio, habían participado en la revolución; y ahora se oponían a Castro, calificados estúpidamente "de fidelistas sin Fidel", confiaban en elementos del viejo régimen: ex militares, conservadores, hijos de papá, viejos políticos, *yesmen,* que para la oposición dentro de Cuba, eran inaceptables por su historia.

La principal oposición interna eran las guerrillas del Escambray, alrededor de mil guerrilleros alzados en aquella zona enorme, montañosa, que el campesino apoyaba, con hombres y jefes, que tenían experiencia guerrillera, eran de origen campesino o popular, perseguidos por los viejos comunistas, a los que Castro había entregado el poder, se alzaban allí y en otras partes de la isla, contando además con la simpatía campesina y con el apoyo de poblaciones católicas, como la de Trinidad, descontentas por la persecución del gobierno a la Iglesia y a sus creencias.

La otra oposición importante, que le seguía en fuerza, era la obrera y estudiantil. Sus dirigentes, elegidos por inmensa mayoría de votos, eran ahora destituidos por el Ministerio del Trabajo, sustituidos por comunistas derrotados en aquéllas, las únicas elecciones libres, efectuadas en la revolución; esta oposición, por su historia y origen, ni era aceptada por Washington, ni podía ella obedecer a sus emisarios, que hablaban de una unidad formada en Miami, por los norteamericanos, que ellos rechazaban.

Aceptar la oposición interna implicaba para Washington y los viejos miamenses admitir que la dirección estuviera en Cuba y en manos de ex enemigos del viejo régimen, que ahora combatían a Castro, porque éste había traicionado a su revolución humanista, de libertad con pan, pan sin terror, en revolución comunista; no eran estos hombres, *yesmen*, eran demócratas independientes, occidentalistas, anticastristas, nacionalistas.

No eran estos campesinos, estudiantes, revolucionarios, guerrilleros, gente que inspirase confianza en Washington y Miami, que ellos a su vez no veían de buenos ojos, los más prestigiosos revolucionarios exiliados, no eran los que mandaban, eran los sacrificados del exilio.

Los grupos activos de la oposición interna, perseguidos implacablemente por comités de defensa, Seguridad y milicias, se debatían entre la incomprensión y desprecio de Washington y la división y rechazo de la oposición independiente.

La revolución en sus primeros tiempos creó una tremenda confusión: el viejo e injusto mundo, que generó la crisis, está muriendo, se piensa que deba morir, y todavía el nuevo mundo oculta todavía su cara terrible: fusilamientos, injusticias iluminan su instante; en un clima de odio, de lucha a muerte, en que todo se mezcla y confunde, al obrero que ve desaparecer el capitalista, "símbolo de todos los males", le dicen que las riquezas serán ahora del pueblo, mientras persiguen al dirigente obrero por él elegido.

Se vivía entonces una lucha a muerte, nadie pensaba, ni tenía tiempo, o calma para pensar, se vivía a grito pelado, de una parte o de la otra.

De la otra parte, estaban los ricos, los batistianos, Estados Unidos, que impedían ver a los campesinos alzados, a las ideas democráticas defendidas por revolucionarios disidentes, las injusticias de una revolución; que a todo trapo se barbarizaba y volvía comunista y soviética.

Sacrificada por la CIA, la lucha guerrillera interna, unos días antes de Girón, Castro pudo lanzar contra el Escambray, sesenta mil milicianos, ocupar los territorios montañosos, deportar masivamente decenas de miles de campesinos, derrotar aquel movimiento popular, que no recibió armas del extranjero, y cuyas últimas guerrillas resistían todavía, cinco años después, y sólo en 1965 es que termina su resistencia.

Otra verdad de Girón es que el movimiento de resistencia interno no estaba sincronizado con el externo y su desembarco, que la famosa conspiración militar, de la que con razón se habló, y de la que se decía contaba con el apoyo de muchos comandantes, no denunciarla costó la vida a los comandantes Sorí Marín, Morgan y Carreras, entonces presos y fusilados para aterrorizar a los otros conspiradores, que no podían unirse a quienes no le ofrecían las garantías mínimas necesarias para que los revolucionarios perseguidos, o descontentos, confiaran en ellos y se les unieran. Castro, avisado por el bombardeo, dos días antes, ordenó a los comités de defensa de la revolución, que eran bien recientes, hacer una redada masiva, alrededor de cien mil personas, en todo el país, que se hizo sin discriminar al neutral, al que se quejaba con razón, o cualquiera que estuviera en un lugar sospechoso, aun si revolucionario, después se vería, fueron tantos los detenidos, que hubo que llenar los estadios de béisbol, parques y sitios públicos, pues no cabían en las muchas cárceles.

Aquel terror masivo contra miles de inocentes paralizó a miles de opositores. Históricamente es verdad que los jefes políticos de la oposición cubana, en Estados Unidos, aseguraron al presidente Kennedy que al desembarco seguiría una sublevación popular, organizada por el según ellos fuerte movimiento de oposición de la isla, que ellos dirigían, y que ésta no ocurrió, lo que no exime al gobierno norteamericano de la responsabilidad de enviar una brigada invasora, por aquél armada, organizada y entrenada, y después que ésta desembarca, se apodera, como previsto de Girón, y lo mantiene, no sólo la dejan abandonada, más grave aún, ni le ofrecen el prometido apoyo aéreo, ni protegen y garantizan su retirada.

Sin sublevación popular, y apoyo directo, o indirecto, de Estados Unidos, la brigada invasora estaba condenada al suicidio. Se ha afirmado, y al parecer con razón, que el gobierno Kennedy heredó de Eisenhower-Nixon aquella operación manejada por la CIA, entonces un mundo aparte; se llegó a sospechar que el nuevo presidente diera al último momento la orden de suspender el desembarco y que los instructores norteamericanos informaron que, si ello ocurría, los detuvieran y partieran por la libre, tal era el clima de desconfianza entre el presidente y la famosa agencia.

Nada justifica la responsabilidad de Kennedy, y él mismo se la asumió en la derrota; si aceptó enviar la brigada, debió de proceder a su apoyo; la aviación fue decisiva en Girón: el bombardeo del 16 de abril, al dejar seis aviones, superiores en velocidad a los B-26 de los invasores, dio una ventaja a Castro, el no suministrarle otros aparatos a los aviadores de la brigada de parte norteamericana, los condenó a la derrota. Hubiesen impedido a las fuerzas castristas avanzar sobre Girón, no dejarla sola y abandonada, que era suicidarla, aun si es de pensar que al no ocurrir la sublevación o protesta interna, era aquélla una guerra a destiempo, poco favorable a Estados Unidos, que para triunfar militarmente tenía que ordenar una invasión en regla, con grandes pérdidas humanas, para vencer a un pequeño pueblo que entonces todavía apoyaba a la que creía su revolución, y que tenía la simpatía de América Latina.

Algunos prisioneros de Girón estaban en una celda del castillo del Príncipe; unos dormían, otros leían, conversaban en voz baja, cuando se oyó una voz: "Los americanos darán los tractores, pronto estarán en Estados Unidos." "Callen a ese borracho, que no me deja dormir", gritó un prisionero, al que aquellas palabras habían despertado. Al abrir los ojos, el prisionero, asombrado, vio entrar en la celda a Fidel Castro, que era el que había pronunciado aquellas palabras y, que acercándosele a la cama en que dormía, le dijo: "Hacemos una apuesta: si lo que digo no es verdad, te doy mi palabra que tú te vas y tus compañeros se quedan aquí, y si es verdad, ellos se van y tú te quedas. ¿Qué me dices?" "Que no apuesto", dijo el preso, ya con los ojos bien abiertos.

No fue la única vez que Castro entró en las celdas en que

estaban los invasores de Girón. En algunas ocasiones, tenía interés en saber de algunas de sus acciones militares, que lo habían sorprendido por su eficacia, el furor con que habían combatido, como el lanzamiento de los paracaidistas, el manejo de armas pesadas, las técnicas de combate. Otras, para acentuar el efecto desmoralizante, producido por el "embarque norteamericano". Para que hiciesen presión con sus familiares, amigos y simpatizantes en Estados Unidos, y que consiguieran la plata del rescate; para negociar con ellos sobre las comisiones de prisioneros, que irían a las negociaciones con el gobierno norteamericano.

Circulaba entre ellos una expresión: "Fidel superó a todos los piratas del Caribe: éste es el rescate más caro de la historia de América." Era verdad, y ascendería a sesenta y cuatro millones de dólares. No eran estas visitas de respeto por el enemigo vencido. Era el afán de humillarlos. De hacerles ver que sus vidas estaban en su mano. Y si es verdad que hubo aplausos en la histórica discusión entre los presos y Fidel, que radio y televisión transmitían en directo, verdad es que allí también le dijeron muchas verdades, cara a cara, a riesgo de sus vidas.

En un combate, en una guerra o rebelión, se pasa fácilmente de la euforia a la depresión, del heroísmo a la fuga, de la feroz resistencia a la rendición, de la victoria a la derrota.

Los invasores de Girón, que horas antes pelearon bravamente, al sentirse abandonados, traicionados, embarcados, por el gigante norteamericano, se rindieron.

Castro prometió a los prisioneros salvarles la vida, les ofreció ir a la televisión, a discutir lo ocurrido, les informó que propondría al gobierno norteamericano cambiarlos por tractores. Aquí sí que Castro coincide con Hitler, y con lo absurdo que es semejante cambio: las coincidencias de los dictadores, más que de la memoria, son una reacción interior, frente a un hecho, reaccionan igual, aunque piensen distinto, o se digan profesar ideologías diferentes.

Al final, el cambio ocurriría, ya no por tractores, algo humanizado por la píldora, o chicle humanista, de medicinas por invasores, más fácil de masticar para Washington.

LA CRISIS DEL CARIBE

¿Había en Washington en 1962 algún plan de invasión a Cuba? Estos planes existen en todas las burocracias militares. Era mucha la irritación norteamericana por la derrota de Girón, la primera de Estados Unidos en América Latina y en el mundo; Vietnam no había ocurrido todavía. El presidente Kennedy reconoció la responsabilidad de su gobierno en aquel desastre y prometió públicamente a los cubanos de Miami que serían libres, palabras que hacen pensar que planes de invasión no faltaban. Que estos planes se filtraran de los servicios secretos norteamericanos a los soviéticos, es cosa normal en la guerra de los espías.

La idea de instalar los cohetes en la isla fue de Nikita Jruschov. La burocracia militar soviética se sentía feliz con la jugada que tan bien servía a la guerra de posiciones, que día a día ambas potencias juegan, en la que Cuba era para los rusos un regalo caído del cielo: formidable base de espionaje, información, hostigamiento; inquietante peón fidelista, cerca del rey enemigo.

Nikita Jruschov declaró en Moscú, poco antes de su viaje a Nueva York, para hablar en la ONU, en septiembre de 1960, "que hablando simbólicamente, si Cuba era invadida, los cohetes soviéticos podían caer simbólicamente sobre el agresor", palabras que confirmó la presencia de Castro, en su discurso oficial allí y que ratificó menos metafóricamente, en entrevista al director de *Revolución,* un mes después.

De esa época comienzan los planes de envíos de armamentos de todo tipo a Cuba, de expertos militares, policiacos y técnicos, para reorganizar, armar, modernizar y politizar el nuevo aparato militar, de seguridad, economía y política de Cuba, que se caracterizaba por la cantidad: un millón de hombres armados, casi todos milicianos voluntarios, que carecía de calidad militar, de técnica, de buenos armamentos.

De esa importante función, los soviéticos encargaron a generales españoles, cuadros policiacos, técnicos y políticos, que habían llegado a la URSS en 1939, a la caída de la República Española, que de fieles comunistas, participaron en la segunda guerra mundial, otros en la Checa, la propaganda, tenían la ventaja de hablar la misma lengua que los cubanos, de no llamar la atención, como los rusos.

En el orden militar, el hombre clave fue un brillante general comunista español, héroe de la URSS, de una discreción absoluta; parecía un buen profesor universitario de historia militar, y lo era. Ángel Ciutah se hacía llamar Angelito y parecía el abuelo bueno. Él, con otros compatriotas suyos, de acuerdo con Fidel y Raúl Castro, que era el jefe de las fuerzas armadas, fue el verdadero organizador, teórico y práctico, de la que sería en los años formidable máquina de guerra fidelista.

La misma función la hicieron en la Seguridad otros hispanos, como los hermanos Mercader. Ramón, que estaba preso en México, por el asesinato de León Trotski, había cumplido, en 1960, su condena, no había salido de la prisión mexicana porque ningún país le daba visado de tránsito para ir a Checoslovaquia, cuyo pasaporte tenía, aun si era español, de origen cubano, y en verdad un oficial soviético. Por sorpresa, Fidel Castro le dio un visado de tránsito. Mercader salió de México, vía La Habana, ante la protesta de algunos de sus colaboradores. Castro afirmó que Mercader estaría sólo unas horas en La Habana, que era un compromiso con los checos, que le habían vendido armas, que no les podía decir que no.

Mercader desapareció en el misterio; años más tarde, su enfermedad y muerte descubre su larga estancia en Cuba, bien que se quedara entonces, o que volviera bien pronto. Tanto él como su hermano fueron los organizadores de la Seguridad cubana; su madre, Caridad Mercader, también acusada en el famoso complot estalinista del asesinato de Trotski, en que también fue implicado el italiano Vittorio Vidale, el famoso comandante Carlos, jefe de la Internacional Comunista en América Latina, apareció como diplomática cubana, en París, encargada de la información, en 1961-1962, y después de la protesta de Marta Frayde, Juan Goytisolo y otros, es que fue trasladada discretamente.

Pionero en la creación de la Seguridad castrista, fue un comunista cubano, llamado Osvaldo Sánchez, dirigente, en los años cuarenta, de la organización juvenil Los Jóvenes del Pueblo, que no se presentaba como comunista, pero lo era. Sánchez fue uno de los cuadros enviados por el PCC a Moscú, siguiendo la práctica internacional de todos los partidos entonces; lo acompañaron Isidoro Malmierca, también a prepararse en Seguridad, y Flavio Bravo, a estudiar en la academia militar Frunze; otro grupo iría a Praga, a trabajar, especializarse, para penetrar en organizaciones no partidistas: Alfredo Guevara y Leonel Soto eran comunistas más jóvenes y menos conocidos en Cuba, serían, y son, hoy casi todos todavía, hombres claves en el aparato cubano.

Este Osvaldo Sánchez hizo ya un viaje secreto a la Sierra Maestra, a principios del año 58, cuando la huelga de abril. Tan misterioso fue aquel viaje que, de esconder los papeles, que llevó Sánchez a Fidel, éstos se perdieron y la nota de Fidel, reclamándolos, sería la única prueba que este cronista encontraría después, en los documentos de Fidel y Celia.

Los resultados de aquel viaje secreto tendrían que ver entonces, y meses después, con Raúl Castro, Ernesto Guevara y Camilo Cienfuegos; prepararían la llegada de Carlos Rafael Rodríguez a la Sierra, la coordinación de los comunistas cubanos, cuando la invasión de Guevara y Camilo, marginando la clandestinidad del 26; sólo los comunistas sabían cuándo llegaban y dónde acampaban las dos columnas rebeldes. Sería Sánchez el hombre que discretamente, con la ayuda de Guevara, ocuparía los archivos de la tiranía; él el que crearía, siguiendo la experiencia aprendida en el KGB de Moscú, el aparato de la Seguridad cubano, que organizaría la persecución no sólo de los potenciales enemigos, más aún de los no comunistas, que habían hecho la revolución.

Sánchez, asesor de Ramiro Valdés y Raúl Castro, organizó bien pronto su eficaz trabajo de "conspiraciones" en que eran envueltos en llamas, con hombres de la clandestinidad y el 26, revolucionarios críticos y otros opositores y moriría en un aparente y misterioso accidente, cuando una batería rebelde lo ametralló, confundiéndolo — ¡oh venganzas de la historia! — con un espía enemigo que, viniendo de Estados Unidos, en una avioneta, espionaba un campamento fidelista.

En 1962, Alexei Adjubei, director de *Izvestia*, yerno de Nikita Jruschov, después de una visita semioficial a Estados Unidos, llega a La Habana, conversa con Fidel Castro, informa que los servicios secretos soviéticos han descubierto los planes de invasión a Cuba, del gobierno norteamericano; cuenta que los soviéticos no tienen más instrumentos de presión, para evitar que invadan la isla; saca de la manga la famosa oferta de los cohetes jruschovianos; con el cauto lenguaje oficial ruso sugiere que Cuba se dirija oficialmente al gobierno de la URSS, pidiendo, ante el peligro de una invasión, que el hermano mayor acceda a instalar en Cuba las llamadas "armas estratégicas no ofensivas", mote oficial de los cohetes atómicos.

Castro, ni tardo ni perezoso, con el entusiasmo a mil, de protagonista mundial, podrá tratar a los yanquis de tú por tú, escribe oficialmente pidiendo los cohetes.

Rápidamente van a Moscú delegaciones cubanas de alto rango, presididas por Raúl Castro y *Che* Guevara, que preparan los protocolos del secreto acuerdo, en la práctica, la instalación de bases soviéticas en Cuba, con el territorio cubano cedido a los soviéticos, dejando de ser cubano, para convertirse en ruso: dichas bases serían construidas, manejadas y dirigidas exclusivamente por personal soviético, sin que el estado cubano tuviera otro derecho que el consentimiento dado, al ceder el territorio, para la instalación de los cohetes en Cuba.

En uno de los comunicados, difundidos oficialmente en Moscú, cuando el viaje de Guevara, hay un párrafo imprudente, referido a lo militar, que es rectificado y modificado del comunicado final, sin que la CIA y el Pentágono sospechen nada, ante lo inusitado del asunto.

¿Cómo imaginar semejante y temeraria audacia de parte rusa, amenazar el territorio norteamericano, desde la vecina isla, en que los cohetes de alcance medio podían alcanzar centros vitales de Estados Unidos, y menos de parte de Nikita Jruschov, abanderado de la coexistencia pacífica entre las dos grandes potencias?

Mansa paloma, según los kremlinólogos oficiales, oficiosos o no, que ignoran cómo un dirigente comunista pueda ser simultáneamente paloma y halcón, desde los tiempos de Lenin y Stalin.

Olvidaban que el desestalinizador Jruschov había ordenado la invasión y ocupación, cuando la revolución de la desestalinizada Hungría, en 1956, con miles de asesinatos, incluido el jefe comunista Imre Nagy, un halcón de entonces; János Kadar sería una paloma después.

¿Cuáles son las razones y motivos que llevan a Jruschov, al gobierno soviético, a instalar peligrosas bases de cohetes en Cuba, para la seguridad de Estados Unidos?

¿Política aventurera, como dirían después los dirigentes chinos, un error de cálculo, el deseo de humillar a Estados Unidos? Lo primero y lo segundo, me parece que sí, no la humillación, que no es práctica de la política soviética.

Jruschov pensó: instalo secretamente los cohetes en Cuba, negocio con los norteamericanos, salvo el comunismo en la isla, me quito, en el cambio-acuerdo por la retirada, los cohetes yanquis cerca de las fronteras de la Unión Soviética, tengo bien amarrado al indisciplinado Fidel —no se olvide que en marzo de aquel año 1962, Castro había descubierto y denunciado una conspiración comunista para derrocarlo, con la complicidad del embajador soviético Kudriatsev, del que había exigido la retirada—, aumento el prestigio mundial de la URSS, consolido mi poder personal, que poderosos enemigos internos amenazaban. Una jugada maestra del audaz e ingenuo Nikita Jruschov.

En la práctica, se vería después, no en la forma, en el contenido, todo ocurrió como había ideado Jruschov, aun si en aquella crisis sería uno de los factores que costarían el poder al jefe del gobierno soviético, destituido no mucho después.

¿Por qué el error de cálculo? Los soviéticos, acostumbrados a manejar los territorios del mundo comunista, en forma secreta, cuanta operación se les ocurre, en aquel su cerrado mundo de misterio, sin riesgo alguno de indiscreción. Todavía no se habían dado cuenta exacta de que Cuba formaba parte sí de su territorio político, no de su territorio físico —parodiando al poeta Heredia: "No en vano entre Cuba y Rusia tiende inmensas sus olas el mar"—, hay verdades que parecen increíbles, y esta rusa, de pensar que podían atravesar océanos, desembarcar en la isla, mandar miles y miles de constructores rusos, a levantar bases, tapar con lonas gigantes aquellas especies de grandes palmas, que sobre camiones rusos gigantes, como en la mejor película de misterio, pasaban a medianoche, o de madrugada, por carreteras y pueblos, a los que se desconectaba la luz eléctrica, como si la oscuridad no incitara la curiosidad y abriera los ojos de la gente por donde las caravanas pasaban.

En aquella época Cuba no era todavía el mundo cerrado que sería después, este de los cohetes; era en muchos pueblos, un secreto a voz y a vista; los misteriosos rusos eran tumbas, a las que se soltaba la lengua, bajo el efecto de las grandes cantidades de vodka y ron que bebían; cuando carecían de alcohol eran capaces de cambiar el mejor instrumento del ejército por un litro de buena bebida.

Los cubanos que salían de la isla llegaban a Miami y Nueva York y contaban las historias de la instalación de los cohetes en la isla; los agentes de la CIA se reían de ellos, pensando que era otra de las tantas fantasías tropicales, de cubiches enloquecidos por el comunismo, sin olvidar que muchos cubanos eran sacrificados en misiones a la isla y otros, más vivos, vivían del cuento, cobrando a la CIA por cuanta invención les pasaba por la cabeza, si a la invención se unía la exageración, cómo iban a creer los gringos aquel colosal paquete, la gran mentira-verdad.

La crisis del Caribe sorprendió a todos: a la CIA y a los gobernantes norteamericanos, que no creyeron aquellos rumores primeros, que venían de la isla, sobre instalación de cohetes rusos. Dentro de Cuba, el misterio era total, arriba, abajo, en radio Bemba, *vox populi*. En muchos lugares del país aparecieron de pronto miles de rusos, militares, constructores, brigadas de transporte, por algunos lugares de la costa se vieron extraños desembarcos, pueblos enteros eran tomados militarmente, las luces apagadas, mientras grandes rastras cargadas de objetos largos, en forma de grandes tubos, que las lonas apenas podían tapar, pasaban unas tras otras.

Cuando las fotos de los U-2 norteamericanos, de reconocimiento, confirmaron que los rusos estaban instalando bases misilísticas en la isla, la CIA, el Pentágono y el gobierno norteamericano se cayeron de la mata. Si la sorpresa norteamericana fue enorme, no lo fue menos la de los rusos, que pensaban tener las bases terminadas, los cohetes preparados, las ojivas nucleares instaladas, antes de ser detectadas; en cambio estaban todavía sin poner las ojivas cuando, después de reuniones y más reuniones en Washington sobre el qué hacer, el presidente Kennedy optó por el bloqueo de la isla, el 22 de octubre de 1962 y dio un ultimátum a los rusos de dar marcha atrás a sus barcos y de desmantelar las instalaciones y bases de cohetes en Cuba.

Si el primer sorprendido fue Kennedy, el segundo Jruschov, el tercero, y no en menor medida, fue Fidel Castro, en aquellos días eufóricos, pensando que tenía a los yanquis metidos en el saco. Guevara declaraba a un reportero comunista inglés que si había guerra, Nueva York, Washington y otras grandes ciudades desaparecerían, porque hacia ellas estaban dirigidos los cohetes; esa declaración, no más trasmitida por cable, produjo pánico internacional y no llegó a ser publicada. Cuando Kennedy habló al mundo y ordenó el bloqueo de Cuba, Castro vivió su momento más feliz, pensando que los yanquis la tenían perdida. Si Cuba era inmolada, sería la guerra atómica, el apocalipsis, ahora sí que con el apoyo ruso se podía tratar desde posiciones de fuerza, humillar otra vez a Kennedy, demostrar que era un tigre de papel.

Lo que no esperaba el entonces eufórico Fidel es que cinco días después, con nocturnidad, sorpresa y alevosía, sin avisarlo, como si no existiera, los dos grandes negociaron. El ruso ordenó retirar los cohetes, desmantelar las bases e inspeccionar a Cuba, como antes había parado los barcos que iban hacia la isla, y el presidente norteamericano garantizó a Jruschov que a cambio de la retirada, inspección de Cuba y cese del peligro atómico, el gobierno de Estados Unidos se comprometía a no invadir la isla y a retirar las bases de cohetes en Europa que amenazaban la URSS.

Castro fue el último sorprendido, y al final el más sorprendido de los tres: los dos grandes lo olvidaron. Qué cuenta un chiquito entre los grandes, ¡nada! Después de la sorpresa del mundo, la última y gran sorprendida fue Cuba, cuando cada ciudadano se enteró por *Revolución* que los rusos se llevaban los cohetes, echaban un pie y los dejaban solos frente al peligro yanqui.

Entonces Jruschov envía a Mikoyan a La Habana para que calme a Castro con vaselina, al negarse éste a la inspección y venir U Thant, secretario general de la ONU, a Cuba, para tratar de convencerlo. Los rusos no sólo se llevaron los cohetes, se llevaron también los rápidos IL-28, llegados hacía poco tiempo, como informaría Castro a U Thant: "Es evidente que la posición del gobierno de Estados Unidos, al exigir la retirada de esos aviones, constituye simplemente un pretexto para mantener la tensión, prolongar la crisis y sostener su política de fuerza. No obstante, si el gobierno soviético considera conveniente a la buena marcha de las negociaciones y a la solución de la crisis la retirada de tales aviones, el gobierno revolucionario de Cuba no obstaculizará esa decisión."

Castro, encabronado, echaba pestes contra las pendejadas rusas; como sabía que no podía hacer nada contra el gran padre putativo, que él mismo se había buscado, descargaba oralmente y hacía correr su rabia no por vías oficiales ni escritas, por radio Bemba. Enviaba mensajes violentos a Nikita Jruschov por vía de periodistas europeos, entre "desmentidas" y confirmaciones; Moscú captó el mensaje y llamó al hijo pródigo para repararlo de las humillaciones, con un recibimiento fantástico que provocó su vanidoso orgasmo.

Fidel derriba el U-2

La última y bien tardía versión de Castro, para consumo norteamericano, del U-2 derribado en Cuba, de manera vaga e indirecta, la carga sobre un oficial soviético, como si fuera posible semejante decisión personal en el mundo comunista y menos en un militar ruso.

No hay pruebas que me obliguen a variar mi información en *Retrato de familia* de que Castro en persona derribó el avión yanqui, en cuya caída murió el piloto mayor Anderson, que en ese vuelo no debía manejar el avión y que a última hora sustituyó a otro aviador, como informó el *Miami Herald*.

Último gran proyecto fidelista: convertir la Ciénaga y la Costa Sur de Cuba en un lago de aguas dulces, el más grande del mundo. Los expertos europeos dijeron que era imposible el gran lago fidelista; el proyecto les pareció una locura.

Reafirmo mis informaciones de que fue Fidel quien disparó al U-2 aquel día de octubre (26 de octubre de 1962)**: mis fuentes fueron el propio Fidel, que nos dijo a varios periodistas al salir de «Revolución»: «Prepárense, que va a pasar algo grande que probará si yanquis y rusos están jugando a la guerra...»**

Fidel Castro
con el autor.

Las desmentidas, no basadas en pruebas, en apreciacio-
nes, parten del desconocimiento de la psicología norteamericana, para la cual un jefe de Estado, disparando una arma, es
algo inconcebible, e inimaginable comprender la psicología
de Fidel Castro. Ni del caudillo latinoamericano: ¿cómo enten-
derían el episodio del generalísimo Trujillo incautándose de
los aviones del Estado cubano en que huyó Batista hacia
Santo Domingo el primero de enero de 1959? Trujillo dijo a su
ministro de Justicia que le buscara una fórmula legal para
quedarse con los aviones; cuando éste, varias semanas después, llamado por el generalísimo, le responde que no hay en
las leyes internacionales ninguna cláusula que permita incautarse de los aviones, el dictador le responde: "No sea
pendejo: verás que esta noche yo resuelvo el problema que tú,
como abogado, no me has resuelto." Al otro día, al encontrar
al intrigado ministro, le cuenta: "Anoche fui al aeropuerto militar donde estaban los aviones cubanos, los mandé pintar con
los colores dominicanos." Y riéndose de su jugada, el general
se burla del ministro. Cómo podrían entender el grito del viejo
dictador venezolano, general Juan Vicente Gómez, al abandonar Palacio: "Los Corotos, los Corotos." No, no se trata de
frijoles negros o porotos, eran los cuadros que el viejo Gómez,
con el dinero robado, compraba del famoso pintor francés Corot.

Cómo van a imaginar los yanquis a Reagan, aun con su
historia de *cow-boy* de cine, disparando desde la Casablanca
contra un objetivo enemigo.

A mí me basta con las fotografías que conservo. Por el
acuerdo soviético-cubano, las bases eran territorio ruso, ruso
el personal; se contaban con los dedos de la mano los jefes
cubanos que podían hacer visitas de cortesía, no de inspección o control a las bases.

La treta usada por Fidel Castro, de visita en la base, fue
preguntar a los oficiales rusos cómo responderían si comenzaba la invasión, qué harían contra los peligrosos U-2. Cuando apareció uno en el radar y le explicaban los mecanismos
técnicos para disparar el cohete tierra-aire contra el avión,
fue Castro quien sorprendió a los rusos, convirtiendo la
explicación-simulación en realidad. Dije que apretó el botón,
en sentido genérico, si había debajo un dedo ruso, una mano
o varias, que accionaban los mecanismos, o mecanismos
automáticos que fueron accionados, es algo que no cambia el
fondo de la cuestión.

Créanlo, o no lo crean, mi función es contar la historia que
conozco. Que Fidel Castro ama las armas —no las almas—,

que aprendió bien pronto a manejarlas todas, que le fascinaban, divertían, interesaban muchísimo, es todavía una verdad comprobable.

Quién no recuerda en La Habana de aquellos tiempos su famoso espectáculo del Malecón, en presencia de cien mil personas allí convocadas, para un ejército militar, contra un supuesto desembarco yanqui: los artilleros que disparaban cañonazos contra una vieja embarcación; a ojos vistas, los cañonazos, que caían cerca, no daban en el blanco; entonces apareció Fidel, se tiró del jeep, disparó un cañonazo, que desapareció la nave, entre grandes aplausos de la multitud.

Manifestación que tuvo una cola y fue que teniendo entonces la policía de tránsito una emulación socialista de multas, con premios de viajes a la URSS a los ganadores, y como en Malecón estaba prohibido el parqueo, premiaron a todos los asistentes con una multa fidelista, excepto al jeep de Fidel.

Sé que parece increíble, pero es cierto y muchos testigos en el exilio hay, como Raúl Chibás, que vivieron aquellas experiencias y buenos sustos pasaron —debería decir pasamos—, cuando a Castro, Guevara, Raúl y otros jerarcas les dio por manejar avionetas, ante peligros de caídas, y no sólo peligro. Raúl Castro y Vilma Espín hicieron un peligroso aterrizaje forzoso en la inhóspita Ciénaga de Zapata, sin olvidar cuando a Fidel, a las primeras horas de vuelo, le dio por aterrizar, más de un piloto experto o improvisado, empalideció, sin que le hicieran caso a sus advertencias: "Nos matamos, nos matamos", al que respondían: "Pendejo, pendejo."

Reafirmo mis informaciones de que fue Fidel quien disparó al U-2 aquel día de octubre, mis fuentes fueron el propio Fidel, que al salir de *Revolución* nos dijo a varios periodistas: "Prepárense, que va a pasar algo grande, que probará si yanquis y rusos están jugando a la guerra." Era en realidad lo que Fidel pensaba: juego peligroso, pero juego, o si es de verdad, "...que si es de verdad, dentro de poco tendremos la invasión..."

¿Qué ocurre horas después? Que el U-2 norteamericano es derribado.

En aquella ansiosa espera en el periódico, llamé a Celia Sánchez, nuestra mejor reportera en *Once,* y me contestó: "Esténse preparados, dice Fidel, que busquen una radio, para transmisiones clandestinas —como la Radio Rebelde—, que ya Fidel partió para lo que te dijo, dentro de poco sabremos lo que va a ocurrir."

Horas después, al darme las fotos del avión derribado y del cadáver del piloto Anderson, que tomó el fotógrafo de Fidel, Celia me confirmó riéndose: "No te lo dije ayer que Fidel iba a probar si ésta es una guerra de verdad o de mentira." Y entonces me contó la cara de sorpresa y terror de los oficiales rusos, cuando Fidel con su astucia los sorprendió: otra confirmación me vino por uno de los comandantes que acompañaban a Fidel, cuando éste entró en la base rusa y disparó contra el avión.[1]

Sé que aquella guarnición fue detenida y deportada para la URSS; los oficiales rusos fueron humillados y estaban furiosos en el momento que sus jefes se pusieron de acuerdo con los norteamericanos para desmantelar las bases y llevarse los cohetes.

Fidel Castro es hombre de acción, un pragmático; aquel acto no pretendía provocar una guerra, una invasión suicida, que amenazaba a Cuba y su poder. Su razón o sinrazón fue conocer las reglas del juego y si se trataba de una simulación o de una realidad.

¿Quién ganó en la crisis del Caribe, quién perdió?

En apariencia John F. Kennedy, que con firmeza y sangre fría obligó a Nikita Jruschov a retirar precipitadamente sus cohetes de la isla.

En un mundo que vivió momentos de pánico, por el peligro de una guerra atómica, en una era televisiva, a causa de una islita del Caribe, por la acción aventurada de los rusos, el presidente Kennedy dio impresión de firmeza y serenidad, que evitaron el conflicto, negociando desde posiciones de fuerza, sin precipitarse, como aconsejaban algunos en Washington, consiguiendo con la negociación y el bloqueo la retirada rusa.

Si Girón fue su derrota, la crisis del Caribe fue su victoria. Victoria moral ante la opinión pública del mundo.

Sólo que una cosa es una victoria moral y otra una victoria política. ¿Quién fue entonces el verdadero ganador de la crisis del Caribe? Como cuenta en sus memorias un general francés, ayudante de De Gaulle, este de buen político y hábil

---

1. El periodista del *Washington Post* Seymour Hersh publicó un artículo en este diario, en octubre de 1987, basado en informaciones oficiales secretas, recién conocidas, que relatan que las tropas cubanas tomaron la base soviética por la fuerza y dispararon al U-2 norteamericano, derribándolo el 26 de octubre de 1962. Sus afirmaciones se refieren a mensajes secretos en clave interceptados por la Agencia de Seguridad Nacional de Estados Unidos, posteriormente descifrados.

estadista, comentó que si los rusos instalaron allí los cohetes, para salvar el comunismo, el acuerdo de Estados Unidos, comprometiéndose a no invadir la isla, a cambio de su retirada, salvaba el comunismo cubano; si los rusos y norteamericanos se pusieron de acuerdo para la inspección de Cuba, sin informar a su gobierno, quien no tuviera fuerza atómica en el futuro no tendría independencia.

Entonces los norteamericanos parecieron ser los ganadores de la crisis, pero a largo plazo fueron los soviéticos, salvando el comunismo en la isla, los verdaderos vencedores. Castro aparentemente perdió entonces, al no ser consultado, no ya para la retirada de los cohetes, eran territorio ruso por el cedido de la soberanía de Cuba, al no contar con su gobierno en el acuerdo Kennedy-Jruschov de inspeccionar la isla.

Conté antes cómo Castro se enteró de la retirada rusa, mediante el cable de la Prensa Asociada, que informaba al mundo la orden de Jruschov de retirar los cohetes de la isla.

Con sus *Cinco puntos*, cuyo crítico preámbulo para los soviéticos ha "desaparecido" oficialmente, Castro, oponiéndose a la inspección de la isla, salvó cara, jefatura y poder, y más tarde fue recompensado en Moscú de la humillación sufrida. Con honores, armas, dinero y otras cosas, después de su famosa, real y desmentida entrevista a *Le Monde*, señal de Castro a Jruschov, que éste cogió al vuelo, invitándolo y colmándolo de grandes honores.

De los dos protagonistas de la crisis del Caribe, el grande Kennedy moriría en el atentado; poco después, el grande Jruschov, no amado por el aparato soviético, que no le perdonaba la denuncia de los crímenes estalinianos, debilitado por su aparente derrota moral en la crisis del Caribe y por sus locos planes agrícolas y económicos, recibió el bien servido, no mucho después, en el complot que convirtió en jefe a su secretario Bresnev —el perfecto burócrata—, incapaz como era, sin inteligencia, ni capacidad de decisión, para felicidad de la nomenclatura; el suyo fue el gobierno colectivo de la burocracia.

Veinticinco años después, el más pequeño de los tres protagonistas, el pequeño, no uno de los grandes, conserva su poder en Cuba, y aun fuera de ella.

Los norteamericanos perdieron la isla, los rusos mantuvieron su comunismo allí, Castro su poder.

Conversaciones en La Habana de U Thant, secretario general de la ONU, con Fidel Castro, primer ministro de Cuba.

U Thant: El día 24 de octubre, después de oír las declaraciones de las tres delegaciones en el Consejo de Seguridad, llegué a la conclusión de que el problema inmediato era hacer un llamado a los tres poderes. E hice este llamado al primer ministro Jruschov para que suspendiera los embarques de armamentos a Cuba, voluntariamente, por dos o tres semanas; al presidente Kennedy, para que voluntariamente suspendiera la cuarentena; y entonces apelé a usted, su excelencia, para que voluntariamente suspendiera la construcción de bases de proyectiles, para darnos una oportunidad de discutir el problema con tranquilidad.

"Inmediatamente después de mi solicitud, el Consejo de Seguridad suspendió sus reuniones para darme la oportunidad de poder llevar a efecto mis propósitos.

"Al día siguiente me enteré de que barcos soviéticos se acercaban a la zona de cuarentena. Dirigí una segunda apelación al primer ministro Jruschov y al presidente Kennedy, pidiéndoles que evitaran una confrontación directa, en esta materia, para que me permitieran los pocos días necesarios, a fin de poder tratar este asunto. También ese día le envié a usted una carta, a la cual usted contestó muy gentilmente, pidiéndome que visitara Cuba. La materia de esta carta era la suspensión de la construcción de bases para proyectiles en Cuba.

"Desde entonces ha habido comunicación entre el primer ministro Jruschov y el presidente Kennedy, entre el primer ministro Jruschov y yo, entre el presidente Kennedy y yo, y también naturalmente su excelencia contestó mi carta de octubre 27.

"El problema inmediato tiene varios factores. El primero de ellos es que el primer ministro Jruschov ha dado respuesta a mi solicitud, dándoles instrucciones a los capitanes de los barcos soviéticos para que se mantengan alejados por ahora de la zona de cuarentena por algunos días.

"El presidente Kennedy contestó que estaba dispuesto a evitar la confrontación directa con los barcos soviéticos si no transportaban armamentos, y el primer ministro Jruschov me ha dicho en forma muy explícita que en estos momentos los barcos soviéticos no transportan armamentos. Si los dos poderes están de acuerdo, durante dos o tres semanas no se enviarán armamentos a Cuba, y durante dos o tres semanas Estados Unidos suspenderá la cuarentena si no hay armamentos en transporte.

"De lo que Estados Unidos quiere asegurarse es de que los barcos soviéticos no transportarán armamentos. Lo que Estados Unidos desea es una maquinaria, un dispositivo de las Naciones Unidas que pudiera asegurarle que durante este período de dos o tres semanas no entrarán armamentos a Cuba.

"Ayer el gobierno soviético propuso una nueva solución, y es que los barcos soviéticos permitirán una inspección de la Cruz Roja, una verificación por parte de la Cruz Roja de que no transportan armas. Esta respuesta del gobierno soviético fue comunicada a Estados Unidos anoche.

"La Cruz Roja, con quien nos pusimos en contacto por teléfono ayer, en Ginebra, ha contestado que estaría de acuerdo —en nombre de la paz mundial y la cooperación internacional— de hacerse cargo de esta tarea, ya sea en alta mar, o en los puertos de desembarco, siempre que el gobierno de Cuba esté de acuerdo con eso. Sólo le he dicho a la Cruz Roja, a la Unión Soviética y a Estados Unidos, que con la consideración debida a la soberanía de Cuba, yo pediría esto a la Cruz Roja, siempre que estuviera sujeto al consentimiento del gobierno cubano.

"El primer punto, por lo tanto, su excelencia, que ayudaría mucho en mi trabajo, sería conocer la actitud del gobierno cubano a la idea de que la Cruz Roja verifique el transporte de armamentos en los barcos soviéticos durante las dos o tres semanas venideras.

"La pregunta es: ¿qué actitud tendría Cuba sobre esta proposición?

"Estados Unidos me dice, y también lo ha dicho durante las negociaciones y durante las reuniones del Consejo de Seguridad, que la materia de preocupación para ellos son las plataformas de lanzamiento, más que los armamentos.

"Como es bien sabido, el domingo pasado el primer ministro Jruschov dio instrucciones a los técnicos soviéticos para que desmantelaran las plataformas de lanzamientos de proyectiles y regresaran a la Unión Soviética los proyectiles. También ha dicho que pediría a las Naciones Unidas que enviara un equipo para que verifiquen si efectivamente esto ha sido hecho.

"Contesté a los representantes soviéticos que antes de enviar un equipo para verificar esto, el punto más importante era obtener el consentimiento previo del gobierno cubano.

No se podía presentar esta materia sin el conocimiento y consentimiento del gobierno cubano, y no se podrían tomar acciones que atropellaran su soberanía.

"Lo que Estados Unidos busca, a través de mí, es un

acuerdo temporal, antes de la terminación del desmantelamiento de las plataformas.

"Lo que Estados Unidos busca es un acuerdo temporal con las Naciones Unidas, sujeto naturalmente a la autorización y consentimiento del gobierno cubano.

"La primera proposición de Estados Unidos es, por tanto, que si el gobierno cubano acepta, se sugeriría un equipo de representantes de las Naciones Unidas, formado por personas cuyas nacionalidades fueran aceptables al gobierno cubano. La segunda proposición sería un avión de reconocimiento aéreo de las Naciones Unidas, tripulado por personas aceptables al gobierno cubano, ruso y norteamericano.

"Se ha llegado a sugerir un avión tripulado por un representante cubano, un ruso y un norteamericano a bordo, durante una o dos semanas que pueda esto durar.

"Estados Unidos me ha dicho que, en cuanto este sistema haya sido puesto en práctica, harían una declaración pública y en el Consejo de Seguridad, si es necesario, de que no mantendrían intenciones agresivas contra el gobierno cubano y garantizarían la integridad territorial de la nación. Esto me han pedido que se diga.

"Le pedí ayer a Estados Unidos que, mientras yo estuviera consultando con el primer ministro Fidel Castro y los líderes de Cuba, estaría muy mal visto que se mantuviera el bloqueo y le pedí que lo suspendieran. Esta mañana se anunció la noticia de que el bloqueo se había suspendido por cuarenta y ocho horas, mientras dure mi visita a la República de Cuba.

"Como usted sabe, su excelencia, yo dije en el Consejo de Seguridad que este bloqueo ha sido una cosa sumamente poco corriente, muy poco usual, salvo en tiempos de guerra. Así lo dije al Consejo de Seguridad. Este punto de vista es compartido por los cuarenta y cinco países que se reunieron y que se dirigieron a mí para hacer esta solicitud.

"Para los propósitos de esta primera conversación, esto es todo cuanto tengo que decirle, su excelencia.

DOCTOR CASTRO: Hay un punto en el que tengo alguna confusión: es el relativo a las proposiciones que hace sobre la inspección. Hablan de dos puntos aquí: de un equipo y de un avión. Yo quisiera que me explicara más eso. La parte que se refiere a las proposiciones de inspección, que me las repita, me hace el favor.

U THANT: Ambas proposiciones serían de las Naciones Unidas y se compondrían de dos unidades: una en tierra y otra desde un avión, por el período que dure la desmantelación de las bases; es decir, unas dos semanas.

DOCTOR CASTRO: No entiendo por qué nos piden estas cosas, se pudiera explicar un poco mejor.

U THANT: La explicación que da Estados Unidos de la razón por la cual piden esto es que quiere asegurarse de que están siendo efectivamente desmanteladas las plataformas y que los proyectiles están siendo devueltos a la Unión Soviética.

DOCTOR CASTRO: ¿Qué derecho tiene Estados Unidos para pedir esto? Quiero decir: si eso se basa en un derecho real, o es una exigencia por la fuerza, o es una posición de fuerza.

U THANT: Éste es mi punto de vista: no es un derecho. Una cosa tal como ésta sólo podría hacerse con la aprobación y aceptación del gobierno cubano.

DOCTOR CASTRO: Entiendo que esto de la inspección es un intento más de humillar a nuestro país. Por lo tanto no lo aceptamos.

"Esa demanda de inspección es para convalidar su pretensión de violar el derecho nuestro a actuar dentro de nuestras fronteras con entera libertad.

"Es absurda la amenaza de lanzar un ataque armado directo, si Cuba se fortaleciera militarmente, hasta un grado que Estados Unidos se toma la libertad de determinar.

U THANT: Comprendo perfectamente bien los sentimientos de su excelencia. Es por eso que se lo dije claramente a Estados Unidos y a otros: "Toda acción de las Naciones Unidas en el territorio cubano sólo podrá emprenderse con el consentimiento del pueblo y del gobierno de Cuba." Les dije que en nombre de la paz, que todo el mundo y todos los habitantes del mundo desean ardientemente, dije a los cuarenta y cinco países, que aceptaba venir a Cuba sin tener compromiso con un lado ni con el otro.

"Algunas informaciones de prensa difundieron anoche y esta mañana, antes de salir yo de viaje, que yo venía a arreglar los detalles de la presencia de las Naciones Unidas en Cuba. Esto es totalmente erróneo: esto constituiría un atropello a la soberanía de la República de Cuba. He venido aquí solamente a presentar los puntos de vista del otro lado y a explorar las posibilidades de encontrar una solución pacífica. También los cuarenta y cinco países que me han pedido venir saben cuál posición es la legal y cuál no lo es.

"Pero en nombre de la paz mundial, y por sólo un período

de una o dos semanas, quizá tres, me han pedido que venga a tratar de encontrar posiblemente una solución.

"Su excelencia, mi conciencia está clara en este aspecto: las Naciones Unidas sólo pueden emprender una acción de este tipo, cuando tienen el consentimiento del gobierno del cual se trate. No es la primera vez que esto sucede. En Laos, en Egipto, en el Líbano."

DOCTOR CASTRO: En el caso del Congo también...

U THANT: Y en el caso de Somalia.

DOCTOR CASTRO: En el caso del Congo tengo entendido que ellos lo solicitaron de las Naciones Unidas.

U THANT: En el Congo la petición fue hecha por el gobierno del Congo.

DOCTOR CASTRO: ¡En el Congo, el gobierno que lo solicitó en este momento está enterrado!...

"Nos oponemos a la inspección sobre la cuestión de la inspección de la Cruz Roja. Nosotros nos oponemos igualmente a esa inspección en nuestros puertos. Si la Unión Soviética autoriza a inspeccionar sus barcos en alta mar, ¿para qué sería entonces necesario volverlos a inspeccionar en los puertos de Cuba?

"En segundo lugar veo cómo el señor secretario centra su interés en lograr que Estados Unidos haga esa declaración pública, ese compromiso ante las Naciones Unidas de que no invadirá Cuba.

"Quiero sobre esto decir, en primer lugar, que Estados Unidos no tiene ningún derecho a invadir Cuba y que no se puede negociar con una promesa de no cometer un delito con la simple promesa de no cometer un crimen.

"Pero, además, si las Naciones Unidas aprecian altamente el valor de un compromiso público hecho ante ella por Estados Unidos, como sería el de no invadir, ¿por qué no apreciar igualmente el valor del compromiso público hecho ante las Naciones Unidas por la Unión Soviética de retirar las armas estratégicas que envió para la defensa de la República de Cuba?, que serían dos compromisos igualmente públicos y que si uno de los cuales no necesita ninguna garantía adicional, es decir, el compromiso de Estados Unidos de no invadir Cuba, ¿por qué el compromiso de la Unión Soviética de retirar sus armas estratégicas requiere de la garantía adicional de inspeccionarnos a nosotros?

"Nosotros nos volvemos a reunir, con mucho gusto, cuantas veces usted lo desee y a la hora que usted lo desee.

U THANT: Muchísimas gracias, su excelencia.

Al mismo tiempo, el secretario de las Naciones Unidas solicitó de nosotros información relativa al avión que según informó el Departamento de Prensa de Estados Unidos, que había desaparecido en uno de sus vuelos a Cuba. El 27 de octubre, en medio de la crisis, el gobierno cubano declaró "... que nuestro país no aceptaba el vandalismo y piratesco privilegio de ningún avión de guerra a violar nuestro espacio aéreo, porque ello afectaba esencialmente a nuestra seguridad y facilitaba las condiciones para un ataque por sorpresa. El derecho de Cuba a resistir tales violaciones es irrenunciable.

"De nuevo hoy, por medio de esta comunicación, que dirigimos a usted como secretario general de las Naciones Unidas, advertimos que hasta donde alcance el fuego de nuestras armas antiaéreas, todo avión de guerra que viole la soberanía de Cuba, invadiendo nuestro espacio aéreo, sólo podrá hacerlo a su cierto riesgo. Nosotros le brindamos la información que nos solicitó y, al mismo tiempo estuvimos de acuerdo en acceder a su solicitud de enviar el cadáver del piloto que murió mientras realizaba un vuelo ilegal sobre nuestro territorio."

6

FIDEL CASTRO Y LA UNIÓN SOVIÉTICA

A principios de 1963, Fidel Castro es invitado oficialmente a Moscú. Jruschov, después del conflicto de los cohetes y de la conspiración de su embajador con los viejos comunistas cubanos, quiere hacer borrón y cuenta nueva con el inquieto barbudo, el más joven de los jefes comunistas, jefe de un país con una geografía privilegiada: Cuba —piensan los rusos—, más que ventana será la puerta que les permite entrar a lo grande en América Latina, en cuyos países, raquíticos partidos comunistas prosoviéticos no cuentan nada y nada ofrecen, aparte de su inútil fidelidad moscovita.

Los expertos soviéticos estudian y comienzan a conocer a Fidel Castro: su debilidad ante los elogios, sus orgasmos con las multitudes, su vanidad: el llamado culto de la personalidad, del que el joven caudillo es un buen retrato. Deciden hacerle un recibimiento inolvidable, nada de esas aburridas banderitas que las gentes de Moscú —y otras ciudades comunistas—, mueven mecánicamente, cada vez que son conducidos del trabajo y situados entre el aeropuerto y el Kremlin; esta vez hay que hacerlas vibrar en grande. Quizá la curiosidad por el joven héroe barbudo que viene de batir al gigante yanqui, la martilleante propaganda por la "isla heroica", o el miedo pasado por la crisis del Caribe, incitaron la curiosidad moscovita, esta vez no fría; pronta al entusiasmo, al aplauso, a la exaltación. Fue monstruoso el recibimiento y la vanidad de Castro subió al millón. Era tratado de grande por el grande y poderoso —más que hermano mayor— padre soviético. Castro aceptó las excusas de Jruschov, que se justificó de no haberlo podido informar, al precipitarse los acontecimientos, con el peligro de un paso en falso que hubiera podido destruir la isla y el mundo en una guerra atómica. Lo convenció de que, en el fondo, aquella aparente derrota soviética había sido una gran victoria; los cohetes se habían sacrificado, pero el presidente Kennedy y el gobierno de Estados Unidos se habían comprometido con la Unión Soviética con un acuerdo que garantizaba que no harían una futura invasión a Cuba. Si el objetivo de los cohetes había sido evitar la invasión, se había ganado, y el comunismo castrista quedaba garantizado para siempre. ¿Qué regalo mejor a Castro?

En otro orden, el optimista Jruschov ofrece al optimista Castro salvar la economía cubana, convertirla en una maravilla. La Unión Soviética convertiría Cuba en la azucarera del mundo comunista: se comprometía a mecanizar el cultivo y el corte de la caña, a comprar el azúcar a un precio mayor que el del mercado mundial.

En la "división del trabajo socialista" sería más fácil para Cuba producir mejor azúcar a un costo menor, y que el mundo comunista le enviase a cambio fábricas, alimentos, armas, máquinas, transportes y lo necesario para hacer de la isla una Jauja americana, que probase en América la superioridad del socialismo sobre el capitalismo.

¿Habrían estudiado los soviéticos las relaciones y dependencias azucareras de Cuba con Estados Unidos en el pasado? Fue el típico trato del grande y del pequeño: yo produzco industria, tú materias primas.

Fidel Castro había comenzado su revolución —como todas las cubanas— contra la caña, el monocultivo, el monomercado, había prometido continuar y ampliar la industria, diversificar la agricultura para el autoabastecimiento nacional, desarrollar el níquel y otros minerales y riquezas, y en Moscú volvió a la vieja concepción de los enemigos, que acababa de enterrar: "Sin azúcar no hay país." El soñado desarrollo industrial fue cesanteado de un golpe.

El acto fatal mutiló la economía cubana, la entregó en manos soviéticas, lanzó el país a la locura fidelista de hacer la zafra más grande de su historia: diez millones de toneladas de azúcar en 1970, que al final arruinarían a Cuba, como reconocería Castro, en su discurso autocrítico de 1970.

Sustituir Estados Unidos por la Unión Soviética sería uno de los peores negocios de su historia, y la Cuba futura tendría menos riquezas, menos divisas, menos alimentos y bienes de consumo; una enorme cantidad de armas, la consolidación de un sistema improductivo, como el soviético, la distancia enorme entre Cuba y la URSS. La cercanía entre Cuba y

Estados Unidos; éste antes —como ahora la URSS— daba a Cuba una cuota azucarera privilegiada de su mercado, un diferencial para compensar la caída de los precios, no por generosidad: es que servía a la economía norteamericana, para ganar dinero, para que Cuba comprase en Estados Unidos casi todos sus productos. Ni economía, ni libertad, ni independencia.

El desarrollo azucarero llevó a Cuba al capitalismo, creó riquezas, empleos, bienestar, limitó también el desarrollo industrial de la isla y la hizo depender económicamente de Estados Unidos, pero ya en los años cuarenta se había desarrollado una industrialización cubana y la mayoría de las riquezas, antes en manos extranjeras, pasaron a ser nacionales.

Si el primer viaje de Fidel a la Unión Soviética fue apoteósico, en su segundo viaje, en 1964, se formalizarían en acuerdos concretos lo tratado en 1963. No pasaría mucho tiempo y un golpe kremliniano derrocaría a Jruschov y pondría el poder a aquel innocuo amanuense y burócrata, que era su secretario Bresnev; en esa caída la desestalinización, Cuba y los cohetes fueron puntos importantes, y el nuevo equipo fue en los primeros tiempos bien prudente con el impetuoso barbudo del Caribe, al que pusieron en sordina, cosa que no hizo ninguna gracia al *Comandante*. De 1964 a 1968, el período es difícil y conflictivo entre la Unión Soviética y Cuba. Son años en que Castro quiere construir el comunismo a su manera, hacer guerrillas en América Latina y África, sin contar con los partidos comunistas; en que se alía con la tesis vietnamita de no tomar partido en el conflicto entre la Unión Soviética y la China comunista, política que exaspera a la Unión Soviética, que inicia una serie de presiones contra Castro, más tarde, un intento de segunda conspiración, dirigida por el siempre fiel Escalante, que Castro liquidará fácilmente.

¿Cuáles son las razones de este conflicto? Unas internacionales, otras internas. Entre La Habana y Hanoi se habían creado relaciones muy fuertes. Para Castro, Vietnam representaba el punto más alto de lucha mundial contra Estados Unidos, la posible derrota de éstos y la extensión de lucha armada a los continentes pobres, la consigna: uno, dos, tres Vietnam, no es eslogan guevarista, es consecuencia de la política activa de Cuba, en las conferencias Tricontinental de La Habana, en 1966, y de Olas, en 1967, con la presencia en La Habana de numerosas delegaciones. En la primera, de los

tres continentes y, en la segunda, de la América Latina, ya
con Guevara en Bolivia, y con intensas luchas guerrilleras en
Guatemala, Perú, Venezuela. Es en ese período que Guevara
pasa del dogmatismo soviético al dogmatismo chino, cosa
que complica más aún las relaciones con los soviéticos, aparte de sus polémicas sobre la teoría del valor, los incentivos
económicos, los estímulos morales, la rígida centralización
económica y presupuestal, las acusaciones a los soviéticos de
neocolonialismo en Argel, que enfurece a éstos, que no ven
claro, entre la posición de Fidel de una parte, y de Guevara de
la otra, cuando éste pierde su poder en Cuba y comienza en
1965 su aventura africana, y en 1966 llega a Bolivia. Sin que
los soviéticos vean claro si lo de Guevara es la clásica "caída"
para arriba o una subida verdadera, la misión de hacer la
guerra en América Latina. Es el período en que Fidel habla de
construir un comunismo sin pasar por el socialismo, en que
incluso intenta crear en San Andrés, una pequeña región de
Pinar del Río, el primer pueblo comunista del mundo, inclusive con la supresión del dinero. A mediados de 1967, el
conflicto entre la URSS y Cuba está al rojo vivo. Los soviéticos, preocupados, ofendidos, se preguntan qué pretende Castro al ordenar que los pocos dólares cubanos sean retirados
de los bancos soviéticos en Europa y Moscú. Entonces envían
al primer ministro Kosiguin a La Habana.

Fidel Castro recibe al primer ministro soviético con cara
de pocos amigos; las imágenes y fotos quedan registradas en
los periódicos y en la televisión cubana de esos días de julio
de 1967. Cara seria y tiempo brevísimo, no más de tres
minutos, son concedidos a Kosiguin en televisión. Para sorpresa e irritación de los soviéticos, que ven durante media
hora a una gran delegación de pintores, escritores, poetas,
músicos y artistas representantes de la mejor decadencia del
arte occidental, que llega a La Habana con una gran exposición de pintura, que comprendería centenares de cuadros,
pinturas y esculturas, que incluía obras de Picasso a las más
modernas corrientes del arte contemporáneo y cuya exposición, en el pabellón Cuba de La Habana, retransmitida por
televisión, animada en un clima de fiesta y pachanga, con la
participación de las mejores orquestas y bailarinas cubanas,
en un clima de libertad artística y de fiesta, termina de
horrorizar a los soviéticos.

Las conversaciones entre Kosiguin y Castro son conflictivas, y terminan en un clima más de ruptura que de acuerdo.
Durante ese año 1967 y comienzo de 1968, cuando en La

Habana se celebra un congreso cultural que reúne a grandes figuras del pensamiento: filosofía, literatura y arte universales, que discuten en un clima de libertad artística las relaciones entre cultura, arte y revolución, cosa que exaspera aún más a los soviéticos, con Fidel Castro echando leña al fuego, en un discurso pronunciado en La Habana, en esos primeros días del 1968, en que exalta la figura de Guevara, muerto meses antes en Bolivia, en que afirma que el arte y la literatura europeas están más a la vanguardia que los partidos comunistas de aquel y otros continentes, que más que hacer la revolución la paralizan.

A su regreso a Moscú, Kosiguin informa a los dirigentes rusos del fracaso de sus conversaciones con Castro, de la arrogancia de éste y de los peligros de que Cuba se les escape de las manos. Entonces los soviéticos deciden dar una lección al joven barbudo. Será una lección secreta, al estilo soviético: ellos no necesitan de palabras amenazantes, de noticias que todo el mundo conocerá. Ellos harán lo mismo que los norteamericanos, pero de manera secreta. Sin ningún ruido, alarde, de una manera muy simple: los rusos anuncian a Fidel Castro que, por razones internas, no le pueden seguir enviando petróleo, que a partir de 1968 podrá contar sólo con cantidades mínimas del precioso oro negro soviético, del que depende toda la vida cubana.

Castro asimilará callado, anunciará a los cubanos que por dignidad deben acostumbrarse a no gastar demasiado petróleo y otros productos, que los soviéticos no pueden regalar, que no es ésa la manera correcta de construir el socialismo. Este conflicto de Fidel Castro con los soviéticos, durante estos años, es muy complejo y contradictorio, tanto por la naturaleza de Castro, como por la del poder soviético. Si de una parte Castro no olvidó nunca que su alianza con el sistema soviético era permanente, y que romperla ponía en peligro su poder, y nunca llegó a los extremos de una ruptura, es cierto que en determinado momento es como si se hubiese hecho ilusiones de tener mayor independencia, como si se hubiese convencido de su error primero: de que los métodos soviéticos, aplicados por los viejos comunistas, le resolverían los problemas de la construcción de una sociedad socialista, que él no conocía, y ahora, en la práctica, veía su ineficacia económica y productiva; como si hiciera la ilusión, él era capaz, con todo su poder, de crear un comunismo nuevo, diferente. No en cuanto a lo humano, a la participación del pueblo, en democratizar la sociedad revolucionaria, crear nuevas instituciones abajo, vía que Castro descartaba porque implicaba compartir el poder, cosa a la que no estaba dispuesto. Un comunismo productivo, que se hacía la ilusión de construir, no desde abajo, arriba, en el poder. Nada de eso funcionó. La gran aventura de Guevara en África y en América Latina terminó en un fracaso, y en ese fracaso Castro tiene responsabilidad porque la permitió y apoyó el proyecto, aunque no fue el protagonista y jugó la carta de Guevara, porque de una parte no podía impedir a éste que lo hiciera. Castro pensaba: si Guevara fracasa no es mi culpa, si triunfa es la victoria de Cuba.

Castro sabía que una de las cosas que no admitiría nunca la Unión Soviética sería la creación de un nuevo movimiento revolucionario que prescindiera de los partidos comunistas, que quitase a la URSS el monopolio de la revolución mundial, que situase a Cuba como la nueva capital revolucionaria del tercer mundo. Si Castro jugó la carta guevarista de la revolución, no se comprometió con ella, como lo haría años más tarde y, con la muerte de Guevara y la derrota de las guerrillas en América Latina, esa posibilidad desapareció por entonces.

En marzo de 1968, Fidel Castro, en el discurso "de la ofensiva revolucionaria", decide espectacularmente terminar cuanta propiedad privada, media, pequeña y individual quedaba en Cuba. Prohíbe cualquier tipo de iniciativa individual, ordena una ley seca, que pone fin a miles de bares, clubs nocturnos, cabarets, sitios de fiestas, cafés, en que la gente bailaba, bebía, se reunía o divertía. No sólo liquida el alcohol y las fiestas, el ron y la cerveza, también miles de puestos de guarapos de caña, de duros fríos, de fritas y chuchería en que decenas de miles de cubanos se ganaban la vida y permitía a la población refrescarse del calor tropical o de las necesidades del duro racionamiento oficial. Para que no falte nada, en ese cierre total, el recién inaugurado museo de Arte Contemporáneo, creado en el clima de libertad artística del 1967-1968, que ya contaba con numerosas obras, donadas por artistas de todo el mundo, que atraían a buena parte de la juventud habanera, que allí se reunían, es también clausurado.

En esta dracroniana nacionalización, Cuba pasa a ser el país comunista con el más alto porcentaje de propiedad estatal, alrededor del 90 por ciento. Cientos de miles de personas afectadas por estas medidas perdieron sus negocios y trabajos; decenas de miles de establecimientos útiles fueron cerrados, miles nacionalizados, obligaron al estado a nombrar administradores incapaces; creando una mayor burocratización, agudizando la crisis económica y el mal funcionamiento de la economía, agravados con la supresión de los bailes, de los sitios de fiestas, reunión y del consumo de la poca cerveza y el no mucho ron que antes había.

Fidel Castro había decidido cambiar de política, convencer a la Unión Soviética, que lo mantenía distante y alejado, mientras él esperaba la oportunidad que le permitiera demostrar su fidelidad incondicional. Oportunidad que le daría la "primavera de Praga", el intento de crear un socialismo humano, de Dubček y Kriegel, y otros, que llegaron a la dirección del Partido Comunista checoslovaco y que, desde el poder, intentaban cambiar las reglas del juego del mundo comunista, con la participación de los obreros, el desarrollado mundo intelectual checo y la sociedad toda, desde abajo y en un clima de libertad y democracia, un experimento nuevo, contagioso, que encontró en seguida la hostilidad soviética, que alarmaba a Fidel Castro por su contenido humanista contrario al poder caudillista o culto o la personalidad y que él vio que le permitiría, en un momento dado, ganar de nuevo la perdida confianza soviética.

En agosto de 1968, las tropas soviéticas invaden Checoslovaquia, detienen a los dirigentes comunistas, que llevan presos a Moscú, asesinan aquel intento de socialismo humano, con una intervención, justificada por Bresnev, con la nueva teoría imperial "de la soberanía limitada de los países comunistas", es decir, la intervención soviética, con el pretexto de salvar el socialismo real, que no es otra cosa que la vieja repetición de las intervenciones de los imperios, en la historia de la humanidad, cuando ven amenazados sus intereses.

La izquierda, incluida gran parte de los partidos comunistas europeos, condenan la invasión soviética, y cuando el mundo esperaba y los cubanos también que Cuba, la isla que se había batido por el derecho de no intervención, y que ahora esta invasión soviética a Checoslovaquia ponía en peligro, al dar de hecho a Estados Unidos la posibilidad un día de intervenir en una zona a ellos vecina, cuando todo el mundo esperaba que Castro condenase la invasión, Castro la apoyó.

Fue tal la sorpresa que en el propio Consejo de Ministros, en La Habana, donde Castro hablaba y en la televisión después, en uno de cuyos estudios hizo su discurso; si se creen sus palabras de aquel día, publicadas en *Granma*, se descubre cómo hubo protestas, que el propio Castro trató de calmar, algo sorprendente para quien conocía a Cuba; donde hacía muchos años que todo el mundo sabía, y más aún los dirigentes, que las palabras del *Comandante* eran ley, y que oponerse a ellas eran segura desgracia. Fue tal la sorpresa, aun allí en los altos niveles, y no se diga en el pueblo. Mucha gente en voz alta desaprobó las palabras del *Comandante* apoyando a los tanques rusos, que en nombre del socialismo real asesinaban en las calles de Praga, el intento del pueblo checo y de su partido de crear un socialismo humano.

Traicionando sus palabras sobre el derecho de un pueblo a su independencia, la no intervención, aquella noche de agosto Fidel Castro, con premeditación y alevosía, al apoyar la invasión, se enganchó de nuevo al carro soviético y esta vez al parecer para siempre. Aquel discurso de Castro contiene una definición tajante, en que niega de forma definitiva toda idea de libertad en la sociedad socialista. La libertad es antisocialista, según Castro; lo contrario de lo que piensa la izquierda europea, aun marxista, que después de analizar el fracaso de la sociedad soviética y del socialismo real, comienza a pensar y a decir que no habrá socialismo sin democracia y libertad; que democracia y libertad son anteriores a la sociedad capitalista. Formas políticas permanentes, para crear las bases de una sociedad nueva. Que su supresión en el mundo comunista ha sido una de las causas fundamentales del fracaso de aquellas sociedades.

La microfracción

Entre las muchas cosas que Castro acabó en Cuba, aunque parezca increíble, está el viejo Partido Comunista. Después de transformar la Ortodoxia en 26 de Julio, sustituir al 26 clandestino con el ejército rebelde, desaparecer al Directorio a la victoria acusándolo de querer provocar una guerra de grupos, excluir al Segundo Frente de Menoyo, después de no dejar títere con cabeza, ingresa por arriba y en minoría, con diez comandantes, en el Comité Central del PSP (comunista) en 1961, que pierde su nombre y se llamará ORI: Organizaciones Revolucionarias Integradas; los revolucionarios de la lucha contra Batista quedan fuera y los nuevos —casi un millón— milicianos, trabajadores voluntarios, son excluidos también. Fidel parece entregar el poder a los viejos comunistas, que en unos meses no dejan un dirigente obrero, estudiantil o profesional, que no sustituyan por la fuerza, copan todos los cargos políticos, culturales, administrativos, económicos, industriales, intervienen grandes, medianas o pequeñas empresas, comercios, industrias, fincas, toman los puestos claves en la Seguridad, comités de defensa, ejército, en todas partes.

Con apoyo de Fidel, los viejos comunistas se roban una revolución que no hicieron, introducen mecánicamente todas las formas del Estado soviético, en lo que colaboran los comunistas españoles enviados por Moscú, a reorganizar el ejército, la Seguridad, el estado y el partido. Los viejos comunistas, con una feroz política de revancha y sectarismo, provocan un caos total, desorganizan la producción, la agricultura, causan el racionamiento y convierten la revolución humanista "en una camisa de fuerza", para usar palabras fidelistas.

¿Por qué el astuto Fidel Castro actúa así? Su ignorancia de qué era el comunismo en que había metido al país, su intención de comprometer a la URSS, encantada con "la isla heroica" y antinorteamericana, que entonces no pensaban se volviera comunista, la desconfianza de Castro hacia sus antiguos compañeros: radicales y antiimperialistas, no prosoviéticos ni comunistas: Húber Matos, Menoyo, Boitel, David Salvador, Sorí Marín, *Revolución* y su grupo, los dirigentes obreros, clandestinos, profesionales.

La desconfianza de Castro llegó al punto de sustituir a su fiel secretaria Celia Sánchez, con el comunista Joel Domenech, y a Del Valle y su escolta serrana por una de peseperos.

Fue entonces que Aníbal Escalante, nominado secretario del partido y viejo estalinista, pensó que era un juego de niños con la ayuda soviética, de su seguridad y del embajador Kudriatsev, sustituir a Fidel. El comandante Guevara era criticado abiertamente, Raúl Castro, en la sombra, los apadrinaba hasta que tocaron al hermano mayor.

Esta política sectaria había provocado una gran oposición popular y revolucionaria: guerrillas, protestas, marchas, terror, fusilamientos, prisiones, ilegalidad, exilio, pese a la victoria de Girón, amenazaban el poder revolucionario. Fue entonces que Fidel Castro, que conservaba una gran popularidad, al verse amenazado desde arriba por Escalante y los soviéticos y desde abajo por los revolucionarios perseguidos por los comunistas y el pueblo, hizo su célebre discurso, acusando a Escalante y a los viejos comunistas por su sectarismo cargándoles todas las culpas, que eran muchas, también las de Fidel, que eran tantas. Escalante, en vez de ser juzgado por los crímenes cometidos, fue enviado como regalo a los rusos, a un breve exilio moscovita. Aníbal Escalante y Joaquín Ordoqui eran los dos dirigentes comunistas cubanos peligrosos por su capacidad, audacia e historia. Ordequi, héroe del partido desde su fundación. Cuando la crisis de octubre de 1962, al llegar Mikoyan a La Habana para aplacar la oposición de Fidel al retiro de los cohetes y parquearlo, Fidel se reunió con el vicepremier soviético, que buscaba consenso, y lo apoyó, provocando la ira de Fidel, que no olvida ni perdona.

Después del juicio contra Marcos Rodríguez en 1964, Ordoqui y su esposa Edith García Buchaca, que hacía las funciones de ministro de Cultura, mientras él era segundo jefe de las fuerzas armadas, cayeron envueltos en llamas. Ordequi fue detenido y acusado, nada menos, de contactos con la CIA, mientras Carlos Rafael Rodríguez y sus aterrorizados ex compañeros asentían y avalaban la operación fidelista, que terminaría años después con la muerte de Ordoqui, que nunca confesó y cuyas pruebas condenatorias no aparecieron jamás.

Se había permitido a Escalante regresar al país, y como esos años 66, 67 y 68 eran de discrepancia con los rusos, muchos viejos comunistas, prosoviéticos unos, nostálgicos y críticos otros, "cómo llamar comunismo a este horror castrista", se reunían, hablaban, criticaban y consolaban, tratando de salvar la ideología, cargando la culpa al *Comandante* —sin querer aceptar que *el Monstruo* era tan comunista como castrista—, empezaron a reunirse y a visitar a Escalante y a descargar sus penas con él: que si Castro había acabado con el partido —afirmaban—, era verdad; por primera vez en la historia contemporánea, un jefe no comunista había vuelto comunista una revolución desde el poder, ingresado en el partido y al final lo había destruido (no al nuevo aparato de tipo soviético que prevalecería sobre el castrismo y lo devoraría). Acusaban a Castro de antisoviético, de no ser un verdadero comunista, de que era un crimen la prisión de Ordoqui y la acusación de agente enemigo, las pruebas no existían. Era un estado de ánimo crítico, no una organización, pero habían olvidado que la crítica no está permitida en el mundo comunista, ni aun a los comunistas. La Seguridad, informada por otros viejos comunistas, que formaban parte de ella, seguía sus pasos, grababa sus conversaciones, fotografiaba sus pequeñas reuniones. Si los veintiseístas que se pasaron al poder fueron los peores enemigos de sus antiguos compañeros, los comunistas devenidos fidelistas eran, y son, feroces e implacables con sus camaradas críticos.

En ese clima de tensión hicieron una redada policiaca, metieron a Escalante y sus compañeros en prisión, acusándolos de microfraccionarios y los condenaron duramente.

Una vez más los cubanos se hicieron ilusiones, interpretando las condenas como una ruptura de Castro con los rusos. No así este autor, pese a que aquel clima le permitió desarrollar un movimiento cultural, una gran exposición de pintura moderna europea, crear el nuevo museo y llevar una grandísima delegación de primera calidad al Congreso cultural de enero de 1968, así como retomar de manos sectarias la historia de la revolución, con la ayuda de Celia Sánchez y Haydée Santamaría, siempre críticas de los soviéticos, los viejos comunistas, Raúl Castro, Ramiro Valdés y la Seguridad. El hecho de que mi nombre saliera más de una vez en el informe sobre los "conspiradores" no me engañó.

Lo que era de sospechar ocurrió: Castro trataba de alinearse desesperadamente de nuevo con los soviéticos, que ofendidos por sus críticas, sus intentos guerrilleros, sus conflictos con los comunistas latinoamericanos, sus resentimientos por la crisis del Caribe y el mal tratamiento a Kosiguin, en su visita a La Habana, en julio de 1967, con un acto de política de gran potencia le cortaron el petróleo.

Antes de cambiar de política de nuevo, Castro mandó a prisión a los que exigían volver al seno soviético y de paso con su llamada "ofensiva revolucionaria", liquidó a los partidarios de la liberalización, arrasando con la quinta y con los mangos: no dejó un bar, un cabaret, un centro de diversión, un *night club,* un café abierto; decretó la ley seca, cerró los centros bailables, acabó con los puestos de café, guarapo, fritas; nacionalizó todo el pequeño comercio privado, las pequeñas fincas y talleres; clausuró por contrarrevolucionario el Museo de Arte Moderno, desaparecieron las obras donadas por grandes artistas extranjeros: Calder, Picasso, Jorn, Vasarely; al Mural Cuba Colectiva recogieron libros, prohibieron ediciones, y la alegre y bullanguera Habana se volvió un triste y desolado Moscú.

Y para asombro aún de sus ministros, aprobó en agosto de 1968 la invasión soviética que asesinó la "primavera de Praga", decretando que todo tipo de libertad es burguesa y contrarrevolucionaria; convencionando así a Bresnev de que Cuba sería el más fiel satélite, el peón de ataque ruso a Estados Unidos, y todavía más: su caballo de Troya en el Tercer Mundo.

ANGOLA

Cuando la guerra de independencia de Angola termina, con la derrota portuguesa, Fidel Castro, que de años tenía allí un aparato político e información, se preocupa; tres movimientos y ejércitos guerrilleros se disputan el poder, sin que ninguno tenga fuerza para prevalecer sobre el otro.

El movimiento de Neto es promarxista, recibe ayuda del mundo comunista, incluida Cuba; Holden es pronorteamericano; UNITA, de Savimbi, fuerte en muchas tribus y campos angolanos, es enemiga de Neto.

Fidel Castro propone a la Unión Soviética intervenir en apoyo de Neto. La URSS ha tenido una sola política desde los tiempos de Lenin: consolidar y defender el territorio geográfico y político único del mundo comunista, intervenir allí cuando un conflicto amenace en un país "hermano".

Tres países han escapado a esta política: China, por su enormidad y potencia; Albania, por su aislamiento, poca importancia política, su estalinismo y porque invadirla no es fácil. Los albaneses son guerreros y lo probaron frente al nazismo. El país realmente más problemático y conflictivo fue Yugoslavia, que no sólo rechazó el ucase de Stalin, sino que intentó una variante titoísta, autogestionaria, independiente, neutralista, de comunismo nacional, que volvió a Stalin una furia. ¿Por qué no la invadió? Pienso que por la misma razón que Estados Unidos no invadió Cuba. En los primeros años de la revolución Tito era un jefe seguido por su pueblo, tenía un ejército que había derrotado en dura gran pelea a los hitlerianos. La de Yugoslavia no fue una resistencia simbólica, de vanguardia, de última hora, como ocurrió en otros países europeos. La de Yugoslavia fue una verdadera guerra de liberación. Stalin anatemizó, bloqueó, condenó el titoísmo; no ordenó la invasión de Yugoslavia. Sabía que era difícil o imposible conquistar aquel país rebelde y guerrillero, y el costo militar y político de la invasión muy peligroso, después de Yalta y en tiempo de guerra fría.

Castro proponía cambiar de política en Angola y la resistencia rusa fue grande. Al fin los soviéticos aprobaron el plan fidelista, que era el siguiente: las tropas cubanas transportadas por sorpresa, aprovechando las indecisiones del gobierno norteamericano, equipadas y armadas por los soviéticos, decidirían con su apoyo rápido el triunfo de Neto y su movimiento. En caso de fracaso, de conflicto con Estados Unidos, Fidel Castro asumía toda la responsabilidad de la operación y sería sólo él el perdedor. "Si pierdo, pierdo yo solo —dijo Fidel a los soviéticos—, si ganamos, compartimos el triunfo." Castro dio garantías no sólo de palabra. Se sabe cómo se preparan esas cosas en el mundo comunista: cartas, peticiones, documentos, negaciones, que salvaban la responsabilidad soviética, en caso de peligro o fracaso.

La parte más riesgosa de la operación es que no se podía volar sin escala entre Cuba y Angola; había que hacer una escala por sorpresa —se hizo en la Guayana—, y el secreto de la operación era casi imposible. ¿Cómo reaccionarían los norteamericanos al saber que aviones soviéticos transportaban tropas cubanas cerca de su territorio, sin saber hacia dónde iban?

No pasó nada, la invasión fue un paseo. La intervención de Angola se presentó en África como el acto de solidaridad de un pequeño pueblo "hermano", nieto de africanos, sin miras ni poder imperiales, puro acto de solidaridad revolucionaria. La intervención de la URSS hubiera asustado a los africanos, que conocían sus actos de gran potencia, provocando reacciones norteamericanas y europeas de protesta.

Por primera vez la Unión Soviética tenía tropas bien preparadas, fieles; un destacamento de vanguardia del Pacto de Varsovia, en el Tercer Mundo, sin el riesgo de ser acusada de agresión, ni de actos imperiales, porque eran tropas cubanas.

Los consejeros militares soviéticos, las armas, ayuda económica, la penetración política, habían fracasado en Egipto, Guinea, Ghana. Una vez resueltos los problemas militares, los jefes de aquellos países daban el bien servido a los soviéticos.

Ahora con Castro, sus tropas, su aparato de seguridad, la alianza con un movimiento interno, cuya "gratitud" lo hacía prisionero; la situación cambiaba. No había riesgos, ni responsabilidad en la intervención. Después de los cubanos llegarían soviéticos, alemanes, búlgaros, que no serían echados como antes: ahora había un aparato interno de tipo soviético, apoyado por tropas cubanas.

La voz y estrategia del barbudo cubano aventurero, de quien los soviéticos desconfiaban, se demostró válida, conocedora de la psicología norteamericana entonces, indecisa, paralizante, ineficaz. Castro ganó influencia en el Kremlin, entre los generales soviéticos y la parte más agresiva del aparato y la dirigencia: ahora no era el peligroso Mao el que amenazaba con destruir el capitalismo occidental, conquistando la periferia. La URSS quería el fin del capitalismo; no verlo caer bajo la influencia del competidor comunismo chino. El pequeño y audaz Castro no es peligroso, estiman los soviéticos; allí donde él llega, al final nos quedaremos nosotros, que somos los fuertes.

Era un regalo caído del cielo, al menos del diablo, este astuto Castro, que primero vuelve a Cuba comunista, sin decirlo·y por sorpresa, que asusta después a los soviéticos, con el peligro de un movimiento revolucionario nuevo en el mundo pobre, no marxista, comunista, ni soviético, que amenaza su monopolio mundial. De que sólo es posible una revolución, si ésta se vuelve soviética. Este Castro que crea grandes problemas al enemigo yanqui, en el patio de su casa, que ahora se ha vuelto bueno con los soviéticos, a los que ha ofrecido esta fórmula válida de intervención, por interpuestas manos castristas, en el Tercer Mundo.

Había resistencia dentro del desconfiado establecimiento soviético, y cuando se presenta el conflicto entre Etiopía y Somalia, ambos aliados y amigos de los soviéticos, Moscú trató de ponerlos de acuerdo, sin dar apoyo decisivo ni a uno ni a otro.

El presidente Podgorny, después de un viaje por África, era el principal oponente al plan de Castro de apoyar a Etiopía contra Somalia. Castro replicó con un largo viaje por África, que terminó en Moscú. Convence a los soviéticos de la importancia de una revolución comunista en Etiopía, de la poca confianza que hay que dar a Barre, de cómo se puede dividir y debilitar Somalia, consolidar la influencia soviética en África, primero en Angola y después en Etiopía; cómo esa política reforzará a los soviéticos en otros países amigos, más independientes, como Tanzania y Mozambique. Castro propone a los soviéticos repetir Angola. Él enviará tropas, aviadores, tanquistas, buenos técnicos militares, que refuercen a Menghistu y le den la victoria, sin peligro para los soviéticos. La carta de Etiopía funciona y la influencia de Castro en Moscú aumenta. Por primera vez en la historia de Cuba y de América Latina, Cuba, un país pequeño, tiene un imponente ejército, un gran aparato policiaco, propagandístico, médico, de enseñanza, de construcción, un aparato logístico, en quince países de tres continentes; son palabras de Castro, decisivos en la victoria de los movimientos más radicales y en el intento de sovietización del Tercer Mundo por vía castrista: no el sueño utópico de la revolución mundial del *Che* Guevara, muerto solo, en la lejana Bolivia; el de

Castro es "real política", que consigue triunfos con el apoyo de la URSS.

No va a pasar mucho tiempo y Castro agrega otra preciosa carta de triunfo a su política: Nicaragua. Desde los años 1960, Castro dirigió y preparó el principal grupo sandinista nicaragüense. Los instruyó de cómo tenían que hacer la guerrilla, crear el ejército revolucionario, decirse demócratas y no comunistas. A la victoria, consolidar el poder, ganando tiempo. Castro dirigió a Ortega, Borges y otros nicaragüenses con maestría. El plan es copia al carbón de su estrategia de Cuba, con variantes inteligentes, conquistado el poder, en una situación bien distinta. En la lucha de liberación antisomocista, para derrotar al dictador, ponerle contra toda la nación: Iglesia, clase media, políticos, pueblo: obtener apoyo militar de Panamá; el general Torrijo enviará una brigada de la guardia nacional, al mando de Spadafora; conseguir el respaldo de la poderosa Venezuela y de su presidente Carlos Andrés Pérez, apoyo y facilidades de la vecina Costa Rica. Cuba, en sordina, en el momento decisivo, enviará varios miles de armas a las guerrillas de los jefes sandinistas, fieles a La Habana. A la caída de Somoza, será el ejército guerrillero la única organización de poder de Nicaragua; sus jefes jugarán con figuras populares, independientes: Edén Pastora, los Chamorros y Robelos, el periódico *La Prensa*. Su director fue asesinado por Somoza. Crear la ilusión en Panamá, Venezuela y Costa Rica, en los moderados de Nicaragua, de que son ellos los que dominan la situación, en el primer gobierno de unidad nacional que no asuste a los norteamericanos. Carter intentó demasiado tarde que Somoza se fuera; Tachito no le hizo caso y resistió y su guardia nacional fue derrotada.

Entonces Castro aconseja a Borge, a los Ortega y a los suyos aplicar la táctica de Cuba: ganar tiempo, evitar que al principio se organice una oposición fuerte. El segundo y astuto consejo castrista es el de los Cinco noes a los sandinistas: no fusilamientos, evitar la conmoción que éstos producirían en Estados Unidos; no nacionalizar; no romper con la poderosa Iglesia católica nicaragüense; no prohibir los grupos y partidos políticos; no romper con Estados Unidos. Sólo ganando muchos años, no un año, como en Cuba, dice Castro, a los jefes sandinistas, será posible, sin ser derrotados o invadidos, volver a Nicaragua, el segundo país comunista de América. En tierra continental, no en una isla, la explosiva Centroamérica; con la poderosa guerrilla del Salvador y esperar la hora del despertar de ese volcán dormido que es México, hacia el norte y de la vecina Sudamérica hambrienta, endeudada, que odia a Estados Unidos, que alterna débiles democracias con frecuentes dictaduras.

México, en el plan de Castro, debe jugar en esta historia nicaragüense un rol decisivo: Contadora será esa historia. El gobierno de México sabe que el hambre, la corrupción y las realidades sociales dramáticas pueden provocar una gran revolución en su territorio. Sus gobernantes han jugado la carta de ganar el apoyo de Castro, buen conocedor de sus dificultades y realidades, ya de la época del lejano 1968, cuando miles de estudiantes mexicanos, con carteles y retratos de Guevara y Castro, fueron ametrallados en la plaza de las Tres Culturas. Castro, que en aquella época negociaba con el gobierno mexicano la compra de las posturas del café, para el cordón de La Habana, no los apoyó y estrechó sus relaciones con el gobierno mexicano.

La política exterior mexicana ha sido desde los años treinta independiente, progresista, revolucionaria, antiimperialista. Conservadora, represiva antipopular, dentro de México. Para los mexicanos, palos y hambre; fuera de México, libertad y revolución. La táctica es, de acuerdo con Castro, apoyar a Nicaragua y recibir más dólares norteamericanos. Venezuela tratará de equilibrar a México, en el grupo de Contadora, sobre la base de dos principios: el primero, un grupo minoritario no tiene el derecho de robarse una revolución que fue de todos, imponer una dictadura que elimina la democracia interna, con apoyo militar, económico y político de Cuba y, por vía de Cuba, de la Unión Soviética. Para que no haya intervención en Nicaragua no sólo se tiene también que condenar la intervención norteamericana, hay que condenar la intervención cubana y soviética en aquel país y obligar a los sandinistas a restablecer la democracia.

En el sueño de Castro, México no está al principio, está al final. Hay países latinoamericanos que no existen para el mundo norteamericano: están lejos, son repúblicas bananeras. México está muy cerca, como la historia prueba, y, como un día el general Lázaro Cárdenas recordó a Castro, cuando éste le reprochó en La Habana, en 1959, por qué había detenido la revolución mexicana, después de la nacionalización del petróleo, y Cárdenas contestó a Castro que si se olvidaba de los territorios, tierras y hombres que México había tenido que pagar en sus conflictos con Estados Unidos. Que si olvidaba que era la tierra la que unía a su país con

CHERRY PICKER
LAUNCH PAD WITH ERECTOR
LAUNCH PAD WITH ERECTOR
MISSILE READY BLDGS
OXIDIZER VEHICLES
FUELING VEHICLES

Por el acuerdo soviético-cubano, las bases eran territorio ruso, ruso el personal, se contaban con los dedos de la mano los jefes cubanos que podían hacer visitas de cortesía, no de inspección o control, a las bases. (Una de las fotos obtenidas por aviones norteamericanos de una base soviética en Cuba.)

Fue monstruoso el recibimiento en Moscú y la vanidad de Castro subió al millón. Era tratado de grande por el grande y poderoso —más que hermano mayor— padre soviético. (Mayo 1963.)

Estados Unidos; que no estaba separado por el mar, como la pequeña Cuba. El arrogante Castro comprendió la lección y la aplicó en el futuro. Castro piensa que México es una fruta madura: si él mueve la mata con la mano, le pueden cortar la mano. Pero ¿qué pasará si la fruta cae por su propio peso? Para ese momento los planes están bien estudiados. Durante muchos años los hombres de Castro han estudiado los territorios mexicanos y sus condiciones sociales, su población, saben qué hacer allí en el momento oportuno. No hay un sitio de América sin misiones cubanas, bien camufladas de diplomáticas, de comerciantes, de amistad y a través de los oriundos de cada una de esas regiones que han vivido en Cuba, se han preparado en la isla, que visitan con frecuencia, a través de esos estudios y contactos, se dan apoyo a movimientos independentistas, como es el caso de Martinica, Guadalupe, o a otras fuerzas políticas, unas veces de oposición legal, otras veces de guerrilla. No hay punto de América que Cuba no haya estudiado con seriedad, para que no le ocurra lo sucedido en Bolivia y otras guerrillas de los años 1960, cuyos fracasos enseñaron a Fidel Castro que esas revoluciones no las podían dirigir comandantes cubanos, que esas luchas tenían que dirigirlas cuadros de esos países, a los cuales había que preparar política y militarmente en La Habana, darles apoyo económico y militar. Es el caso de Nicaragua en el momento de la guerrilla, y sólo a la toma del poder es que envía allí miles de consejeros militares, alfabetizadores, políticos, cuadros policiacos, médicos, armas y material logístico.

Castro sabe que para los soviéticos él vale mucho; no tanto como para hacer la guerra. Él no ignora que no forma parte de su territorio. Sabe que es el peón de ataque, cerca del rey enemigo, que cuando más avance mayor será el peligro; un peón de ataque puede servir para ganar la partida; su pérdida, su sacrificio, el de Fidel, no sería la pérdida de la partida de parte de los soviéticos, sí la de Castro. De ahí la peligrosidad y debilidad del castrismo en el futuro.

Voluntarismo, marxismo, leninismo, castrismo

Pienso que el más grande voluntarista del siglo es Vladimir Ilich Lenin.

Las revoluciones no se inventan; nacen, surgen de crisis reales, pero las revoluciones pueden pilotarse, dirigirse, cambiarse. Lenin no inventó la revolución rusa, pero con un golpe de audacia genial la volvió primero bolchevique y después leninista y soviética. Lenin, con un acto de su voluntad, volvió la revolución rusa comunista. Lenin sería entonces no sólo el menos marxista, aun más el más grande antimarxista, y no es que Marx no diera importancia a la subjetividad, al hombre, a la lucha, a la voluntad, pero nadie serio puede negar que Marx se profesase materialista, que pensase que era determinante la objetividad, la realidad social, económica, cultural y que el socialismo, que aspiraría a suceder y superar el capitalismo, nacería allí, donde éste estuviera más desarrollado: economía, industria, cultura, nueva clase revolucionaria: el proletariado. Marx no pensó —era imposible— socializar la miseria; creyó en socializar las riquezas. Lenin, Mao y Fidel Castro socializan la miseria, o más bien vuelven miserable al socialismo. La principal responsabilidad histórica de Lenin es confundir: poder y socialismo: partido-poder-nacionalización-propiedad estatal-burocracia total-dictadura; no de la clase obrera, campesina, popular, mayoritaria, y por lo tanto algo democrática; dictadura de la vanguardia: el partido, contra la clase, y de la dirigencia, del secretario general, contra el partido —el famoso centralismo democrático—, los soviet, que representaban la clase obrera y al pueblo ruso, no duran nada, pues el mismo Lenin los disuelve. Lenin no solamente no echó las bases de una nueva sociedad revolucionaria, que avanzara en el famoso período de transición hacia el socialismo. Creó un estado que en vez de "desaparecer", abolirse, autodestruirse y dar paso y forma a la nueva sociedad, sin clases y sin estado clasista, se convirtió en el más poderoso, fuerte y duradero de los estados conocidos en la historia: el estado soviético: poder total, poder puro, devorador, paralizador, destructor de toda oposición, crítica, análisis, dialéctica, aun de la sociedad misma y de sus miembros. Suprimió la clase dominante, la sociedad, los sindicatos, el pueblo, la clase obrera como protagonistas sociales y revolucionarios.

Si Lenin es el anti-Marx —lo que no disminuye la responsabilidad histórica del marxismo, entre otras cosas por su concepción de totalidad, de dogma, de dictadura, de carecer de una nueva teoría de estado—, no se puede decir que Stalin sea el anti-Lenin, que el heredero del poder leninista fuera más cruel, implacable, frío, más ruso aún; las diferencias entre Lenin y Stalin no prueban que éste robó la revolución a aquél. Lenin es su hijo natural, su heredero, la consecuencia, el fruto parido, el monstruo nacido del matrimonio entre leninismo y realidad rusa.

La voluntad sirve para tomar el poder, para destruir y crear un nuevo poder, pero el poder no puede, con un acto mágico, omnipotente, de Dios, cambiar realidad, vida, hombres y sociedad.

La voluntad leninista sirvió para dar un salto histórico, ignorando una serie de leyes materiales, algunas de las cuales habían servido a Marx para su crítica del capitalismo y su sustitución por la sociedad socialista futura.

El socialismo, el comunismo —según Marx—, serían la sociedad, el reino de la abundancia y de la libertad. Una sociedad nueva, sin alienación, explotación, anarquía productiva, plusvalía, que daría un gigantesco impulso productivo, social, cultural y humano a la sociedad internacional, que superaría nacionalismo, miserias, patrias, banderas, himnos.

El modelo soviético, en vez de crear el reino de la abundancia y de la libertad, ha construido el reino de la pobreza y la esclavitud.

No se puede argumentar que la causa primera de esa pobreza y falta de libertad sea la necesidad de defender la patria rusa del socialismo, del cerco, agresión, enemistad, guerras del capitalismo enemigo, que obliga a invertir enormes recursos en la defensa de la URSS: ésta es una verdad rusa, no una verdad socialista. Era evidente para la teoría marxista que se pretendía científica, que no podía haber socialismo en un solo país y menos en un país atrasado como Rusia.

Que ese estado fascine a los nuevos políticos del Tercer Mundo, que ese poder total, disfrazado de revolución, socialismo, nacionalismo, antiimperialismo destruya el viejo poder y forme el nuevo, que sirve para crear la igualdad de la miseria entre los miserables: no haciendo a los más miserables menos miserables, al contrario, haciendo a los menos miserables, incluida la clase obrera y campesina, más miserables. La única beneficiada, la minoría marginada. Arriba, una nueva clase que jurídicamente no posee las riquezas, no las posee, pero las usa y disfruta. Una nueva clase privilegiada. Qué importa si alguno de sus miembros cae en desgracia, pierde sus riquezas, si ésta no pasa al pueblo, pasa al nuevo burócrata que sustituye al caído.

La ley —como realidad práctica— no existe en la nueva sociedad revolucionaria; la norma es la violencia estatal, policiaca, la fuerza bruta. La revolución no es fuente de derecho. Es tumba de derecho. La ley en el mundo comunista es una ficción, un papel escrito que nadie cumple, y si alguien reclama su cumplimiento lo envían a prisión.

224

El nuevo poder destruye el viejo poder; lo nacionaliza y estataliza y, a su vez, lo roba a la clase obrera y al pueblo.

Fidel Castro no es un marxista: es un leninista, con más de estalinista que de maoísta: Stalin-Castro.

Fidel es fidelista: su modelo, la variante fidelista, nace del matrimonio entre el padre soviético y la fémina-madre militar caudillista, revolucionaria, del mundo latinoamericano o subdesarrollado.

El matrimonio termina en divorcio, si se hace sólo arriba: Guinea, Ghana, Egipto. Y termina en viudez si se hace abajo: el modelo paternal soviético va matando día a día la esposa-madre militar-revolucionaria, y el hijo y monstruo asesina a la madre, deviene fiel nieto soviético.

Fidel Castro es un voluntarista. Influido, pienso, por el Lenin del *Estado y la revolución*, Stalin en su práctica, sus maestros, Maquiavelo, el jesuitismo, y algunas parábolas bíblicas, algo de Mussolini de la marcha sobre Roma; el José Antonio falangista; el peronismo descamisado. Mucho de caudillismo latinoamericano: hispano-árabe-latinoamericano-cubano, del robespierrismo del terror, del cesarismo romano y del Napoleón, sin que falte el Alejandro —como su segundo nombre—, Ignacio de Loyola, Hernán Cortés, Bolívar, los caudillos cubanos: José Miguel Gómez, Menocal, Batista. Extraño y explosivo cóctel, al que no falta algo de la mejor demagogia, de la vieja retórica oratoria y de las más modernas técnicas publicitarias y televisivas.

Fidel Castro es, como diría Guicciardini, un hombre de mucha fe, de fe inmensa y total en sí mismo; aparte de su intuición política, del azar y de la situación histórica que lo ayudaron, de la incapacidad suicida de Batista y su régimen; fe que contagió a los otros que lo seguían a la muerte, la lucha, la victoria, aun en los momentos más difíciles. Fe que Fidel transmitía, incluso a periodistas extranjeros experimentados cuando la guerrilla y al tiempo a todo el pueblo de Cuba, que veía en él al Dios de la revolución.

Fidel Castro no es grande en la victoria, ése es su grande y fatal límite. Fue grande en sus muchas derrotas: Moncada, *Granma*, primeros tiempos de las guerrillas, huelga de abril.

Fidel Castro es un gran voluntarista. La fe en él la convirtió en fe en la revolución; sólo que la revolución era él. Un dúo bifronte: Fidel empieza y termina en la revolución y la revolución empieza y termina en Fidel.

"Fidel, revolución."

"Revolución, Fidel."

La revolución es una gran fe que nos sacará del infierno real, que nos llevará al paraíso terrenal. En la revolución se cree, se grita, se actúa, se destruye, se mata, se aprisiona; en la revolución no se piensa. Ella es el bien, su enemiga, el supremo mal que destruir.

La revolución es ciega, sorda, no muda, terrible.

Bella, hermosa, se transfigura y vuelve horrible, bestial, fea, monstruosa, bárbara. "El magnífico sueño, el montón de ruinas", que provocaría el suicidio del horrorizado poeta Maiakovski y de tantos y tantos otros.

La revolución cubana es la cara de Fidel Castro. El mejor retrato de la revolución cubana hoy es el rostro sombrío de Fidel Castro.

La fe se perdió, Dios ya no es más Dios; ahora, diablo o demonio, no se cree, se teme, cuánto y cómo. Si la cara de Fidel Castro representa su miedo, es también el retrato del metemiedo: el miedo de la prisión, la desgracia, el paredón, el exilio. El miedo tiene brazos, tiene ojos, oídos, manos; está en todas partes, arriba y abajo, a todas horas, en acecho, caer en sus manos, es no salir más. ¡Qué horror! La revolución es una catástrofe. De esas catástrofes no se salva nadie: ni el que huye, ni el que muere, ni el que está en prisión, o en el poder; el enemigo, como el amigo; el militante, como el indiferente. Al final, no se salva nadie, ni aun la revolución misma.

La revolución se parece a Castro, que es catastrófico y apocalíptico. Todo lo que toca lo destruye; su salvación, la salvación ofrecida a los cubanos, termina en el morir.

La isla, el tabaco, el tiempo cubano, la cubanía, pienso que no serán sumergidos —"isla de corcho"—, sumergirán el castrismo, en un lejano futuro, en un pasado horror histórico. No el primero, el último, esperemos, de los grandes huracanes históricos que se han abatido "sobre esa larga, infeliz, bella isla".

La historia de la Unión Soviética prueba que no puede crearse el socialismo, pensando que el poder omnipotente y total, manejado por un jefe iluminado y una minoría obediente, que simultáneamente industrialicen, creen riquezas, nuevas instituciones sociales; no con el apoyo de un nuevo sujeto social, protagonista; el proletariado, incluso contra ese sujeto mismo —protagonista del socialismo—, ahora no sujeto, objeto del poder; el nuevo poder que lo cambia todo arriba y no cambia nada abajo.

Si desde el punto de vista del socialismo la voluntad de Lenin fracasó, desde el punto de vista ruso la férrea voluntad de Stalin, al precio de millones de muertos, hizo de Rusia no un país socialista, sí una gran potencia, un nuevo imperio. Y no es de sorprenderse que la China siga el mismo camino.

En un país pequeño, esa sociedad soviética importada, que no genera riquezas, libertades, nueva vida, que depende inexorablemente de Moscú, no puede ser más que un fracaso interno permanente, una provincia mal abastecida de afuera y de adentro; un país sin destino, no ya socialista, nacional, progresista. Un estado pequeño puede convertirse en estado guerrero; es el caso de Vietnam y de Cuba, que la única cosa que hacen bien es la guerra y la subversión; en el caso vietnamita, su historia contemporánea es una serie de guerras contra japoneses, franceses, norteamericanos, chinos. La experiencia militar castrista no es comparable a la de Vietnam y sus grandes guerras, sin negar el valor de Nicaragua, Angola, Etiopía, en que las fuerzas castristas han manejado modernos armamentos rusos: aviones, artillería, tanques, baterías antiaéreas contra guerrillas mal armadas, sin terminar todavía su resistencia, protegiendo las grandes ciudades y sus fortalezas en Angola.

Castro sabe que tiene una sola y grande posibilidad: la crisis de la sociedad latinoamericana, generadora de revoluciones que, sostenidas militar, económica y políticamente, pudieran ser futuros cementerios norteamericanos en México, Centroamérica, Sudamérica y el Caribe. Y los riesgos entonces de una posible invasión norteamericana a Cuba, terminen el cáncer, la metástasis revolucionaria, le darían la razón histórica, pudiera crear un Vietnam latinoamericano y ser desastroso para sus enemigos por su alto costo.

Castro teme la democracia. Con paciencia, confía en Nicaragua, que es territorio continental. Si hay un segundo país comunista, si los poderosos norteamericanos son impotentes para impedirlo, habrá una tercera, una cuarta, una quinta Cuba. Castro puede sufrir una derrota continental a causa de su política agresiva. Una posible retirada de Angola y África, la no imposible pérdida de una Nicaragua comunista, los acuerdos que pudieren hacer Rusia y Estados Unidos, la todavía indefinida política de Gorbachev, modernización, mejor desarrollo económico interno, coexistencia, o mayor fuga en *avanti* para tener nuevos países comunistas en el Tercer Mundo, en América Latina, para asediar al capitalismo, rodeándolo desde la periferia.

La política de Castro no dependerá sólo de su voluntad, de sus adversarios norteamericanos, también de la resistencia del aparato, de acontecimientos sociales que puedan ocurrir en cualquier lugar. Expandirse, retirarse, repatriarse. "Volver a Cuba", quedar aislado en Cuba; hungarizarse, albanizarse, haitianizarse, desaparecer, inmolarse, son situaciones que el castrismo puede sufrir en los próximos años.

La revolución en América Latina está latente. Nadie sabe cuándo, cómo, dónde. La retirada cubana de África no parece imposible. Hungarizarse es sólo factible en el poscastrismo. Castro preferiría albanizarse internamente, sin romper con Moscú.

El tiempo, la geografía, la situación internacional ayer, hoy todavía sus aliados, mañana pueden ser sus enemigos.

Parece imposible que Castro castrifique el Tercer Mundo, que La Habana moscovita sustituya a Moscú como capital. Para ganar países Castro sirve a la URSS, para sovietizarlos y quedarse con el poder está Moscú. Y si Moscú pierde, como a veces ha perdido, Castro perderá también. El grande no comparte la victoria y el poder con el pequeño. El Castro maquiavélico, cegado por el poder, olvida su diálogo con Mikoyan durante la crisis del Caribe, cuando el ruso le preguntó en la Ciénaga de Zapata para qué servían unos pececitos que allí había, y Castro le respondió "para que se los coman los grandes cocodrilos". La nueva versión del tiburón y la sardina, sólo que esta vez el tiburón no era yanqui, era ruso.

El fin último del castrismo es desaparecer históricamente; o devorado por el monstruo soviético, o derrotado en una guerra provocada con Estados Unidos, el día que éste se vea amenazado de cerca. Sólo una revolución continental o la invasión lo justificarían históricamente; pudiera ser vencido por una insurrección interna, surgida de la crisis, la historia, la realidad y la geografía de Cuba. La futura Budapest, Praga o Varsovia, que pueden ser un día la Cuba occidental, tropical, afroiberoamericana, libertaria, independentista y criolla.

7

EL CAUDILLISMO ECONÓMICO

Sobre la economía cubana existen en el mundo mitos y anti-mitos. El primer mito: Cuba era una república bananera, un país subdesarrollado, una colonia norteamericana. La Habana, el casino, el prostíbulo de América, el cabaret Tropicana. El segundo mito: Cuba era un paraíso, un país sin problemas, una Jauja caribeña. Los mitos se niegan. Verdades parciales, afirmaciones contradictorias, el mal y el bien y, una parte de la verdad, no toda la verdad. Unas cuantas cifras y alguna historia nos ayudarán a comprender qué era Cuba antes de la revolución y qué es hoy.

La ilusión económica del descubrimiento murió casi al nacer: no había oro en Cuba. Los conquistadores hicieron morir a los indios buscando oro: el oro no apareció. A principios de 1500 los españoles exploran y conquistan grandes territorios continentales: México, La Florida, Centroamérica, el Perú. Descubren las grandes culturas indias: mayas, aztecas, incas. Allí había riquezas, oro, territorios inmensos, civilizaciones. Cuba, abandonada a su destino de isla, conserva una sola importancia: su geografía. La Habana es el puerto más cercano, la puerta de entrada de las tres Américas. El Caribe: Cuba, Haití, Santo Domingo y otras islas por su posición geográfica, adquieren una importancia política, estratégica, militar; son objeto de disputa de los imperios europeos que llegan tarde: Inglaterra, Francia, Holanda, de ataques piratas por la libre y de corsarios, bajo bandera, que infestaban los mares, protegidos por las potencias europeas.

Cuba, madre del tabaco, que en aquella época era más bien una hierba exótica y maldita, mostró pronto que daba maravillosas cañas y buen azúcar; la caña venía de un largo viaje desde la India. Los españoles trajeron los negros esclavos para sustituir a los indios muertos y desarrollaron una cierta agricultura latifundista, extensiva, de subsistencia, con buena ganadería y otros productos. La isla puente, no muy poblada, económicamente olvidada, vegetó por siglos.

En las primeras décadas de 1700, la economía, la vida y la cultura de la isla comenzaron a desarrollarse. La conquista de La Habana por los ingleses, en 1762, aun si breve dio impulso a la economía de la isla, con la libertad de comercio. La revolución haitiana de fines de siglo, bajo el influjo de la revolución francesa, de la que Haití era colonia, arruinó aquel país, no perdonado por la violencia ni por Napoleón. Cuba se benefició: lo mejor del experimentado exilio francés vino a la cercana provincia de Oriente y desarrolló nuevas industrias y cultivos: café, cacao, ron.

A principios del siglo XIX la economía cubana se desarrolla, la industria azucarera crece, aumenta en gran número los esclavos africanos; será ésta una de las causas determinantes de que en Cuba la burguesía criolla, asustada por lo que pasó en Haití y beneficiada, no se una a las guerras bolivarianas por la independencia. Los hacendados temen ver quemadas sus riquezas y la rebelión de los esclavos negros, que son mayoría. Por primera vez, la caña —el azúcar— se opone a la independencia, a la libertad. El ilustre sabio Humboldt, segundo descubridor de la isla, diría entonces: "Cuba es una isla de azúcar y esclavitud."

Otro fenómeno importante del siglo, en una isla larga y estrecha, de lentas y difíciles comunicaciones marítimas o terrestres, es la construcción del ferrocarril, uno de los primeros del nuevo mundo, que mucho ayudaría al desarrollo económico.

El independentismo surgió por esa época, bajo el impulso del poeta romántico José María Heredia, de pensadores como el padre Varela. Otros cubanos eminentes luchan por conseguir de España reformas y autonomía: José Antonio Saco, autor de la extraordinaria historia de la esclavitud, analiza con lucidez la situación cubana, el inmovilismo de España, el preocupante crecimiento gigante de Estados Unidos. A otros criollos, las ideas de la revolución norteamericana, de libertad y democracia, les hace pensar en la posibilidad de una anexión al vecino gigante o de recibir ayuda para la independencia de España, la pequeña isla había ayudado con dinero y hombres a los patriotas de George Washington.

Estados Unidos no apoyó la independencia de Cuba, y cuando el norte derrota al sur en la guerra de Secesión, los nordistas no se interesan por Cuba, que es una colonia esclavista. España, no un gran imperio, que ha perdido la guerra con el nuevo mundo, invadida y superada por la potente Francia; la "pérfida." Albión, su enemiga, ya reina de los mares, no quiere perder Cuba, última joya de su corona. No oye la voz de la razón y la inteligencia cubanas en sus Cortes; responde, nada de reformas ni de autonomía.

El sentimiento de cubanía se agiganta, surgen las guerras de independencia: 1868-1878, 1881, 1895-1898, cuando ocurre la intervención de Estados Unidos, que permanecen en la isla hasta 1902. Cuarenta años de guerra produjeron la ruina económica de la isla, cañas, ingenios azucareros, cultivos y riquezas destruidas; la reconcentración obligada de la población de los campos, ordenada por el general Weyler, termina con el campesinado; en la primera guerra había sido destruida la naciente burguesía. Si a la miseria y el hacinamiento se unen el paludismo y otras epidemias, se explica la disminución de los habitantes, las grandes pérdidas en vidas del ejército español y de la población de la isla. La intervención de Estados Unidos frustró la independencia, fue negativa desde el punto de vista político, pero favoreció su economía. Esta contradicción, entre independencia y economía, será una constante de la vida cubana.

Las inversiones norteamericanas aumentaron enormemente, aun si la isla debió vender sus mejores tierras a precios de regalo. El descubrimiento de un sabio cubano, el médico Finlay, de que el mosquito es el transmisor de la fiebre amarilla, hace habitable Cuba y los trópicos, permite un mejor desarrollo de la agricultura y de la economía. Las normas higiénicas impuestas por el gobierno interventor fueron positivas. La riqueza de las tierras cubanas, la proximidad de la isla a Estados Unidos, el poder de las inversiones norteamericanas dieron a Cuba un extraordinario impulso económico, reforzado por la llegada de nuevas y experimentadas inmigraciones.

Cuba se convierte en la azucarera de Estados Unidos.

Se agiganta la vieja contradicción entre azúcar, economía y política, que será una de las causas de los conflictos cubanos.

La primera guerra mundial pone los precios del azúcar por las nubes, crea una danza de millones; el fin de la guerra y la caída de los precios provocan una ruina: las vacas flacas.

La crisis mundial y norteamericana de los años veinte, treinta y la dictadura machadista, con la economía por el suelo, hambre, tiranía, dependencia y miseria, generan la revolución del treinta, que en solo cien días de poder —septiembre de 1933-enero de 1934— cambia la vida de Cuba, elimina la enmienda Platt, firma nuevos tratados que mejoran las relaciones económicas con el norte y contribuyen al nacimiento de un desarrollo económico industrial cubano.

En los años cuarenta-cincuenta, Cuba puede ser definida con la sabia afirmación del geógrafo e historiador Levi Marrero: un país en vías de desarrollo, no más un país subdesarrollado.

La causa principal de la revolución fidelista no es económica, y el primero en afirmarlo entonces es el propio Fidel Castro, al hablar de los mitos que debió terminar la revolución cubana: "El mito de que no se puede hacer una revolución, sin el ejército, ni contra el ejército. Ni sin crisis económica." En 1959, como afirma Levi, la riqueza cubana superaba las inversiones extranjeras, el proceso de independencia económica alcanzaba su punto más alto. Cuba no era un país subdesarrollado, pero tenía grandes problemas económicos:

1.   Dependencia del azúcar, monocultivo, monomercado, dependencia del mercado norteamericano.

2.   Desempleo, subempleo: diferencia entre ciudad y campo, entre obreros industriales, azucareros y agrícolas.

3.   Era la de Cuba una economía real y artificial: real, porque funcionaba en la práctica; artificial, porque venía casi todo de Estados Unidos.

4.   Desempleo juvenil, más elevado entre universitarios y profesionales. Aquí se unen economía y política; la nueva generación, estudiantes o graduados, que sin trabajo, casi todos hijos de papá de clase media, tiene mucho tiempo para hacer política y será la vanguardia impulsora y dirigente de la revolución. Fidel Castro —abogado, hijo de latifundista— depende de su padre, que le envía doscientos pesos mensuales para mantener a su familia. El médico Faustino Pérez, el abogado Armando Hart, los hermanos Santamaría, el maestro Frank País, el arquitecto José Antonio Echevarría, procedentes de familias de clase media, serán los principales dirigentes de la revolución.

Dos terceras partes de la población cubana —burguesía, oligarquía, clase media, profesionales, campesinos medios, clase obrera— tienen un nivel de vida occidental. Una tercera estaba en la pobreza, miles de obreros agrícolas trabajaban seis meses sí y seis meses no; los campesinos pobres o precaristas, las poblaciones marginadas en las ciudades y buena parte de la juventud vivían casi fuera de la economía, trescientos mil cubanos no tenía un empleo.

Cuba era una extensión económica de Estados Unidos, sus instalaciones industriales, mecánicas, sin excluir un motor, un tornillo, una pieza de repuesto, eran norteamericanos. Ni aun el tabaco habano era cubano puro; el papel de la marca venía de Estados Unidos. Esta economía de complemento, aun si con una balanza comercial ligeramente desfavorable a Cuba, creó una prosperidad económica para la mayoría de la población, y dificultaba, a causa del azúcar, una mayor diversidad agrícola o industrial y la inclusión de la gran minoría en el proceso productivo. Factor importante de esta riqueza es una diligencia empresarial capaz, una mano de obra preparada, una clase obrera con sentido industrial, el desarrollo profesional, una activa clase media, que eran los pilares de la cubanía económica, y que desplazados de Cuba, a partir de 1964, alcanzan un alto nivel de vida en Estados Unidos, gracias a su preparación.

Fidel, obligado a vivir sin niñez, adolescencia y juventud, interno bajo la dura disciplina de jesuitas, lejos de la familia y el campo, odia la ciudad y un día quiso rehacer en grande en la isla lo que había visto hacer a su padre en su latifundio de Manacas.

Los dictadores latinoamericanos odian la ciudad, son dictadores de vaca, no porque amen la naturaleza, sientan el amor a la tierra del campesino, que ninguno de ellos ha trabajado. Aman esos campos inmensos, donde no hay gente que se les pueda oponer, como en las ciudades, su mentalidad feudal, precapitalista, les hace pensar que la riqueza no es la industria, es sólo la agricultura. La agricultura, la caña, subsidiará la industria, afirmaba Fidel Castro, era inútil responderle, que era lo contrario.

Si la montaña, el monte fue el escenario que permitió a Castro hacer la guerrilla, derrotar el ejército, tomar el poder, Castro no supo y no quiso establecer la diferencia entre guerra y paz, entre guerra y economía, entre industria y agricultura, entre Estados Unidos y Unión Soviética. Él quería partir de cero —sólo que la economía cubana no era cero, era al menos setenta sobre ciento—; él debía cambiar Cuba. Ésta es la historia de su caudillismo económico, el tercer importante factor de desgracia que ha arruinado la economía de la isla. Los viejos ricos se hacían perdonar sus privilegios e injusticias económicas, produciendo riquezas, los nuevos ricos no sólo no producen nuevas riquezas; cuestan más caro que los viejos, hablan de una sociedad igualitaria, disfrutan todos los privilegios de antes, dan al pueblo el duro e inmortal racionamiento castrista.

La revolución se identificó al nacer, con algunos sueños cubanos: libertad, independencia, democracia, dignidad, mayor justicia social, mayor desarrollo económico, más y mejor distribuido consumo. Las primeras medidas económicas de Castro le dieron popularidad política, pero iban contra las leyes de la economía. Su política económica de 1959 y 1960 fue de gastos alegres: rebajas de carnes, leche, medicina, electricidad, teléfonos, alquileres, aumentos de salarios y sueldos; más empleos, aun si artificiales. Mayor consumo, mayor costo para la industria, el comercio y la agricultura, el estado. Un devorarse todos los productos acumulados de la agricultura, la industria y el comercio; cubanos, norteamericanos o extranjeros. Si su valor político fue innegable, sus consecuencias económicas serían tremendas, y crearían ya a principios del 1961 un rígido racionamiento, del que no se escaparía más. Castro y sus jóvenes políticos consideraban al estado y la riqueza un Dios inagotable. Toda revolución nace con un fuerte sentimiento de justicia social y de igualdad, de ofrecer algo a los más pobres. En aquella locura económica fidelista y tropical, como bien decía con su lógica Raúl Chibás, lo más loco fue la ley de alquileres: una rebaja del cincuenta por ciento, un parto precipitado, no pensado, cuyo mayor beneficiario no fue el pobre, que pagaba cinco, diez o veinte pesos de alquiler al mes; fueron la clase media, los profesionales, los más pudientes. La rebaja significó para esa minoría veinticinco, cincuenta, cien o más pesos mensuales. No se tuvo en cuenta la diferencia entre el pequeño propietario de apartamento y el gran propietario. Se les midió con la misma vara. Esta de la vivienda será una de las más absurdas realidades de la política de Castro, que ya en 1960 ordenó, con la ley de reforma urbana, dar la propiedad de la casa en forma privada al inquilino. Esta medida terminó con el mercado de la construcción y con el alquiler. Dio a inquilinos buenos apartamentos, repartió casas en pequeña medida a los que no tenían y a los revolucionarios; dejó a la mayoría para siempre en su mala vivienda en el campo y la ciudad, y como no fue acompañada de una política de construcción de nuevas viviendas, a pesar del millón de exiliados, las nuevas generaciones han sufrido más que nada el no tener una casa, o el tener que vivir con sus padres cuando se casan. Otro error fue el no dar mantenimiento a las casas, y una gran parte están cayéndose. Año más tarde otra ley anularía la propiedad dada y establecería un alquiler. Ahora está permitido el cambio de vivienda y hay un gran mercado negro por la carencia de casas.

La industria de la construcción, una de las más importantes de Cuba, fue militarizada, para dar prioridad a la defensa, a la industria, a las construcciones agrícolas, y a partir de 1970 es la construcción en el Tercer Mundo uno de los puntos claves de la penetración castrista en muchos países, mientras en Cuba no se construyen nuevas viviendas, ni se da mantenimiento en los más lejanos rincones de América Latina y de África, decenas de miles de ingenieros, técnicos, especialistas y de obreros cubanos construyen obras militares, carreteras, viviendas. Son, con los médicos, los maestros que alfabetizan, los militares y policías que mantienen gobiernos, reprimiendo a poblaciones nativas, el punto más alto de la penetración soviético-cubana en esas regiones.

En 1959 Castro creó el Instituto Nacional de la Reforma Agraria, de la que él naturalmente era el primer presidente y Núñez Jiménez el obediente director. Castro estableció allí la práctica económica de distribuir de manera personal los millones de pesos y recursos que la organización tenía. No había ni la sombra de una corrupción. No. Fidel preguntaba a un administrador de granja agrícola, a un dirigente, a un funcionario cualquiera, cuánto dinero necesitaba; éste decía a Castro lo que le parecía: Fidel sacaba el talonario de cheques y firmaba por la cantidad pedida. Con una particularidad, si el que le pedía era comedido, Fidel desconfiaba, lo consideraba un pesimista; si le preguntaba tú puedes producir tanto, y éste le decía no, no es posible; era cesanteado. Si afirmaba, bajo el entusiasmo, el sueño, o la astucia que sí, que cómo no, entonces era ascendido, se le daba todo lo que pedía y aún más.

Castro lo concibe todo en grande, el gigantismo sería el fundamento de su política económica y agrícola. De ahí sus grandes discusiones con el sabio y experimentado agrónomo francés René Dumont, llamado por sus conocimientos, experiencias, libros, trabajos en países tropicales, recién liberados o revolucionarios, sus ideas progresistas, que tendían a conciliar ciencia, política y revolución. Dumont se convierte en el anti Castro, le sugiere planes concretos, advierte a Castro de los peligros del gigantismo estatal, de los amigos soviéticos, aconseja mayor autonomía económica, descentralización, preferir las cooperativas a las granjas estatales. Como todas las guerras de Castro, la guerra con Dumont, su consultor-enemigo, la ganó Castro y la perdió Cuba.

Los grandes latifundios privados de Cuba, con Fidel Castro se vuelven aún más grandes; dejan de ser privados, para ser estatales. Estas granjas del pueblo que se corresponden al sovjós soviético, no al koljós —la forma predominante en aquel país— son gigantescas extensiones de tierras y cultivos, ni en un helicóptero puede su jefe inspeccionar las tierras y cultivos bajo su dirección.

Agigantar, estatalizar, militarizar, fidelizar, son los pilares de la estrategia caudillista de Fidel Castro. En 1962 Castro, en su discurso, lanza la consigna de destruir parte de los cañaverales, pese a la oposición de Guevara, el ministro de Comercio Cepero Bonilla y de otros que le argumentaban que las cañas estaban viejas, que no se habían sembrado nuevos cañaverales desde la época de Batista, por la restricción azucarera, que muchos campos habían sido abandonados cuando la reforma agraria, que no había inspectores cañeros, y ordena en un discurso la destrucción de los cañaverales, de forma incontrolada, sin señalar un límite; en un país con odio por la caña produciría una crisis azucarera. Castro los acusó de pesimistas, pero en 1963 Cuba tuvo la zafra más baja de su historia; tres millones y medio de toneladas de azúcar, casi la mitad de lo producido en los años anteriores. La escasez de azúcar produjo un alza del precio y significó para Cuba, aparte del desastre interno, la pérdida de su tradicional monopolio de exportación del mercado mundial, basada en su capacidad competitiva de producir azúcar a bajos precios, pagando un subsidio al obrero, vendiendo mayor cantidad, recibiendo la misma cantidad de divisas, impidiendo la competencia de otros países.

El precio del azúcar subió a las nubes y muchos países, fascinados por los altos y remunerativos precios, se pusieron a sembrar caña, quitando a Cuba mercados mundiales, además del perdido mercado norteamericano, suprimido por el bloqueo económico de Washington. Un año después, Castro el antiazucarero se volvió azucarero; se puso de acuerdo con Jruschov y comenzó su gigantesco proyecto de producir diez millones de toneladas de azúcar en 1970, aumentando en siete años en más del 50 por ciento la capacidad industrial azucarera de Cuba, que la poderosa Norteamérica y los hacendados criollos habían construido en casi un siglo. De azucarera norteamericana, Castro volvió a Cuba azucarera soviética. A propósito del nuevo convenio azucarero, Jruschov, que sometía los destinos de Cuba a los de la Unión Soviética, dijo que iba a inventar una máquina cortadora de caña que regalaría a Fidel, que le puso por nombre: *Liberadora* (como si esa máquina no hubiese sido inventada hacía mucho tiempo). En estas conversaciones de Moscú, el primer ministro ruso dijo estas palabras, que son un poema: "¿Quién engaña a quién en estas negociaciones?"

Las primeras víctimas ilustres del retorno de Castro a la tesis conservadora de los hacendados cubanos: "Sin azúcar, no hay país", fueron el arroz, el café y la carne, tan amados y consumidos por los cubanos.

Fueron aquellos años 1959-1960 de gran consumo nacional. El ingeniero Santos Ríos, jefe del INRA, dijo que el consumo de carne había pasado de treinta kilos per cápita, antes de la revolución, a cuarenta y ocho kilos, uno de los más altos del mundo. Reducido hace más de veinte años, a siete kilos anuales, que es lo que recibe cada cubano por la libreta de racionamiento oficial todavía.

La industria arrocera cubana, bien desarrollada en Oriente, con modernas instalaciones y tecnificados cultivos, producía el 25 por ciento del consumo nacional. Un día Fidel Castro dijo que había que sembrar caña en los arrozales. Asombro y protesta de sus delegados e interventores, enamorados de aquellas magníficas granjas arroceras, y trataron de convencerlo. Castro, indignado, los mandó estudiar a París y tomó militarmente aquellos campos, que él veía como enemigos, y ordenó al comandante Escalona arrancar los arrozales y sembrarlos de caña. Fue así la breve vida feliz del arroz, que bien matado, años después, el propio comandante ordenaría resucitar; cosa bien difícil, costosa y lenta, no como el destruir, fácil y rápido. Ahora Castro produce menos arroz que antes. El café no tuvo mejor suerte. De siglos, los grandes cafetales cubanos eran magníficos. Cultivo de montaña que necesita de sombra y sol, humedad y menos calor; los cafetales crecían en la Sierra Maestra, las montañas del Norte de Oriente, en el Escambray y otras cordilleras. Bajo la sombra del café se hizo la guerra de guerrillas. En los cafetales del Escambray surgieron problemas y los alzamientos campesinos producidos por el sectarismo y abusos de los interventores estatales. En Oriente, por el abandono de parte de la mano de obra agrícola especializada, que había encontrado trabajo mejor. Los hijos de campesinos que vinieron a las ciudades becados por la revolución, no querían volver a los campos. Fidel sólo pensaba en la caña: el café, el tabaco y otros frutos delicados fueron dejados a la buena de Dios, con pésimos resultados. Para resolver el problema de la recogida del café, Castro decidió enviar la ciudad al campo, sustituir a los cafetaleros por estudiantes enviados a las montañas. Los resultados fueron un desastre para su producción las plantaciones de café.

En vista de las dificultades, en otro discurso tristemente famoso, Castro renunció al café, afirmando que no valía nada en el mercado mundial, que ganaría tanto con el azúcar, que sobraría dinero para importar el café necesario.

Cuba, gran consumidora de café, bueno y barato, se autoabastecía y aun exportaba pequeñas cantidades. Y ni el popular cantante Bola de Nieves podía cantar el viejo canto, que él tan bien cantaba: "Ay, mamá Inés. Todos los negros tomamos café." Y como había muerto el arroz, murió el café.

En 1967, Castro conversa con un agrónomo comunista de Colombia y se entera que México cultiva un buen café de llanuras, y decide convertir La Habana en la cafetera de Cuba. Es la historia del famoso cordón del café de La Habana. Centenares de miles de hombres y mujeres sembraron matas de café, importado desde México, al costo de varios millones de dólares. El famoso tres en uno de Castro: dentro de los nuevos cafetales, frijoles gandules, y entre los gandules y los cafetales, frutales.

No valieron los gritos de horror de los campesinos, que tímidamente dijeron a Fidel que el café no podía nacer si no se roturaba bien la tierra, que el gandul era muy fuerte y se comería a las pequeñas matas de café y que los frutales empeorarían la situación. Fidel les dijo "que eran conservadores y pesimistas". Los tres —café, gandul, frutales— no fueron tres, ni fueron uno. Fueron ninguno. Quien visite aquellos campos de café llanero y fidelista otrora famosos, no encontrará una mata del maravilloso fruto; el café sigue racionado, y Castro ha tenido que regresar a los viejos campos de cultivo en las montañas que, abandonados, no producen suficiente café.

El cuarto gigantesco experimento Castro lo emprendió con la ganadería. Era ésta una de las mejores y experimentadas riquezas cubanas. Sus orígenes se remontan a la colonia y se había desarrollado y modernizado en la república.

La producción enorme de carne y leche abastecía el gran consumo nacional, con buena calidad y bajos precios. La razón era sencilla: era una ganadería extensiva; muchas tierras, buenos pastos, muchas cabezas de ganado, bien aclimatado al clima tropical, cuidados por muy pocos hombres. Bajo costo productivo. Había modernísimas fincas de ganado de norteamericanos, con lo más avanzado en el desarrollo de la ganadería mundial, en la provincia de Camagüey, la segunda de Cuba, la más llana, con excelentes cebúes y otras razas. La producción pasaba de grandes haciendas a potreros y matadores. La carne de res era consumida en la ciudad, el campesino pobre consumía leche, maíz, pollo o puerco.

Entonces Fidel Castro quiso hacer su revolución ganadera: no quería más ni las viejas razas ni la ganadería extensiva. Lo modernizaría todo: en vez de muchas tierras, pocos hombres, bajo costo, ganadería intensiva, de tipo europeo; importación de toros padres, inseminación artificial, creación de nuevas razas: F-1, F-2, F-3, resultado de los cruces ordenados por Fidel, entre las viejas vacas, sus hijas y nietas, cruzadas con sus grandes toros padres importados de Canadá. Un discurso televisivo ilustrado por Castro, enseñando cómo eran innecesarios los viejos amores entre vaca y toro; mientras la televisión enfocaba en primer plano el acto físico de la inseminación artificial, fue una especie de relajo, de chacota cubana, de erotismo, pues si con estas técnicas de Fidel, carne no habría ni leche tampoco; el inmortal humor criollo, reía, reía. Humor que ha salvado a Cuba de tantos desastres. Era la época en que las vacas y gallinas cantaban aquello de "pa'lante y pa'lante, y al que no le guste que tome purgante". Se comprende la felicidad de una pobre gallina fidelista, que iba a ser sacrificada por un campesino y, al decirle la campesina al campesino, que no había aceite para freírla, ni cómo guisarla o cocinarla, el campesino dijo a su mujer: "Suelta la gallinita", y la gallinita alegre salió cantando: "Somos socialistas, pa'lante y pa'lante."

Nunca vacas en el mundo dieron tanta leche como las vacas de Fidel. Algunas de ellas, como *Ubre blanca,* ha sido inmortalizada en un monumento a la vaca heroica, que murió tuberculizada de la tanta leche que le sacaban de las tetas, para romper el récord mundial, y la pobre vaca estajanovista no tuvo otro remedio que cantar el manicero e irse para el otro mundo. Nunca fue más verdad aquello de que una vaca fidelista no hace carne o leche. La leche cambió su color blanco por el invisible, la carne es más fantasmal que la leche. Arroz, café, leche, carne, azúcar, son las más ilustres víctimas de una gran agricultura tropical, en la que un día reinaron y que murieron de amor fidelista. (El socialismo, el fidelismo, se puede definir como eso que acaba con todo, menos consigo mismo.) Otro día *el Comandante,* leyendo un libro, descubrió los llamados microclimas. Y entonces le dio por un magno proyecto, el macroclima de los microclimas: síntesis de grandes y pequeños climas, que dividían el país en zonas de cultivos principales: caña, ganadería, arroz, café, frutales, vegetales, granos que obligaban al campesino, que todavía tenía alguna tierra privada, a dedicar la mejor parte de sus tierras al cultivo regional, y en la otra restante, sembrar lo que quisiera. El estado le proporcionaría mano de obra gratis, abonos y otras ayudas, y el campesino tenía que vender al precio establecido por el INRA. El "maravilloso proyecto" se convirtió en una nueva intervención: el funcionario de la ciudad obligaba al campesino a cultivar allí donde a él le parecía y no donde la experiencia del guajiro proponía. El plan fue un nuevo fracaso productivo, los campesinos se sintieron intervenidos y fueron obligados a entregar o vender sus tierras, a irse para las ciudades o salir del país.

Fueron once años de magníficos sueños y grandes proyectos fidelistas: las palabras optimistas del *Comandante* hablaban de la agricultura y de la economía, como un novelista que fabulase la realidad; *el Comandante* creía que sus palabras se volverían realidad: soñaba, pensaba y hablaba en voz alta, en televisión, y en discursos.

Todo fue prometido. Lo prometido, intentado de una parte a otra de la isla. Cada intento terminó en un desastre. Cada desastre se volvió silencio; mencionarlo era caer en desgracia, ser acusado de contrarrevolucionario, ir a prisión. Comenzó a perderse la fe en aquellos sueños productivos que eran desastres reales, pero, como fe y esperanza, son las últimas cosas que un pobre puede perder; un gran proyecto fidelista recogió la fe perdida en el camino. Si no había leche, ni carne, arroz ni café, maíz, vegetales o frutas, si aun la célebre malanga del *Comandante*: "Si no hay que comer, comeremos malanga", como afirmara en el 1961, confundiendo la húmeda y despoblada Sierra con la isla; la malanga es un cultivo difícil, que lleva un año para dar sus guaguíes, en tierras especiales; el país nunca produjo muchas y era más usada como alimento de niño y de enfermos del estómago por sus excelentes cualidades. *El Comandante*, en su ignorancia malanguera: no es lo mismo nacer en el campo, ser hijo de latifundista, que ser campesino, agricultor, trabajar la tierra, conocer sus secretos, sus azares, sus imponderables: agua, sequías, ciclones, plagas. Había un segundo Castro, aparte del viejo Ángel, ya muerto, Ramón el malo, según Fidel, no era revolucionario, era latifundista, y Ramón decía, aconsejar al loco de la familia era una locura, que su sana cordura no le haría cometer; el perdonado Ramón, ahora un Castro bueno, es el tercero de la dinastía, o quizá el cuarto y, el tercero, el joven Fidelito.

La lógica había sido cesanteada en Cuba. *El Comandante* no ama lo fácil, lo establecido y probado. Revolución, según él, era cambiarlo todo, de arriba abajo; aceptar las cosas de antes era no ser revolucionario, era ser conservador. Todo guajiro sabía que en las tierras cubanas se hacían cultivos rápidos que abastecían el mercado y formaban parte del gusto y la cocina cubana: maíz, boniato, plátano, yuca, frijoles. El maíz tierno, verde, era la base de la comida campesina: tamales, tayuyos, harinas, majaretes; el arroz con frijoles negros, la yuca con mojo, el plátano frito y el lechón asado los platos nacionales.

El Comandante decía que eran gustos tradicionales conservadores, que había que italianizar la comida cubana y desaparecieron los platos nacionales y nacieron las pizzerías fidelistas y el "sostenimiento" —pasta sin salsas— y llegaron las latas rusas, una de las cosas más infernales del socialismo real.

En la guerra del *Comandante* con el maíz, hubo excepciones, los verdes maizales cultivados para el propio *Comandante*; épocas hubo en que para comerse un tamal, había que ser invitado del comandante en jefe, o de otro Pincho, pues poco a poco, a cada Pincho fue dada su finquita de recreo, con pollos, maíz, yuca, plátano, faisanes y otras exquisiteces.

Heladero y yogucero se volvió *el Comandante*; sus famosos Copelias, dice él que son mejores que los Howard Johnson imperialistas; quizá si con razón; no más maravillosos que los helados de frutas que los chinos-cubanos hacían en cualquier timbirichi de la isla, o los famosos mantecados de Matanzas, La Habana y otras ciudades, hoy recuerdos del pasado.

Menos feliz su sopa de pangola —hierba magnífica para las vacas—, que los burócratas del *Comandante* probaban haciendo pucheros y que los Mayimbes de la guerrilla, astutamente, al primer olor de sopa fidelista, se quejaban de estar padeciendo tremendo dolor de barriga, pidiendo a la amable Celia Sánchez cualquier buen digestivo capitalista, y ésta, en el juego, te salvaba de la sopa de vaca fidelista. Pocos audaces eran los que se atrevían a robar los maravillosos bombones, caramelos, quesos franceses, vinos, coñac y licores importados del *Comandante*, que una vez probados por Seguridad o por Celia, esplendían en las mesas de la calle Once y que *el Comandante* chupaba, comía o bebía, sin preocuparse de ofrecerlo, bien difícil de nacionalizarle uno de sus manjares o bebidas, más fácil exponerse en el piso de Celia, abajo, donde esperaban su turno de prueba, maravillosas botellas de cuanto buen licor en el mundo hubiere, turrones, vinos españoles, franceses, italianos o chilenos, cuantas galletitas, chucherías, chorizos, embutidos, dulces o manjar atraía el olfato o el paladar de los comilones nostálgicos, que con la complicidad de Celia se arriesgaban, a riesgo propio, sirviendo de conejillos de pruebas del *Comandante*; entre el dulce placer del comer y el beber, y el miedo de morir envenenado. Entre las exquisiteces del *Comandante* estaban los mejores quesos de Francia; más de uno salió de la desgracia con una buena provisión de quesos maravillosos. En las máquinas del *Comandante* y de sus escoltas había frigoríficos que conservaban los manjares; para el continuo movimiento y voraz apetito de su dueño, era un espectáculo; cada saco de nylon contenía una serie de variedades de quesos, bien numerados y contados —¡ay de quien le robase uno!—, aun si robos hubo y castigos también; eran muchos los sacos y siempre preparados, a pedir de boca del voraz *Comandante*. Su estómago de hierro consumía y bebía grandes cantidades; la comida es, después de la guerra y del poder, uno de los grandes orgasmos del *Comandante*.

El fracaso de la zafra de los diez millones, tan bien descritos por el propio Castro, en su discurso autocrítico, fue la muerte de su optimismo y el nacer de su larga era pesimista.

Al caudillismo económico del *Comandante* le ocurrió lo mismo que al célebre Chacumbele: que él mismito se mató.

La sola diferencia, que el muerto no fue *el Comandante*, fue el pueblo, que muerto de hambre tiene que sufrir sus locuras económicas.

Salvó la situación un chiste positivo. ¿Qué hacer para derrotar a los imperialistas norteamericanos? Exportar a Fidel a Estados Unidos para que arruine la economía yanqui.

8

RETRATO

Alto, erguido, blanco, de barba negra, fiero o risueño, daba la sensación física de un hombre de otros mundos: no era pequeño, de piel trigueña, del caminar como bailando que tienen los cubanos. No parecía físicamente un cubano normal.

Parecía un dios griego que venía con la libertad en una mano y una paloma de la paz en el hombro, un uniforme de héroe guerrero y una voz que de la televisión aparecía como el amigo de tu casa, conversando contigo.

Símbolo del nuevo héroe revolucionario.

Castro te da la mano blanda, sin apretar, sin fuerza, como si no te la diera, blanca y pequeña para su enorme cuerpo, es como si estuviera distante, fuese concedida en una ceremonia y no comunicara. Es verdad: su fuerza no está en su mano, que nunca ha ejercitado en trabajo físico alguno —disparar una arma, y Castro dispara bien y goza disparando, pistola, fusil, ametralladora, cualquier arma, no requiere un gran esfuerzo.

El Comandante prefiere echarte el brazo por encima, la mano sobre el hombro, si quiere agradarte, comprometerte, embarcarte —en la guerra el echado de mano de Castro era a veces mortal: quería decirte que te iba a mandar a una misión peligrosa o suicida—. Cuando *el Comandante* se pone bravo con alguien, cambia humores, que es frecuente, no te dará más la mano, pasará por tu lado, te saludará fríamente, sin detenerse, ni mirarte, comenzará tu momento peligroso: todos te mirarán como a un enfermo, ha comenzado tu desgracia.

Castro no mira de frente, sólo si quiere asustarte clava los ojos fijamente: sus ojos, su mirada, son fríos e inescrutables, mirada de serpiente, aterroriza. Él no admite ser mirado fijamente, y quienes lo conocen no cometerán ese error.

No tiene quijada, pero tiene barba, por aquello de que Dios da barba a quien no tiene quijada; la barba le nació por caso —en la guerra no había Guillette—, y el guajiro Crespo, uno de los Doce, después de un tiempo sin afeitar, comenzó a tener barba y a ser imitado por los otros. La barba con las primeras fotos en el *New York Times,* y la película de Taber, en la CBS, en 1957, devino símbolo romántico del que Fidel se apropió.

A su presencia imponente, altura, marcialidad, el negro intenso de su barba sobre su piel blancuzca —y ni aun la guerra le quitó ese blanco—, que no es frecuente bajo el sol caliente de Cuba, verdad es que en la guerra el monte te cubría casi todo el tiempo, te protegía del sol —único indio de Cuba—; a su estrella sobre el verde olivo debió Castro su aire de héroe griego; sin barba hubiese parecido una fría estatua romana de ojos perdidos.

Caminaba Castro dando grandes zancadas, era un monstruo caminando; sus grandes y fuertes piernas parecían no cansarse nunca, y es que de niño y de joven, siempre caminó y corrió mucho; éste era uno de sus fuertes en la guerra: su paso rápido, irresistible, subiendo o bajando montañas, que impuso a la guerrilla un ritmo veloz, casi imposible de seguir por el enemigo. Gran caminador, su fuerza estaba en sus piernas.

Cuando Castro está bravo, muy preocupado, inquieto, tiene un problema difícil que resolver: da vueltas y más vueltas, en redondo, como un león enjaulado; entonces los que lo conocen no se le acercan ni le interrumpen, lo dejan dar vueltas y más vueltas alrededor de sí mismo, como si trazara un círculo del que no pudiera salir. En la paz, en la casa, en la prisión, en la guerra, en la montaña, en la famosa azotea de su calle 11, de día o de noche, pero sólo en momentos excepcionales, Castro practica la extraña ceremonia.

Cada uno regala lo que más le gusta, o le es más afín, decía el periodista Vasconcelos, que recibió de Castro una pistola en 1956. Castro es un coleccionista de armas, las maneja todas; en sus prácticas no es muy cuidadoso al disparar, aun si su puntería es buena. Disparar mejor que él es imposible; en la guerra ni siquiera *el Che* Guevara, buen tirador también, se atrevía a ganarlo, sabiendo que éste sería un serio disgusto para *el Comandante.*

No sólo al disparar no le gusta perder. No pierde en nada y si pierde arrebata, como decía Jalisco. Su deseo de ganar siempre, es tan "infantil", que incluso jugando a la pelota,

Cuando todo el mundo esperaba que Castro
condenase la invasión de Checoslovaquia, Castro la apoyó.

Castro clausuró por contrarrevolucionario el Museo de Arte Moderno;
desaparecieron las obras donadas por grandes artistas extranjeros,
Calder, Picasso, Jorn, Vasarely, el Mural Cuba Colectiva;
recogieron libros, prohibieron ediciones, y la alegre
y bullanguera Habana se volvió un triste y desolado Moscú.

cuando perdía, cambiaba las reglas del juego y entonces ganaba, declarando con descaro absoluto y sin avergonzarse lo contrario de lo que sucedía en el campo.

El gran tabaco de Castro —ahora dicen que se le cayó el tabaco: extraño misterio ¿por qué deja de echar humo después de cuarenta años, cuarenta días y cuarenta noches?—, y este bien cubano es otro de sus símbolos, sólo que peligroso para quien esté cerca. El tabaco provoca la escupida, y *el Comandante* es un peligro con sus salivazos, que van a diestra o siniestra; hay que ser un verdadero artista para no ser tocado por uno de sus grandes y continuos salivazos. "Que te escupe, que te escupe", en voz baja, dice el acompañante al otro, en guardia, tocado, escupido, y la coña cubana ríe.

Pocos son los que han salido indemnes de los grandes salivazos que provoca el tabacón del *Comandante*.

Menos peligroso —peligro visual—, sólo a la vista desagradable, es su manía ulísica, que tanto hubiese gustado a Joyce, esa de meterse el dedo en la nariz, rascarse, hacer una bolita con los mocos. El gesto, tan repetido, fue inmortalizado en más de una foto.

Habla, habla

Habla, habla, pero no oye o hace que no oye; interrumpirlo es casi imposible, pues su verbo inagotable, forma hábil de no dejar hablar al otro, de no responder sus preguntas, de no dejarte argumentar, es bien conocida.

Monstruo oral, pienso que nadie ha hablado nunca más en el mundo, no sólo en privado, en público, en televisión. Es el primer gobernante televisivo del siglo XX.

Alterna la conversación, la arenga, el discurso acompañándole de un ceremonial que no falla, primero la informalidad: un saco, una bolsa, de donde extrae papeles, que revuelve, que parece que no va encontrar, creando una tensión en el espectador, con tantos papeles que pasa de un lado a otro, pero siempre aparece el buscado, escondido, por caso, para tranquilidad suya y del que mira.

El micrófono es otra de sus armas de actor; su juego de mano con el micro, su socio predilecto, son de todo tipo: lo acaricia, toca suavemente, como a un amante, lo golpea, se enfurece con él, lo pasa de una parte a otra, de arriba para abajo, se lo aleja, lo sube, lo baja, no un solo micrófono, muchos micrófonos; más de una vez el juego que aterraba a sonidistas y técnicos, dañaba a los micros o la amplificación, y la plaza sí era un mitin, quedaba en silencio, por minutos, en cierta zona, y entonces *el Comandante* comenzaba a dar gritos, hacía trasladar la multitud de un lado para otro, mandaba callar, protestaba, hasta que todo se arreglaba y continuaba su perorata.

Decir que en los primeros tiempos hablaba bien, fascinaba a la gente, mantenía la atención durante horas y horas, no dejaba dormir ni hacer el amor, cuando comenzaba y no terminaba, cuando sus prodigiosas conversaciones televisivas, donde alternaba risas, gestos, emociones, iras, pasiones, creando una fascinación colectiva, ¿es una impresión o una verdad, como decir lo contrario, más tarde, según pasaban los años y la impresión que producía era exactamente la contraria? Sería esta también impresión subjetiva producto de la desilusión rápida.

No niego que su hablar no fuera tan bueno antes, ni tan malo después, según la simpatía o antipatía que provocara.

Lo que sí me parece esencial es que primero, cuando hablaba, era más libre, no tenía pasado, ni razón de estado que defender, o la tenía mínimamente. No se olvide que éstas eran improvisaciones, y aun si él llevaba bien pensadas las ideas de lo que quería decir, y se le notaba que gastaba minutos en calentarse, inspirarse, y después se soltaba, era como un hablar automático, su yo censor consciente era desbordado, y al calor de la palabra decía lo que quería decir y lo que no quería, hablaba sin pensar, casi libremente.

Como los artistas del canto, el teatro, era y es muy sugestionado por los humores de su público.

En los primeros tiempos el público, la plaza se entretenía, era casi un diálogo, hacía preguntas, respondía, discutía, sugería, participaba y a veces se interrumpía para cantar o bailar; en esa época de 1959 y 1960, el público consumía un 20 por ciento del tiempo de Castro con sus interrupciones.

Con el tiempo que pasaba, esa actitud fue cambiada, disminuida, desapareció, fue sustituida por consignas organizadas, eslogans, gritos, aplausos, ya la multitud no vibraba, ni era espontánea y libre, ni el orador arriba lo era más; los problemas, acciones, luchas, encuentros, la violencia hacían su aparición, desaparecía la libertad, que era sustituida por la organización y el control; la revolución fidelista se volvía comunista, las masas daban sí, su apoyo todavía, pero eran guiadas, educadas, controladas, fanatizadas. Se vivía ya a grito limpio; se era amigo o enemigo, no se convencía más, se destruía, liquidaba, era una guerra abierta, los sueños, mitos, esperanzas, la locura de la revolución iban a cambiar, el presente se volvía bárbaro, difícil de vivir o de soñar, ahora se hablaba de un lejano futuro que no se parecía en nada al presente.

Pero Fidel no paraba de hablar. Era como si se hubiese enfermado de una verborrea incurable; él seguía hablando horas y horas, y ya sus trucos oratorios, sus gracias, gestos, aburrían; la plaza vivía la histeria de la revolución; fanatizada, no oía; la plaza actuaba mecánicamente, a la cubana, caminaba de un sitio a otro, y aun arriba *el Comandante*, psicólogo de multitudes, sentía que algo se había roto, y él mismo buscaba con su lógica una explicación. El 2 de enero de 1964 diría a la multitud, que se movía sin oír, en la plaza de la Revolución: "El entusiasmo ha sido sustituido por la conciencia."

La catarata de palabras continuaba, salía de su boca, disparada, repetida, interminable; la gente se ahogaba en aquel mar o mal de palabras, que cada días eran más irreales, que hablaban de cosas que negaban la realidad.

Ni entonces, ni treinta años después, el orador podía controlar la verborrea, y ni siquiera el comunismo, con esos informes grises, leídos, le iba a imponer su estilo. Si a veces lee, en algún acto muy, muy oficial, para *el Comandante* el silencio es morir: la palabra su única compañía.

Prosa de guerra, palabras de paz

En la guerra escribía mucho, hablaba menos. El poder transformó a este hombre: en la guerra escribía, no podía dirigir la guerrilla hablando, la dirigía pensando, escribiendo.

El frente —los frentes— estaba lejos, las montañas eran duras de caminar, y simultáneamente la comandancia general, que era él sólo, pues nunca existió un estado mayor, ni siquiera un lugarteniente militar. Él tenía que instruir, ordenar, responder, decidir, contestar entrevistas. Los combates, excepto los del *Che*, los dirigía él, ayudado de su conocimiento del terreno, caminos, montes, de intuir el qué hacer de los guardias enemigos. Cada noche, como cada día y a veces cada hora o minuto, *el Comandante* escribía.

La economía de la palabra escrita es conocida: su prosa de guerra, escueta y eficaz, funcionaba; la palabra escrita no es la palabra hablada. Mejor escritor que hablador, *el Comandante* dirigió y ganó la guerra con la pluma, que era uno de sus instrumentos más preciados —con el vino, el coñac, el filete, naturalmente, y alguno que otro libro de historia o de aventuras—. Se podría decir que si con la pluma más que con las armas ganó la guerra, con la palabra hablada perdió la paz, aun si esta verdad verdadera tiene una razón más profunda: el hombre es un guerrero, no un estadista, la guerra es simple, aun si riesgosa, consiste en destruir al enemigo y Castro es un extraordinario destructor, quien destruye no crea, Castro no sabe crear. Su inmenso poder es destructor, no creador.

Su alianza con el comunismo, máximo destructor, imposible creador y conservador supremo de una sola cosa: el poder, reforzaría esta su característica fundamental.

Cuba es hoy una formidable potencia militar, un ejército tremendo, una seguridad implacable, un país pequeño en función de gran potencia en África y América Latina: ciento cincuenta mil militares cubanos, en quince países de tres continentes, deciden guerras, sostienen regímenes, deciden la vida de pueblos enteros. Sí, cierto, en función soviética, de brazo armado ruso, sí, pero eso no lo hacen otros países comunistas.

Castro es un guerrero temible, un agitador político que sabe que la grave crisis en América Latina, África y Asia es madre de revoluciones futuras. Que no es imposible que él se convierta en el partero de la revolución en el mundo pobre.

Pero ¿qué es Cuba? Una ruina. Si bien que Cuba sea un fracaso total es algo que afecta a los cubanos; el comunismo sea una cura de caballos, una enfermedad que parece incurable, ése no es el problema de los otros, en otras partes del mundo, y menos en países donde la realidad presente es hambre, tiranía, odio, colonialismo, dependencia económica, resentimiento, fracaso político interno: gente que no soporta más su vida miserable, y que por ahora no piensa mucho en qué es el castrismo o el comunismo.

Del dictador de izquierdas no importan sus crímenes, fracasos: seguirá teniendo todavía durante mucho tiempo su terrible carga de futuro, ésa es su fuerza, su peligro.

Actor, magnífico actor

El Comandante es un magnífico actor: sabe cómo reír, o ponerse bravo, fascinar, convencer. En sus discursos, conversaciones televisivas, largas conversadas, en su técnica para encantar periodistas, políticos, intelectuales, hombres de negocios, que conduce por la isla de magnífica guía turística, en viajes que incluyen comelatas, encuentros, escuelas, obras suyas, cocodrilos, juegos, te puede enseñar una prisión llamada Campo Abierto, porque no tiene rejas y casi nadie se fuga. Son presos domesticados, curados por la policía, que después de sufrir la dureza implacable de las prisiones castristas —esas que ningún viajero o periodista ha podido visitar—, si acepta su culpa, "culpable" o inocente, adquirirá ventajas: visitas, salidas, disminución de las largas condenas, y antes de ser restituido a su casa pasará por uno de esos campos-prisiones abiertos, y otras, por normales campos de trabajo: caña, madera, construcción.

No faltará el campesino domesticado que contará, en presencia del *Comandante* y de sus huéspedes, las maravillas de la revolución, ni el becado de origen humilde que dirá cómo se le ha enseñado a leer, dado una carrera, una profesión. Se mostrarán nuevas fábricas, cultivos, escuelas, hospitales, granjas agrícolas, universidades, pueblos nuevos, casas. Durante el viaje, el viajero habrá visto una Cuba maravillosa y nueva, y aun el más descreído deberá rendirse a la evidencia de lo que han visto sus ojos que le guiaban.

Son —diría un buen marxista— las pruebas objetivas de la obra de la revolución. Así confundirá una parte de la verdad con toda la verdad, la prisión abierta con Puerto Boniato, el Combinado del Este, Nuevo Amanecer, las centenares de prisiones en que el prisionero sufre las condenas más largas del mundo, donde las guarniciones lo maltratan, donde visitas de familiares, correspondencia, contacto con el exterior, son casi imposibles. Piénsese en un solo caso: la prisión de isla de Pinos, con miles de prisioneros políticos, que a partir de 1961 sabían que todo estaba preparado para hacer volar la prisión: la dinamita y los mecanismos para hacerla estallar, la advertencia de los guardianes: al primer ataque exterior, o rebelión, volamos la cárcel, con todos ustedes dentro. Si la Cuba de Castro puede, es verdad, mostrar un millón de cubanos que viven mejor que antes, lo que no puede enseñar es cómo viven los nueve millones de cubanos restantes, ni explicar el millón que ha tenido que exiliar.

Lo que no puede probar es que un obrero bajo el capitalismo enemigo, gracias a sus luchas y sindicatos, había alcanzado autonomía sindical, salario, condiciones de trabajo, conquistas sociales, un nivel de vida que ha sido liquidado por el castrismo; que ahora lleva veintiséis años de racionamiento, que las leyes y normas de trabajo, como la ley contra la vagancia, son implacables, las protestas de sindicatos y huelgas imposibles. El campesino pequeño, que recibió la tierra de la primera reforma agraria, ahora no la tiene más, o es un asalariado de la granja o la ciudad.

No verá ese viajero los campos de castigo, los centenares de miles de jóvenes que hacen el servicio militar obligatorio más largo del mundo: tres años. Verá sí la bella naturaleza cubana, y como Colón, el descubridor que confundió los primitivos siboneyes con adelantados cipangueses, el viajero entusiasta confundirá el trópico, la gracia, el ritmo de la Cuba africana y mestiza, su moverse como quien baila un son y su manera de ser: a mí me matan pero yo gozo. Y el muerto se fue de rumba, pensará el viajero, sí, esto es el socialismo, la felicidad.

Aun si, como diría Raúl Castro, el segundo, de socialismo no se trata y sí de "sociolismo". Una manera bien cubana de desrusificar, de cubanizar, con el relajo y el amiguismo, la dureza, represión y dificultades del comunismo castrista, decir sí a todo, y volver el sí no. Crear un mercado libre —se llame negro o rojo— que comercia con todo, donde una cosa es cambiada por otra, y como todo es del Estado, todo el mundo "socializa" los productos del estado y los vende o cambia con las gentes. Donde cada consigna enloquecida se cumple siempre en el papel, no en la realidad, en la que participa y es cómplice el propio aparato del poder abajo, prisionero entre las órdenes terribles de arriba y la imposibilidad de cumplirlas abajo, y entonces no queda otra salida que hacerse de la vista gorda, cómplice de los de abajo, vivir en el sociolismo.

Su naturaleza de actor no sólo sirve al *Comandante* para sus actuaciones diarias; lo sostiene también en su magnífico arte de la mentira-verdad. ¿Cuál es la verdad de un actor? La del papel que recita o interpreta. Fidel se cree sus verdades, que cada día son diferentes —es decir, lo que un lógico diría verdades—: "restableceremos la Constitución, haremos elecciones, elecciones para qué, armas para qué, no tenemos ni un cohete matavacas, tenemos armas estratégicas, esta revolución verde olivo, tan cubana como las palmas, no somos comunistas, soy y seré siempre marxista-leninista, pan con libertad, pan sin terror, libertades para qué. Independencia o muerte, libertad o muerte, patria o muerte, apoyamos la intervención de las tropas del Pacto de Varsovia en Checoslovaquia, la invasión vietnamita de Camboya, la intervención soviética en Afganistán, Cuba era y seguirá siendo la joya más fiel de la corona española, me siento indio".

Proféticamente, decía Camilo Cienfuegos, en la Ciénaga de Zapatas en conversación con Fidel, días antes de que su avión desapareciera misteriosamente, medio en broma y medio en serio: "Fidel, hay que escribir la historia." Celia Sánchez asentía, ante el silencio de Fidel, y repetía, riéndose, Camilo: "Si pasa mucho tiempo, Fidel, tú serás viejo, y dirás muchas mentiras, como todos los políticos y Camilo ya no estará aquí para decirte: vas mal, Fidel..."

La historia del desaparecido Camilo se cumplió: la historia de la revolución cubana es cada día blanqueada, cancelada, censurada, reescrita, muchos discursos del propio Fidel son clandestinos y hay presos por imprimirlos e incluso fusilados que usaban imprentas oficiales para imprimirlos. Si un viajero curioso quisiera comprobarlo, lea la colección de la prensa revolucionaria cubana en bibliotecas internacionales, o vaya a Cuba y pida la prensa de esos primeros años en la Biblioteca Nacional, si es que se la dan.

Decía Castro a *Playboy:* "Todos reconocen que no he dicho nunca una mentira." Sí, es verdad, una mentira no, un millón de mentiras sí. ¿Por qué *el Comandante* no debe creerse sus mentiras? Buen mentiroso es aquel que cree que sus mentiras son verdades. ¿Qué es la verdad o la mentira?

Para quien todo lo puede, es el poder total, la verdad suprema; la mentira, una ficción, una buena ficción teatral, una verdad suprema.

El hombre que no puede estarse quieto

Castro es un hombre que no puede estar quieto. Se mueve, no se para; si habla, habla de pie; si duerme, o come, y la comida es su gran Eros, se reposa. No duerme mucho; en la paz hizo de la noche su jornada de trabajo mayor. Entre el continuo caminar, el subir y bajar montañas de la guerra y la vida sedentaria del poder, se establece un gran cambio, que él quiso resolver con el básket, la natación y, en los primeros tiempos, con algunas subidas a la Sierra y otras montañas; más tarde con jornadas de trabajo voluntario, en el corte de caña, en la provincia de Camagüey.

En 1959 tenía treinta y tres años, aun si él mismo habló de treinta y dos o treinta y tres, y es que él mismo no sabe exactamente si nació el 13 de agosto de 1924, 1925 o 1926. Lina Ruz, su madre, lo inscribió tarde, a causa de que no estaba todavía legalizada su unión con Ángel Castro. Estaba Fidel entonces en plena forma y producía gran impresión.

Su incesante y mucho comer, y el cambio de vida, comenzaron a engordarlo, y ya se le veía barrigón, dos o tres años después, cuando hacía deporte. A los sesenta y tres, Castro luce gordo, viejo, encorvado, inclinado de espaldas, pierde los espejuelos y las cosas que tiene cerca, olvida cosas, su barba entrecana, su rostro marcado por la furia produce la impresión terrible, típica de viejos emperadores y reyes, y aun si dicen que el poder rejuvenece, pienso que el poder registra las huellas de sus terrores en los rostros sombríos de sus jefes, como si sus caras reflejaran la historia de sus muertos, prisiones, injusticias, fracasos.

Castro se mueve como si huyera de un lugar a otro, como si ninguno le gustara, no tiene un lugar fijo en la isla; nómada, carece de familia, aun si es cierto que la isla es su finca, su casa, y que de casas tiene tantas —casas y mujeres—, un centenar al menos, la explicación es su seguridad, el no tener que responder a nadie de sus actos, en un país sin leyes ni información, donde el estado está a disposición de los que mandan.

Creo que Castro tiene un amor-odio por la riqueza, como si la despreciara y la necesitara, como si no la quisiera y no pudiera liberarse de ella, como si la buscara, la encontrara y quisiera destruirla. En La Habana, Santa María del Mar, Veradero, Isla de Pinos, Pinar del Río, Santa Clara, Trinidad, Camagüey, Bayamo, Santiago, en ciudades y campos, Castro tiene las mejores casas de la burguesía cubana. Cuba era un país de grandes residencias, los ricos cubanos sabían vivir, disfrutaban de la vida; toda riqueza que se respetara, comenzaba con una gran casa.

Las casas del *Comandante* son cuidadas día y noche por una guarnición especial que vigila el lugar, observa cualquier movimiento extraño y generalmente muda a los vecinos próximos, en ciudades y campos y traslada para sus casas gentes del partido o de la Seguridad. Es verdad que muchas de estas lujosas residencias, cuando Fidel se aburre de ellas, las convierte en vaquerías, las desorganiza, ensucia y abandona o se pone bravo con ellas, como en el caso de la finca "La Niña", en las proximidades de La Habana, y entonces no va más por allí, aun si tiene como en aquel lugar un lanzador mecánico de béisbol, como los usados en las grandes ligas en Estados

Unidos, para entrenar a los bateadores, que importado con divisas *el Comandante* usó una vez y por capricho olvidó después.

El cambia cambia de Fidel es como una forma de vida, que él aplica al gobierno, realidad, edificio. El cambio constante y rápido es su signo. Como si pensara que cambiar, y cambiar todo, fuera la idea esencial de la revolución. Como si el cambio continuo fuera la revolución. Impaciente, no espera el tiempo necesario que todo cambio necesita para ser útil. El tiempo de Fidel no es el tiempo de los otros, el tiempo real.

Así cambia hombres, responsables, jefes, oficinas, organismos, calles, casas, fincas, cultivos, tierras, plantaciones, la isla misma.

Nada debe ser igual a antes de Fidel, y ni siquiera igual al Fidel de ayer, que no es el Fidel de hoy, ni el de mañana.

La isla entera es el campo de experimentación de sus cambios de humores: así un día decide cambiar la caña de azúcar, ordena destruir los cañaverales, y más tarde llena el país de cañaverales, cambia también los tipos de caña, los ingenios, las formas de cultivo, y después hace lo mismo con el café. No más café de montaña, café de llanura, no más café cubano, no, café mexicano. Otro día decide plantar caña donde estaban las grandes plantaciones de arroz, y acaba con el arroz. ¿Por qué no cambiar la ganadería?

La ganadería criolla, con siglos de experiencia, producía carne y leche en grandes cantidades y a bajo precio. Su secreto: reses resistentes, cultivo extensivo, mucha tierra y poca mano de obra.

Fidel ordena cambiar la ganadería. No más extensiva, ahora intensiva. Razas nuevas: las famosas F-1, F-2, F-3; según el cruce, con pudor castrista, la F de Fidel puede ser también F de familia: familia 1, 2 y 3. Todo cambia, el ganado, el pienso, los pastos; en 1959 vende las vacas criollas a Venezuela, después importa de Canadá y Europa toros padres y vacas madres, practica la inseminación artificial, se mete a lechero, tuberculiza las vacas para romper récords: ninguna vaca en el mundo dará tanta leche como una vaca de Fidel. Es verdad, como es verdad también, que no hay leche, mantequilla, queso ni carne en el país, racionados desde 1961, un cubano consumía en 1960, segundo año de la revolución, según palabras del ingeniero Santos Ríos, director del INRA, cuarenta y ocho kilos de carne al año, casi el doble que antes de la revolución. Ahora, por la libreta de racionamiento, se consumen trescientos cincuenta gramos, dos veces al mes, ocho kilos y medio al año. Fidel cambia el paisaje, los ríos, tumba los grandes palmares, y con ello rompe los nuevos tractores de la brigada *Che* Guevara, mientras el terrible aroma o marabú invade campos y potreros. Cambia el campesinado, como la clase media, el comercio, termina bares y cabarets, centros nocturnos, bailes y fiestas, Navidades, Año Nuevo, Día de Reyes, decreta la ley seca, que más tarde tendrá que abolir. *El Comandante* es agrónomo, científico, ganadero, cañero, arrocero, cafetalero, pescador, agricultor, heladero, yogurcero, pangolero y también cocina.

Como hay que cambiarlo todo, hacer una Cuba nueva, como gusta a Fidel, decide cambiar la comida, los gustos, los restaurantes. Decreta que la cocina popular se italianice. Construye pizzerías en todo el país y da a la gente coditos —sostenimiento—, no importa que no haya salsas, carnes, queso, suficientes para acompañar las pastas. Ni que hubiese sido más fácil hacer tortilla, o platos de maíz tierno, una de las bases de la comida cubana. Pero *el Comandante* no quiere maíz, quiere pizza.

Durante muchos años ningún funcionario grande o pequeño, ministro, comandante, administrador, responsable estuvo mucho tiempo en un lugar. Era un continuo cambiar de aquí para allá, de hombre y de oficinas y de entidades estatales; cuando alguien aprendía algo nuevo, a costa de errores y despilfarros, era cambiado de nuevo, comenzaba su costoso aprendizaje, y si un científico decía a Fidel, como Preston, el inglés, que los experimentos con las mieles para alimentación del ganado necesitaban un tiempo mínimo, que la ciencia es exacta y no se puede alterar, respondía que la revolución no podía esperar por su ciencia, que él estaba obligado a decidir, y como estas decisiones eran totales, como su poder, afectaban a todo el país y fueron, como el caso del café, de la caña de azúcar, del arroz, la ganadería, el maíz, desastres totales.

Con el pasar de los años los desastres y encontronazos con la realidad y con el aparato soviético, y técnicos del Este, que siempre eran más fuertes, y que habían vivido en sus países los mismos fenómenos y desastres de esas decisiones totales de arriba, que no funcionaban abajo, aconsejaban, discutían, resistían, y el tiempo les iba dando razón.

A partir del gran fracaso de la imposible zafra de los diez millones de 1970, que hundió al país, Castro perdió algún poder económico, administrativo, pero conservó el poder militar y político y decidió entonces, ante su fracaso interno, dedicarse a la guerra, a promover la revolución en el exterior: operación África, América Latina y otros lugares del mundo.

El guerrero que perdió la paz y la economía volvió a conquistar victorias militares importantes: Angola, Nicaragua, volvió a ganar la confianza rusa. Caro, muy caro en la paz, costeable y rediticio en la guerra. Ahora los rusos pueden intervenir en cualquier parte del mundo sin provocar una guerra, por vía de su siempre fiel aliado caribe, aparte de que tener una base política, militar allí pegada al territorio norteamericano; fue y es, para los soviéticos, el mejor regalo que le pudieran hacer.

El Comandante cambió también su uniforme verde olivo, se cargó de medallas, se vistió a lo comandante general soviético, conservó el poder y él cree que aun la gloria.

Los mitos del "Comandante"

Hay hazañas del *Comandante* que son legendarias: fue el único de los mil quinientos expedicionarios de Cayo Confites —1947— que no cayó prisionero, escapando a nado de la bahía de Nipe, infestada de feroces tiburones.

Pasó a nado el río Grande del Sur, en la frontera de México y Estados Unidos, en 1956, como los famosos espaldas mojadas mexicanos, que arriesgan su vida para entrar y trabajar clandestinamente en territorio norteño, para ver a un dirigente auténtico y pedirle ayuda económica para la expedición del *Granma*.

Adivinó que Eutimio Guerra, el guía traidor, quería matarlo, una fría noche serrana, cuando le pidió de dormir bajo su frazada, y sospechoso le dijo que no y descubrió su traición poco después. Sabía en la Sierra cómo se movían los guardias, qué caminos tomaban, cuándo atacarían, sus tácticas de combate, su genio le permitía derrotarlos. Fue inventor de tácticas y estrategias de guerra decisivas: pegar y huir cuando la guerrilla era débil, el territorio fijo, libre, Radio-Rebelde, la creación de nuevas guerrillas y frentes, invasiones y cercos.

Dirigió magistralmente la batalla de Jigüe, en la que hizo doscientos cincuenta y tres prisioneros enemigos.

Ganó la guerra con doce hombres legendarios, que derrotaron un ejército de cincuenta mil soldados.

Fue el estratega y el táctico de la victoria de Girón, entrando allí en el primer tanque de combate.

Adivina siempre quién lo va a traicionar. ¿Verdad y mentira de estos mitos fideleros?

Cayo Confites: es verdad que se escapó de la bahía de Nipe. Es mentira que lo hizo a nado. El barco de los expedicionarios apresado por la marina de guerra iba escoltado, era una noche oscura y el capitán del barco expedicionario, el dominicano Pichirilo Mejías, frenó la marcha, tiró un bote al mar y ayudó a Fidel Castro, a quien dio un voluntario y una ametralladora de mano, a escapar en el bote, hacia la costa. Castro se separó de su compañero, que resultó ser un homosexual, según contara él mismo en 1961; cuando se discutía este tema en el Palacio presidencial, y se escondió en la finca de su padre Ángel Castro, en Birán, con la complicidad del jefe de puesto, teniente Mirabal, un amigo de familia, estuvo allí una semana, mientras en La Habana los confiteros eran liberados.

Castro estuvo legalmente cuando su exilio mexicano en Estados Unidos, donde visitó y habló en varias ciudades norteamericanas, Miami y Nueva York.

Eutimio Guerra, el traidor, fue descubierto porque un campesino serrano detenido por el comandante Almeida contó que lo había visto hablando con los guardias. Al ser detenido se le encontraron las credenciales del ejército firmadas por el coronel Casillas Lumpuy; el mismo Castro ha contado otras veces que dijo que no a Eutimio porque la frazada era tan pequeña que no podía tapar a dos hombres.

¿Adivinaba siempre qué iban a hacer los guardias en la Sierra? Sí, casi siempre, con la sola excepción de las fuerzas del coronel Sánchez Mosquera. Conocedor del camino más pequeño, atajo, ríos o casas de la Sierra, Castro, que es un gran observador, de memoria fotográfica, fijaba en su mente cada escenario, estudiaba táctica y movimiento enemigos, que se repetían casi al ciento por ciento: formas de avanzar, posiciones a tomar. Su talento y capacidad de observación le permitían prever la táctica enemiga. A Sánchez Mosquera no lo "adivinaba", simplemente era imprevisible, hacía las cosas a modo suyo, como cuando escapó de un cerco de Fidel, incendiando el parque enterrado en diversos montes, con el fuego que hacía estallar las balas y que parecía una posición enemiga.

No, no fue el inventor de tácticas guerrilleras, inventadas en Cuba en las guerras de la independencia, del siglo XIX y en otras partes del mundo.

La segunda guerrilla la formó *el Che* Guevara, en los primeros meses de 1957, con el refuerzo de armas y hombres mandados por Frank País, de la clandestinidad, de Santiago de Cuba, con heridos del combate del Uvero y con armas rotas que un armero arreglaba. Astutamente, Castro llamaba a las pequeñas guerrillas columnas, a esta del *Che*, en vez de darle el número dos, le dio el cuatro; hacía así aparecer dos pequeñas guerrillas, cuatro potentes columnas. Es verdad que si Guevara fue el precursor, el creador del primer territorio libre del Hombrito, en 1957, donde instaló armería, hospital, panadería, escuela, y más tarde en la Mesa, la primera Radio-Rebelde, es cierto también que la impaciencia de Guevara lo llevaba a forzar el tiempo y las condiciones reales y que, hechos sus experimentos, fueron arrasados por el enemigo.

Como cierto es que Castro utilizó brillantemente en 1958 los territorios fijos, la Radio Rebelde, hospitales y más tarde las invasiones y otras tácticas guerrilleras iniciadas por Guevara y otros.

Pragmático, más que imaginativo, Castro se caracteriza por usar y hacer suyas invenciones individuales o colectivas, con eficacia: el practicar huecos en los caminos de la Sierra, hacía que un guerrillero bien protegido fuera difícil blanco para aviones o infantería y podía barrer con su fusil al enemigo que avanzaba descubierto.

¿Fue el héroe, el liberador de Cuba, con doce guerrilleros inmortales, que derrotaron al ejército?

No, la guerrilla fue la vanguardia, los doce y Fidel, los comandantes más famosos, pero ¿qué vanguardia sola gana una guerra?

La teoría de "la revolución en la revolución", que *el Che* lanzaría en *Guerra de guerrillas,* bajo influencia serrana y fidelista, y que después Regis Debray, teleguiado por Fidel, escribiría corrigiendo la plana, nada menos que a Lenin: la guerrilla como sustituto del partido o movimiento revolucionario, madre-hija-escuela-fuente creadora victoriosa de la revolución, no tiene nada que ver con la realidad histórica cubana y sí con la derrota boliviana.

El mérito de Fidel Castro fue crear un movimiento y derrotar al enemigo, no ganar sólo él y sus doce comandantes, los únicos héroes míticos de una victoria ganada por el movimiento 26 de Julio, con el apoyo del pueblo cubano, del que Fidel Castro fue su líder.

El de los doce es un mito del poder; con el poder comienza la mentira, termina la verdad: a la victoria, Fidel Castro no quería compartir el poder con nadie: su movimiento, el pueblo, los otros grupos revolucionarios. Menos que menos, con la clandestinidad del 26 de julio, que había intervenido después de la huelga de abril del 58, el Directorio Revolucionario, segunda organización en la lucha que había hecho atentados, atacado el partido presidencial, organizado el frente de Escambray y combatido con valor, apoyando las fuerzas de Guevara, en los combates de Placetas y Santa Clara, ni con el frente, de Eloy Gutiérrez Menoyo, alzado en las montañas de Trinidad, las instituciones cívicas y los colegios profesionales que habían organizado la poderosa clase media cubana y la resistencia cívica, el movimiento estudiantil y los sindicatos obreros revolucionarios, que hicieron muchas huelgas y la última decisiva de enero, cuando la caída de Batista, ni con los militares presos por Batista, y otros grupos oposicionistas. Fue el pueblo el protagonista de la victoria, absteniéndose en las elecciones del 3 de noviembre de 1958, en más del 80 por ciento, el que hizo que el desmoralizado ejército de Batista comprendiese la inutilidad de su resistencia y su inevitable derrota.

Fidel Castro, éste no es un mito no, es una realidad, fue el jefe de la revolución, el que inició la lucha armada, la guerra de guerrillas, el que creó el movimiento 26 de Julio, el que unió, inspirándole confianza a todas las clases sociales del país, en la lucha contra la tiranía.

Si ésta es la historia verdadera, de la que Castro era maestro y jefe, ¿por qué la niega a la toma del poder? Contarla como era, significaba compartirla con quienes habían combatido.

Creó así el mito del héroe liberador, que traía la libertad en una mano y la revolución en otra y se hizo endiosar por multitudes, más bravas en la victoria que en la lucha. Con su enorme popularidad eliminó en los primeros días de 1959, con discursos tremendos, a quienes, como el directorio, Chomón, Menoyo, la clandestinidad del 26, y otros intentaron compartir una victoria que era también suya y que le fue robada por el caudillo de la revolución.

Que Castro se creyó sus mitos, que tan útiles le fueron para su poder único, es cierto: así envió a la columna de Camilo Cienfuegos a derrotar a Trujillo en 1959, y quedó sólo uno vivo. La historia se repetiría en todos aquellos años en América Latina, victimario y víctima última, Ernesto *Che* Guevara, que caería abandonado y solo en Bolivia, en octubre de 1957.

¿Cómo adivina quién le va a hacer oposición? Castro parte de dos presupuestos: el primero, la adhesión incondicional, sin discusiones, críticas, dudas, preguntas difíciles. "Ten confianza en mí", lema fidelista. "Toda crítica es oposición, toda oposición es contrarrevolución." "La revolución necesita un jefe único." Quien no acepte esta regla caerá en el momento que *el Comandante* decida.

El segundo: la desconfianza, la vigilancia, la seguridad, no darle mucho poder o popularidad a casi nadie, o darle poder, caso de Raúl Castro, porque además de fiel hermano, era antipático a la gente, o de Carlos Rafael Rodríguez, hábil político, único superviviente de la vieja guardia comunista cubana, enlace con los soviéticos, hombre importante del sistema, que no tiene mandos: ejército, seguridad, partido, ni popularidad, que el pueblo recuerda por sus viejas fotos de ministro de Batista.

En el vértice de estas astucias castristas está su poderosa seguridad, que no cree ni perdona a nadie, que vigila arriba y abajo, de día y de noche, a mayores generales, miembros del Comité Central, ministros, funcionarios y pueblo. Una seguridad *made in URSS*, dirigida en Cuba por los Abrahantes, Piñeiro y otros viejos fidelistas.

Los "cabeciduros", bautizados por Fidel con este mote porque en la guerra mantenían sus opiniones, están fusilados, presos, exiliados o en desgracia.

¿Girón? Como en otras ocasiones, mito, leyenda, mentira y realidad se confunden. Tenía Castro en 1961 un estado mayor que era puro relajo: Aragonés, Osmani Cienfuegos, Augusto Martínez y otros comevacas. No eran militares, ni comandantes, ni habían disparado un tiro. Era época de sectarismo. Aragonés divertía a Fidel haciendo de Napoleón y demostrando como él hubiese derrotado a Wellington en Waterloo, que personificaba el inefable Papito Serguera. Lo cierto era que Raúl era el jefe del ejército y que varios generales hispano-soviéticos, que pelearon cuando la República y la segunda guerra mundial, como Ciutah, llegados de Moscú, comenzaban a reorganizar y dirigir el nuevo ejército cubano.

El estado mayor de Aragonés y Cienfuegos, ante el avance de la brigada expedicionaria de Girón, que ocupó en las primeras horas parte del territorio de la Ciénaga, no se le ocurrió otra táctica que proponer una retirada de las tropas castristas. Castro no admitió semejante error, pues temía aun si Kennedy vacilaba, que desembarcaran un gobierno cubano en el exilio, al que Estados Unidos reconocería y daría apoyo.

Atacar en seguida fue duro. Vencer, costara lo que costara en vidas humanas. Cortar la retirada a los invasores, bombardeando sus barcos, decretar su derrota aun cuando todavía se combatía.

Que Castro tuvo el papel principal en estas decisiones fue evidente.

Que fueron otros los que dirigieron el frente de combate, también es verdad, entre ellos Efigenio Amejeiras, que lanzó un ataque suicida contra los tanques enemigos; la victoria costó la vida de los mejores hombres de su columna serrana; los aviadores hicieron milagros, y una milicia revolucionaria que avanzó por carretera entre ciénagas, bajo fuego de tierra y aire, sin protección aérea, que dejó un reguero de cadáveres, que fue fundamental en la victoria, tanto como lo fueron el abandono norteamericano, que después de entrainar, armar y desembarcar la brigada, no le dieron protección aérea, la abandonaron a su destino, la desmoralizaron y sacrificaron, decretando su derrota, y la de la oposición armada a Castro, comenzada cuando sacrificaron los mil guerrilleros, alzados en el Escambray, que no recibieron armas ni apoyo, porque la CIA, con su Girón, impuso el abandono de aquel frente de opositores al castrismo, democráticos, pero no organizados, ni dirigidos por la CIA.

Fidel Castro participó en Girón, se expuso, aun si no estuvo en el punto del mayor peligro, y si no fue el jefe en el combate, sí fue el estratega y táctico de la operación.

Castro escribió los partes de guerra, hizo explicaciones en televisión, contó historias de aquellos días, silenció, por razones políticas, militares y personales, el papel de los otros, con cierto silencio se evitan héroes, y con otros se hacen falsos héroes.

Castro hace la historia y la cuenta a su manera.

Él es el creador de su mito, su leyenda, convierte su parte de verdad en toda la verdad, él es la verdad.

El mito es duro a morir; ni aun obras y palabras del propio Castro, dichas al calor del momento, que lo contradicen, sirven a mucho.

Mitos anticastristas

Los mitos anticastristas niegan el talento político de Castro: la guerra fue una escaramuza, las mirillas telescópicas una especie de matamosquitos, la revolución no era necesaria, ni ha tenido importancia.

Los otros revolucionarios eran campesinos analfabetos, incapaces, tiratiros, gentes sin ideología. Cuba, un país libre, próspero, sin problemas: el paraíso. Los procastristas, en el extranjero, al contrario, han inventado otra Cuba: prostíbulo, casino de juego, república bananera, hambrienta, un lugar donde los yanquis hacían pipí: el infierno. El comunismo castrista, una metedura de pata yanqui, reencarna el mito del Fidel-David, que vence al Goliat gringo: el gran malo, el pequeño héroe bueno. Un Jesucristo que hizo la revolución de los humildes, con la cruz al cuello —precursor de la teología de la liberación—, aquélla ay tan cubana como las palmas. Castro: monstruo, replican los otros, Bola de Churre, mal palo, Tío Tata cuentacuentos, especie de viejo mentiroso.

Estas "verdades" y "mentiras" entrecruzadas, mitos y antimitos, tienen algo de verdad y algo de mentira.

Es difícil sostener que una revolución sea artificial, nacida de la voluntad del caudillo que la inventó, y ese patriarca, al que se niega talento, un dios omnipotente, que por arte de magia toma el poder a partir de la nada, lo mantiene treinta años más tarde, después de virar arriba y abajo el país, enfrentar y derrotar enemigos poderosos, dentro y fuera de la isla.

La palabra "revolución" tenía para los cubanos tantos significados como la historia de Cuba: la revolución de 1868, primera gran guerra, o guerra de los diez años o la independencia, en la que la naciente nacionalidad, que incluía la joven burguesía criolla y liberal, intelectuales, clase media, campesinos y esclavos negros, superó la realidad económica, social y racial: libertad-esclavitud-riqueza-miseria, esclavistas y esclavos, blancos y negros, unidos por la independencia, en una isla pequeña, aislada, contra el poderoso ejército español de más de doscientos mil soldados. Guerra dura, combatida diez años, perdida, que arruinó y liquidó históricamente aquella burguesía ilustrada y nacionalista, inspirada en ideales democráticos.

La revolución de 1895, popular, ya no burguesa, dirigida por poetas, veteranos, jóvenes, campesinos, clase media, tabaqueros, blancos y negros.

Revolución-guerra ganada y perdida. Ganada contra España, perdida para los mambises por la intervención de Estados Unidos, que en 1898 se apropió de la isla, hizo la paz con España, firmó el famoso Tratado de París, en el que Cuba no participó, ocupó la isla, desplazó del poder a las fuerzas independentistas y de la economía y la vida social, y al retirarse los norteamericanos en 1902 dejaron sobre la isla no sólo su poderío económico, que implicaba, sí, riquezas des-

pués de tanta miseria, también monocultivo azucarero, mo-
nodependencia, monomercado norteño, pérdida de las mejores tierras, minas y riquezas, alianza de españoles derrotados,
norteamericanos invasores y cubanos españolizantes y autonomistas, eliminando la poderosa corriente independentista,
la burguesía criolla, la clase media, campesinos, obreros, que
no tenían derecho a trabajar en su patria, ni siquiera como
aprendices, causa de la primera huelga republicana. Sí es
verdad, los yanquis se fueron, dejaron una cierta democracia,
que aun si formal fue importante, y también se aliaron con lo
más maleable entre los segundos jefes de la guerra, a quienes
pusieron en el poder, imponiendo además la famosa enmienda Platt, que daba a Estados Unidos el derecho a intervenir
en Cuba, cosa que hicieron de una forma u otra hasta 1934.

Nacía así una república frustrada, semidependiente, neo-
colonial.

Decir revolución en Cuba era revivir esa revolución, revivir el pensamiento independentista, libertario, civilista, democrático, nacionalista y de justicia social de José Martí: "Un
pueblo no se funda, general, como un campamento militar. El
país que vende, sirve, el país que compra manda. Ser cultos
para ser libres. La libertad es la dignidad plena del hombre."

De la frustración independentista y republicana nacería
la revolución de 1930, cuando un general-presidente, Gerardo
Machado, se reeligió, tiranizó el país, que sufría en hambre
propia, la gran crisis de la economía norteamericana, con el
azúcar que no valía nada. La revolución de 1930 dirigida por
estudiantes, clase media y obreros —nacionalista, antiimperialista—, aspiraba a profundas reformas sociales, revolución que en cien días de poder cambia Cuba: suprime la
enmienda Platt, decreta la cubanización del trabajo, ocho
horas, jornal mínimo, derecho a la sindicación, a la huelga,
libertades políticas, reformas sociales, nacionalización.

Revolución derrotada en 1934 por el coronel Batista y el
ejército con el apoyo directo del embajador norteamericano,
la presencia de los marines en la bahía de La Habana, la
alianza con los viejos conservadores, que sume al país en otra
dictadura que durará diez años.

Cuando se hablaba de revolución en Cuba, se pensaba
también en esos diez años de dura lucha de oposición que
obligarían al general Batista a convocar unas elecciones cons-
tituyentes, que pierde, de la que nacería la Constitución de
1940, "republicana, democrática, nacionalista, progresista";
cuatro años más tarde es obligado a entregar el poder a Grau

San Martín y al autenticismo, que había derrocado en 1934. Democracia, libertad, independencia económica, que en estos años cuarenta, cambiaron la historia y la vida de Cuba, cuando el país pasó del subdesarrollo, el monocultivo y la dependencia, a ser una nación en vías de desarrollo, con problemas serios: desempleo, analfabetismo, latifundio, corrupción, defraudación, guerra de grupos, como afirma con su sabiduría el historiador y geógrafo Levi Marrero.

La corrupción, desmoralización, robos, atentados, ocurridos en estos años democráticos, crean una fuerte oposición ortodoxa, y es en esa crisis que el general Batista, ahora metido a político y senador de la república, da el golpe del 10 de marzo, que elimina la democracia, prohíbe las libertades e instaura la violencia militar.

Nacerá de esta crisis en la que está presente toda la historia de Cuba, la revolución castrista, que proclamará en sus primeros tiempos: restablecimiento de la Constitución de 1940, libertades democráticas, justicia social, nacionalismo, que organizará partiendo de una vanguardia juvenil al pueblo cubano, a todas sus clases sociales, en ciudades y montañas, que apoyada por el pueblo triunfará en enero de 1959 y contará con el 90 por ciento de la población, según las investigaciones de la época; revolución que se dice continuadora de todas las otras revoluciones cubanas, que toma el poder con una victoria total, un ejército que se rinde en masa, frente a un país que le es hostil.

Ni era artificial esa revolución, ni podía ser un don nadie quien la organizó, dirigió, y con ella tomó el poder: Fidel Castro.

La frustración, desviación, traición, militarización, caudillismo, sovietización, que han destruido el país, lo han convertido en una colonia soviética, es una realidad trágica, que tiene muchas causas, razones y sinrazones, que requieren ser iluminadas con validez histórica. Entre ellas son importantes: la personalidad del político revolucionario Fidel Castro, su alianza con la Unión Soviética, la realidad cubana, el fracaso de la sociedad socialista, las dificultades de hacer una revolución en una isla pequeña, occidental, tropical, entrada de las tres Américas, cuya geografía disputada siempre por los imperios ha condicionado su historia.

Cuba no era el infierno: prostíbulo, casino, bananera, pipí yanqui.

Cuba no era el paraíso: un país rico, sin problemas, ¿y la dictadura de Batista, el desempleo, el robo, la corrupción, el analfabetismo, el fracaso democrático, el azúcar, la influencia yanqui?

Fidel Castro afirmó no ha mucho, ante la televisión española, que Cuba era comunista por su propia voluntad, que no fueron los gringos los que la volvieron marxista-leninista y que éstos cayeron en su trampa.

En cuanto a Fidel *Bola de Churre,* ése es un apodo de su época estudiantil, que hicieron popular sus enemigos: dicen que no jugaba a los bomberos, que el tipo no se metía en el agua, ni en la guerra, ni en la paz, ni en el poder. Mal palo, palabras de mujeres: dicen algunas de sus amantes, que hace el amor como si hiciera pipí, con las botas puestas, la escolta a la puerta, que no le abandona nunca, rápidamente, sin intimidad. Que se concede, hace el honor de templarse la revolución. Es la lógica del poder, que no es erótico, y cómo puede serlo, si el poder, como bien narra García Márquez, en *Cien años de soledad,* Castro es un personaje de García Márquez el novelista, aun si hoy García Márquez el hombre es un bufón de la corte de Fidel Castro.

Viejo mentiroso, sí verdad, si boca cerrada no dice mentiras, imaginen ustedes treinta y dos años hablando, cuántas mares de mentiras, qué aburrimiento tener que sufrirlos, oírlos, *per secula seculorum, amier, fidel.*

Ni el churre, el mal palo, ni la mentira anulan el poder total del *Comandante,* que son el no bañarse, el no ser erótico, el no decir la verdad, que no le dieron su poder ni se lo van a quitar.

Franco, Trujillo, Pinochet, Stroessner, Hitler, Mussolini, Stalin, Kim il Sung, Mao y Castro son causas y efecto de realidades y circunstancias históricas complejas: ni son dioses inmortales, como piensan sus epígonos, ni mediocres insignificantes, que tomaron el poder por casualidad, como dicen sus enemigos.

Voluntad de poder, talento político, terror, crueldad, aniquilamiento de todo enemigo, desaparición física, negadores de la libertad, la fuerza de estos tiranos es el poder, no su obra. La gloria, la fascinación, las pasiones y otras razones, así como las esperanzas, los ideales que creían tener agarrados por la mano, con el tiempo, casi todos ellos la perdieron.

Su obra es trágica, bien se trate de viejos tiranos fascistas, de militares sudamericanos, africanos, o de los modernos caudillos socialistas, adoradores del culto de la personalidad.

Comunistas rusos, chinos, asiáticos, polacos, cubanos, como Fidel Castro, reaccionario o revolucionario, el límite casi infinito de su poder será menor o mayor, bien que se proyectase al pasado, o al futuro, a la reacción, o a la revolución y el comunismo; son diferentes y son los mismos.

El poder es su orgasmo y su realidad, saben y pueden conservarlo mucho tiempo, y con él la mentira revolucionaria, socialista o no, a la pérdida inevitable del poder, aun en los casos en que no cambia el sistema, sus horrores y fracasos, comienzan a ser conocidos, sus crímenes denunciados, la terrible venganza de la historia, el aire de la libertad, y como no son capaces de crear civilización, cuando pierden la guerra o el poder, lo pierden todo y se ve el rostro terrible de la muerte, que es su cara y casa verdadera.

Pienso que no se los vence negando que son genios del mal: pienso que biografiarlos seriamente es contribuir a trazar clínicamente su autopsia futura.

El miedo y el valor

De niño Fidel era pendenciero, resolvía a piñazos las discusiones con sus compañeros de clase, era fuerte, agresivo, y si alguna vez perdía con alguien más fuerte que él, no aceptaba la derrota, volvía a fajarse, no admitía ser vencido, bien que se tratase de juego, competencia, caminatas, subidas de montaña, peleas, no; quería ser y era casi siempre el primero, el más bravo, y aun cuando no era el mejor, en concursos literarios o poéticos, se las arreglaba para que el premio fuera suyo.

Ser el número uno iba a ser la característica primera de su personalidad.

En la Universidad Castro corrió serios riesgos al vincularse al grupo de la UIR, de Emilio Tro, en guerra a muerte con el MSR, de Masferrer, Salabarría, Eufemio Fernández y Manolo Castro. Los dos grupos se equivalían y en poco tiempo el balance de muertos en atentados pasó del centenar.

Ya entonces se arriesgaba, era prudente y astuto: astucia y prudencia lo salvarían más de una vez de las balas y de la justicia.

Sería esta condición permanente de su vida futura: combinar el riesgo, la aventura, a la que se sentía atraído, o pensaba racionalmente, era necesario participar para ser alguien importante: jefe, mandar, tener prestigio, poder. Riesgo sí, prudencia también, aparecer sí, no en el lugar más peligroso, excepto que no quedase otra solución.

La expedición de Cayo Confites, contra el dictador dominicano Leónidas Trujillo, en 1947, lo vio entre sus miembros en condiciones no fáciles: los jefes cubanos eran sus enemigos personales, y los dominicanos como Juan Bosch y otros amigos suyos mandaban y contaban poco.

Aventurero lo era. No sólo él, fueron más de mil los jóvenes cubanos en Cayo Confites, la guerra le interesaba, y cuando el estallido popular de Bogotá, el 9 de abril de 1948, Fidel, que está allí con algunos compañeros dirigentes estudiantiles que participan en la Conferencia Continental, alentada por los peronistas, se une a la rebelión, se produce el asesinato del líder oposicionista de Colombia, Jorge Eleicier Gaytan. Si se lee su relato de aquellos acontecimientos, se verá que Castro descubre allí qué cosa es una rebelión espontánea, sin jefes ni organizaciones. Su consejo inteligente de qué hacer para consolidar el estallido, no podía incidir en lo que estaba pasando.

Cuando el Moncada, Castro corre un riesgo grande, va en el lugar de mayor peligro, en la segunda máquina del ataque principal; Abel Santamaría, segundo al mando, quiso horas antes, que Fidel fuera a la toma del hospital, que era menos peligrosa, ya que su vida, pensaba, era fundamental para la jefatura del movimiento; Fidel no aceptó, y aquí el azar lo salvó, pues todos los hombres del grupo de Abel murieron al caer prisioneros, y Fidel se salvó por no ir allí, aun si fue el lugar de mayor riesgo. La protesta por los asesinatos, la intervención de su mujer Mirta Díaz Balart, hija de un ministro de Batista, la humanidad del masón teniente Sarriá, la intervención de la Iglesia católica en la persona del monseñor Pérez Serantes y del cónsul de España en Santiago de Cuba lo salvaron días después, al caer prisionero, de una muerte segura.

Su prudencia y sangre fría se ven enteras en estas circunstancias: caer prisionero era exponerse a morir. Castro no dispara, prefiere el riesgo a la muerte segura, por aquello de que mientras hay vida hay esperanza y que del cementerio nadie ha salido.

La misma prudencia la tiene en las calles de México, cuando en 1956 denuncia en la prensa que Batista ha mandado sicarios para asesinarlo: sorprendido en una calle por hombres armados, vestidos de civil, no dispara: piensa, ¿son los hombres de Batista o la policía mexicana? Era la policía mexicana.

Cuando el desembarco del *Granma* y el combate de Alegría del Pío, el 4 de diciembre de 1956, al dispersarse su columna expedicionaria de ochenta y dos hombres, por inexperiencia en lo que era una escaramuza, Castro queda solo con Faustino Pérez y Universo Sánchez; perseguidos se esconden en los cañaverales y son salvados como otros pequeños grupos —los famosos doce— por los campesinos militantes del 26 de Julio, dirigidos por Celia Sánchez, que esperaban la expedición y patrullaban la zona, que conocían caminos y pasos secretos, tenían la ayuda de la población, podían burlar las patrullas militares y los fueron trasladando a las zonas más inaccesibles de la Sierra. A la incapacidad del ejército de Batista, que tuvo la ocasión de acabar con el núcleo completo, se unió el azar, dirigirse hacia un punto significaba encontrar el ejército y la muerte, dirigirse hacia otro, caer en manos de campesinos amigos. Tener paciencia, no desesperarse, conservar la sangre fría, sería importante, entonces como otras veces, en la vida de Fidel Castro.

Los primeros meses de guerrillas de 1957 son de aprendizaje y tanteo; caminar, conocer el terreno, habituarse rápidamente a subir y bajar montañas, conocer la población campesina, los hábitos del enemigo, no estar quietos nunca, no dormir en bohíos, andar por lugares difíciles, desconfiar de todo, fueron necesarios entonces.

El ataque a La Plata, el primer combate en enero de 1957, es bien calculado y fácil. Con las mirillas telescópicas, el grupo de diecisiete guerrilleros, bien emboscados, fusilan a la decena de guardias del cuartelito, al que Universo Sánchez da candela. Muertos o prisioneros, los pocos guardias, los guerrilleros ocupan sus armas y no sufren bajas.

El ataque es un acto de inteligencia, que da confianza a la guerrilla, es su bautismo de fuego, su primera victoria militar, contra la derrota del Moncada, el desembarco y Alegría del Pío. Ya la guerrilla tiene su tarjeta de visita.

Por aquellos tiempos Castro y la guerrilla corrieron peligros de muerte, al menos tres veces, por la traición del guía, Eutimio Guerra.

Más tarde, en carta firmada por los principales guerrilleros, éstos piden a Fidel que no vaya a la primera línea de combate. Si la preocupación de sus compañeros es lógica, es también una manera hábil de salvar la cara del jefe, que no debe concurrir al combate, ya no por voluntad suya, por deseo y necesidad de su tropa.

El 28 de mayo de 1957, después de recibir refuerzos de hombres y armas de Santiago de Cuba, Castro comprende que hay que atacar un cuartel de cierta importancia. Decide atacar el cuartel del Uvero, en la costa sur de la Sierra Maestra. Fue un ataque riesgoso. La guerrilla tomó el cuartel, tuvo siete muertos y varios heridos, lo que era mucho si se piensa que se trataba de veintiocho guerrilleros. Castro dirigió el ataque, no del lugar de mayor peligro, sí corriendo riesgo. Fue un acto necesario frente al ejército, cuando ya en las ciudades habían ocurrido acciones grandes, como el asalto y toma de Santiago de Cuba, el 30 de noviembre de 1956, con las milicias de Frank País, los atentados en La Habana, el sabotaje de Suárez 222, que dejó sin luz a la capital por tres días, y el heroico asalto al Palacio presidencial de Batista, el 13 de marzo de 1957 del Directorio Revolucionario.

La guerrilla, durante los meses siguientes, que no pasaba todavía de cien hombres, fue más bien prudente. Más importante política, que militarmente: entrevista del periodista Herbert Matheus del *New York Times* a Fidel Castro, película de la CBS, de *Newsweek*, firma de la *Carta de la Sierra:* que unía a Fidel Castro con Raúl Chibás y Felipe Pazos, que representaban la ortodoxia y las mejores fuerzas vivas de la oposición a Batista, que prometía al pueblo de Cuba democracia y elecciones a la victoria. Hubo sí algunas emboscadas y pequeños combates y a finales de ese año 1957, la guerrilla del *Che* Guevara comenzó a bajar de la Sierra a llanuras cercanas, atacó cuarteles. Fidel hacía una carta pública a la oposición, en la que rompía el pacto de Miami, que no incluía en sus bases dos cuestiones esenciales para el 26 de Julio: la no injerencia extranjera y el rechazo de cualquier junta militar como soluciones para derrotar a Batista.

Aun si a Fidel le gusta la pólvora, el tiro y el combate, su frialdad hizo que no se expusiera demasiado ni que tampoco pareciera que tuviese miedo: Jigüe, Guisa y otros combates: riesgo imprescindible, la mayor astucia, la prudencia necesaria, en la guerra como en la paz, fueron y son sus normas.

Que el azar lo haya salvado de más de un momento de peligro, es evidente, de atentados y accidentes, pero que han sido sobre todo más, aun que la prudencia, extraordinarias medidas de seguridad y un verdadero ejército que lo cuida, la causa de que esté todavía vivo es algo indiscutible.

Sus amigos dicen que Castro no tiene miedo, sus enemigos que no da la cara en el momento de peligro. Ni una cosa ni la otra son ciertas. Su valor lo ha probado muchas veces; que tenga miedo es natural, pues el miedo es un sentimiento humano.

Pienso que es un hombre que ha tenido que sentir el miedo muchas veces, que lo ha tenido que afrontar constantemente, por necesidad, para vencer, para probar a amigos y enemigos su valor, lo que ha hecho su vida casi invivible, si no estuviese compensada por el poder que alcanzó y mantiene y por una fama y gloria que alcanzó y perdió, aun si él simula conservarla.

Lo grave es que, teniendo tanto miedo, ha terminado por meterle miedo a todo el mundo, sabiendo de buen psicólogo del terror, que el miedo de los otros salvan su poder y su vida. Lo cierto es que ha aterrorizado a amigos y enemigos. En Cuba, a cualquier nivel, todo el mundo tiene miedo de Fidel Castro, de su desconfianza, de su aparato de seguridad, de sus cambios de humores, de los cranques que recibe, de saber que no cree en nadie, "ni en su madre", como él mismo solía repetir. Sólo en la revolución, y todos saben que la revolución es él mismo.

¡Qué peligrosos son esos miedos y terrores del poder que ven sombras, fantasmas reales, atentados, conspiraciones, a cada minuto!

Si nadie en Cuba tuvo más miedo que Fidel, lo grave es que su miedo él lo descarga sobre los otros.

A él, el miedo; a los otros, el fusilamiento, la prisión, el exilio, la desgracia, la sumisión y obediencia total.

Un terror justificado por la "historia", la esperanza, el socialismo, la revolución, el futuro, que goza de la complicidad y de los bienpensantes de todo el mundo, que afirma que el terror de la izquierda, que sufren otros pueblos, está justificado y que de él no se debe hablar.

Dar a la policía el poder, el control, el arma, la prisión, la tortura, el paredón, y además educarla en la necesidad de su acto, como un acto revolucionario, socialista y de futuro, crímenes "justos y necesarios" de esa policía que no tiene límites.

Fidel Castro, maestro del miedo —hijo del miedo—, consolidó su poder metiendo miedo a casi todo el mundo. La fría crueldad del castrismo, parte de ese implacable presupuesto: aniquilar la peligrosidad de la más mínima rebeldía. El terror colectivo que liquida la resistencia popular.

Más que un terror espectacular, un terror anónimo, colectivo, que golpea en todas partes, que casi no se ve, que aniquila el pensamiento y la voluntad individual.

Terror masivo: un millón entre presos, desaparecidos, fugados, castigados, fusilados, o sometidos a trabajos forzados, en los *gulags* tropicales. Otro millón de exiliados. Cientos de miles de castigados. Otros tantos bajo servicio militar o la reserva, bajo el peligro de tener que ir a combatir a Angola, o a otros puntos, la población obligada a pertenecer a los comités de defensa, que a su vez la vigilan, a denunciarlo todo, a repudiar públicamente los que piden salida. Todo tipo de ley represiva y de controles, desde el trabajo a los viajes, en la fiesta a la vida privada. Nada escapa al implacable ojo vigilante de la Seguridad. Terror soviético, terror latinoamericano: dos terrores, un terror, el terror castrista.

Durante mucho tiempo, sólo de miedo vive el hombre, piensa Castro; un día naturalmente, el miedo es tanto, que morir o vivir son la misma cosa; entonces el miedo se vuelve valor, la libertad renace, es una ley de la historia, que han desafiado todos los poderes y dictadores, y que un día han perdido.

Caudillo, trágico caudillo

Lo trágico de Fidel Castro es que todo lo que toca lo destruye.

La revolución —su revolución— es una destrucción suma.

La guerra es destrucción, sí pero del enemigo.

Castro, el destructor, es sin duda un guerrero, no un civilizador, un estadista.

Una fuerza de la natura: pienso que el caudillo es así, y Castro, el más moderno, entre los muchos, que América Latina ha tenido. El caudillo es una fuerza ciega, instintiva, prevalece en él la astucia, la amoralidad, el don de mando, la capacidad de aterrorizar y matar; el caudillo, dios terreno, no tiene límites: concede la vida o la quita, te da la cárcel o la libertad, el exilio o la muerte; si ofreces obediencia, te dará honores, riquezas, cargos; si quieres la libertad, serás aniquilado.

El caudillo es también el gran macho, el falócrata, gran padre padrón, padre físico, padre espiritual.

El caudillo lo toma todo, todo le pertenece: la mujer, el hijo, el anciano, la finca, el negocio, la profesión, el mando, la gloria, la fama, Dios, la Iglesia, la tierra, la riqueza, las leyes, las instituciones, los hombres.

El país es la finca del caudillo.

Algo de dios, emperador, rey, mariscal, general, latifundista, patriarca, jefe supremo, César, el primero en todo.

El caudillo suele pertenecer a un mundo preindustrial, predemocrático, pobre, resentido por conquistas, injusticias, dominaciones extranjeras, mundo casi feudal en que prevalecen militarismo, monocultivo, monomercado, latifundismo, oligarquía, Iglesia, la fe, escape espiritual o esperanza futura, más cerca de un campamento que de una república.

El caudillo nace de la realidad y hace la realidad.

Los primeros caudillos en América son los aventureros, conquistadores afamados de poder, dinero y gloria que, siguiendo los rastros del descubrimiento de América, el imperio español envía a la conquista de aquellas tierras libres: Hernán Cortés y Pizarro son los más grandes caudillos de la época de la conquista. Cortés, con unas pocas naves, armas de fuego, pólvora y caballos, penetra el enorme territorio mexicano, poblado de imperios: mayas, aztecas, toltecas, creadores de ciudades, arte, pero ya divididos en guerra, conflictos y decadencias.

Aliándose con unos contra otros, usando la impresión de ser seres sobrenaturales, que parecían venir de otros mundos, dioses más del cielo que de la tierra, el terrible Cortés quema sus naves, elimina la posible retirada y conquista México. La hazaña guerrera es grande; la "nueva" vida impuesta por los colonizadores, es como casi siempre en la historia: trabajo, esclavitud, obediencia, riquezas para los nuevos dueños. Conquista sí, civilización no.

Pizarro no es menos grande que Hernán Cortés, aun si paga con la vida su poder y gloria, su lucha contra esa naturaleza gigante y hostil que canta Neruda. Pizarro y los otros destruyen y vencen a los incas y a cuanto enemigo le resiste.

Los conquistadores penetran y conquistan las tres Américas.

Los ingleses, franceses y holandeses llegan casi un siglo más tarde.

¿Por qué crean una vida mejor en Estados Unidos y Canadá? Pensar que eran hombres superiores sería puro racismo.

Que el territorio norteamericano encierre grandes riquezas naturales es evidente. No es lo mismo luchar contra indios rebeldes y contra una naturaleza casi invencible, aun hoy, como la de América del Sur, que conquistar el territorio de Estados Unidos.

Más importante aun que estas riquezas norteamericanas son las máquinas, la resolución industrial inglesa, el pensamiento político democrático, una religión como la protestante, menos humana que la católica, pero más práctica, material y creadora de riquezas.

El ilustre sabio Humboldt, segundo descubridor de Cuba, diría a principios del siglo XIX: «Cuba es una isla de azúcar y esclavitud.» (Dibujo de época de un ingenio azucarero en Cuba.)

Fidel Castro quiso hacer su revolución ganadera: no quería más ni las viejas razas ni la ganadería extensiva. (En la foto, Raúl Roa, embajador cubano en Francia, visita el Pabellón Nacional, julio de 1967.)

La América del Norte dominará las otras Américas. Sus líderes, Jefferson, Washington, democráticos, al interior, son hombres de conquista al exterior. La revolución de las trece colonias crea una gran nación unida: una revolución que crea simultáneamente democracia e imperio — ¿por qué las grandes revoluciones han parido grandes imperios: Inglaterra, Estados Unidos, Francia, Unión Soviética?—. América del Sur, Centroamérica, con sus culturas indias marginadas, la influencia hispano, romano-árabe, la religión católica, sin la industrialización, la democracia, una naturaleza dominante, no dominada, no logrará unirse como querían Bolívar y los grandes libertadores americanos.

En la guerra de la independencia surgen los caudillos revolucionarios. Independencia y libertad, será su grito, frente a la esclavitud y coloniaje; instrumento de la guerra, un nuevo ejército, generales, militares. A la victoria de la independencia, los grandes caudillos revolucionarios se retiran o son marginados, toman el poder generales o caudillos de segunda, que en la guerra comandaban enormes regiones, y que en la victoria nos moldearon a su imagen y semejanza: más campamentos que repúblicas.

La independencia sucede a la conquista, pero no la transciende; en realidad se parece muchísimo a ella, ya no más España, ahora cada región tendrá su capital, su bandera, su general. Las neorrepúblicas americanas seguirán pariendo caudillos y dictadores; a los viejos libertadores sucederán los nuevos generales.

A diferencia de aquéllos, muchos de éstos son conservadores; su fuerza no es el pueblo, es el ejército, el pasado, la oligarquía, el latifundismo y se apoyarán sobre todo en el Caribe, en la fuerte influencia de Estados Unidos.

Habrá caudillos nacionalistas y revolucionarios: la revolución mexicana engendra nuevos protagonistas, Zapata, Pancho Villa, Lázaro Cárdenas; más tarde crearán un partido único, harán reformas, simularán una institucionalización democrática, arriba, en el poder, incluso suprimirán la típica sucesión o reelección presidencial; no crearán democracia abajo, en el pueblo, al que tocará trabajar, obedecer, servir, no mandar, ser mandado. Para mandar están los nuevos caudillos revolucionarios. En Argentina, Perón mezcla de populismo, nacionalismo, descamisados a los que da camisas, salarios y conquistas sociales, demagogia, antiimperialismo, resentimiento, frustración, fascismo, militarismo; será muy popular y convertirá a uno de los países más desarrollados, cultos y ricos de América del Sur, en un caos; su sombra se proyecta aún en claros oscuros amenazadores para la nueva democracia argentina.

Los caudillos revolucionarios de la independencia cubana —Céspedes, Maceo, Máximo Gómez, Calixto García— mueren antes de la victoria. Gómez, que es dominicano, el único vivo, dice que, para dar buen ejemplo, las armas de la guerra deben guardarse en la paz y se retira. José Martí no era un caudillo, era un visionario, un demócrata, un poeta de la poesía y de la libertad; él creó los instrumentos de la independencia, pero murió al comienzo mismo de la guerra; los cubanos cantarían, con mucha razón: "Martí, Martí, no debió de morir, no debió de morir."

En la república tuvimos dos caudillos presidentes: los generales Gómez y Menocal, que llegaron al poder por votos, y por votos lo perdieron, con dos partidos tradicionales, el liberal y el conservador, ni el uno ni el otro estadista, corrompidos, obedientes a Washington, y a los intereses creados, defraudaron los ideales independentistas.

Y después tuvimos el primer caudillo militar republicano, aquel que si Martí no debió morir, no debió nacer: el sargento Fulgencio Batista. En la revolución de 1933, en la que él, con el ejército de una tiranía derrotada, la de Machado, en medio de una gran crisis económica, social y política, con un primer golpe militar, el 4 de septiembre de 1933, de apariencias populares, y como un segundo golpe militar, cien días después, con el apoyo del embajador de Estados Unidos, liquidaría aquella revolución nacionalista y democrática que en cien días cambió la vida de Cuba.

Batista, que será el padre putativo de Fidel Castro, detentará el poder de 1934 a 1944, en que, después de una fuerte oposición, la presión del antifascismo y del presidente Roosevelt, entregará, al perder las elecciones, el poder al presidente Grau y al Partido Auténtico, que gobernarán ocho años democráticamente. Batista, senador, jefe de un partido político, que tenía el 10 por ciento de los votos, aprovechándose de la desmoralización, el mal uso de los fondos públicos, la corrupción y los atentados de los tiratiros, dará su tercer y último golpe el 10 de marzo de 1952, aquel de cuya dictadura nacerá la revolución y su nuevo jefe Fidel Castro.

El más moderno, el nuevo caudillo revolucionario latinoamericano.

Llegar tarde

En aquellos primeros días de enero, Fidel Castro debía tener un almuerzo oficial en la casa del ministro de Relaciones Exteriores, Roberto Agramonte, con el nuevo embajador de Estados Unidos, Philipps Bonsal. El protocolo fijó la hora y el día del primer encuentro-almuerzo entre el jefe de la revolución, su ministro y el represeñtante de Estados Unidos. La señora Concha Agramonte, esposa del ministro, recurrió a un cocinero de una persona amiga que tenía fama de ser el mejor en La Habana. Entre las exquisiteces del menú estaban unos tamales en hojas, plato bien popular de la cocina criolla, que la mujer campesina daba su toque de gracia, pero que en la ciudad era más difícil. El tamal es un plato que hay que comer bien caliente, que si se enfría no sabe bien.

En la casa de Agramonte todo está preparado para que el almuerzo extraordinario, que toca un punto tan delicado como las relaciones entre Estados Unidos y Cuba.

La señora Agramonte prueba los exquisitos manjares que aquel gran cocinero había preparado, a las doce en punto; puntualmente llega el embajador norteamericano. Pasa media hora, el ministro Agramonte, preocupado, mira el reloj, discretamente, mientras sirven exquisitos daiquiríes que entretienen al embajador. La una, nada. Una llamada oficial: Castro está por llegar. El ministro inventa excusas. Pasan las dos, las tres, otra llamada oficial: Fidel llegará de un momento a otro.

El embajador va aprendiendo la psicología nueva; quizá, se dirá, es la famosa puntualidad latina; pensando, una revolución es algo anormal, quien sabe qué cosa importante estará pasando, hay que tener paciencia.

Al fin, a las cuatro de la tarde, llega el primer ministro, saluda cortésmente, sin dar excusas. Concha Agramonte y su cocinero, que han hecho juegos de candelas, para que la comida no se enfríe o se recaliente, sirven. Sin explicar las razones el primer ministro, como si fuera lo más natural del mundo, no comparte la mesa.

Al embajador norteamericano quedará un solo recuerdo agradable de aquella extraña comida oficial: los maravillosos tamales.

Año y medio más tarde, la misma escena se va a repetir: esta vez no en La Habana, en Nueva York, en la comida que el primer ministro soviético Nikita Jruschov y su ministro Gromiko ofrecen a la delegación cubana, que acaban de conocer, aquel día de septiembre de 1960, en las asambleas de las Naciones Unidas, cuando Nikita zapatea, aplaudiendo con sus zapatos, el discurso del joven Castro, al hablar del peligro de que una invasión a Cuba, puede provocar un conflicto atómico entre Estados Unidos y la URSS, los famosos cohetes simbólicos de Nikita Jruschov; después los rusos, que en protocolo son la puntualidad misma, invitan a la comida en el consulado ruso, y precisan a las ocho exactas de la noche.

En la delegación cubana se discute: "Verás a Fidel llegar puntualmente —dice el comunista Honorio Muñoz, de *Hoy* —. Te apuesto una cerveza a que no, apostada." Alguien, preocupado, dice: "Fidel no hará esperar mucho a los rusos, ¿verdad?" "No tanto como a los norteamericanos —responde—, pero los hará esperar."

Llegamos, como es sabido, con una hora de retraso. Nikita Jruschov se bajó a la puerta de la calle del consulado como el protocolo manda en Park Avenue; tuvo que usar su mejor humor, cuando los periodistas norteamericanos le preguntaban: "¿Qué pasa con Fidel? Usted es como la novia que dejan esperando en la boda." Algunos disidentes soviéticos que se colaron en la calle abuchaban a Nikita, y éste contestaba, respondía con trompetillas, mientras decía aquella su frase: "No sé si Fidel es comunista, yo sé que yo soy fidelista."

Fidel y la delegación aparecieron esta vez sólo con una hora de retraso ante las caras alargadas de los soviéticos. Los intérpretes dieron como excusa fidelista el desconocimiento del tráfico en Nueva York y la rigidez de la política norteamericana, que no permitía cambiar el recorrido fijado.

El vodka y el tabaco, el humor de Jruschov hicieron olvidar al novio, o más bien novia, en aquella su primera llegada tarde, no iba a pasar así en el futuro, con las famosas llegadas tardes del *Comandante*, que a veces duran horas, días o semanas, y que quedarían para la gente "buena" o mala, del mundo occidental, que con el protocolo soviético no se juega, no ya en Moscú, no, tampoco en La Habana.

Grandes actos

Una característica de Fidel Castro es la audacia, la rapidez en el actuar, el prevalecer de la acción sobre la reflexión, el actuar sin analizar fríamente las consecuencias de sus actos.

Otra es la espectacularidad. Ama, gusta de los grandes actos espectaculares, arriesgados, si posible no realizados antes por otros, o considerados imposibles.

Castro es un aventurero, y la gran aventura es no su segunda vida, su primera vida.

Siendo como es un publicitario, quizá si uno de los primeros jefes políticos que descubre la importancia de la noticia en el mundo de las comunicaciones —radios, periódicos, televisión, publicidad—, sabe que desafiando normas, al parecer inmutables, puede ser un grande.

En la isla pequeña, Castro el grande, no cabe. Esta manía de grandeza es una de sus constantes más peligrosas. Él piensa que una isla pequeña no puede hacer grande a su jefe; entonces desafía la historia y la geografía, exporta la isla, la mete en todas partes, la convierte en noticia. La isla está allí, más bien encogida y como más pequeña, pero como Fidel es la isla, él la lleva a todas partes: de Moscú a Washington, de Angola a Nicaragua, de Cambodia a Yemen.

Este delirio de grandeza, de dónde le viene. De los grandes guerreros, emperadores, de los aventureros españoles: Cortés o Pizarro, de los que Castro se siente heredero, agregando la modernidad de Bolívar y San Martín y la contemporaneidad revolucionaria de Lenin. De ahí su idea del comunismo, en una isla a noventa millas de Estados Unidos, su desafío a las grandes potencias, la instalación de los cohetes rusos, las expediciones, unas fracasadas, como aquella contra Trujillo, de 1959, la guerrilla de los años 60, en América Latina, otras triunfantes, como su intervención decisiva en Angola, el desafío de Nicaragua, que él aspira convertir en el segundo país comunista de América Latina, el convertir a Cuba en una de las potencias militares del continente.

Para Castro todo debe ser grande, lo bueno, como lo malo: los éxodos masivos de cubanos, cuando Camarioca, en 1965, Mariel, en 1980, la alfabetización gigante, la zafra gigante de los diez millones, el cordón gigante de café de La Habana, las grandes nacionalizaciones. Todo grande, rápido, espectacular, que produzca noticia, que esté en las primeras páginas de todos los países del mundo, que agigante su personalidad por encima de la isla, la realidad, la revolución. Ser un protagonista mundial: y no se puede negar que Castro lo ha conseguido.

Su voluntad de poder es siempre más grande. Los resultados qué importan, si los actos espectaculares dejan huellas, lo sitúan en la actualidad mundial.

Primero, ser el más grande, el único de los cubanos.

Más tarde, ser el primero, el jefe del Tercer Mundo: de África y de América Latina.

Al final, ser el hombre de una isla pequeña, que logra hacer la revolución en América Latina y África, que provoque la derrota de Estados Unidos, o un desastre más grande y peligroso que Vietnam, por su cercanía al corazón enemigo, o su desangramiento o tardía y peligrosa intervención militar.

El audaz Fidel Castro sabe que juega con candela, pero su manía de grandeza lo impide pararse; aun ser vencido, a manos de un enemigo gigante, daría a su muerte una dimensión universal, y crearía en sus enemigos odios y resentimientos difíciles de vencer y olvidar.

Fidel Castro ama el apocalipsis, provocarlo no lo asusta, pues aun el apocalipsis sería, piensa él, el *summum* de su poder y magnitud histórica.

Es esa locura, ese sueño de grandeza fidelista, consecuencia de su naturaleza aventurera, de un viejo delirio de grandeza española, de un gran sueño americano, o hay algo también en esa locura de la psicología de una isla aventurera.

"Cuba debe lo más trascendental de su historia a su posición geográfica."

Las islas, no sé si por estar rodeadas de mar, próximas a grandes continentes, más de una vez en la historia, han creado civilizaciones, revoluciones, imperios, realizado grandes conquistas, derrotado grandes poderes.

Cuba, quizá si por esa psicología isleña, por ser una isla aventurera, joven, cuyos habitantes venían de lejanos continentes: Europa, África, si por haber sido puente y crucero, punto y avanzada de penetración de la conquista de las tres Américas, de las disputas de grandes imperios, presa de invasiones de bucaneros y piratas, punto de concentración del poder español por rebelarse de una manera u otra al grande de turno. Ser isla; una de las causas, entre otras, de que Bolívar no la pudiese independizar, de que Estados Unidos la pusiera en salmuera y cayeran sobre ella cuando iba a ser libre, como ahora la Unión Soviética, la ha tomado como una gran presa en el campo enemigo.

¿Había en la isla una suficiencia, una superioridad, un sueño de grandeza y de aventura, que ahora Fidel Castro ha convertido en su delirio de grandeza, de conquista y de poder? De alguna manera, sí.

Voluntad

Fidel Castro es la voluntad, audacia, astucia, constancia, frialdad, desconfianza, amoralidad, dureza, tenacidad, ambición, paciencia, delirio de grandeza.

En el mundo de los dictadores clásicos, latinoamericanos, comunistas, fascistas, prevalece la economía de la palabra sobre la abundancia verbal. La palabra, el exceso de palabra, pertenece más a la política que a la fuerza, al parlamento, a la oposición, que al poder. A excepción de algunos dictadores, que han fascinado multitudes con sus palabras: Perón, sus descamisados; Mussolini, con su tono operativo, demagógico; Hitler, dramático y apocalíptico, gritaba en las grandes ocasiones. Lenin escribía más que hablar; el gran orador bolchevique era León Trotski; Stalin no concedía casi su palabra mítica; Mao, como corresponde a la tradición china, no se gastaba en discursos diarios, comunicaba con textos trascendentes, en pocas ocasiones. Franco, desastre oral, usaba el silencio; Trujillo y otros dictadores latinoamericanos eran tan ignorantes que odiaban la palabra.

Fidel Castro sigue la línea mussoliniana, con su eficacia retórica. Durante mucho tiempo Fidel Castro ha hablado públicamente un día sí y otro no; en 1959 pasaron de ciento sus apariciones públicas, con no menos de tres horas por discurso, trescientas horas de palabras, a buena velocidad, decenas de miles de palabras. En un estudio sobre sus discursos, a propósito de un libro, en 1963 las cuartillas de sus discursos pasaban de cincuenta mil. El libro murió al nacer, cuando alguien dijo a Castro la extensión de sus discursos.

Antes del presidente Reagan, nadie había usado con tanta eficacia la televisión; como Fidel Castro, se puede considerar el pionero y el campeón de la palabra televisiva. Castro ha usado la televisión como conversación, diálogo, persuasión, peroración, de la paciencia a la risa, de la calma a la ira, de la indignación a la violencia verbal, según pasaba el tiempo, desaparecían las polémicas, la buena provicación de periodistas televisivos, como el humorista Robreño, famoso por sus preguntas y contestaciones al *Comandante*; en los primeros tiempos, en los mítines, el pueblo interrumpía y dialogaba con él; más tarde vinieron las claques organizadas, que imponían sus consignas a grito pelado: "¡Paredón, paredón, paredón! ¡Unidad, unidad, unidad, Fidel! ¡Fidel, Fidel, qué tiene Fidel, que los americanos no pueden con él! ¡Fidel, seguro, a los yanquis dales duro! ¡Fidel, Jruschov, estamos con los dos! —cuando la luna de miel con los soviéticos—. ¡Pin pan pun, viva Mao Tse Tung!", que gustaba menos al *Comandante*.

Cuba era un país oral; ahora, sin ser todavía un país de mudos, la gente piensa y se autocensura dos veces, antes de hablar, habla mucho menos, que por la boca muere el pez y en boca cerrada no entran micrófonos, ni agentes de la Seguridad del estado, ni de los comités de defensa.

La palabra era mucha, y una manera de ser, de vivir, la palabra tenía una autonomía, era una fábula real, literatura popular, oral, forma de resolverlo todo hablando, aun si no valía mucho en la política, el amor, la conversación, la promesa. Se vivía entre palabras, de palabra, manera de ser cubana, una fuga colectiva, una forma de negar la realidad, de cambiarla. Un país sin un no, el país del sí, donde el sí podía ser no, y el no no existía en la palabra.

Tres cubanos tienen la primacía de la palabra: José Martí, poeta, orador, escritor, periodista, que animó la independencia con un océano de mágicas palabras que escribió tantas y tan buenas palabras, que servirían a probar cada cosa y la contraria, como cualquier teoría que se respete. Y si muchas de sus palabras se las llevó el viento histórico, otras quedaron y son con algunos versos sencillos, su diario de guerra, de la mejor y más moderna prosa y poesía castellana; otras, de análisis histórico y político, de un saber clásico y de una intuición genial.

El poeta y novelista José Lezama Lima es otro fenómeno de la palabra; quizá si de este Ulises tropical no queden todas, algunas, por su misterio verbal, belleza y sabiduría, irán más allá de la de otros famosos escritores latinoamericanos.

En un país de negritos catedráticos, y los negritos eran también blanquitos catedráticos, el cubano era tan osado, que podía ir a una conferencia científica, oír por primera vez el más abstruso o difícil teorema, una fórmula matemática, la teoría de la relatividad, pararse y a pura imaginación, cara dura, o relajo, rebatirla o hundirla con una chocota.

Y de pronto vino uno que hablaba más que todo el mundo, y habla tanto y tanto que calló a todo el mundo. No. No. No se calló; después de treinta años, sigue hablando y no importa que ya no diga nada, que no lo oiga nadie, aun si todo el mundo debe aparentar oírlo, pienso que por no sentirlo una vez más, aun si nada cambiaría, con tal que se callara y no hablara más, todo el mundo sería feliz.

Pero eso no es posible. Fidel Castro: palabra y figura hasta la sepultura.

Nunca en el mundo, en treinta años bien hablados, nadie habló tanto; entonces vale aquello de: "Cuánto has hablado, pero qué has dicho."

Su palabra no es literatura, gracia, historia. Su palabra es poder. Poder mental que enmudece la lengua y el cerebro de los otros. La palabra como causa y efecto de la sordera mental.

Ahora se oye, se lee y se ve, mucho menos, por una simple razón. Si un ciudadano recopilase el lenguaje oficial: discursos de Fidel, periódico *Granma, Bohemia,* televisión, radio, la repetición no ya de los conceptos fideloides, sovietizantes y marxistizantes, sería tal que, componiendo un año, ¡qué horror!, un mes, ¡qué horror!, o un día, las cien mil, las diez mil, las mil, las quinientas o las cien palabras son las mismas, repetidas al infinito.

Una computadora fidelo-soviética enloquecería, se quedaría parada o muda si le ordenaran reordenar el lenguaje oficial.

Un mundo oral de una riqueza extraordinaria, el cubano, después de treinta años de asesinatos, *Pravda*-fidelo-granmismo, más que afónico, mudo, está como muriendo.

De ahí una reacción de cubanismo, casi chuchero y brutal, populáresco, que nace del mundo popular, negro, africano, que los jóvenes hablan, que desespera al lenguaje oficial, que intenta suprimirlo y no lo logra.

"El estado soy yo"

"Yo, Fidel Alejandro Castro Ruz, soy la revolución: la revolución tiene ojos, tiene oídos."

Idea clásica del poder absoluto es que el emperador, rey, general, caudillo, secretario general, está arriba, sobre todos; no se conceda, es él quien concede el honor de oírlo, visitarlo, en su trono o palacio. El antiguo poder, como un extraordinario cuento, de ese gran escritor italiano, nacido en Cuba, Italo Calvino, no se mueve, está fijo, a él hay que llegar. El poder absoluto, arriba, no se mueve, llega abajo, a través del estado o gobierno.

La estructura del poder soviético, el jefe del partido, que desde el Kremlin ordena, decide, y abajo y en todas partes, el partido o estado, ejecuta, cumple, inventado por Lenin; que Stalin perfeccionó, no es así, en la forma, en la variante castrista, sí en el contenido, la esencia.

El poder no se mueve, es inconmovible, habla poco, no se concede. Decreta, decide, escribe. Fidel Castro, poder absoluto, como César, Napoleón, Alejandro, reyes, emperadores, dictadores, jefes guerreros, se mueve siempre.

No se puede estar quieto.

Pienso que Fidel Castro padece de nerviosismo revolucionario. Él es la revolución: la revolución no se puede estar quieta, debe moverse y cambiar siempre. ¿Será esta característica de una isla larga y estrecha?

Fidel, cámbialo-todo, tiene a Cuba, desde el primer día, en un cambio continuo: hombres, puestos, lugares, cosas, actividad.

Fidel Castro entiende "el estado soy yo", como si fuese Dios y estuviese en todas partes y lo hiciese todo.

Porque ama hacerlo todo: sustituye al estado, los jefes, decide día a día, cambia un día, una caña por otra, la destruye, o la vuelve a sembrar, o cambia el café de montaña por el café de llanura, o el ganado criollo por un nuevo ganado. No sólo en lo general, en lo particular.

Inventa helados, hace heladeras, sopas, comidas, restaurantes, vinagre, yogur, hasta la madre de los tomates, cambia árboles, tumba palmeras y siembra pinos.

Es un remolino, un ciclón, un terremoto.

La única institución que realmente ama es la militar-policiaca, pero ni aun en lo militar gusta de estados mayores. Si aceptó el modelo de estado soviético, es porque no tenía otro remedio, y le conserva el poder.

Prefiere como jefes a los que tienen menos personalidad y que les sean obedientes, no importa el cargo, ni de que se ocupen, economía, agricultura, la Seguridad o la guerra.

Aspira a hacerlo todo: arriba y abajo. Jefe, inventor, científico, educador, agricultor, guerrero, policía, juez, acusador, fiscal, economista, periodista, escritor, químico, veterinario, industrial, deportista.

Pierde mucho tiempo en cosas banales, absurdas. Conversaciones para oírse a sí mismo, viajes o proyectos locos.

Sin Raúl Castro, que es un comunista-militar, que ha ido organizando el mínimo imprescindible, militar-político-estatal, Fidel Castro hubiese perdido el poder.

Decir Raúl Castro no es referirse sólo al hermano de Fidel, es hablar del hombre del partido, desde los veinte años y antes del Moncada, en el puesto clave y de acuerdo con el jefe máximo, que necesitaba en su estrategia de la Unión Soviética y para su seguridad y mínima funcionalidad, delegar en el

Partido Comunista y en el sistema soviético, el mínimo de estado y organización, para sobrevivir y asegurar a los suyos.

De ahí el crecimiento en los últimos años del aparato comunista, en Cuba, en el ejército, la Seguridad, el estado, la economía.

Si Fidel Castro arriba todavía manda, es el jefe de todo, el instrumento político, militar, estatal y policiaco-económico-social en Cuba, no es Fidel, es soviético.

Tan poderoso que Fidel Castro no podría destruirlo, aun si lo quisiera.

Mientras el poderoso aparato podría sustituirlo a él, si le fuese ordenado, o necesario para sobrevivir: prueba, la historia de otros estados comunistas. De otros grandes jefes comunistas, Jruschov, Mao Tse Tung.

El aparato es más poderoso que el caudillo.

Pienso que el aparato sobrevivirá, como en otros países comunistas. La desaparición del caudillo podría provocar grandes cambios, políticas diferentes, no pienso que de inmediato, la caída del sistema.

El hombre principal de Fidel Castro es Raúl Castro. La cuestión: ¿es Raúl más fidelista o más comunista? La respuesta no es fácil. Hasta ahora Raúl ha podido ser simultáneamente las dos cosas. Fue Fidel quien se volvió comunista, sin serlo, mientras que Raúl ya lo era: le es fácil seguir siéndolo.

¿Se suicidaría Raúl con Fidel si éste, por esos azares de la historia, entrase un día en conflicto de verdad, con los soviéticos?

No es de pensarlo.

Castro, precursor de la teología de la liberación

¿Creía en Dios, o no creía? La respuesta es difícil. Castro desmiente sus actos y creencias pasados: políticos, económicos, religiosos, humanos. Se contradice, sin admitir la contradicción; es imposible saber si lo hace porque le conviene ahora negar su pasado, o porque simulaba ya con vistas al futuro.

Admitir su pasado es sólo aparecer como un hijo de papá capitalista, latifundista, conservador; es asumir la historia de su juventud, de jesuita, católico, su paso por la Universidad, las acusaciones de gangsterismo, de político fracasado, que no obtenía votos, de aventurero, y de abogado que no ganaba un pleito y era mantenido por su padre.

Castro afirma que se vio obligado por razones políticas a mentir; si decía lo que pensaba, el pueblo no lo hubiera seguido, y los enemigos lo hubieran aplastado. Puede ser cierto que mintiese entonces, como pudiera ser que mintiese ahora, cuando se refiere a aquel período de su vida.

De otra parte, leyendo sus discursos y entrevistas se descubre que Castro es un simulador permanente y sincero, que en el momento en que dice algo, de buen actor, comienza por creerse él mismo la mentira que está diciendo, y como para él no existe el tiempo, la historia o el pasado, existen su tiempo, él se cree con derecho a modificar, cambiar, olvidar a su gusto, aun sus propias palabras, que caudillo sería si debiera ser prisionero de sus actos de ayer, de sus palabras de antes. Para él cuenta sólo el presente. El caudillo-pequeño-Dios, poder terreno, todo lo puede. Él es el tiempo.

No hay límites entonces, ni para él mismo, entre verdad y mentira, la verdad de hoy, es la mentira de ayer, y quizá, si la de mañana, o el contrario, Fidel, él infiel, es fiel, sólo a Fidel, por qué tiene que serle infidel a Fidel.

Castro es un pragmatismo, un fidelista, comunista por conveniencia, no por ideología: sobre la libertad, de la que tanto habló, antes de asesinarla, y la Unión Soviética y el comunismo, que tiene como aliados en su estrategia, que lo mantienen en el poder, no cambia el hecho ni de palabra, no es por creencia, es por necesidad de poder.

Se puede admitir, en la alienación de su personalidad y de su poder total, un componente de locura —no locura suicida—, locura con los otros, con las obras, pienso que nunca arriesgará el poder, en un acto que arriesgue la fuerza que lo sostiene: dictadura militar, caudillismo, comunismo, Unión Soviética, enemistad a Estados Unidos, aventura revolucionaria, guerras en América Latina y África.

Volviendo a sus orígenes católicos, es de pensar que de niño y adolescente creía. Su educación, de tantos años como interno en colegios jesuitas, hace difícil pensar que tuviera desde entonces la necesidad y la capacidad de simular, que tendría después, difícil engañar, me parece, por tantos años, a tan renombrados maestros, como los padres jesuitas.

¿Creía en el 1953, 1956, 1959?

La respuesta no es fácil. La palabra "Dios" no aparece en *La historia me absolverá;* está, en cambio, en el testamento de José Antonio Echevarría, escrito horas antes de morir, el 13 de marzo, cuando el Directorio Revolucionario asaltó Palacio, y aparece en cartas de Frank País, el líder santiaguero del 26.

Un creyente no olvida a Dios en momentos difíciles, cerca de la muerte e invoca su gracia y protección.

Dios no está, que yo sepa, en ninguno de los numerosos documentos suyos de entonces, pero aparece de una manera bien precisa en una carta que Fidel Castro envía desde la prisión de isla de Pinos al padre de Renato Guitart, el santiaguero que murió en el Moncada.

En el 1959, quien está en su boca, un día sí y otro también, es Jesucristo: Cristo, el revolucionario.

El hijo de Dios, sí, el padre, no y es bien sospechoso, este cristianismo de fachada, sin Dios, sin dogma católico.

En sus dos años en la Sierra, Castro se volvió el padrino de media montaña, bautizando niños campesinos, a diestra y siniestra, tuvo la visita y la colaboración de varios sacerdotes, como el padre Guzmán, y en permanencia allí, un sacerdote católico, oficiante, capellán militar, el padre Sardiñas, que termina la guerra como comandante, sin pelear naturalmente, aun si no faltaba a aquel padre cierta capacidad funeral, y alguna atracción por las armas que lo llevaban a los avatares de la guerra, lo mismo a un bautizo que a un paredón, y con humor serrano, se contaba, que su despedida, de este mundo a los fusilados, no era muy católica y sí más bien demoniaca: "Que *Tres medallas* te acompañe", eran sus últimas palabras. *Tres medallas* era un coñac que circulaba por la Sierra, al cual el padre era algo aficionado, y parece que daba un trago de aquel coñac peleón para mitigar en algo las penas de los que eran mandados al otro mundo.

Los bautizos y las medallas de la virgen de la Caridad del Cobre que colgaban del cuello de Castro fueron de enorme eficacia. ¿Por qué lo hacía? Porque le convenía, sin dudas. ¿Creía o no creía? Quién lo sabe.

¿Quién iba a desconfiar del hijo de un gran latifundista católico que luchaba contra la dictadura, por fortalecer la democracia y la libertad, que se declaraba enemigo del comunismo, de las nacionalizaciones?

Ser ortodoxo, católico, joven, moderado, sirvió a Castro para convencer a los cubanos de su buena fe, para dar esa imagen en Estados Unidos, en sus entrevistas norteamericanas, para que el ejército, en un momento de crisis, se rindiera.

Castro usó muy bien el lenguaje bíblico, las parábolas bíblicas, los símbolos bíblicos: doce fueron sus apóstoles —el mito de los doce guerrilleros que sobrevivieron e hicieron la revolución—, como la bendición de la famosa paloma, que a su llegada a La Habana, y como bajando del cielo, se posó sobre su hombro. "La revolución de los humildes y para los humildes" es la definición de Castro entonces.

Jesucristo, pero por la libre, sin el catolicismo oficial, fue su caballo de batalla en los primeros tiempos de poder. Y un día no lejano, 1961, deportó de Cuba a miles de sacerdotes y monjas, acabó con las iglesias, cerró los colegios religiosos, aun aquellos en que había estudiado, diciendo que la católica era la Iglesia de los ricos, de la contrarrevolución, la negación de Cristo; no pasaría mucho tiempo y un furioso ateísmo contaminaría todo el país. No pasaría mucho tiempo y acabaría con las Navidades, el Año Nuevo, el día de reyes, la semana santa y las tradiciones cristianas, que todos los cubanos, religiosos o laicos, practicaban entre la fiesta y la fe.

No sólo persiguió y aniquiló la religión católica, hizo lo mismo con las religiones africanas, con bautistas, protestantes, testigos de Jehová, miles de los cuales terminaron en prisiones; intenta hacer desaparecer los ritos que los negros esclavos llevaron a Cuba y que mantuvieron perseguidos, en secreto, durante la colonia, y que la presencia del mundo negro en la guerra de independencia impuso en la república. El bautizador de la Sierra ha sido el desbautizador, después de la revolución. Casi toda la población de Cuba estaba bautizada, casi toda la población nacida en los últimos veinte años es judía; es decir, no bautizada, que es la manera popular de decir en la isla que alguien no ha sido bautizado.

La Constitución de 1976, las leyes, códigos y disposiciones establecen una clara discriminación para quienes no se declaren marxistas o practiquen alguna fe o religión. Ser católico impide ser miembro del Partido Comunista, no ser miembro del Partido Comunista, impide el acceso a cualquier posición importante en el estado cubano.

El Vaticano, perdida Cuba, y hay que decir que el de la Iglesia católica cubana, fue más suicidio que asesinato, porque ésta, formada en su mayoría por españoles, no apoyó las luchas independentistas, a pesar de que el padre Varela fuera el precursor de la independencia, y en la república se ocupó más de las clases altas que de los pobres, o de los que vivían en lugares alejados, de difícil acceso del país, no como ocurrió con otros países, de América Latina, y a Castro fue fácil darle el golpe de gracia, pues los cubanos creían más en Dios que en los curas. El Vaticano envió entonces a Cuba a un "vicario de izquierda", monseñor Sachi, que se volvió el más "fidelista" de los fidelistas, y que, entregando a Fidel lo poco que quedaba de Iglesia, consiguió recuperar algunas cosas materiales.

Castro, el hombre que hizo la revolución en el nombre de Cristo y con la cruz al cuello, y que desde el poder la enterró, es el verdadero precursor y creador de la teología de liberación: hacer la revolución en nombre de Cristo, de los humildes, con el sostén del pueblo católico, y después desde el poder, suprimir la Iglesia y la fe, y sustituirla por el marxismo: Cuba, Nicaragua, son dos países donde se puede estudiar, qué cosa es la teología de la liberación en la teoría, antes, y en la práctica del poder, después.

Que dentro de la teología de la liberación haya mucha gente honesta que conoce la tragedia de la pobreza y del hambre de millones de personas es cierto. La Iglesia fue siempre bien contradictoria en aquello de estar en todas partes, de apoyar la conquista y la esclavitud del mundo indio, y de combatirla, con otras órdenes, como los dominicos, el famoso fray Bartolomé de las Casas, que tanto se batió por los indios, pero que de alguna manera pidió que lo sustituyeran por esclavos negros. Si la Iglesia católica fue una de las pocas instituciones españolas que penetró profundamente en la mente y en el corazón de millones de indios en México, Centroamérica y Sudamérica, y no dudo que les dio aliento espiritual, poco hizo por cambiar la vida de esos nuevos súbditos, ella tan poderosa siempre. Al menos, los "malos" protestantes, allí donde llegaron contribuyeron a crear riqueza, que de alguna manera mejoró la vida de sus fieles.

Como dice, con su sabiduría, Octavio Paz: mejor liberarse de la teología, que la teología de la liberación.

Y es que el comunismo es también una nueva religión, sólo que promete el paraíso, no en el cielo, en la tierra.

Pienso que sería mejor para todos separar a los dioses de la política y a la política de los dioses.

La variante castrista de la teología de la liberación es que no se puede tomar el poder en América Latina diciendo que se es comunista, hay que decirse católico, demócrata, liberal.

Ser comunista es no decirlo. Ser católico, según Castro, es decirlo y no serlo.

Sé que hay católicos que creen que la teología de la liberación está bien cerca de Cristo, y sé que hay comunistas que se dicen católicos, castristas y revolucionarios, que piensan que la teología de la liberación es un maravilloso instrumento revolucionario, que al fin será más castrista que cristiano.

Se conoce que el camino del infierno está poblado de buenas intenciones. Ahora habría que decir que el camino del paraíso está poblado de intenciones castristas.

A cada uno sus intenciones.

Comienza un gran duelo entre papa Woytila y Fidel Castro: éste necesita de aquél para infiltrar más, bendecir la teología de la liberación, "resucitando" en Cuba a una Iglesia bien muerta; el papa necesita de Castro para resucitar la Iglesia en Cuba y para impedir que el caballo de Troya castrista se apodere de la teología de la liberación.

¿Quién ganará, quién perderá?

Sólo Dios, o el diablo, lo saben.

MUJERES EN LA VIDA DE FIDEL CASTRO

Fidel y la revolución sexual

Fidel nunca fue fiestero, bailador, rumbero. Patagallega en el país del son, no gustaba de la rumba ni de la pachanga, amaba sí el bolero sentimental. ¿Raro para un cubano? No, si se piensa que nació en una familia gallega, que no hizo vida de joven, que vivía en el mundo jesuita, en el que no se sentía, ni aun en el rumboso Santiago, el toque mágico del bongó, el rito negro, el mundo popular. Colegio masculino en que mujer, eros, sexo, tenían olor de pecado, de ahí la separación de los sexos. Cuenta Fidel cuánto horror sentía al pasar con los curas por los barrios calientes de Santiago de Cuba, cuando con desparpajo las putas invitaban a padres y alumnos a gozar del amor.

Mujer, cuerpo, sexo: pecado. Al matrimonio, virgen.

Viviendo, ¡ay!, de pura manuela jesuita.

La fijación con las *Señoritas de Aviñón*, las célebres putas picassianas, y con los burdeles es tal, que todavía en 1965, cuando contaba al cronista la rebelión de Bogotá, en 1948, de su memoria fotográfica, venía fuera en uno de los momentos de mayor tensión y peligro, cómo sus ojos se fijaron en una pareja que hacía el amor, entre los tiros y el tumulto, cómo lo visto no fue olvidado y cómo lo horroriza cuando su visita a Princeton, ver a muchachas y muchachos compartir sus graciosos y jóvenes cuerpos.

Cuenta Fidel que de adolescente se puso a escribir versos de amor a una jovencita de la que estaba enamorado, cuando su padre jesuita lo sorprendió, le arrebató el papel que leyó, y en cuanto a poesía, fue una cura de caballos: en su mundo futuro no había lugar para la poesía.

Es Mirta Díaz Balart la primera mujer que se conoce en su vida. Mirta era una bella rubia oriental, que estudiaba filosofía en la Universidad de La Habana. Cuenta un amigo de Fidel que cuando éste vio por primera vez a Mirta, le dijo: "Con esa muchacha me voy a casar." Así fue no mucho tiempo después.

Cuando Fidel habla de su ideal femenino, nos parece estar viendo el retrato de Mirta.

El matrimonio, del que ahora no se habla más, se hizo en Banes, un pueblo de Oriente, cercano a Mayarí; de allí era la familia de la novia, los Díaz Balart.

La boda que unía las dos conocidas familias se efectuó en la iglesia católica banense el 12 de octubre de 1948, y fue por lo grande, como correspondía a las familias de los cónyuges. Don Ángel, por mediación de don Fidel Pino —padrino no de fe, de economía de Fidel—, pagó el viaje de luna de miel de los jóvenes esposos a Estados Unidos, meca entonces de las respetables familias cubanas. Como parecía al padre que el hijo estaba sentando cabeza, que prometía terminar la carrera de abogado y dejar sus peligrosas aventuras revolucionarias, hizo otro regalo de prestigio a Fidel, un grande y flamante automóvil norteamericano. Ahora sí parecía él de verdad hijo de un rico.

En conversación registrada e inédita con el autor, Fidel cuenta aquella su experiencia del viaje por tierras norteñas.

El viaje, que duró algún tiempo, fue un respiro para Fidel, que se sustrajo a los peligros que lo acechaban en La Habana, con sus enemigos furiosos por la muerte de Manolo Castro, que se preparaban a matarlo.

Once meses después del matrimonio, el primero de septiembre de 1949, Mirta dio a luz a un varón, al que, siguiendo la tradición cubana, bautizaron con el nombre de Fidel, para felicidad del padre, que ya tenía heredero y nombre para la posteridad.

Sería Fidelito su único hijo oficial, aun si ahora Cuba está llena de Castritos, no tan clandestinos, al menos en cuanto al apellido del papá, que así los honra, algo que todo el mundo sabe y de los que nadie habla, como ocurre con los secretos palaciegos.

Los primeros años del matrimonio transcurrieron en buena paz familiar, con el joven abogado que hacía sus primeras armas caseras, legales y políticas, abandonando los tiratiros e ingresando en el nuevo Partido Ortodoxo de Eddy Chibás, que sostenía una dura oposición al gobierno auténtico.

Naty Revuelta

No ha pasado mucho tiempo de su matrimonio con Mirta, cuando Fidel descubre otra bella mujer, casada ella también, atractiva y con inquietudes sociales, literarias y políticas.

Amores clandestinos en una época de clandestinidad. Estamos en los primeros meses de la dictadura batistiana, en 1952.

Sorprende que la bella Naty Revuelta sea la que lleve el manifiesto secreto y el aviso de que Fidel está por atacar el cuartel Moncada, pocos minutos antes del asalto, la madrugada del 26 de julio de 1953, a Pelayo Cuervo y Raúl Chibás, dirigentes del Partido Ortodoxo y simpatizantes de la acción de Fidel. ¿Por qué es Naty la mensajera y no Mirta?

En honor de Mirta, fiel esposa y no política, e hija de un ministro de Batista, hay que contar que, enterada del fracaso del ataque y la suerte de su marido, hizo cuanto pudo, y fue mucho y en todos los órdenes: reunirse con amigos y buscar dinero para enviarlos a Santiago, legalizar la anómala situación de Fidel en el Colegio de Abogados —no había pagado su cuota—. Contó con el apoyo de Aramís Taboada, el Chino Esquivel, Humberto Sorí Marín, Julio Duarte. Mirta se movió también con su familia dentro del gobierno y con la Iglesia católica, gestiones que mucho contribuyeron a salvar la vida de Fidel cuando cayó prisionero una semana después del ataque.

Si Mirta fue la fiel esposa, Nati, la sensual amante, fue aquella que le hizo descubrir la fascinación de los amores clandestinos, el pecado bien gozado del antiguo jesuita, que comenzaba a tomarse libertades. Si Mirta era la fineza espiritual, la virginal pureza, Naty era la ardiente sensualidad cubana, la sexual Eva, que unía otro mundo desconocido al inquieto Fidel, el mundo de los libros: ciencias sociales, filosofía, literatura.

Si la prisión es el tercer período importante en la vida de Fidel, después del jesuita y el universitario, mucho de lo allí madurado Fidel lo deberá a la inquieta Naty, que será su librera de entonces. Sus cartas de la prisión bien lo confirman.

Se cuenta que una de estas cartas fue problemática para Fidel: ocurrió que metiera en el sobre de Mirta una carta amorosa a Naty, y en la de Mirta, la de aquélla.

¿Sería la carta equivocada una de las causas del próximo divorcio de Fidel y Mirta?

Aun si Fidel, que todo lo politiza, habló sólo de otros motivos relacionados con un dinero que Mirta recibía de la familia y que venía de un ministerio del régimen.

Naty fue la depositaria e inspiradora de las cartas del presidio, escritas con libertad, preciosas para conocer cómo era y pensaba Castro entonces, sus inquietudes políticas, su descubrimiento del marxismo, sus planes futuros.

Con Naty, que como él también se divorciaría, tuvo una hija, que llamaron Alina, y que años después reconocería.

Fidel dice que fue en ese viaje de luna de miel por Estados Unidos cuando, por primera vez, compró *El Capital*, en edición inglesa, y bromeaba sobre el capitalismo, que con su libertad lo volvió marxista. ¿Cuándo se rompe su virginidad católica y ocurre su bautismo marxista?, es un tema controvertido de su vida.

Astuto como buen gallego, antes de la toma del poder, de marxismo no hablaba; del comunismo renegaba públicamente, de buen jesuita y mejor maquiavelo: no digas lo que pienses, piensa lo que no digas, di lo que no pienses, más tarde el necesario bautismo marxista, su hojita de parra roja, es una obsesión que aparece en todas sus historias y siempre más y más atrás, e incluso de niño, cuando se interesó por un obrero comunista, preso en Santiago, no es de dudar que un día se afirme que nació marxista o de revolución prenatal.

Ya le robaron al pobre Abel Santamaría el libro de Lenin, que le ocuparon cuando el ataque al Moncada, del que hay una respuesta de Fidel en aquel juicio, y que ahora han "fidelizado". Difícil de creer que con su inglés, de *"Tom is a boy",* Fidel comprara y pudiera leer, entonces en Nueva York, un mamotreto de la densidad de *El Capital,* sin olvidar que de buen fabulador político, en otra ocasión afirmó que la idea de la guerra de guerrilla no le vino de la historia de Cuba, ni de la época maoísta, no, señor; se la sugirió nada menos que la novela de Ernest Hemingway, *Por quién doblan las campanas.*

La única prueba cierta de su bautismo teórico marxista-leninista son las cartas de la prisión dirigidas a Naty Revuelta, que permanecerían inéditas hasta la publicación de *Diario de la revolución cubana,* en Francia, en 1976, que el autor conoció en 1964, cuando trabajaba para la autobiografía de Fidel, con Valerio Riva y Giangiacomo Feltrinelli, que sería el editor.

Celia Sánchez

Hay una tercera mujer, la más importante en su vida: Celia Sánchez. Compañera de armas, secretaria, amiga, madre, enfermera, confidente, esta mujer delgada y frágil, enérgica, audaz, valiente y sacrificada, se volvió su *alter ego* o su *alter ega*. Manzanillera, amiga y compañera de Frank País, organizadora del 26, en aquel punto clave que unía la Sierra y el llano, fue mandada a representar el movimiento en la guerrilla, después de la furiosa polémica de la clandestinidad con Castro, por su actuación por la libre, su desconocer la organización clandestina, su caudillismo y militarismo. Celia debía representar, defender el movimiento civil, controlar a Fidel, y ocurrió todo lo contrario. Fidel fascinó a Celia, como a casi todo el mundo, y ella se convirtió en su más fiel compañera, en su ayudanta, secretaria, su único contacto con la vida, más allá de la guerra, en la única cosa humana de este hombre, más allá de lo humano.

Celia se enamoró del hombre y del líder, con toda la pasión de que era capaz; no hubo peligro, montaña, bombardeo, caminata, esfuerzo físico, que no hiciera para seguir a Fidel, como si fuera su sombra, de día y de noche, en el combate, el sueño, la comida, en transmitir sus órdenes, recoger sus documentos, ocuparse de los visitantes, periodistas, comandantes, compañeros, campesinos, y de cuanta cosa Fidel y la guerra necesitaban.

Por deber de crónica y de verdad histórica, siempre tuve dudas de si tenían una relación platónica o física. De si hubo o no hubo amor físico entre ellos. Sé sólo que ella estaba enamorada perdidamente de Fidel.

Mi duda nace de una experiencia vivida, que me obliga en este caso, de contar, no en tercera persona, en primera: el 28 de mayo de 1958 salí clandestinamente de Miami y aterricé en la Sierra, en un avión Cesna, pilotado por un aviador extraordinario, Pedro Díaz Lanz.

Era un momento difícil por la ofensiva enemiga y sin duda que aquellas pocas armas y balas, que el movimiento mandaba y que yo llevé, tuvieron importancia para resistir al ejército.

A Fidel, en cambio, el cargamento y yo, que lo había llevado, parecieron algo extraordinario, y fui colmado de atenciones, cargos y honores, algunos difíciles, como las largas caminatas subiendo y bajando montañas, yo sin *trai-*

ning y salido de un hospital, que debía seguir las enormes zancadas de Fidel, echando el bofe, y con la lengua afuera, para no ser menos.

Había entonces un solo ranchito en el campamento guerrillero de La Plata, en él vivían Fidel y Celia; los otros colgaban sus hamacas en los árboles del bosque; fui invitado por Fidel a dormir en el ranchito, a mí, librepensador, al que el amor ha parecido, y parece, la cosa más natural y bella del mundo, me parecía que el dormir bajo un mismo techo, de Fidel y Celia, no tenía que ser interrumpido. Me negaba, me negaba. Cómo iba a pasmar aquel amor. Fidel insistía, insistía. "No digas que no a Fidel", me decían Miret y otros viejos compañeros. Lo que me asombraba más, había aceptado mis nuevas responsabilidades, negándome a ser considerado militar. Civil era, y seguiría siendo, cosa que disgustaba a Fidel. Fue tal la insistencia de Fidel, que me vi obligado a dormir con ellos, en perfecto triángulo: Fidel dormía en la única camita; en una hamaca arriba dormía Celia; al lado, en otra hamaca, yo. Nunca vi nada, ni sentí, ni sorprendí ni aun una furtiva mirada cómplice; si aquello me ocurrió en la guerra, no varió la cosa en la paz. Vi más de una vez a Celia curando a Fidel, ocupándose de sus cosas íntimas. Nunca vi más nada. Cierto que estuve poco tiempo allí entonces, pues con el pretexto de la llegada de compañeros de la clandestinidad, nos construimos un ranchito sobre un río, cerca de Fidel y Celia, y allí vivimos el resto del tiempo.

Todos, incluidos los de la escolta de Fidel, hablaban siempre de aquella relación amorosa. Yo sólo sé que Celia sentía un inmenso amor por Fidel. No sé más nada, ni vi más nada.

En la guerra y en la paz, Celia se volvió una extensión de Fidel. Cuando no aparecía después de la toma del poder, y era frecuente, era ella la única capaz de dar una orden, de tomar una decisión importante en el Consejo de Ministros.

No pienso que Castro fue atraído hacia Celia de la manera que lo fue de Mirta o Naty; ésta fue de su parte una relación más revolucionaria y política, como la época en que comienza, es decir la guerrilla, y la que continúa, el poder, sin olvidar que Fidel era y es un animal político, aun en la cama. Relación política y maternal de parte de Fidel, su gran amor político.

Esta relación fue motivo de importantes guerras: Celia no simpatizaba con Raúl Castro, al que decía *el Casquito,* por su militarismo, y más aún por su procomunismo; no soportaba a Ramiro Valdés, el cruel jefe de la Seguridad; era enemiga de los viejos comunistas y de los soviéticos, a los que más de una vez puso a raya, como cuando los expulsó —generales incluidos— de Santa María del Mar, a donde los había instalado Raúl.

La única crisis de Celia y Fidel tuvo lugar cuando el sectarismo —1961-1962—, cuando Fidel, por presión de sus enemigos, llegó a sustituirla como su secretaria personal, ordenándole entregar a la comunista Geisa Borroto el archivo de la guerra. Con la caída de Escalante y el fracaso de su conspiración prosoviética, en marzo del 62, Celia recuperó su influencia y ya no se separó nunca más de Fidel hasta su muerte por cáncer en el pulmón, después de ser operada en secreto en una famosa clínica norteamericana.

Celia y Haydée Santamaría defendieron, en lo que era posible, a antiguos compañeros de clandestinidad de la persecución de Raúl, Ramiro, los comunistas y los soviéticos.

Pienso que con la pérdida de Celia, Castro perdió su único contacto con la vida.

Cuando su exilio mexicano, en la época en que sus amigos de ahora, del Partido de la revolución mexicana, que de siempre mandan en aquel país, lo metieron en prisión a él y sus compañeros exiliados, estando Fidel en la cárcel de Miguel Schultz, en julio de 1956, en una visita que Néstor Almendros, el cineasta cubano, allí exiliado, le hiciera a la prisión, para tomarle unas fotos, conoció a una bella mexicanita, que acompañaba a Néstor, hija de Custodio, director del Teatro Clásico Español de México y de su mujer, maquillista de Luis Buñuel. La bella trigueña, entre mexicana y española, gustó a Fidel, que entonces era en sus relaciones todo un caballero español, que respetaba las reglas del honor, y que después de preguntar si ella era novia de algún compañero y responder éstos que no, comenzó su romance que duraría unos meses, hasta la partida en noviembre de aquel año de México, para iniciar la guerrilla en Cuba.

Se hablaba entonces de otra relación suya: una aventura con una famosa rumbera cubana, que allí bailaba, y que lo iba a ver a la prisión. El único interés que tiene es que fue esta actriz y bailarina la que lo puso en contacto con Juan Orol, director de terribles películas mexicanas de tiros, lágrimas y culos, en las que Fidel tomó parte como extra algunas veces, no por vocación de farandulero, por necesidad económica.

Era una linda bailarina y modelo que Jesse Fernández inmortalizó con sus fotos en *Lunes de revolución*, en 1959.

Liberal y bella, no era la típica belleza cubana: trigueña, sensual, curvas de etcétera, con los famosos tres golpes cubistas, por delante, por detrás, por las caderas; el meneito suave de caminar rumbeando, que te rompía el coco, el vestirse apretado, tanto de no poder sentarse.

Era delgada, fina, como gustaba a los fistas y a los niños bitongos, a la europea; con exageración los del "populacho" la llamaban la mujer del hombre con el bacalao a cuestas, recordando la flaca de una famosa emulsión de aceite de hígado de bacalao, en cuyo pomo se veía a un pescador cargando el pescado. El tiempo suele ser cruel con la belleza, y en el trópico un asesino, pero parece que esta farandulera inmortal es como el vino que gana sabor con los años. ¿Cómo explicarse que un ministro y dirigente, famoso por su antierotismo, que fue virgen al matrimonio, sin ser católico, casado con una heroína de la que divorció, para casarse con la bailarina y ponerse en onda, con el cambia de mujeres y de amantes que se ha vuelto costumbre en las alturas del poder (curiosa actitud de estos revolucionarios, que después de compartir una vida difícil con sus compañeras revolucionarias, al envejecer éstas, miren no su vejez, sólo la de sus mujeres y las abandonen por las jóvenes y bonitas aventureras, que como siempre giran alrededor del poder y la fama, extraño orgasmo del poder, que si no es erótico ni bello, compensa con sus infinitos estímulos materiales, para decirlo a la marxista): los famosos abuelos fidelistas, que como el serio Carlos Rafael, ahora le ha dado también por cambiar, por aquello de que no hay dos sin tres, como si la vejez femenina no fuera no ya bella, revolucionaria, y la masculina y "falocrática" —es un decir—, de los pinchos, como el tabacón, fuera inmortal y si no para qué serviría el famoso testivital del doctor Tarkle?

La vejez no respeta ni a los comandantes: basta no desnudarse, imitar al jefe máximo, sus amores rápidos, con las botas puestas, el uniforme sin quitarse, desabrocharse la portañuela y allá va eso en un santiamén, honor concedido por la leche inmortal del héroe máximo.

La bailarina de que hablamos, respetada señora de ministro, recordando quizá los buenos tiempos de la farándula, cambió el ministro antierótico por un farandulero guapechoso, quizá por aquello de que los amores de las alturas no tenían el sabroso sabor de los de abajo. Entonces, un día en que se bañaba en la piscina del famoso Habana Libre-Hilton, uno de los centros de la *dolce vita* habanera, cayó por allí *el*

Comandante y la mandó a llamar. "Dice *el Comandante* —dijo el escolta a la bailarina— que esta noche te invita a comer con él". Uno de los más grandes honores que se pueda hacer a una cubiche. Y la bailarina cubana, no la española, aquella del poema de don Pepe Martí, respondió al escolta: "Dígale al *Comandante* que honrada y agradecida del honor que me hace con su invitación, que lo siento pero esta noche ceno con mi marido."

Ésta no es la regla, es la excepción.

La revolución sexual

Dos medidas revolucionarias ordenadas por Fidel en 1961 provocaron una situación nueva entre los jóvenes: una, la concesión de decenas de miles de becas en nuevas escuelas y casas de ricos nacionalizadas, con una estricta separación de sexos: varones con varones, hembras con hembras, en la tradición de la educación jesuita por Castro recibida, produjo desajustes, conflictos, generó homosexualidad. Castro y Ramiro Valdés ordenaron la famosa operación P: prostitutas, pederastas, proxenetas, fueron recogidos masivamente, sin limitarse a las "zonas de prostitución", que eran muchas, penetrando por toda la isla y recogiendo "desviados", no sólo sexuales, también religiosos, hippies, disidentes, en un mapa groseramente trazado de todo el territorio nacional de manera apresurada por los comités de defensa de la revolución. Fueron más de cien mil los recogidos enviados a prisiones y campos de castigo.

La otra fue, al contrario, una medida liberadora, no en su intención, en sus consecuencias: decenas de miles de jóvenes de ambos sexos fueron enviados libremente a campos y ciudades en la hermosa campaña de alfabetización.

Una alfabetización escolar, y también alfabetización sexual, lejos de sus familias, libres, los jóvenes descubrieron el cuerpo.

El cuerpo que, en todas las convulsiones, guerras, tragedias y revoluciones, en que la vida vale poco, puede perderse; se encuentra, descubre, se une al otro cuerpo, vive de sexo y de amor.

Si otras cosas Castro no ha podido socializar, a su pesar, ha socializado el cuerpo.

Sin quererlo ha provocado una gran revolución sexual, y no es que antes del castrismo no hubiera un gran templete nacional. Era clandestino y más limitado, como las famosas posadas, en que a pie, o en el cazapollos último modelo, se entraba furtivamente, y a morir de amor y no en tus rodillas.

Años hubo en que el INRA, de Castro y Carlos Rafael Rodríguez, el Ministerio de Industrias, de Guevara, perdían centenares de millones. Único sector socialista productivo, con grandes ganancias, el Consolidado de las Posadas, las ahora famosas casas de amor de la revolución.

Antes clandestinas, hoy pura coña, relajo cubano y colas socialistas para hacer el amor, con números y todo, las mujeres en una fila, los hombres al lado, en otra, ya nomás el misterio, no puro desparpajo, vitriólico humor cubano: "Oye, chico, que si tienes con qué, que si se te cayó el tabaco, que ése sí es un culo y no el que me toca a mí, por qué no cambias, mi nena; oye, cabrón, respétame, que te parto". Y entre tejido y tejido de las mujeres, la guasa de los números: el 69 y tantos otros. Qué otra cosa se puede hacer en una cola fidelista, esperando el turno para hacer el amor en la posada socialista.

A veces la cola es más familiar y seria, cuando se trata de jóvenes matrimonios, que viven separados en las casas de sus padres, no tienen casas, y se reencuentran para los deberes y placeres conyugales, lejos de los ojos de la suegra o el suegro, en la posada socialista.

Es la fiesta de la posada en la que se encuentra buena bebida, donde hay que cuidarse sólo de los burócratas rascabucheadores, que con ojos de Argos miran por invisibles huecos, donde las parejas comparten las bebidas y después calabaza calabaza, cada uno a su casa, aun si de todo ocurre en la viña de Fidel.

Dicen los chuscos que el huevo de gallina fidelista debe tener algo raro, que de tanto comer huevo —no sólo de huevo vive el hombre— se vuelve uno afrodisiaco, lo que una vez eran, el huevo de tortuga, los vasitos de ostiones, con pimienta y tomates —Fidel era un famoso bebedor de ostiones, en su época universitaria—, y otros mejunjes tropicales, con fama de eróticos, ahora desaparecidos, exportados a los jerarcas moscovitas, o que sólo se encuentran a altos niveles de la nomenclatura, y son ofrecidos a la clientela femenina de los pinchos, que el pueblo por necesidad y sabiduría ha sustituido por el puro huevo fidelista.

Lo más sabroso de estas historias amorosas son los tarros que las muchas guerras cubanas provocan: centenares de miles de jóvenes casados son mandados por años a Etiopía, Angola, Nicaragua, Yemen y otros países de África, América,

Monstruo oral, pienso que nadie ha hablado nunca más en el
mundo, no sólo en privado, en público, en televisión.
Es el primer gobernante televisivo del siglo XX.

Fidel Castro sigue la línea mussoliniana, con su eficacia retórica.
Durante mucho tiempo Fidel Castro ha hablado públicamente
un día sí y otro no; en 1959 pasaron de cien sus apariciones públicas,
con no menos de tres horas por discurso, trescientas horas
de palabras a buena velocidad, decenas de miles de palabras.

Asia, Medio Oriente, bien como militares, aparato logístico, constructores, médicos y enfermeras, alfabetizadores, técnicos, cuadros policiacos o políticos, como en todas las guerras y separaciones, "la soledad con amor se cura"; la cuestión surge en las asambleas de discusión de ingreso en el partido, en que toda la vida del aspirante viene informada y discutida.

Una tarruda —es decir, la mujer engañada por el marido— no tiene problemas, aun si el tarro o los tarros son de conocimiento público, vienen informados por los chismosos-revolucionarios de los comités de defensa, que son hachas en aquello de arrancar la piel del compañero aspirante. Pero si el tarreado es el hombre, aun si tarreado por la tarreada, metamorfoseada en tarruda. ¡Ah no: tarrudos en el partido, eso sí que no!

Tarrudas sí, tarrudos no.

Estas asambleas son la mar de entretenidas y eróticas, con los cuentos en vivo, testigos, interrogatorios, descripciones picantes, negaciones, acusaciones, confesiones, toda la vida erótica del aspirante o la aspirante, que pueda terminar en divorcio o en silencio cómplice: por aquello que tú sabes que yo te sé y yo lo digo, que si tú me sabes, te callas o canto lo que yo sé y si no sé invento, silencio nagüe, y todo el mundo no con la lengua afuera, con los trapos sucios, no señor, una vida ejemplar entre la mirada cómplice y risueña, buen fin: el bendito carnet del partido.

Para resolver el problema, el camarada Fidel propuso recientemente en un discurso a los nuevos graduados de médicos y médicas, aun si diciendo que no estaba bien que él se metiera en eso, pero que se metía y que lo mejor era que las médicas y los médicos se casaran entre ellos, y así no tendrían problemas en las misiones "internacionalistas".

Que la revolución sexual ha aumentado la población cubana es una verdad, más de diez millones, a pesar del millón de exiliados que se han ido de la isla.

"Si en algunas épocas condones y otros anticonceptivos han escaseado, como cuando el conocido conflicto con los chinos, por el famoso envío de aquellos millones de condonitos, que parecían sombreritos, cubriendo los bien dotados y muy exagerados cubiches, que provocó un conflicto con Mao, que revivía un viejo cuento del folklore cubano, que contaba de amores entre un chinito chiquito chiquito, y una mulata culona culona, con el pobre y discriminado chinito, que en el instante supremo decía: no tosi qui si sale, o el funcionario comunista cubano, que compró un millón de diafragmas en los países hermanos, y cuando éstos llegaron a la isla, se descubrió que eran diafragmas para automóviles, responsables éstos, con los condonitos maoístas, del nacimiento de la llamada generación de Fidel. Ahora parece que hay muchos condones, no hay globitos para que los niños los inflen, y los papás inquietos le suministran preservativos, los condones inflados entre la inocencia y la risa provocan chistes.

Hace más de veinte años que las fiestas de navidad están prohibidas; en los últimos tiempos la gente que antes las hacía bien clandestinas, ahora con cierto desparpajo, se reúne el 24 de diciembre en una casa, vienen los amigos, cada uno trae lo conseguido en el mercado negro o en el rojo, sobre todo el pedazo de lechón, y como no hay nada para decorar la casa y ponerla bonita, entonces inflan los condones y hacen preciosos globitos de colores, bien pintados, que colocan decorativamente en el lugar que antes ocupaban arbolitos de navidad, estrellas de belén, y otros atrezzos navideños.

Y esto aun entre las familias más serias y respetables del famoso socialismo a la cubana.

En ese clima cuentan cuentos de relajo, como el del famoso sindicato de espermatozoides, en una época pasada de falta de preservativos y de coito interrupto, que es una fineza no cubana, país en ciertas cosas muy español y muy quevediano. Era una pareja revolucionaria que todas las noches al hacer el amor tiraba los pobres espermatozoides al piso; éstos no caían como natura manda en la suave, mullida, acogedora casa uterina. No, los mandaban a morir en el duro cemento del piso. Eran tiempos de protestas, sindicatos y revoluciones; reunidos los espermatozoides en asamblea general, discutieron y denunciaron aquella explotación, decidieron crear una vanguardia revolucionaria, que con el empuje de las masas impediría el diario morir colectivo en el cemento de los camaradas espermatozoides; entonces el elegido secretario del grupo de vanguardia propuso, y la asamblea aprobó, la táctica a seguir, la consigna liberadora, entre estruendosos aplausos. "Compañeros —dijo el dirigente—, en el momento supremo, yo gritaré: Empujen, compañeros, y con el empuje colectivo terminaremos con ese genocidio colectivo, nuestro duro morir, asesinados cada día, por ese enemigo de clases que es el coito interrupto." Unánime y entusiasta aprobación de la asamblea. En la noche comienza el amor, atentas, vanguardia y masa, al instante de oír el grito liberador, preparada la masa al empuje. Entonces se oyó aquello de: "No empujen, compañeros, que nos cagamos."

Otro clásico cuento ironiza sobre el sectarismo del lenguaje revolucionario: era una pareja que tenía dos hijos, influidos por el ambiente, deciden no usar más los viejos burgueses nombres familiares: papá, mamá, el hermano mayor, el hermanito menor. No: la madre será la patria, el padre, el compañero, el hijo mayor, el compañerito y el menor el futuro.

Una noche el padre ronca y la madre duerme, el hermanito mayor se despierta con los gritos del pequeñito, y dice así, dirigiéndose al padre: "Compañero, dígalo a la patria, que el futuro está cagado."

Buscamujeres

Más de uno se hizo con el oficio de buscador de buenas hembras para los altos pinchos y más aún para el jefe máximo, entre ellos Alfredo Guevara, que usaba, de buen cortesano, con las mujeres el perfume francés y los mejores modelos de Coco Chanel, con los comandantes vinos y coñacs franceses, exquisitos quesos y cuanta chuchería rica produce el mundo de los malos, que del mundo de los buenos pocas cosas llegaban, excepto el caviar, que, por su sabor de aceite de hígado de bacalao y su color de betún de zapatos, era apreciado más de los viejos burgueses que de los nuevos revolucionarios.

La llamada dulce vida cubana nació de un mixto de poder y fealdad. Gente como el flaco Osmani Cienfuegos, el gordo Aragonés y Ramiro Valdés, no levantaban una chacha en sus tiempos malos, ni eran como el bello Camilo, con su aire de Cristo rumbero, su fama de héroe, uno que volvía locas las mujeres, y que vivió intensamente sus pocos meses de vida en el año 59, antes de desaparecer, de fiesta en fiesta, rumba en rumba, un harén colectivo, no como las célebres orgías de su heredero Osmani, en que practican el famoso 69, la rosca: variante de la conga del carnaval, o el salón, sólo que en la conga se ponían encima solo los brazos sobre el hombro, y en la rosca el círculo humano es formado después de un buen calentamiento de manos y de un *streap-tease* colectivo, a son de música en círculo sexual —un hombre, una mujer—, uno y otro más, unidos y caminantes; la unión tiene tantas variantes como la imaginación y furia sexual indiquen, por delante, por detrás, por arriba, por abajo, con el se cambia, se cambia, compañero o compañero, y que en el paroxismo final terminaba con la rosca redonda y bailante, a ritmo de locura, todos los cuerpos penetrados.

Otros como Abrahantes, primero jefe de escolta de Castro, después viceministro y ahora jefe de la Seguridad, hicieron sus armas usando todos los trucos del oficio.

Este uso del poder, que significaba privilegio y corrupción con las nenas, fue siempre muy criticado sobre todo por *el Che* Guevara. A veces el escándalo trasciende o hay guerras de poder y unos liquidan a otros con las pruebas de las orgías.

El Comandante tenía sus buscamujeres no porque los necesitara; el poder seduce, tocar el grande hombre es el gran coito, no sólo cubano, internacional, no hubo aventurera bonita o no que no se diera su vueltecita por La Habana, en busca de la gran jodedera, que al parecer no defraudaba para ser fiel a la tradición del gran macho y patriarca latinoamericano, sin olvidar que los cubiches siempre tuvieron merecida fama de bailadores y amantes.

Estos buscamujeres servían de contacto, cubrían la forma, y a veces tenían la misión de descubrir la espía, la presunta amante, que iban con intenciones de atentar contra la vida del líder máximo, hay que decir que más de un caso hubo.

Vasco Porcallo de Figueroa, uno de los primeros conquistadores españoles, pasó a la historia de América no por el poder o la gloria, conquistada como Hernán Cortés o Pizarro. Don Porcallo, colonizador de Cuba, se dedicó a tener mujeres e hijos con cuanta india quedó viva de las matanzas, cuanta bella negra esclava venía del África. Fue el primer quemador de petróleo de la isla, cuanta española, gallega, castellana, extremeña o andaluza, era posible. De buen patriarca, qué mejor que poblar Cuba de Porcallitos, y dice la leyenda que aquel gran padre-padrón tuvo setecientos hijos, rompiendo todos los récords de machismo hispanoamericano, ganando a otros famosos pobladores, como aquel cura que era padre de la Iglesia y de todos los fieles del pueblo.

Don Porcallo quedó como modelo histórico, no del erotismo refinado, del buen amor; del poder sexual, la fuerza bruta, el machismo. Cuentan los adoradores de Castro que éste aspira a romper el gran récord de don Porcallo; está por romper otras difíciles marcas: las de más tiempo en el poder, que en América Latina es cosa seria, que entre los muertos tenía Trujillo, con treinta y un años, entre los vivos el paraguayo Stroessner, con treinta y ocho, mientras Fidel es segundo con treinta y como oficialmente acaba de cumplir sesenta y dos, este récord no le será tan difícil como el del gran padre macho.

Dicen que los Castricos, llamados con humor potricos, y el papá Caballo, son más de un centenar, y que *el Comandante* "duerme cada noche en una casa y con una mujer diferente", como dijera una señora italiana, que al parecer no pudo entrevistarlo ni conversar con él, como ella merecía.

Ahora lo llaman el papá de los potricos y a los padres de sus muchachas, bien señalados, no tanto por las visitas del jefe, como por los privilegios y regalos recibidos, se les dice abuelos de los potricos.

En tiempos lejanos y mejores, los chistes eran más positivos: como las palabras y consignas del momento, que popularizó una artista y su amor con *el Comandante*, al preguntarle otra aspirante, cómo le había ido, que si el hombre era bueno, ésta dialécticamente, y por si acaso, dijo que tenía un orgasmo revolucionario, y ante el asombro de la otra, y su ignorancia de aquel nuevo orgasmo, pidió aquélla explicaciones, y la respuesta fue contar las palabras que decía *el Comandante* en el instante supremo: tractores, tierra, reforma agraria.

Otra época más dura y menos romántica le sucedería, y aquí la venganza femenina y el humor cubanos son algo más crueles. El gran hombre se concede, presta, hace sus necesidades, como un honor, no se da ni se entrega, quede eso para los humildes mortales. El grandazo concede su eyaculación, su leche de Dios, de ahí el nuevo mote de "mal palo".

¿Cambió el hombre o es el poder que cambia?

Aquel hombre que con su sentido del honor preguntaba a sus amigos, en la prisión mexicana, si la bella muchacha era la amiga de algún compañero, ahora en el poder, paseando por una de esas bellísimas playas habaneras, donde él y otros jefes tienen casas de recreo, encuentra una bella mujer esposa de un amigo y jefe, que lo llama y lo mete en su cama, muy cerca oyendo, no por querer oír, por obligación, uno de los escoltas de su seguridad, oye estas sus palabras, mientras hacen el amor: "Tú no debías hacerme eso a mí."

Es la conciencia inocentista del *Comandante*, su eterna filosofía de no culpable.

"Tu cuoco, Fidel"

Fidel gastrónomo, cocinero, gourmet, goloso, comelón, Fidel cuoco.

Tu cuoco, Fidel o
tu cuoque, Fidel.

¿Cuándo, dónde comienzan sus experimentos culinarios?

Al parecer en la prisión de isla de Pinos, aun si entonces con humor no se tomaba muy en serio, en el difícil oficio de cocinar, cosa que como tantas otras sucedería en el poder, que todo lo puede, cuando comandantes, capitanes, ministros, cortesanos y visitantes no se atrevían, no podían discutir la cocina del *Comandante,* para unos era riesgoso, mejor elogiar unos pasmados espaguetis fidelistas, que caer en desgracia, por una mueca o palabra no grata; cómo ofender la gentileza del gran capo, que perdía su precioso tiempo para ofrecerte su *pastacciutta,* se decía el ilustre visitante, más si era italiano.

Elogios, cortesía, guatacazo, exaltaban a mil al *Comandante* cocinero.

¿Quién se pelea con el cocinero no es un suicida?

Su repertorio aumentaba, los experimentos podían ser fatales al estómago; ocurrió con la sopa de pangola, exquisita yerba de vacas, que al parecer produjo alguna víctima, con la tortilla de huevos de caguama, aquel elástico bistec, que se estiraba como un chicle, de aquella especie de gigante tortuga, varaderesca y fidelista, que era como la ola marina, que viene, que va, sin olvidar la cola de cocodrilo, ese sucio, feo, apestoso y duro animal de la ciénaga, que tanto ama *el Comandante,* delicias de los turistas revolucionarios, del otrora famoso Floridita, de hemingueyana memoria y mojítica recordación, allí donde dos daiquiríes o toques de yerba buena con ron, eran limbo del amor.

Esparraguero, su gran caldera, viaja con su escolta, y si *el Comandante* está de venas, manda a bajarla en una fábrica o granja agrícola, ya no con asombro, resignación, con horror de obreros y campesinos, cuando ven bajar *el Comandante* caldera en mano, para inventar, mientras para el trabajo, uno de sus mejunjes colectivos que invitará a comer, en descarga de los valores vitamínicos alimenticios y desconocidos, deliciosos sabores que deben ingerir, mientras él les habla de la fabulosa invención que ofrece a su pueblo.

Los ajíacos fidelistas nada tienen que ver con el amado y desaparecido ajíaco criollo, aquella, si sabrosa, calderada de boniatos, ñame, yuca, malanga, plátano, calabaza, maíz tierno, guaguí, toque de manteca, ajos, cebollas, ajíes, carne de puerco, pimienta, quimbombó y cuanta buena especia hubiera, que se iba cocinando en el delicioso caldo, aquel manjar sabroso que bien caliente te hacía sudar, maravilloso viaje al sueño: un clásico cubano.

Hoy más difícil de hacer que una fuga por la corriente del golfo; quien encuentra aquellas populares viandas, que el fidelismo desapareció, y si encuentras una, y por casi milagro dos, todas juntas imposible, al menos que seas un Pincho, con finquita propia y cultivos particulares, como el comandante Ordaz y otros.

Ni ajíaco ni tamales de maíz verde, rayado en cazuela, hojas de plátanos con toque de especies criollas y puerco frito, el puro y sabroso tayuyo, ni hablar de majarete, arroz con aguja de cerdo, el boliche de res, que hacía chuparse la boca aun al más exigente extranjero que visitara el país, ni hablar de otras glorias como el enchilado de langostas, langostino, las ostras, camarones y cangrejos moros, ni aun el popular moros con cristianos, el congrí oriental, el arroz con leche, la natilla, el dulce pudín y ni menos los deliciosos jugos de las maravillosas frutas tropicales, ni aun el popular guarapo y la plebeya frita, nada de nada, ni siquiera el manguito mangüé.

Hay que cambiar los gustos del pueblo, pensó *el Comandante* cocinero: en el lugar del lechón asado con mojito y ron, al toque del bongó, o la guitarra, décima o son, pizzas fidelistas, casi sin tomate y queso fugitivo, que en cadena, y con la colaboración de un cocinero italiano de un restaurante habanero venido a menos, han surgido en toda la isla y como necesidad obliga están siempre acompañadas de la clásica cola fidelista.

Dulcero, postrero, yogurcero, heladero, vinagrero, conservero, vinero, nada falta en el repertorio de cocina fidelista; no duden que pronto aparezca un fray, no Luis ni de León, uno de esos pícaros que juegan con Dios y con el Diablo, el Vaticano y la teología de la liberación, ¡como si una teología pudiese liberar!, y escriba arrodillado con la mano izquierda el libro fidelista de la nueva cocina revolucionaria, con recetas en entrevista grabada con *el Comandante* cocinero, y con la mano derecha reciba muchos dólares del enemigo mundo occidental.

No cuoque, tovarich.

Por aquello de decir la verdad, bien que la excepción confirme la regla, concédase al *Comandante* un buen acierto por sus magníficos helados copelia, copas maravillosas y frías, que eliminan el caliente sol del trópico, la calura y amarguras del día, donde miles y miles pugnan en la interminable infinita cola, hasta llegar al delicioso helado de tantos sabores, que de años *el Comandante* ofrece, y cuyo único peligro es que de vez en cuando por aquella esquina caliente aparece la Seguridad y hace sus amorosas redadas colectivas.

¿Por qué no se dedicaría a heladero *el Comandante*?

Que este del helado, el yogur y el milagro de sus gallinas, aun si de origen canadiense, son innegables. Nunca se vieron gallinas del culo tan duro, poner tantos huevos fidelistas.

Casi casi que las gallinas de los huevos de oro.

Eróticos huevos, como la receta culinaria dada por una cubana guasona, en un popular programa de cocina televisivo, que al preguntarle la animadora cómo le gustaban los huevos, la mulata respondió con sorna criolla: "Con taco, con taco —talco—, mijita."

CUBA, ¿EL PROSTÍBULO DE AMÉRICA?

¿Era La Habana, en verdad, el prostíbulo de América? Sí, sin duda, La Habana tenía sus barrios calientes. Francamente, como cada putanero sabe, cada ciudad tiene sus prostitutas: la prostitución es universal. Roma, Milán, Génova, Nápoles, con sus pintorescas *donne di marchia piedi* (véase *La dolce vita* de Fellini), bellas piernas desnudas iluminadas por el fuego de la hoguera, que calienta las prostitutas en las frías calles y carreteras de Italia. Qué decir de tantas calles de París que no son Pigalle, de las vitrinas putañeras de Amsterdam, que exhíben la mercancía a ojos vista. No hay ciudad en la culta Europa donde clanes gangsteriles no disputen calles y zonas palmo a palmo. Habría que preguntar al pintor José Luis Cuevas sobre el retrato de las prostitutas de la bella Barcelona, a veces protagonistas de sus cuadros. ¡Cuántas cosas cuentan la literatura y el arte de la prostitución! ¿Acaso el cuadro que inicia la revolución pictórica contemporánea no tiene como sujeto y objeto a seis prostitutas desnudas en un burdel, pintadas por Pablo Picasso, que irónicamente han llamado *Las señoritas de Aviñón* blanqueando la dura palabra, por aquello que lo que cuenta no es una cosa sea, es que no se diga.

En esto de la prostitución no hay macho inocente. Por fortuna las nuevas generaciones han roto los mitos virginales y ahora se hace el amor por la libre, mientras las pobres prostitutas han tenido que hacer sindicatos, congresos y reclamaciones en favor de una de las más viejas y magdalénicas profesiones humanas.

No eran La Habana, Guantánamo, Panamá las únicas ciudades de putas en América; digamos que eran todas, sin negar que en unas se veían más que en otras; así, en Santo Domingo había que hacer el amor mirando el retrato del generalísimo Trujillo, aquel padre de la patria que no dejaba de ser un íncubo antierótico.

No será el cronista quien niegue la existencia de las famosas putas cubanas, entre otras cosas, porque le tocó trabajar en tres zonas de prostitución. "Sí, señor, cómo no." Tres prestigiosas publicaciones cubanas: el periódico *Luz*, que estaba en el barrio de Colón, la famosa y seria revista *Carteles* y el oposicionista *La Calle* y su *América deportiva*, en la caliente Zanja y el barrio chino, ni quien niegue la algo exagerada leyenda americana de que después de las francesas eran las cubanas el mejor templete de América. Los belenistas y los hijos de papá, entre ellos mi biografiado Castro, frecuentaban, en aquellos tiempos de "manuelas", la famosa casa Marina, que dicen los que saben era un fenómeno. Nunca he entendido el horror hipócrita de esos que hablan de la prostitución, pero la practican. Ya se sabe que el sexo, cuando no se ejercita, no cree en nadie. Que sea una profesión abominable y dura, todos lo sabemos, que es tan vieja como el mundo también, que no se resuelve a la jesuita o a la comunista, escondiendo a las prostitutas tampoco; hay países donde existen pero no se ven. Nosotros los cubanos, que lo exportamos todo, que somos un fenómeno, ahora hemos exportado la inmortal Marina a Miami, nuestra segunda patria. Ya he contado mi único contacto con las caras Marinitas. Ocurrió un día de 1959, cuando vi una extraña comisión de muchachas que me abordaron en el vestíbulo del periódico, y me dijeron que eran del sindicato de la casa Marina, en conflicto con la *matriuska,* porque reclamaban dos pesos más por palo turístico, y al otro día después de nuestra nota sobre las "Marinitas", que alarmó a más de un viejo putañero metido a moralista, apareció la distinguida señora Marina, al grito: "C..., señores, ustedes no saben que en todos los gobiernos se s...", y entre risas se le contestó: "Cara señora Marina, estamos en tiempos de rebaja, baje el palo al caliente y aumente el precio a sus pobres proletarias." Y ni que repetir las palabras de doña Marina.

Sin olvidar como en plena lucha contra Batista, mientras en la escalinata de la Universidad de La Habana, en un acto solemne, en el que se firmaba por el restablecimiento de la derogada Constitución de 1940, cuando llegó un ex ministro de Prío, que había perseguido la prostitución, y que ahora iba a firmar, los estudiantes le gritaron aquello de "Norberto, cómo ha subido el palo".

No podría dar cifras del censo de prostitutas antes de la revolución, sí decir que había en todas partes, y más que en ningún lugar en La Habana. Calculando barrios, casas y zonas, eran sin duda varios miles; digamos, para no regatear, diez mil en La Habana y otras tantas en el interior. Esto de la prostitución es como la pornografía, los casinos de juego y otras cosas. En Cuba habían muchas, pero en qué parte no existen; lo que sí es una injuria y una mentira miserable, es confundir a diez mil prostitutas con la ciudad de La Habana, en que vivían cientos de miles de familias honestas, centenares de miles de jóvenes cubanas, que nada tenían que ver con aquellos barrios, como en Roma, París o Nueva York. Cuando se habla de visitas de *marines* norteamericanos a Cuba, suele ignorarse que si un *marine* se equivocaba de barrio o de mujer salía bien apaleado o apuñalado, que nunca fueron los cubanos gente que permitiera que alguien se metiera con sus mujeres.

Esta cosa heredada, la revolución intentó erradicarla, por las buenas y por las malas, eliminando aquellos barrios de prostitutas, cerrando casinos de juego, centros pornográficos, como el teatro Shanghai, ofreciendo reeducación a las prostitutas o metiéndolas en cárceles, sin olvidar la famosa operación P (prostitutas, proxenetas, pederastas), cuando centenares de miles terminaron en cárceles o campos de trabajo. Oficialmente en La Habana, como en Moscú, no existe la prostitución, existe sí una policía para perseguir la prostitución.

Es grave el renacer de la nueva prostitución, o prostitución socialista, y se pregunta uno, ¿es cómo dicen los marxistas la prostitución un mal sólo causado por la miseria, una necesidad de vender el cuerpo para sobrevivir? Si la miseria ha sido abolida y todo el mundo trabaja, ¿por qué existe en Cuba la prostitución? Es innegable que la miseria, el querer ganar dinero fácil, son fuentes de prostitución, no las únicas. Como ocurre con la locura, que no es sólo un mal social, el alcoholismo, las drogas, la delincuencia, el suicidio, la violencia, hay otras razones además de las económicas y sociales que hacen que perduren estos fenómenos.

Si en Cuba hay prostitución, o es porque la revolución ha fracasado en crear una nueva vida o, como dirían los marxistas, hay problemas reales que hacen que la gente venda su cuerpo, mucho más al extranjero, al turista, al visitante que al cubano. ¿Por qué? Hay necesidades que son mitos: los *jeans,* las casetas de música, las grabadoras, perfumes, cigarros rubios, prendas íntimas, chucherías, libros, bebidas y centenares de artículos del consumismo occidental, que las familias del poder tienen y los otros no, y cuando digo poder me refiero a centenares de miles de funcionarios, burócratas, técnicos, policías y gente del aparato. La corrupción del poder castrista se ha extendido a buena parte de la población: una mujer bella resuelve todos sus problemas haciendo el amor con un Pincho: casa, privilegio, vestidos, perfumes, como ocurre con las tantas amantes de mi ilustre biografiado. La desmoralización de arriba ha penetrado sobre todo en amplias zonas juveniles. Nadie cree en nada, nadie puede cambiar aquel mundo triste, y como dice el bolero "Hay que vivir el momento feliz". Todo el mundo hace el amor, el amor, el cuerpo en tiempos de guerra, necesidad, dictadura, tragedia o socialismo real, es el único refugio, pero no se confunda libertad sexual con prostitución, porque ésta no está causada por aquélla ahora, como antes no eran fiesta, rumba, carnaval, baile, *night club* ni Tropicana, las causas de la prostitución.

Diez mil prostitutas no hacían que La Habana fuera un prostíbulo, como las miles de jóvenes que ahora se acuestan con los turistas no representan la población de Cuba. Eran antes una lamentable excrecencia de la sociedad, son hoy la misma cosa en la nueva sociedad. Como en la época de los indios, un espejo, un peine, una chuchería, era cambiada por otra, y como no hay oro que ofrecer al turista, se le concede aquello que se tiene y que para el viajero, como diría Lorca, cuando su viaje a la isla, puede ser lo más íntimo.

Aquella vieja imagen cubana que rebajaba y ofendía: unos tocadores de maracas y bongó, un vaso de ron, que al toque del bolero-son ofrecía Tropicana al viajero que venía del norte y que ahora viene del este, de Europa o América y al que se le ofrece como puede verse en los grandes carteles turísticos de la Cuba castrista, que dicen: "Disfrute Cuba revolucionaria", y aparece una bella mulata y cuando miras la gigantografía, la bella y sensual mulata, de insinuante culo, se te ofrece toda revolucionaria.

9

LA DINASTÍA CASTRO:
FIDEL, RAÚL, RAMÓN Y FIDELITO

Es importante entender la relación política y humana entre Fidel, hermano mayor, y Raúl, hermano menor, más que en edad, en lo político, militar, policiaco y jerárquico: del lejano 1953, cuando el ataque al Moncada. Raúl es el complemento de Fidel, su extensión y su brazo armado, en la guerra. A la victoria, su segundo, en poder militar —no en popularidad—, y con una breve y aparente caída para arriba en los primeros meses de 1959, responsable del ejército y la Seguridad, vicesecretario general del Partido Comunista y heredero designado.

Ilumina esta relación cómo es el mundo del poder familiar latinoamericano: la dinastía, especie de monarquía en estado salvaje, por decirlo, a la sartriana. El caudillo, padre, padrón, ya no rey o emperador, que por ley divina y humana transmite por generaciones su sangre azul, de generalote, cuartelero, populista, astuto y desconfiado hace de hijos, hermanos, segundos, terceros, cuartos hombres de mando, los designa herederos aun si esa pesadilla caudillesca no funciona siempre: el viejo caudillo puede morir, no de muerte natural, derrocado, ajusticiado. Somoza, el nicaragüense, dejó su Tachito; Trujillo, su trujillato familiar, y perdieron juntos; en Haití, el viejo Duvalier dejó a su hijo y a sus Tontón Macutes, sus palos y sangre, que no sirvieron para preservar su poder.

Las familias-dinastías tienen variantes: Perón, el argentino, quizá y por aquello del tango, dejó dos herederas féminas: la inmortal Evita, y viudo, la más gris Isabel Martínez, que en una ocasión fue presidenta.

Fidel Castro estableció la primera dinastía revolucionaria. Fidel primero, Raúl segundo, Ramón —el malo—, el

1

latifundista, que ahora se ocupa de agricultura, y el joven Fidelito, su hijo, que ha vivido una niñez movida y conflictiva: Mirta Díaz Balart, su madre y esposa de Fidel, de la que se divorció en 1954, cuando estaba en prisión; era hermana de un amigo-enemigo, Rafael Díaz Balart, compañero de Fidel en la Universidad, y la hija de un ministro de Batista. Entre pleitos, divorcio, un aparente secuestro, crece Fidelito, que no se sabe si por ser Castro, o hijo de papá, era un muchacho rebelde, difícil, sin un padre humano y una madre obligada a irse del país, que no puede llevarse al exilio a su hijo, que es el hijo del jefe de la revolución, aun si el hijo conserva una buena relación con la madre y ahora gozando los privilegios del poder, la visita de vez en cuando; no excepción, es una regla, sólo que para los grandes del poder: padres y abuelos hay iguales en el cariño, no en viajes, a sus nietos exiliados, como Carlos Rafael Rodríguez, que visita a sus nietos, en Madrid; no es el único; son reglas del poder, no de la mayoría de cubanos, que sufren la tragedia de los familiares exiliados: separación, división y aislamiento de la familia cubana: hijos que casi no conocen a sus padres, madres sin sus hijos, nietos sin abuelos, abuelos que no pueden ver más a sus nietos, aun si en los últimos tiempos la necesidad de divisas y una política de usar la familia como chantaje permite a los cubanos apolíticos ir a Cuba y a los cubanos de la isla de más de sesenta y cinco años, a los hombres y sesenta a las mujeres, salir de Cuba, en viaje breve a ver a sus familiares en el extranjero, si éstos consiguen una visa y pagan a precio de oro el viaje. Después de Radio Martí, los viajes a Estados Unidos han tenido dificultades.

Fidelito era un incontrolable en Cuba; jefe de la banda de los hijos de los Pinchos, no tenía paz con nadie; enviado a reeducarse a la madre patria; no, no, no a España, ésa era la vieja madre; no, la nueva, la única madre patria socialista: la Unión Soviética. Terribles estos hijos de papá crecidos entre la riqueza "heredada" de la burguesía, cínicos, sin creer en nada, justificados por el don sagrado de que el jefe revolucionario, en nombre del pueblo todo lo merece, inmunes, impunes, a cada acto delincuencial; ahí estaban los papás para sacarlos de manos de la policía. Victimarios y víctimas, muchos de estos hijos de papá se han vuelto hippies, han huido, se han exiliado, escapado al extranjero. La responsabilidad de sus padres es mayor que la de los hijos, predican ideales socialistas y practican una vida de privilegios y de nuevos ricos. Se sabe que los padres, padres son; y a estos hijos nada faltaba, todo les era permitido. El violento, el ladrón, el orgiástico, el homosexual, el chulo, el hippie, no tenía problemas: todo acto, por vandálico que fuera, se resolvería en las altas esferas, una excepción sola: discrepar, disentir, la oposición es la única cosa no permitida ni a hijos ni a papás. Qué mejor escuela que Moscú para el joven Fidelito, que no hace mucho se graduó allí en ingeniería atómica y fue designado embajador itinerante de Cuba en Viena, en la Comisión de Energía Atómica y responsable de ese importante sector en Cuba, donde se están construyendo dos plantas atómicas en Cienfuegos y debutó, con un discurso oficial, reproducido en *Granma*; aun si por ahora tío Raúl, casi en los sesenta, es el heredero oficial y parece que lo será siempre, si a Fidel con las medidas tomadas para su herencia política, le va mejor que a Stalin o a Mao y rompe el récord de los herederos designados del mundo comunista. Con Seguridad, ejército, partido y el aparato en sus manos, el apoyo soviético de que goza, no será fácil desplazar a Raúl Castro, a la desaparición, muerte o crisis del primer Castro. En una época se pensaba en su impopularidad. El suyo es el típico caso de rechazo, si amado era el hermano mayor en los primeros tiempos, odiado y antipático, era el menor: uno grande, el otro chiquito, barbudo y con tipo de héroe romano el Fidel, lampiño, blancuzco y con colita de caballo el Raúl, con un bigotico hitleriano, chaplinesco, Fidel era todo lo bueno, Raúl todo lo malo. En los orígenes del castrismo nos encontramos algo sorprendente: en 1953 Raúl Castro ingresa en la Juventud Comunista y hace un viaje como invitado al Festival Mundial de la Juventud de Viena, y de allí pasa a países comunistas. Regresa a Cuba en un barco y, en extraña compañía, no los delegados y simpatizantes comunistas de América Latina, que también venían en el barco, no, un diplomático soviético que viajaba en misión oficial a México, con el que Raúl hace una extraña relación. A su llegada a La Habana, Raúl es detenido, se le ocupa un diario de viaje en el que habla maravillas de los países comunistas, motivo de discusión entre el oficial Antolín Falcón y Raúl Castro. Cuenta Raúl en un relato, publicado en el *Granma,* que después de atacado el Moncada y ya en exilio en 1955, Raúl y Fidel, un día por pura casualidad, encuentran el diplomático soviético, en una calle mexicana y para que la casualidad se vuelva sospechosa casualidad, como diría un marxista, y ya que no hay dos sin tres, el mismo soviético aparece en 1960, y ya como acompañante y traductor de Mikoyan, cuando su decisivo viaje a La

Habana, en febrero de 1960, verdadero y secreto bautismo de Cuba en el mundo soviético. No, no, no estoy insinuando que Fidel Castro era un agente comunista, camuflado, no. Digo y era cierto que en 1953, antes del Moncada, después de la prisión, en el exilio mexicano en 1955-1956, durante la guerra y el triunfo en 1960, que Raúl era un comunista oficial. Que tres encuentros con un diplomático soviético son demasiada coincidencia y casualidad. Sorprende que el astuto y desconfiado Fidel en política, son sus palabras "No creo ni en mi madre", conociendo la militancia de Raúl, lo lleve de jefe de uno de los grupos del Moncada; lo haga jefe del Segundo Frente guerrillero, y en 1959 su sucesor oficial. Raúl tenía entonces un problema difícil: ser fidelista y comunista; cuando los comunistas acusaban a Fidel de putschista y aventurerista y Fidel a los comunistas de politiqueros, antirrevolucionarios, y el fiel Raúl, fue fiel a Fidel y fiel al partido; es verdad que la juventud comunista le quitó el carnet por participar en el Moncada, según Raúl "madre de la revolución", pero cuando le preguntaban cuáles fueron las razones de su separación, su respuesta convencida era: el partido siempre tiene razón, y si se le objetaba ¿y Fidel no?, respondía: "Fidel, también...", al final el trío, para tranquilidad de Raúl, se convirtió en dúo, Fidel se volvió comunista y Raúl feliz.

Raúl seguía con sus ideas comunistas y en el momento de designar al segundo jefe militar de la revolución, en marzo de 1958, en un momento clave, Fidel divide sus escasas fuerzas; la mitad, unos cien hombres los envía a controlar el norte de Oriente, donde desde 1957 Frank País y el comandante Daniel habían creado un Segundo Frente guerrillero de enorme extensión, gran importancia política y estratégica, en el que operaban guerrillas del 26, jefes experimentados, como Belarmino Casillas, el llamado comandante Aníbal, que había tomado cuarteles, y donde había más de mil alzados, llamados escoperos. A Raúl concede allí autonomía, militar y política, en un territorio que comprendía catorce municipios, grandes centrales azucareras, muchos sindicatos, asociaciones campesinas, de fáciles comunicaciones en contacto con Santiago de Cuba y el movimiento de las ciudades, la zona en que está situada la base militar norteamericana de Guantánamo. Si Raúl era comunista fanático, ¿por qué lo nombró Fidel su segundo? ¿Creía más en el obediente hermano que en sus ideas? Creo que Fidel creía y puso a prueba la "fidelidad" de Raúl en el Moncada, no pienso que la "fidelidad" filial era suficiente. Fidel no confesó nunca sus ideas ni a Raúl, ni al

Che, que se reía de él por sus límites burgueses, no es un secreto que conocía las ideas de ambos y los hizo importantes a los dos, porque pensaba que podían coincidir en el futuro.

Raúl, hábil organizador, hombre de aparato, típico comunista, de temperamento de militar. Celia Sánchez le decía *el Casquito,* mote que se hizo popular en la Sierra y que se refería al nombre de los nuevos reclutas de Batista, apodo que venía bien a Raúl, porque había estudiado en un colegio militar de Batista y aparecido en un desfile infantil con gorrita militar y grado de sargento, hombre de orden, disciplina, organización, combatividad. Raúl volvió al Segundo Frente, una república comunista clandestina, con viejos comunistas, como Pepe Ramírez, otros de la juventud y con comunistas raulistas, que educó allí, a los que dio mandos y quienes lo seguirían en posiciones claves en la victoria.

La única aparente discrepancia de Raúl con Fidel es que Fidel consideró —con razón— peligroso el secuestro de militares y civiles norteamericanos en junio de 1958. Orden de Raúl que Fidel anuló con una disposición que ordenaba su libertad. Diferencia táctica, no estratégica, ideológica, de desacato de su jefatura —que sirvió a Fidel— para aparecer ante el gobierno y la opinión pública de Estados Unidos como un jefe sereno, respetuoso de los derechos humanos, comprensivo hacia aquel poderoso país, aun frente a su mismo hermano. La leyenda de Raúl radical, antinorteamericano y comunista, y del Fidel liberal, responsable, ecuánime, no comunista. La otra leyenda —Raúl el malo, culpable de todos los desastres; Fidel, el bueno, el inocente, que no sabía nada de esos males— nacería en el 1959.

Si Fidel es frío, implacable, más allá de lo humano, Raúl es exaltado, violento, resentido, acomplejado, y si no le tiemblan las manos para mandar a uno, o a muchos al otro mundo, es cierto que, a diferencia del gran Fidel, no tiene amigos. Raúl a sus amigos los defiende, aun de Fidel, les es fiel, no los abandona. Raúl tiene muchas culpas, pero otras veces carga culpas fidelistas que no tiene: el caso de Ordoqui, la detención de Gustavo Arcos. Raúl Castro cultiva su fama de malo, su imagen preferida: "El río Almendares, que atraviesa La Habana, se llamará el río Rojo, sus aguas se volverán rojas, con la sangre de todos los que voy a fusilar, si le pasa algo a Fidel." Curiosa asociación esta de Raúl Castro: el rojo del comunismo y de la sangre. Otros, sus amigos en desgracia, dicen, y quizá no es mentira, que Raúl su corazoncito lo tiene, que en el fondo Raúl no es tan malo, el malo, el peligroso es Fidel. Todo queda en familia. Otra verdad verdadera es que Fidel no es hombre de aparato. Él se cree el estado, el partido, la Seguridad, el ejército, la revolución, el pueblo, odia instituciones, normas, reuniones, discutir, oír, excepto si el que habla es él, es el activo no el pasivo: soporta al mínimo el nuevo poder, su orgasmo supremo sería gobernar él solo, sin aparato, sin estado, Dios anarquista; que estuviese en todas partes, lo hiciera y decidiera todo, obedecido siempre. Fidel odia esas ruines tareas burocráticas importantes, para las que no sirve, que puso en manos de Raúl, que tuvo libertad de formar todos los aparatos militares, políticos, policiacos, estatales, de partido, con asesoría soviética; y aun si en la Seguridad, Fidel tuvo a Ramiro Valdés y ahora a Pepe Abrahantes, jefe de su guardia personal, más fidelistas que raulistas, aun si la Seguridad es más raulista que fidelista y que siempre hubo en el coro arriba, del buró político, algún moncadista, Almeida; algún clandestino, Hart; algún oportunista, Osmani Cienfuegos, más fidelistas que soviéticos. Una cosa es arriba en las alturas, otra cosa abajo en la nomenclatura y el aparato, donde la formación y la influencia soviética y el control de Raúl son casi totales. Raúl conoce a Fidel mejor que nadie. Sabe de su peligrosidad y le teme cómo al diablo. Le tiene una gran admiración, sabe que Fidel, sin decirse comunista, volvió a Cuba comunista, que hizo la revolución y la volvió comunista; que es el estratega de Angola, en África, el maestro de Nicaragua y de la revolución de la América Latina; el hombre que ha derrotado a Estados Unidos, que Fidel admira como el enemigo que le da grandeza y justifica su fracaso y que Raúl odia. Raúl sabe que Fidel es quien ha convencido a los soviéticos del valor de sus aventuras africanas. Para Raúl Castro, su hermano Fidel no es un héroe muerto y fracasado, como el Che Guevara es un triunfador que volvió Cuba comunista.

¿Raúl es más fidelista o más comunista? Por ahora las dos cosas son una: el fidelismo ha desaparecido en el comunismo, aun si desapareciendo ha creado una nueva variante de comunismo, en el despectivamente llamado Tercer Mundo, donde para hacer la revolución, no se puede ser comunista oficial, hay que disfrazarse de demócrata, de católico, de nacionalista o negar el comunismo, crear una nueva institución revolucionaria: el ejército guerrillero, nacido del Movimiento Popular, equivalente del partido leninista, que a la victoria sustituirá el movimiento democrático clandestino en las ciudades: perfecta síntesis: de caudillismo y militarismo revolucionarios, el macho, macho; el gran macho que al poder se vuelve hembra y esposa al gran padre padrón, el verdadero macho: el poder soviético, de cuyo matrimonio nacerá el nuevo monstruo.

Si un día *el Loco*, en su locura, sacrificado por los soviéticos, mandara a éstos para aquel país, cuyo olor no es bueno recordar, ¿qué pasaría? ¿Raúl seguiría al hermano mayor, o a su corazoncito rojo y soviético? No lo sé. Es Fidel el que se ha vuelto raulista-comunista, no Raúl el que ha dejado de ser comunista para ser fidelista; sólo sé que en marzo de 1959, cuando Fidel atacaba a los comunistas, Raúl decía que se iría a pelear en una guerrilla.

No, Raúl Castro no es un fidelista pragmático: Raúl Castro es un comunista fanático y obediente. La pregunta y la respuesta, aun si importantes, son más bien retóricas: el aparato soviético-comunista-militar-policiaco-estatal-económico y político existente en Cuba es más fuerte que Fidel y que Raúl, suponiendo, y es mucho suponer, que Fidel lo desafiara y no lo pienso, y que Raúl lo siguiera en su locura y lo pienso menos.

En los primeros años, cuando no había un aparato tan fuerte, cuando tenía pueblo Castro, pudo hacerlo y no lo hizo, hizo lo contrario; aun cuando los rusos lo dejaron a merced de los norteamericanos, en la crisis del Caribe, o cuando le cortaron el petróleo y lo advirtieron seriamente en 1968, después de sus discrepancias sobre América Latina, la guerrilla, la creación del comunismo, los estímulos morales y materiales y la no alineación en el conflicto chino-soviético, cuando la organización dentro de Cuba por segunda vez, de una conspiración prosoviética dirigida por Escalante, descabezada por Fidel. Y otras humillaciones que el soberbio Castro, obediente aceptó, apoyando la invasión rusa de Checoslovaquia, cuya intervención establecía el principio soviético de la soberanía limitada del mundo comunista: teoría gemela de nuevos y viejos imperios en la historia de la humanidad.

La historia prueba que el poder no tiene familia. Es una verdad histórica. ¿No le pasará por la cabecita a Raúl Castro la idea de no seguir esperando la herencia, aun si el hermano mayor parece envejecido al cumplir sesenta y tres años; tendrá Raúl otras ideas menos alocadas y aventureras sobre Cuba; no anhelará en el fondo un día "normalizar" a Cuba, mejorar su economía, demostrar que el malo era Fidel, desfidelizarla, raulizarla, devenir popular, mandar de verdad, ser el número uno? ¿Qué hombre de poder no aspira al poder y a la gloria?

Sólo un babalao podría responder a semejante pregunta, aun si el oficio de babalao no funciona muy bien en el mundo comunista. Mucho dependerá de la nueva era gorbachiana, de la futura relación odio-atracción, tregua entre los dos grandes, de lo que pase en América Latina: de que el tío Sam se monte en un burrito de papel, o se acuerde de sus viejos tiempos del *big steak*, de la suerte del propio Castro, del azar y de la reacción imprevisible del pueblo cubano. El poeta Lezama Lima decía que "en el trópico en un minuto desaparece un siglo de sopor y de esclavitud". La libertad es algo más que una esperanza, es algo que espera en el final del camino, aun al más poderoso de los sistemas: ayer, hoy, mañana. Nada es imposible y lo contrario.

Yo sé que, como cantan en Cuba, dos son los Castros y ninguno es bueno.

GUEVARA Y CASTRO

Después de una serie de viajes y aventuras por América del Sur y Central, Ernesto Guevara, incitado por su amigo Ricardo Rojo, llega en 1954 a Guatemala, para echar una mano a la revolución nacionalista de Arbenz. Con sus veintiséis años y su título de médico, el joven argentino esperaba ser útil al país, que después de Bolivia intentaba serias reformas sociales. Ni en la paz, ni en las breves escaramuzas militares, en que una expedición al mando de Castillo Armas, apoyada por la CIA, derrotó aquel gobierno que se rindió sin combatir; Guevara, pese a su ardor, no pudo hacer nada, excepto asilarse y partir para el vecino México. El fracaso de Guatemala marcó a Guevara, que venía de descubrir las miserias del continente; se radicalizó, se volvió enemigo de Estados Unidos, se hizo marxista y atribuyó a la izquierda no comunista el fracaso de aquella o de cualquier otra revolución.

En Guatemala Guevara conoció algunos exiliados del Moncada, a los que no creyó mucho los relatos de tiros, heroísmos, sangre, pues tenían la manía cubana de contar una verdad afabulándola de forma tal que más parece novela que historia. Al escapar de allí volvieron a encontrarse en México. Son ellos los que a finales de 1955, cuando después de salir de la prisión Fidel Castro llega a la capital azteca, los que llevan a Guevara al apartamento de Emparán y le presentan a

Castro. Castro y Guevara simpatizaron. Coincidieron: la lucha armada era el único camino para la revolución. Guevara hablaba con pasión de sus ideas marxistas; Fidel, astuto, no decía lo que pensaba y, como públicamente en declaraciones y manifiestos hablaba de democracia y nacionalismo, Guevara ironizaba sobre sus ideas burguesas. Guevara tenía entonces un aire bohemio, un humor suficiente, provocador y argentino, andaba sin camisa, era algo narcisista, trigueño, de estatura mediana y fuerte musculatura, con su pipa y su mate entre atlético y asmático alternaba Stalin con Baudelaire, la poesía con el marxismo. Castro, dos años más viejo que él, no tenía entonces ni barba ni quijada, era muy alto, blanco, pero ya se sentía jefe, mandaba y era obedecido por los suyos.

Guevara aceptó la relación: Fidel era el jefe y él lo acompañaría como médico y soldado a su aventura cubana. Pero como Fidel hablaba de un jefe único y de democracia y Guevara de marxismo y de Stalin, el argentino aclaró que si al terminar la lucha en Cuba estaba vivo, su compromiso terminaría en aquel momento, pues él se iría a hacer una revolución marxista y radical en América Latina. Guevara encontró en el grupo a otro que pensaba como él, Raúl Castro; aun si Guevara era un marxista independiente que despreciaba la incapacidad revolucionaria de los viejos comunistas latinoamericanos, y Raúl, comunista disciplinado, aun si, separado de la juventud del partido, después del Moncada, los defendía.

Guevara, cuando el desembarco del *Granma,* ha contado su contradicción en Alegría del Pío. ¿Médico o soldado? Cuando se decidió por el fusil, fue herido gravemente y salvado por los expedicionarios Crespo y Almeida, que lo cargaron en la huida por los cañaverales.

Cuando los expedicionarios sobrevivientes se internan en la Sierra Maestra, conducidos por los campesinos del 26 de julio, Guevara fue dejado con varios heridos en un lugar seguro. No pasaría mucho tiempo y el argentino formaría con ellos, algunas armas recogidas y un refuerzo de hombres de la ciudad, la segunda guerrilla con la que se presentó a Fidel.

Meses más tarde, cuando ya Guevara había demostrado su audacia y valor en varios combates, Castro escribía una carta de pésame a Frank País por el asesinato, en Santiago de Cuba, de su hermano Jossúe el 30 de junio de 1957. Al firmar Guevara, Fidel le dijo: "Ponle comandante." Guevara fue así el segundo comandante y en los meses siguientes de aquel año emprendió una serie de audaces acciones: bajar de la montaña y atacar cuartelitos en las inmediaciones de la Sierra, crear un territorio libre en el Hombrito, en que inició una comunidad civil, escuela, hospital, talleres de armas, hornos de pan, edición de un periodiquico, y más tarde de la Radio Rebelde.

Al mismo tiempo iniciaba, apoyado por Raúl, su implacable polémica y persecución contra la dirección clandestina del 26 de Julio, que acusaba de no ser revolucionaria, porque, aun si antiimperialista, estaban en desacuerdo con Guevara, que afirmaba "que la solución de los problemas del mundo estaba en la mal llamada cortina del este".

Cuando en diciembre de aquel año Fidel Castro escribe su carta ruptura del Pacto de Miami, Guevara, que estaba furioso por la moderación de la *Carta de la Sierra,* firmada meses antes, se entusiasma por el radicalismo de aquel documento y escribe a Fidel párrafos de elogio, que él mismo haría célebres en 1965, cuando se va de Cuba, en su carta de despedida. La importancia histórica de esta carta es que confirma que Guevara, a fines de 1957, consideraba a Fidel un burgués radical, no un marxista, y que éste si así es que ya pensaba, como después afirma, nunca se lo dijo a Guevara, situación que duraría todo el 58 y parte del 59, y que prueba cómo Castro no confió nunca a nadie, ni se comprometió con ninguno de los más íntimos, ni siquiera con Celia, qué tipo de revolución pensaba hacer, si es que pensaba en alguna, pues, pragmático como era, la guerra era su problema de entonces, y es por eso que Guevara en su carta despedida se hace la autocrítica por no haber intuido su radicalismo revolucionario.

Guevara, que era un impaciente, un precursor, buen estratega, mal táctico y mal político, quiso cambiar la calidad de la guerrilla antes de tiempo, sin los recursos mínimos ni las oposiciones para defenderla, y confiando en sus ideas y en sí mismo, desafió al ejército en el Hombrito, que en pocas horas acabó con su republiquita.

Sus ideas fueron aplicadas con éxito meses después por Castro, que con mejores recursos y condiciones, en el lugar más inaccesible de la Sierra, y cuando Batista hacía frente a una oposición generalizada en todo el país, Castro creó un territorio libre que duraría toda la guerra.

Cuando Fidel estaba en un sitio, su manera personal de conducir la guerra y los combates, limitaba el papel de los otros comandantes. A Guevara tocaría un papel para la defensa de la zona de la Sierra, donde no estaba Fidel, importante, pero más anónimo que espectacular.

Lo que agiganta la figura de Guevara y lo hace el segundo comandante *la Revolución* en popularidad y mando, es la invasión de la isla y su fulminante campaña en el centro de Cuba, que cortó en dos, y la batalla de Santa Clara. Mito y verdad se funden de una manera tal que es difícil de saber dónde comienza el primero y termina la segunda: que dos columnas de cien hombres atraviesen la isla de Oriente a las Villas, sin un encuentro serio con el ejército, prueba además de la audacia y bravura de los invasores, algo que era sabido, el ejército se sentía derrotado, no salía de los cuarteles, no quería combatir más. La toma de Fomento, Placetas y otras ciudades de las Villas, por la fuerza de Guevara, en que hubo resistencia, son una prueba de su audacia militar y de la impotencia del régimen.

Aún más espectacular que el sitio y combate de Santa Clara, es la toma del tren central de refuerzo que Batista envió desde La Habana y que Guevara con una acción que recuerda los ataques de los indios en las películas norteamericanas, incendió el tren militar tirándoles cocteles molotov y descarrilando... hasta rendirlo. En un clima de conspiraciones, el mismo jefe del tren estaba conspirando e incluso el general que comandaba la provincia. Guevara, con sus acciones, se robó el gran final de la guerra y se convirtió gracias a las cámaras de la televisión y la prensa norteamericana en figura decisiva. La prensa norteamericana puso sus ojos sobre Cuba ante la inminente caída de Batista, enfocó con primeros planos al barbudo argentino en brillante campaña de las Villas; por primera vez Fidel estaba en segunda posición.

Guevara se ocupaba también de política, atacaba a la clandestinidad, y con la complicidad de Camilo Cienfuegos, jefe de la otra columna invasora, en vez de avisar a los militantes del 26 de la llegada de la columna rebelde, informaban a los viejos comunistas que "reaparecían" por donde pasaban los rebeldes, llevándoles comida y medicina, acusando al 26 de abandono de las fuerzas invasoras. (Yo fui el primer sectario, reconocería Guevara en 1962, para agregar con su típica autosuficiencia, y el primer antisectario.) Uno de los objetivos de Guevara y de Fidel era controlar el Segundo Frente del Escambray, muy importante militar y políticamente, por estar en el centro de Cuba, donde operaban las fuerzas independientes del comandante Gutiérrez Menoyo y las del Directorio Revolucionario, mandadas por Chomón y Cubelas.

Guevara, que quería recuperar al viejo Partido Comunista, firmó el pacto del Pedrero con el Directorio, marginó las fuerzas de Menoyo, degradó a los comandantes guerrilleros del 26, introdujo por debajo de la mesa a los viejos comunistas y, de acuerdo con Camilo, concedió grados de comandante a Félix Torres, un escopetero comunista recientemente alzado con unos cuantos hombres en la zona de Yaguajay.

La participación de la Fuerza del Directorio en los combates de las Villas, con Rolando Cubelas, con fama de héroe, por su atentado en 1956, al coronel Blanco Rico, y con él Chomón, que ahora resurgen juntos a Guevara, preocupan a Fidel, que considera peligroso ese renacer del Directorio, que le puede discutir con méritos propios la dirección de la guerra y la revolución. Guevara, como no era cubano, no conocía bien las viejas guerrillas universitarias, ignoraba que Chomón y Fidel eran viejos enemigos.

A la huida de Batista, Fidel, con una sola orden, restablece la distancia: ordena a Camilo Cienfuegos que tome Columbia, que era tomar La Habana; envía al *Che* a la Cabaña, que era una posición secundaria. Ordena que las tropas del Directorio no podrán acompañar a las rebeldes en la entrada a la capital. Guevara había querido marginar a Menoyo; ahora Fidel, con un golpe maestro, disminuía al Directorio y a Guevara. La noticia no estará más ni en las Villas ni en La Habana, enfocará en Santiago de Cuba al comandante en jefe.

Disciplinadamente Guevara acepta la orden fidelista de ir a la Cabaña. Sería Camilo el héroe y no él, y en los próximos meses quedaría en una posición secundaria, antes de ser mandado en largo viaje al extranjero. Guevara no discutió con Fidel su posición personal; tuvo, sí, discrepancias políticas, que expresó en más de un discurso público polémico y radical. Guevara y Raúl Castro, preocupados del resurgir de la clandestinidad, del periódico *Revolución*, del movimiento obrero y estudiantil independiente y de la popularidad de algunos comandantes y ministros no comunistas, querían radicalizar la revolución en seguida, enfrentar abiertamente a Estados Unidos, pactar con los comunistas, que Raúl metía en el nuevo ejército rebelde por todas partes, mientras Fidel, preocupado, argumentaba: "Hay que ganar tiempo", sabiendo de buen político que la prisa de Guevara y de Raúl era suicida. Por qué correr peligro, hacer las cosas antes de tiempo, si tenía en sus manos el poder y el apoyo del 90 por ciento de los cubanos. "Tengan confianza en mí", repetía a Guevara y a Raúl, sin decirles nada de sus planes futuros, que era lo mismo que decía a los dirigentes del 26, que acusaban

Celia Sánchez debía representar, defender el Movimiento civil, controlar a Fidel, y ocurrió todo lo contrario. Fidel fascinó a Celia, como a casi todo el mundo, y ella se convirtió en su más fiel compañera, en su ayudante, secretaria, su único contacto con la vida, más allá de la guerra, en la única cosa humana de este hombre, más allá de lo humano. (En la foto, Celia Sánchez con Haydée Santamaría —en primer plano.)

Es Fidel el que se ha vuelto raulista-comunista, no Raúl el que ha dejado de ser comunista para ser fidelista.

ante él a Raúl y Guevara de estar infiltrando a los comunistas y a la revolución. No fue una comedia táctica a tres: Fidel, que decía a Raúl y Guevara, "háganse los bravos, protesten, yo soy marxista-leninista, pronto haremos la revolución", Raúl y Guevara que recitaban su parte. Fidel afirmó siempre que el poder no se comparte informar a los otros de lo que haría, era una forma de concederles poder. Él exigía confianza absoluta en sus actos. Cuando en julio Castro ordena a *Revolución* publicar por sorpresa su renuncia como primer ministro, Raúl Castro, que no sabía nada, ordena tomar el periódico, que las milicias defienden, creyendo que era una maniobra del 26. Fidel no consultaba sus actos ni en la guerra ni en la paz, pero permitía a cada uno en su sector tener cierta autonomía, lo que hacía que el 26 de Julio fuera tan complejo y que tuviera personalidades políticas de matices bien diferentes, cosa que no preocupaba a Fidel, que tenía la máxima popularidad y la única institución real, el ejército rebelde.

En marzo de 1959, la tensión entre Raúl Castro, Guevara y los viejos comunistas y Fidel subió a mil, y cuando ellos dieron la orden a los campesinos de ocupar por la libre las tierras de los latifundios, Fidel Castro, en televisión, los advirtió claramente, ordenando a los campesinos devolver la tierra, afirmando que la reforma agraria se haría mediante una ley y que él no admitía presiones que consideraba contrarrevolucionarias. Hubo más de un altercado entre Raúl Castro y Fidel, como el del Tribunal de Cuentas, cuando, en presencia de ministros, comandantes y dirigentes revolucionarios, Raúl se atrevió a decirle al hermano mayor: "Esto es una mierda", y Fidel, violentamente, lo obligó a pedir excusas en público, entre el llanto histérico de Raúl, que entonces decía: "Si esto sigue así, me voy a pelear a Santo Domingo, con la columna de Camilo", que pronto allí sería enviada, pereciendo todos.

¿Cuándo empezó Fidel a hablar con claridad con Guevara, Raúl y los otros? Pienso que los suyos fueron actos, no palabras: la oportunidad fue la redacción de la ley de reforma agraria, a partir del regreso de su viaje por Estados Unidos y América Latina, en mayo del 59, cuando Fidel los calmó con la redacción de esa ley en la que también participó Carlos Rafael Rodríguez.

Después Guevara fue enviado a un largo viaje que duró mucho tiempo. En realidad Guevara reemerge como segunda figura oficial de la revolución, a partir de su nombramiento como presidente del Banco Nacional, y como responsable de la economía cubana en noviembre de 1959. Es de entonces la historia no lejos de la verdad, que ante la pregunta de Fidel: "¿Quién es aquí economista?" "Yo", respondió Guevara y, ante la sorpresa de Fidel, agregó: "Soy comunista." Entonces, haciendo real la broma, Fidel respondió: "Pues te nombro presidente de la Banca Nacional." Entre las cosas pintorescas de Guevara, estaba no su odio por el dinero y la riqueza, cosa natural en los revolucionarios, no su deseo de asaltar un banco. Conocido es su conflicto con Oltuski, jefe del 26, en Las Villas, cuando al final de la guerra el argentino quiso tomar el Banco de Fomento, con Fidel, que al enterarse se arrancaba la barba, diciendo: "Está loco, está loco. Si pronto toda la banca será nuestra." Así era Guevara, y su primer acto como presidente de la banca fue hacer una edición de pesos cubanos firmados: *Che*.

Guevara sería uno de los protagonistas en la cuestión del petróleo en 1960, en la intervención de las refinerías norteamericanas e inglesas, en los convenios con los rusos y en el viaje de Mikoyan a La Habana. Raúl Castro controlaría el poder militar y policiaco; Guevara, de acuerdo con Fidel, la economía y, a partir de 1961, la industria, de la que fue nombrado ministro. Castro, con el INRA, con el *yesmen* Núñez Jiménez, se ocuparía además de la reforma agraria, de la política, de la agricultura y de todo.

Guevara, inspirado en el más rígido de los modelos soviéticos, creía con fe ciega en la centralización desde arriba, la planificación, en la destrucción de toda forma de propiedad, grande o pequeña, o de actividad privada, sinónimo de capitalismo. Creía que desde el poder se podía destruir el capitalismo y construir el socialismo. Castro y Guevara, de acuerdo, ordenan la estatalización del 80 por ciento de la riqueza de Cuba: tierras, minas, comercios, fábricas, transportes, bancas, industrias. El primer síntoma de crisis surge en la agricultura, en la asamblea de producción de 1961, cuando hay que decretar el racionamiento del consumo de los productos nacionales y extranjeros y surge una contradicción, que la televisión transmite, cuando Guevara afirma "que hay una crisis de producción", y Castro se alza y lo desmiente.

Guevara, que se sentía leninista, sueña una industrialización rápida de Cuba, olvida su pequeñez geográfica y de población, su carencia de energía, de capitales y, sobre todo, que lo más importante era conservar, no destruir la industria ya existente, construida en más de un siglo, primero por poderosos inversionistas norteamericanos, y, después de los años cuarenta, por empresarios criollos que ya poseían la mayor parte de las riquezas del país. Como afirmaban en sus viejas tesis los comunistas cubanos, la principal industria de Cuba, la del azúcar, con sus ciento cincuenta grandes fábricas, su red de transporte, de almacenaje, transformación y derivados, era de tipo capitalista, como las industrias textiles, tabacalera, licorera, del calzado, alimentación: en una palabra, Cuba era un país capitalista; que su economía fuera subsidiaria de la norteamericana, más que negar esta realidad, la afirmaba. El país, con todos sus problemas estructurales de monocultivo, latifundio, monomercado, tenía una economía que permitía al 70 por ciento de la población tener un nivel de vida occidental y, al 30 por ciento restante una pobreza de Tercer Mundo.

Guevara destruyó, pero no pudo construir. Sirva de ejemplo su política en la industria del calzado: Cuba producía cueros curtidos y un buen calzado nacional. Guevara creó el Consolidado del Calzado, con sede y dirección en el Ministerio de Industrias, en La Habana; nacionalizó las grandes fábricas y los pequeños talleres, suprimió los "buchinches" de los remendones de zapatos, que existían en toda Cuba, restructuró la población, envió a la mayoría de los zapateros a la agricultura, suprimiendo el mote popular de "zapatero a tus zapatos" con que los capitalistas señalaban a Blas Roca, el viejo secretario del partido y antiguo zapatero de Manzanilla; poco tiempo después, cuando a alguien se le abría un hueco en el zapato o tenía que arreglar la suela, no encontraba al viejo remendón capitalista, y tenía que enviar el zapato roto a la capital, pasaban meses y meses y el zapato no volvía; al final no había ni remendones ni zapatos, lo mismo pasaba con los hornos de pan, los tejares, las pastas de dientes, los tabacos, fósforo. Guevara, que tenía un humor vitriólico, que disgustaba a Fidel, cuando iba a encender su tabacón o su pipa en televisión, mandaba a sus acompañantes y camarógrafos a alejarse, y entonces encendía el nuevo fósforo guevarista, que producía una explosión.

Su fe en los "países hermanos" hizo que comprara y, aquellos le vendieran, cuanta fábrica vieja, improductiva, inútil y, eran tantas, había en Checoslovaquia, Polonia, Rumania, Bulgaria, mal distribuidas y peor instaladas en el país, por técnicos amigos, la mayor parte no funcionaron. Los técnicos rusos, cuando veían las modernas fábricas norteamericanas que había en Cuba, como las de níquel y otras, se caían asombrados, y se pasaban meses y meses copiando y enviando planos a Moscú. La Cubana de Aviación volaba con aviones norteamericanos o británicos: sus aviadores, técnicos, ingenieros que eran muy eficientes, cuando se nacionalizó la compañía y comenzaron a venir los primeros aviones rusos, que eran, por excepción, de muy buena calidad, se dieron cuenta que al pedir piezas de repuesto o tornillos para un motor, desde Moscú le enviaban un nuevo motor completo de avión; sorprendidos los ingenieros, discutieron con los rusos y descubrieron que aquella economía estatal desconocía las piezas de repuesto.

Si éstos eran los problemas de la industrialización guevarista, no estaba mejor fundada la tesis de Castro, que sostenía "que la agricultura tenía que subvencionar la industrialización y la mecanización agrícola", y cuando algún ministro eficiente, como Cepero Bonilla, objetaba que en economía eso no era posible, que era la industria la que tenía que subvencionar la agricultura, la respuesta de Fidel era: "Chico, tú eres un pesimista, ten confianza en mí y ya verás qué maravilla; llenaremos el país de máquinas, produciremos mejor que los más adelantados países de Europa."

Había un sector de la industria en que Guevara tenía razón: el níquel. Cuba es una de las grandes reservas de níquel del mundo. Había entonces un mercado, veinticinco mil obreros podían producir con una buena inversión, tantas divisas, como el medio millón de trabajadores de la costosa y casi siempre incosteable industria azucarera. Fidel, anticañero, se volvió azucarero, y cuando sus viajes a Moscú en 1963 y 1964, vendió el azúcar cubano a los rusos, y con el que sería el primero de sus grandes gigantismos, dijo: "Produciré diez millones de toneladas de azúcar, la zafra más grande de la historia de Cuba; aumentaré un ciento por ciento la industria azucarera. Jruschov me mandará las máquinas cortadoras de caña, que llamaremos Liberadoras, compraré en Europa nuevas grandes máquinas para el azúcar." Cuba se empeñó en una deuda de más de mil millones de dólares en Europa que, dedicados al níquel, hubiesen mejorado su economía, pero que el azúcar y el sociofidelismo devoraron implacablemente y allí mismo murió aquel proyecto guevarista, y Guevara desilusionado, abandonaría la economía y la industria fidelista, y se iría a otras tierras del mundo a luchar por sus ideas. La realidad y los tiempos cambiaban: Guevara tenía una visión clínica de la realidad, no la ignoraba, camuflaba, idealizaba, afabulaba como Fidel; la veía tal como era y la retrataba con sus palabras; su problema no era la realidad, era el dogma, es decir el socialismo; ése sí que, como de Dios, no se puede dudar. Guevara en sus relaciones económicas con los países del este y con la URSS, los engaños sufridos por lo comprado, empezó a descubrir el socialismo real y a sustituirlo por un nuevo dogma, el fantasma del comunismo asiático, que lo fascinaba: Mao, Vietnam, Corea.

A fines de 1964, la suerte de Guevara está echada. El Ministerio de Industria, devorado por el INRA; su sueño de industrializar Cuba, que tanto había crecido en los últimos treinta años prerrevolucionarios, moría al nacer. Para el lógico Guevara era claro que no se podía construir el socialismo con el azúcar. Fidel no oía sus razones de una institucionalización revolucionaria, de la cuestión moral, cara al argentino, que naufragaba entre privilegios, burocratización, militarización, fidelización. Castro hacía una guerra contra su propio estado. Para probar que las cosas se podían hacer rápidamente, enviaba aviones a París y otros lugares que cargaban elementos para la inseminación artificial, mientras el resto de la ganadería debía esperar créditos de Juceplan o la banca, de gestiones de compra del Comercio Exterior, de las difíciles condiciones del transporte marítimo, y de la lentitud de la burocracia, lo que hacía que sus planes no pudieran cumplirse como los de Fidel. Éste daba órdenes que sólo él podía y que eran obedecidas; mandaba militarmente a llevarse los tractores de los campos, los concentraba en un sitio, y en horas roturaba terrenos, sembraba grandes campos, cumplía sus metas, sin importarle el coste, el caos y la desorganización que provocaba. Cuando Guevara le recordaba que en Cuba había un solo Fidel que pudiera hacer eso, *el Comandante* se enfurecía, lo acusaba de pesimismo y lo dejaba plantado. Las simpatías prochinas de Guevara disgustaban a Raúl Castro, fanático prosoviético, y al mismo Fidel, que nunca soportó que la China fue una revolución más grande que la suya y Mao el jefe mundial, que Castro no era. Guevara apoyó las posiciones críticas de Fidel, cuando el sectarismo en 1962 —los antiguos amigos comunistas de Guevara le echaban entonces con el rayo—, y también en el peligroso momento de la crisis del Caribe, cuando los rusos dejaron sola a Cuba, a merced de los norteamericanos. Guevara intuye que su futuro será ser un burócrata castrocomunista. Sabe que Castro es el poder, que no va a cambiar, que no podrá salir de la horma soviética, que los rusos, entre otras cosas, no apoyan la guerrilla latinoamericana, que es su viejo sueño, continental, que aspira a hacer allí la gran revolución que no ocurrirá en Cuba.

Hacer la guerrilla a los norteamericanos, a los militares, a los capitalistas, a los mismos partidos comunistas latino-americanos, crear de la nada, como le hicieron creer, una revolución en la revolución: la guerrilla madre, generadora y sustituta del movimiento, del partido leninista y del propio pueblo que simultáneamente luche, organice, dirija y venza. Crear una alianza intercontinental que una a África, América Latina y Asia.

Aquel primer terrible sectario que fue Guevara, implacable persecutor de la clandestinidad, sostenedor de los viejos comunistas y de la URSS y su modelo, aquel que había entregado al partido en la Cabaña, el para ellos peligroso archivo de la policía de Batista, aquel creador del primer campo de castigo, que había experimentado con su pelotón en la guerra, al que enviaba a los que cometían errores en el trabajo o en la política, a las duras piedras de la aislada península de Guanacanavives, aquel negociador directo de la instalación de los cohetes rusos en Cuba, aquel hombre contradictorio, que creía en el dogma, pero veía la realidad, comenzó a descubrir los errores y la naturaleza maligna de aquel matrimonio entre el sistema soviético y el caudillismo fidelista, cuyos métodos le parecían que no podían crear el hombre nuevo, la nueva conciencia social capaz de construir el socialismo, mientras los métodos usados no harían otra cosa que crear el capitalismo por otros medios. De ahí su enigmática frase, al irse de Cuba, en 1965, pronunciada a media voz y entre pocos amigos: "Con Fidel, con la URSS, ni matrimonio, ni divorcio."

Guevara fue siempre un disciplinado fidelista, decía *el Comandante* lo que pensaba, sabiendo que no le gustaba, pero aceptaba desde la guerra, los regaños, coños y carajos del *Comandante* padre, al que admiraba más que a nadie en el mundo. ¿Por qué entonces en 1965, en el seminario de Argel, en que Guevara representaba oficialmente a Cuba, pronuncia aquellas palabras, acusando de neocolonialismo a la Unión Soviética, no discutidas ni aprobadas por Fidel y que mandaron en furia a los rusos? ¿Un raptus de guevarismo frustrado, aquella su brutal sinceridad que más de una vez disintió públicamente en la isla, o el pretexto para irse de Cuba y alejarse de los soviéticos, una llamada a los chinos —no oída, por cierto, por ellos—, ahora que se prestaba a cumplir su viejo propósito de dejar el poder cubano y comenzar a combatir por la revolución en el mundo, un nuevo mensaje de independencia, dirigido a los que debían ser los combatientes de su nueva cruzada revolucionaria?

Lo cierto es que Guevara a su llegada a Cuba, esperado en el aeropuerto, por Fidel Castro, Raúl y el presidente Dorticós, enérgicamente amonestado, acusado de indisciplina y de irresponsabilidad, de comprometer las relaciones de Cuba con la URSS, con Fidel furioso por su irresponsabilidad en Argel, como dijo a muchos, incluido el cronista. Guevara reconoció que lo que le decían era cierto, que él no tenía derecho a decirlo en nombre de Cuba, que aceptaba su responsabilidad, pero que ése era su modo de pensar y no podía cambiarlo. Que no esperasen ni una autocrítica pública, ni una excusa privada a los soviéticos, y con aquel su humor argentino dijo que lo mejor era que él mismo se autocastigase, que se iba a cortar caña. ¿No había sido él el creador de aquellos campos de castigo? Y al menos por unos días a cortar caña se fue, como dijo Tuttino, el siempre atento corresponsal comunista de *L'Unità* en La Habana, cuyo oído oía la voz amiga de Barbarroja, jefe de la Seguridad.

Guevara desaparece de la circulación, la prensa mundial comienza a tejer el misterio guevarista. ¿Dónde está el comandante argentino, crítico de los soviéticos, por qué ha desaparecido, qué le ha pasado?

En realidad, como se sabrá después, Guevara emprende un viaje no tan secreto por África, más de un periodista occidental lo encontraría a su paso por las ciudades de la superba África. ¿Por qué Guevara, blanco, famoso comandante, va a África, donde nadie lo acepta como jefe, cuyos presidentes o comandantes guerrilleros no querían herir la peligrosa susceptibilidad soviética, que sabían que no era el hombre de los chinos que además quería dar lecciones de guerrilla, con su típica autosuficiencia y dogmatismo, a los revolucionarios africanos?

¿Fue aquello una transición, una exploración, una ilusión, una forma de ganar tiempo, de engañar al enemigo, de hacer que desde Cuba la Seguridad le preparara la revolución, que él quería hacer en América Latina? El cronista sabe una sola cosa cierta: Guevara se fue de Cuba en 1965, sin hablar largamente con Fidel; es por eso que dejó entonces —la famosa carta-despedida— que no tiene día, ni mes, pero tiene año, y esto el cronista lo supo por Celia Sánchez, depositaria de aquella carta, que le contó, justificando con pena, que Fidel no tuvo tiempo para ver a Guevara antes de irse, y no era que a Fidel faltara el tiempo, era que estaba todavía bravo con Guevara, recientemente llegado de Argel.

Dicen los que saben, y el cronista en esto que va a contar declara que sobre esto no sabe nada, que Guevara regresó a Cuba, antes de partir para Bolivia en 1966, después de su fracaso africano, de su intento infructuoso de ver a Mao Tse Tung, y de otras aventuras, y que en la isla le hicieron la cirugía plástica y que Raúl Castro fue quien lo peló a rape, para simular la calvicie con que aparece retratado el célebre guerrillero Ramón, el falso pasaporte uruguayo con que viajaría. Sabe el cronista que otros guerrilleros del grupo que murieron en Bolivia se entrenaron en las montañas de San Andrés, en Pinar del Río, donde dicen que también estaba Guevara; con él se fue Suárez Gayol, viejo amigo y compañero de clandestinidad, pero no fue por él que tuve noticias, fue por otro amigo, el comandante Pinares. Con él este escribidor, entonces enfermo y en desgracia, convivió en isla de Pinos, de cuya guarnición Pinares era jefe; el que con su humor campesino dijo estas palabras dirigidas a su mujer y por mí oídas: "Vete buscando otro marido, porque de esta misión no regreso", y en verdad, no regresó aquel guerrillero de las siete vidas. Dónde y hasta cuándo estuviera Guevara entonces, no es tan importante a los fines de la historia, como lo son en cambio las cartas oficiales y conversaciones de Fidel Castro con dirigentes comunistas latinoamericanos, pidiéndoles protección y ayuda para la misión de Guevara.

Monje, secretario general del Partido Comunista de Bolivia, entonces lo ha confirmado públicamente; también Guevara, en su diario boliviano, fue tan brutal la desconfianza de Fidel, que pidió ayuda a Monje, sin decirle el nombre del personaje que debía proteger y con el que se encontró cara a cara ya en Bolivia.

El otro caso, el del Partido Comunista de Venezuela, al que Castro envió una carta oficial, pidiendo que se permitiera ayudar y protegiera a Guevara, que se proponía entrar en aquel frente guerrillero, existente entonces en las montañas de aquel país, que dirigía Douglas Bravo, su comandante jefe, de donde Guevara se proponía dirigir la revolución armada en América Latina, cuya petición oficial fue rechazada por la dirección del Partido Comunista de Venezuela, alegando que no había condiciones, según confirmó Teodoro Petkot, de su buró político entonces, en conversación posterior, delante de varios amigos en Caracas, diciéndome que aquel frente ya estaba fracasado y que el partido estaba cambiando su política, cosa cierta, aun si también es verdad que Douglas Bravo se mantendría ahí por muchos años, y de haber ido allí Guevara, quizá si otro no hubiera sido su destino. Es evidente que si aquella de Bolivia fue la guerra de Guevara, Fidel la aceptó, la organizó con su seguridad y con ella se responsabilizó.

La subestimación del enemigo, como afirma Castro, facilitó su victoria en Cuba, la sobreestimación de su papel, de sus famosos doce guerrilleros y de la guerrilla, vanguardia, pero no ejército de la revolución, su automito de liberador, de ignorar los porqués, el cómo y quiénes fueron protagonistas de la victoria, negar la gloria a los otros: clandestinidad del 26, Directorio Revolucionario, Segundo Frente del Escambray, resistencia cívica, instituciones cívicas, grupos de origen auténtico de Menelao Mora, movimiento estudiantil, sindical, protestas populares, conspiraciones militares, abstención del 80 por ciento del pueblo, de las elecciones del 3 de noviembre de 1958, que con el ejército rebelde fueron protagonistas de la revolución, era para Fidel a la victoria no sólo eliminarlos de la gloria, era al ignorarlos, despojarlos del poder, no compartir la victoria ni con ellos, ni con el pueblo, ni con la clase media, los obreros, la burguesía y la Iglesia, que eran también oposicionistas. Victoria que fue mucho más política que militar: ¿por qué un ejército de cincuenta mil hombres, que tuvo pocos muertos en combate, en dos años de guerra, deja de combatir, depone sus armas? La razón principal es que siente que tiene a la nación cubana en contra, que Estados Unidos lo ha abandonado, que América Latina y el mundo lo condenan, que nadie le vende armas, que sus jefes, ladrones y desmoralizados, no visitan los frentes, que aquella guerra civil no tiene más sentido. ¿Para qué combatir contra jóvenes que los curan cuando los hacen prisioneros, los tratan bien y los liberan, como si fueran sus hermanos? Esa victoria política, más que militar, no quita méritos a Fidel Castro, los suma: fue él quien dirigió y ayudó a desencadenar aquellos acontecimientos. No fue un vengador solitario, un superman o Robin Hood, con una docena de héroes asaltó las fortalezas enemigas y regaló la libertad a su pueblo.

Es verdad que el poder, la victoria, la gloria y la popularidad inmensa ciegan. Fidel Castro era admirado como el Cristo, que había bajado de las montañas con la libertad en la mano, un dios barbudo, que todo lo podía. Su palabra omnipotente sería ley, verdad, revolución.

Si la necesidad de no compartir el poder crea el mito y la mentira, una vez en el poder, la psicología del triunfo, la popularidad, el caudillismo, hacen que el propio caudillo y sus epígonos devengan prisioneros de sus propios mitos y mentiras.

Ernesto Guevara veía en Fidel Castro el dios de la revolución, lo había visto partir de la prisión mexicana, superar derrotas, desastres, peligros, hasta llegar al poder total. Si él no había sido Fidel, su historia le probaba que estaba bien cerca: ¿no había invadido la isla, cortado en dos su territorio, tomado Santa Clara, entrado en un campamento de miles de soldados enemigos, rendidos a los pocos barbudos suyos y de Camilo Cienfuegos?

Guevara había vivido una parte de la realidad, la guerrilla; no la otra parte de la lucha en Cuba, y como en la Sierra había un clima contrario a la clandestinidad y como el marxista argentino despreciaba y combatía aquellos burgueses del 26, y la popularidad de Fidel, Camilo y la suya eran grandes, y con el ejército rebelde como instrumento, pensaba que había vencido a Batista y más tarde destruido al capitalismo, derrotado Estados Unidos y provocado en Cuba la primera revolución socialista de América. Guevara se convenció que toda América llevaba una Cuba en su vientre y que el detonante que haría parir la revolución sería la guerra de guerrillas: madre, hija y espíritu *non santo* de la revolución. Su fe dogmática era más potente que los hechos: uno a uno Guevara envió a sus amigos y compañeros a morir en América Latina; del Patojo a Massetti escribió de sus muertes, no de las causas de sus fracasos y al final él mismo emprendió la aventura boliviana, que lo condenó a la muerte y al desastre.

Sólo al final las notas de su diario boliviano, con aquel su trágico humor descubren con lucidez la próxima derrota, el olvido y abandono de su Habana querida. ¿Por qué su amigo Fidel Castro lo deja morir solo?

La muerte de Guevara fue una derrota para Fidel Castro, que fríamente asimiló la lección y cambió las reglas del juego: Nicaragua, sí que sería su segunda Cuba.

Eran evidentes no sólo para Castro, para cualquiera, desde seis meses antes, que Guevara se acercaba a una derrota y muerte inevitables. Como la reunión de Olas prueba, aquella aventura partió con Estados Unidos alerta, los gobiernos latinoamericanos aterrorizados, los partidos comunistas y la URSS contrarios, sin un instrumento nuevo, un movimiento nacional y continental que hiciera la revolución. Si los refuerzos de hombres y armas enviados por la clandestinidad a Castro, en 1957 y 1958, salvaron su guerrilla, ¿por qué Castro no hizo con Guevara lo que sus compañeros de la ciudad hicieron con él? Además de las armas y hombres enviados a la Sierra, miles y miles de acciones y sabotajes en toda la isla impidieron al ejército concentrarse sobre la montaña y crearon al país una conciencia opositora determinante en la caída de Batista.

Castro no tenía que enviar tropas cubanas a Bolivia. Había miles y miles de guerrilleros latinoamericanos entrenados en Cuba que esperaban la orden de partida y que pudieron ser desembarcados allí y en otros frentes, pero no lo fueron.

¿Por qué Castro dejó que el enemigo liquidara a su compañero Guevara? ¿Por qué apoyó su aventura y al final lo dejó solo? ¿Presión soviética, envidia, maquiavelismo? No, no lo pienso, sólo improvisación primero y después frialdad. Lo que había fracasado en Bolivia en 1967, y antes en Perú, Guatemala, Venezuela, era una forma equivocada de hacer la revolución, el traslado mecánico y falso y la falsa estrategia del foco guerrillero en América Latina.

La muerte de Guevara centraba en su persona el terrible fracaso. Castro y su gobierno eran casi inocentes de una derrota y muerte en manos del enemigo. Pienso que ésa es la verdadera razón del abandono de Castro a la inevitable derrota de Guevara.

El juego con la muerte de Guevara duró mucho: herido gravemente en Alegría del Pío, en diciembre de 1956, pudo morir y no murió; con un balazo en un pie que le impedía caminar, en diciembre de 1957 en el Hombrito, pudo caer prisionero o morir de un balazo enemigo, aun cuando su gran victoria de Santa Clara, cuando se rompe un brazo, pudo perecer en un tiroteo en un tejado o cuando durante la crisis del Caribe, en octubre de 1962, se le cayó la pistola en Pinar del Río, se disparó al caer y el balazo le entró por la boca y le salió por el oído sin tocarle ningún órgano vital, herida de la que sanaría rápidamente, bien que le dejaría una indeleble cicatriz. Guevara pudo huir de Bolivia al ver el fracaso de su guerrilla. ¿Por qué no lo hizo? Pienso que una crisis asmática, humana y política fueron más fuertes que su hasta entonces poderosa voluntad. En la guerra, Guevara tuvo más de una de esas crisis, de las que fue salvado por sus compañeros. En Bolivia, quizá estaba demasiado cansado y enfermo para empezar de nuevo. Guevara no era frío como Fidel, era un impaciente, su parábola tan elevada ahora caía y lo arrastraba inexorablemente. ¿Morir en manos enemigas no es una buena muerte para un revolucionario?

¿Por qué Fidel Castro triunfó en la lucha por el poder sobre todos sus opositores?

Si analizamos los dos tiempos de la dictadura de Batista, vemos que en el primero —1952-1956— la vieja generación, sus partidos e instituciones se "suicidan" por la incapacidad de enfrentar un régimen de violencia; el autenticismo y su presidente Carlos Prío entregan el poder sin resistir y después anuncian una hora cero que nunca llegó. La Ortodoxia, principal partido de oposición, sin Eddy Chibás, su líder suicidado en 1951, sin una dirección capaz, dividida, se limita a hacer declaraciones y será después la materia prima del movimiento de Fidel Castro. Los comunistas, con escaso peso, no pasan de la palabra.

En la segunda fase —1956-1958—, la clandestinidad del 26 y el Directorio se desangran en una lucha feroz en que pierde miles de sus mejores cuadros y sus líderes potenciales: Frank País, José Antonio Echevarría, Menelao Mora, Carlos Gutiérrez Menoyo, el comandante Daniel. La guerrilla de Castro, protegida por la montaña, la lucha de las ciudades, armas y experiencia, no pierde en combate a ninguno de sus principales comandantes: Castro, Guevara, Raúl Castro, Almeida, Amejeiras; de los doce del desembarco perece sólo Ciro Redondo: ellos son los héroes, los otros mártires anónimos.

El asalto al Palacio presidencial de Batista, acto heroico, liquida al Directorio. La toma de Cienfuegos, en una rebelión de la marina de guerra y el 26, es aniquilada al no extenderse a toda la isla. El fracaso de la huelga de abril de 1958 permite a Fidel Castro intervenir el movimiento de las ciudades y sustituir en la práctica a la dirección clandestina que equilibraba su caudillismo.

Otro factor es la incapacidad militar y política de Batista. Más que un militar era uno que manejaba al ejército como un partido político; de sus generales que abandonaron a sus tropas, dedicándose a robar o la represión de civiles, en las ciudades, que ante la creciente oposición de todos los sectores del país, en primer lugar la importante clase media cubana y sus instituciones cívicas, se rinden masivamente, después del fracaso de las elecciones de noviembre de 1958, repudiadas por el pueblo.

El mayor general Cantillo, después de perder la guerra, pierde la paz actuando demasiado tarde, dejando escapar a

Batista, mientras el coronel Barquin, preso en isla de Pinos, carece de los instrumentos militares y políticos y fracasa en el intento de salvar al ejército que se rinde.

Fue una pequeña minoría de cubanos, casi todos jóvenes, los que hicieron resistencia activa a Batista, y algunos miles de profesionales y de obreros, que organizaron huelgas y la resistencia cívica; la inmensa mayoría era "ojalatera", quería que Batista cayese, pero no hacían nada por miedo o apatía.

A la caída de Batista, este complejo popular se transformó en una admiración y apoyo incondicional a Fidel Castro, y fue causa mayor de su caudillismo, sin restar méritos al talento político de quien, desde el Moncada, fue el jefe indiscutido de la revolución.

A fines de 1959 y principios de 1960 surge una oposición, minoritaria y dividida, entre los que aceptan el apoyo norteamericano y la unión con el pasado y los que desde Cuba, por su origen revolucionario y nacionalista, lo rechazan. Esta oposición, que se bate sola, tratando de salvar la revolución de los comunistas, tiene que enfrentar el poder y la enorme popularidad de Fidel Castro, que no sólo había destruido el pasado, que todavía por aquella época había mejorado notablemente las condiciones de vida del país.

En 1961 los expedicionarios de Girón, entrenados por la CIA, son desembarcados en Cuba. Privados del apoyo prometido y de una aviación que los protegiera, son derrotados después de tres días de furiosos combates; aislados, sin apoyo exterior, caen una a una las guerrillas campesinas, único germen de lo que pudo ser oposición armada permanente.

El terror masivo, las deportaciones de campesinos, los centenares de miles de presos y castigados, los fusilamientos de comandantes revolucionarios, como Sorí Marín, la detención de otros, como Húber Matos, la liquidación por la fuerza del movimiento obrero y estudiantil, la detención de sus dirigentes, como David Salvador y Pedro Luis Boitel, dejado morir en una huelga de hambre en prisión, el obligado exilio y fuga de muchos oposicionistas, la eliminación implacable de los revolucionarios no comunistas, de sus cargos y actividades, la represión científica del aparato de Seguridad, asesorado por los soviéticos, hicieron el resto.

Una parte del viejo mundo cubano, cuando vio el conflicto con Estados Unidos, pensando con la lógica de la historia pasada, abandonó el campo rápidamente, seguros de que los norteamericanos les sacarían las castañas del fuego fidelista, pero se equivocaron.

El sentimiento de impotencia, frente a una dictadura nueva, el horror de la implacable represión, creó el sentimiento que el infierno no se puede cambiar: única posibilidad, escapar de la isla.

Desde entonces, es política de Castro "a enemigo que huye, puente de plata". No se piense que sea fácil salir de Cuba: hay que correr riesgos y sufrir dificultades antes de poder salir. De lo contrario la isla hubiese quedado desierta.

A cada gran crisis cubana seguirá un exilio masivo: 1960-1961, 1965, 1971, hasta llegar al último de los ciento treinta mil cubanos que huyen por el Mariel en 1980, en total, un millón de cubanos exiliados, exactamente el 10 por ciento de la población de Cuba, éxodo que se inició con los batistianos, los ricos; siguió con la clase media y los profesionales —tres mil quinientos médicos cubanos residen en Estados Unidos—; continuó con obreros, campesinos, negros, pobres, viejos, jóvenes, niños. Ninguna dictadura latinoamericana tradicional hubiera resistido treinta años a todo tipo de oposición, como las prisiones, gulags tropicales, campos de castigos y ese exilio masivo prueban que el aparato de poder comunista, su Seguridad, el apoyo militar, económico y político de la Unión Soviética han salvado al régimen castrista hasta hoy.

EL IMPASIBLE BUMEDIÁN

Fidel Castro no es por temperamento un hermético, un indescifrable, un mudo, como el argelino Bumedián, que tanto intrigó a Fidel, cuando su viaje a La Habana, con su rostro y miradas impenetrables, verdadera esfinge, que *el Comandante* no podía descifrar. Un día Fidel dijo a su escolta: "Verán que hoy Bumedián reacciona y habla." Entonces lo invitó a dar un paseo, en una rápida lancha militar, por la bahía de La Habana, en compañía de su *entourage,* de Raúl Castro y de otros comandantes. A ojos vistas de la capital estaba una famosa nave de guerra norteamericana que no se movía de allí de años "ni para hacer pipí no se van estos yanquis", se bromeaba entre la gente. Por orden de Fidel, la lancha fidelista se fue acercando más y más a la nave de guerra. Fidel miraba a Bumedián y Bumedián miraba al Morro, impasible. Astuto como es Fidel, no se sabe si por gallego o por caudillo, nunca se sabe lo que piensa, aun por si por su apariencia y mucho hablar, parece lo contrario. Fidel miraba a Bumedián y Bumedián, impasible, no movía un músculo de su cara, no tenía la más mínima expresión en sus ojos; la veloz lancha se acercaba siempre más al barco yanqui y eran las caras ya algo pálidas de los acompañantes de Fidel los que estaban inquietos por lo que podía pasar, a ellos, a Fidel, y al ilustre visitante.

En el barco norteamericano se notaban algunos movimientos de observación ante aquella lancha militar cubana siempre más y más próxima.

Estaban ya a ojos vista y Bumedián, inalterable, no se movía, no decía nada; entonces Fidel, encabronado, dio la orden de virar y sus acompañantes, más tranquilos, respiraron.

Bumedián no dijo nada.

10

FUSILAMIENTOS EN LA CABAÑA

Las noches de fusilamiento estaban cargadas de un creciente clima de terror que se palpaba en todas las galeras. Siempre algún indicio más o menos vago anunciaba la actividad de la noche: un comentario burlón del cabo de llaves; información más precisa proveniente de la cocina —los cocineros eran presos no rehabilitados, pero con contacto permanente con el oficial a cargo de los suministros—; o alguna indiscreción entre los guardias.

Alrededor de las 11 de la noche encendían un potente reflector que iluminaba el palo enterrado en que amarraban a los condenados a muerte. El "palo", como se le conocía, estaba ligeramente separado del muro que constituía una de las paredes laterales del foso. A las 11 y media comenzaban a llegar los espectadores que se regaban por los alrededores para presenciar los fusilamientos. La situación emocional en las galeras se hacía muy tensa, pues la presión era acumulativa. No se podía ni tratar de dormir, en especial en las primeras 4 o 5 galeras, comenzando por la derecha según se entraba: la 17, 16, 14, 13 y 12, pues en éstas las descargas y los movimientos previos se oían con extraordinaria nitidez.

Pocos minutos antes del fusilamiento se oía perfectamente el ruido del motor de la "guaguita", el carro celular que iba a buscar a los condenados a las capillas que estaban al otro lado de la prisión. Se podía seguir mentalmente el itinerario de ésta, pues la intensidad del motor y los cambios de velocidades se escuchaban con marcada precisión. Normalmente el silencio en las galeras era total, interrumpido sólo por los movimientos y ruidos inevitables para ir al servicio sanitario.

Al retornar el carro celular se escuchaban los ruidos de la puerta trasera para sacar al condenado y, además, los comentarios y burlas de los asistentes. Ya en esta última etapa en que amarraban al preso al "palo", la sensación de impotencia y desesperación era verdaderamente insoportable. No hay nada más desgarrador que la profunda sensación de impotencia que producían los fusilamientos en la Cabaña.

Algunos presos gritaban desde sus camas y, a veces, los postas tiraban contra las galeras. La descarga mortal y el tiro o los tiros de gracia eran como un alivio para todos, posiblemente también para el condenado. Los gritos de: "¡Viva Cuba Libre!" y "¡Viva Cristo Rey!", que durante un tiempo pudieron gritar los condenados soltaba la tensión colectiva acumulada en las galeras y se producían más gritos y más disparos contra las rejas de las galeras, que daban al foso. Y como casi siempre había varios fusilamientos programados, empezaba de nuevo el macabro rito, pues no llevaban a todos los condenados de una vez.

Posiblemente las peores noches para todos los presos, incluyendo a los ex militares presos desde el primero de enero, fue cuando la masacre del 30 de agosto de 1962. Durante 4 o 5 noches, el gobierno cubano fusiló, sólo en la Cabaña, a decenas de miembros de sus fuerzas armadas con un nuevo procedimiento: cuatro fusilados a la vez con cuatro pelotones de fusilamiento y una sola voz de mando. Las descargas se oían con una intensidad desusada.

FUSILAMIENTOS SIMBÓLICOS .

La mayoría fueron absueltos y con tres de ellos se resolvió dar un escarmiento simbólico; primero fueron ajusticiados el campesino violador y el chino Chang; ambos, serenos, fueron atados en los palos del monte, y el primero, el violador, murió sin que lo vendaran, de cara a los fusiles, dando vivas a la revolución. El chino afrontó con toda serenidad la muerte, pero pidió los auxilios religiosos del padre Sardiñas, que en ese momento estaba lejos del campamento; no se le pudo complacer y pidió entonces que se dejara constancia de que había solicitado un sacerdote, como si ese testimonio público le sirviera como atenuante en la otra vida.

Luego se realizó el fusilamiento simbólico de tres de los muchachos que estaban más unidos a las tropelías del chino Chang, pero a los que Fidel consideró que debía dárseles una oportunidad; los tres fueron vendados y sujetos al rigor de un simulacro de fusilamiento; cuando, después de los disparos

al aire se encontraron los tres con que estaban vivos, uno de
ellos me dio la más extraña espontánea demostración de
júbilo en forma de un sonoro beso, como si estuviera frente a
su padre.

Podrá parecer ahora un sistema bárbaro este empleado
por primera vez en la Sierra, (en 1957); sólo que no había
ninguna sanción posible para aquellos hombres a los que se
les podía salvar la vida, pero que tenían una serie de faltas
bastante graves en su haber. Los tres ingresaron en el ejército
rebelde y de dos de ellos tuve noticias de su comportamiento
brillante durante toda la etapa insurreccional. [1]

Cinco años después, Pedro Pérez Castro, prisionero castrista

En casi cuatro meses se ahorcó un señor en la celda de al
lado, un señor ya mayor, de unos sesenta años, que lo habían
detenido cuando trataba de entrar en la base naval de Guantánamo, y le habían retenido a toda la familia para presio-
narlo. Estaba muy deprimido, no quería hablar casi, y una
noche, con los tirantes del uniforme que nos daban, se colgó
de la parte alta de la celda. Como las celdas estaban tapiadas,
los guardias no se dieron cuenta, y estuvo colgado como siete
u ocho horas. Se hinchó, se hinchó mucho y no cupo por la
puerta de la celda. Lo sacaron a empujones, dañando el
cadáver, riéndose, haciendo chistes macabros sobre la hin-
chazón, y la muerte, y cosas de ésas. Meses antes se había
suicidado otro detenido, mucho más joven, lanzándose del
primer piso hacia la planta baja en uno de los traslados internos para interrogatorio. Los pasillos tenían una tela metálica
no muy alta, y el muchacho se le escapó al guardia, dio un
salto al vacío y se mató.

Bien: el ataque de Díaz Lanz fue el 8 de septiembre de
1962, día de la Virgen de la Caridad, patrona de Cuba, y el
juicio el 9, a las tres de la tarde. Cuando antes de la captura,
herimos a varios milicianos en las emboscadas y los llevaron
a juicio, y, en fin, declararon, sus familiares pidieron paredón...

Bueno: la pesadilla del juicio terminó a las 12 de la noche,
y quedamos condenados a muerte por fusilamiento y conclu-
sos para sentencia.

Esperando en la celda, con traje y las manos a la espalda,
se aparece el comandante Méndez Cominche por el mirador de
la puerta y me dice: "¿Tú conoces a éste?", pero no veía bien y

1.   Ernesto Guevara, *Pasajes de la guerra revolucionaria.*

le dice al escolta que cierra las galerías: "Abre, abre bien ahí, para que lo vea bien", y era Raúl Castro. Sin ensañamiento, trató de sacarme conversación, y al rato volvió a insistir en que nada era definitivo con ellos, que todavía teníamos en nuestras propias manos, en fin, lo mismo, es decir, que habláramos. Lo más que le pude decir fue: "Chico, perdí." Pasó a la celda de Comerón, lo saludó, pues se conocían, y le dijo: "Bueno, Comerón, ¿qué fue esto?" Pedro le replicó: "¿Y qué fue el Moncada?" Y ahí empezaron una discusión discreta, casi cordial. Se despidió, nos deseó suerte. Méndez Cominche ordenó bien alto, para que lo oyéramos, que nos dieran todo lo que quisiéramos: café, agua, cigarros; se fueron y me quedé en el silencio más grande y hondo de mi vida.

A las 4 de la mañana nos sacaron, nos amarraron los pies, y me llevaron a mí primero al campo de tiro de San Juan. Me unieron al "palo" por las esposas a la espalda, me pusieron un esparadrapo para que no gritara, y me "fusilaron" con balas de salva. La impresión global es muy nebulosa. Recuerdo que en el camino hacia el campo de tiro repasé mi vida completa cuatro o cinco veces, sin parar y desde chiquitico; me venían los rostros de los seres queridos con un hondo dolor por la gente que no vas a ver más, seres queridos, amigos... Pero las sensaciones después de los fogonazos son todas muy confusas, no puedo recordar impresiones nítidas, precisas. No sabía qué pasaba, no podía saber qué pasaba. Sí recuerdo que la lengua se me cuarteó y parece que le di un fuerte apretón con los dientes al oír los disparos, y me la destrocé, aunque no sentía dolor en ese momento. Tuve una sed insaciable durante varios días. La boca permanentemente reseca. Tomaba agua y agua, y como que me hinchaba, pero no se me quitaba la sed, produciendo una saliva espesa, como espuma, y la boca pastosa. Y durante días, muchos días, estuve como un bobo en la celda. No entendía nada. Vaya: sabía que aún estaba vivo, claro, pero no pensaba en un truco sino en un error, un fallo..., qué sé yo, y que volverían de nuevo a intentarlo. No se puede descansar, y los recuerdos dando vueltas, en espera del fusilamiento definitivo. Pedro debe haberlo pasado incluso peor porque fue el último.

No repitieron el falso fusilamiento, y en octubre, casi un mes después, volvió a aparecer Raúl Castro.

Fingiendo desconocer la situación nuestra, Raúl Castro protestó al "enterarse" que llevábamos 7 u 8 meses desnudos y esposados a la espalda (nos dejaban libre una mano para comer y asearnos después de defecar). Insultó a Méndez

Cominche por habernos mantenido así, y nos cambió las condiciones carcelarias: mandó retirar las esposas, nos dio ropas y otras cosas similares. Me entregó un ejemplar de la revista *Bohemia* en que se daba la noticia, en la sección "Zafarranchitos", de que el senador norteamericano Robert Kennedy se había interesado por nosotros —lo cual significaba objetivamente un alivio a nuestra incertidumbre—, y nos comunicó que en agosto habían capturado al responsable del MINCIN en Santiago de Cuba, que según Castro era agente de la CIA, y que lo iban a fusilar al día siguiente. Y me preguntó cómo yo explicaba que no nos hubieran fusilado a nosotros y sí a ese hombre. Figúrate, le dije que no tenía la más remota idea y que ése era un problema de ellos.

Finalmente me dijo: "Se salvaron. Nos demoramos mucho y ya se han interesado por ustedes. Nos tomaron la delantera, pero los vamos a enterrar en vida. Nos van a suplicar de rodillas que los fusilemos; acuérdate..., de rodillas." Y yo me dije para mis adentros que no podía haber nada peor por venir, que ya habíamos pasado todo..., y me equivoqué.

Enterrados en vida

Realmente fuimos enterrados en vida. Pocos días después nos trasladaron para la prisión de Boniato, y, tras una breve estadía en las celdas de los condenados a muerte, nos introdujeron en las celdas "bajo la escalera", cubículos reducidísimos con un falso techo para limitar la altura, en que estuvimos veintiún meses consecutivos. Con una falta absoluta de las más elementales instalaciones internas de las celdas tradicionales, aun para interrogatorios intensivos, esos huecos enrejados no tenían siquiera el orificio para evacuar.

LOS FUSILADOS DE FIDEL

Humberto Sorí Marín

Humberto Sorí Marín, viejo amigo y compañero de Fidel Castro, era secretario del colegio de Abogados de Cuba, cuando el ataque al Moncada, él, Miró Cardona, Julio Duarte y Aramis Taboada, como Fidel, legalmente inscrito, no había pagado sus cuotas, ni podía ejercer, legalizaron su situación, y Sorí fue a Santiago con los documentos que permitieron a Castro su defensa en el juicio.

Sorí, dirigente de la clandestinidad del 26, entró en conflicto con Armando Hart, por la conspiración de Cienfuegos, de septiembre de 1955, y éste lo expulsó del movimiento. Sorí se fue para la Sierra, contó el asunto a Fidel, que ignoró la expulsión y lo hizo comandante y jefe de la primera auditoría del ejército rebelde. Allí Sorí, de acuerdo con Fidel, aplicó los códigos militares de las guerras de independencia, fue ésta excepción, no regla. La república en armas de los mambises tenía una constitución votada por delegados, una cámara de diputados en armas, que ejercía el control de la guerra, designaba el estado mayor, otorgando a los generales autonomía sólo en las cuestiones militares.

Sorí, que era un buen abogado, no sólo se ocupó de leyes militares sino que intentó crear algunos cimientos de estructura civil, sin mucho éxito.

Como la Sierra era una zona cafetalera, Sorí se ocupó de los complejos problemas del café, de su precio y distribución, de las relaciones con los pequeños cosecheros serranos. Amigo del *Che* Guevara, en cuya zona operaba cuando la ofensiva enemiga de junio de 1957, Sorí fue el último rebelde en abandonar Las Vegas de Jibacoa; a su caída, en manos del ejército, se dirigía hacia Minas del Frío y salvó a Guevara de la muerte, cuando el comandante argentino, ignorante de lo sucedido, estaba entrando en Las Vegas.

A la llegada del dirigente comunista Carlos Rafael Rodríguez a la Sierra, dos meses después, ambos redactaron la primera ley de reforma agraria, del ejército rebelde, ley moderada que no tocaba el latifundio y se limitaba a repartir las tierras en forma individual. Como auditor, Sorí redactó otras leyes dictadas en la guerra.

A la caída de Batista, tocó a Sorí —con el comandante Serguera, nombrado por Raúl Castro—, como auditor, dar legalidad a los juicios revolucionarios, cosa casi imposible, dentro de aquel caos; superado por los acontecimientos, pidió que lo eximieran de aquella responsabilidad. Castro lo nombró entonces ministro de agricultura.

Como era un abogado ecuánime, su nombramiento fue bien visto por amplios sectores económicos y políticos, que temían una reforma agraria radical, de la que siempre se hablaba y nunca se hacía.

Castro quería ganar tiempo a Sorí, sabiendo cómo pensaba, le dijo de trabajar en el proyecto de ley de reforma agraria.

Sorí, entusiasmado, comenzó a redactar la ley, que un futuro Consejo de Ministros debía discutir y aprobar, y como no era secreta, los bienpensantes y los intereses creados empezaron a dormir tranquilos, como quería Fidel, que, sin decir nada a Sorí, encargó a Guevara, Dorticós y Carlos Rafael Rodríguez una ley agraria que era más bien una revolución agraria, secreta pero real, y que en el momento oportuno sorprendería a unos y a otros.

En el mes de mayo de aquel agitado 1959, un día en que Fidel estaba en un programa de CMQ televisión, Fidelito, su hijo, tuvo un grave accidente y fue operado en emergencias por el cirujano Rodríguez Díaz, que le salvó la vida. Fidel, al llegar allí, después de terminar su larga comparecencia, se encontró con Sorí, amigo de familia, de Mirta, su ex mujer, y de su hijo. Entre un tabacón y otro, Fidel le dijo a Sorí que su ley no iba, que había dado luz verde al proyecto de Guevara, que nacionalizaría el latifundio, sin repartirlo en forma individual. El estado sería el nuevo propietario de las tierras. En los próximos días se haría un histórico Consejo de Ministros en el campamento de La Plata, en la Sierra Maestra, en la que él tendría el honor de firmar la otra ley.

Sorí, engañado, traicionado por su amigo, que le había tomado el pelo y en desacuerdo con una ley que creía desastrosa, dijo a Fidel que no firmaría semejante ley y que, como consideraba que no tenía su confianza, desde aquel momento renunciaba como ministro de agricultura.

Fidel se sorprendió del no de Sorí; aquel hombre amable, que siempre lo ayudó y dijo sí, ahora con un no rotundo, rechazaba los argumentos de Fidel, aclarándole que su renuncia no la motivaba el que lo tuviera al oscuro de la otra ley ni que ésta acabara con el latifundio; su discrepancia era que la tierra no iba a manos del campesino que la trabajaba: la estatalización, como probaban los países comunistas, dijo Sorí a Fidel, será un fracaso económico, un caos burocrático y represivo.

La renuncia de Sorí abre la primera crisis en el Consejo de Ministros. Un grupo de ministros discrepantes coinciden con Sorí y [2] renunciarán días después, aun si en la calle no se conocerá el verdadero motivo.

A partir de su renuncia, en mayo de 1959, Sorí tuvo posiciones críticas en los casos de la destitución del presiden-

2. Ministros: Roberto Agramonte, Elena Mederos, comandante Luis Orlando Rodríguez, comandante Julio Martínez Páez.

te Urrutia, de la encarcelación del comandante Matos. La llegada del viceprimer ministro soviético Mikoyan a La Habana, en febrero de 1960, el caluroso recibimiento ofrecido por Castro, los acuerdos, públicos unos y secretos otros, convencieron a Sorí y a otros dirigentes críticos que el país se encaminaba a un sistema comunista.

Poco después la prensa fue nacionalizada, se cerraron los pocos instrumentos de información y crítica. Castro consideraba "la crítica oposición y la oposición contrarrevolución". A Sorí y los que así pensaban, no quedó otro recurso que organizar una oposición clandestina, algo bien difícil, cuando la mayoría tenía como ley la palabra de Fidel; cuando la revolución vivía ese momento de confusión, de ver morir el viejo mundo, sin verse claramente el nuevo rostro del poder; con una economía de alto consumo, y ya con poderosos comités de defensa, cuyo ojo vigilaba implacablemente, de casa en casa y de cuadra en cuadra. Cuando no sólo conspiraban ex fidelistas, lo hacían también los representantes de intereses creados, agredidos por la revolución y los viejos batistianos, que encontraban voz y caja de resonancia en Estados Unidos, cosa que hería el cada día más fuerte nacionalismo y antiimperialismo, que como una fiebre el país vivía.

A finales de 1960, Humberto Sorí Marín es detenido. Por sus méritos, sus relaciones con Castro y Guevara y porque no tenían pruebas concretas para acusarlo y condenarlo, Castro ordenó que su prisión sería su propia casa, de Ayuntamiento, 157, en Ayesterán, vigilada por una fuerte custodia militar.

El 30 de noviembre de 1960, José Luis Echeveite, antiguo compañero y amigo de Fidel, de los días difíciles, que de unos meses se había unido a Sorí y estaba todavía libre, lo ayuda a preparar una fuga de las más ingeniosas y espectaculares ocurridas en Cuba. Echeveite hizo llegar a Sorí unos polvos que, ingeridos, producirán un sueño profundo. La guarnición y Sorí comían y bebían alimentos enviados por el ejército. Sorí se las ingenió para introducir los polvos en la comida; poco después sus guardianes dormían a pierna suelta, y el ex comandante, con la ayuda de amigos que lo esperaban, escapó burlándose de la seguridad castrista, que sólo encontró la casa vacía y el hueco del aire acondicionado en la pared, por donde salió de la casa el famoso detenido.

Conocida la fuga, para la policía era una cuestión de honor que Sorí no escapara y en su persecución se lanzaron miles de hombres. En esas condiciones, la única salida fue una fuga por mar, hacia la vecina Miami. Allí se prepara a todo tren la expedición de bahía de Cochinos. Uno de los jefes designados, Manuel Artime, miembro de la juventud católica, alzado en los últimos tiempos de la guerra, alcanzó el grado de teniente y fue jefe de zona de la reforma agraria en Oriente, un subordinado de Sorí, casi desconocido en Cuba, al que los norteamericanos prefieren, aun cuando ya estaban en el exilio figuras revolucionarias democráticas del prestigio de Manuel Ray, los ex comandantes Eloy Gutiérrez Menoyo, Raúl Chibás, Humberto Sorí Marín y tantos otros. A Sorí se le envía clandestino a Cuba, con una misión tan peligrosa como imposible, que otros menos conocidos hubiesen podido intentar con menos riesgos: unir a las diferentes organizaciones anticastristas de la isla. Ya en La Habana, Sorí es citado a una reunión a la que asisten los jefes de distintos grupos anticastristas. Las máquinas y la presencia de gente sospechosa hace que alguien de los comités de defensa llame por teléfono a la Seguridad. Llega un auto del G-2, sorprende la reunión, sus ocupantes, declaran en arresto a los asistentes. Sorí da otro nombre y, mientras discuten policías y conspiradores, intenta escapar. José Luis Hernández Hurtado, un oficial rebelde, lo reconoce, le dispara con su pistola hiriéndolo en la cadera. Sorí, herido, es llevado al hospital militar, tiene todavía una esperanza, el director, el comandante médico Raúl Trillo, médico de la Sierra, es su amigo y comparte sus ideas.

Sorí pide ser operado por Trillo, pero le informan que no es posible. Trillo acababa de renunciar a la dirección del hospital por razones políticas y humanas: había curado a unos oficiales rebeldes, alzados en Pinar del Río, de las heridas sufridas en un encuentro con las fuerzas castristas. Trillo se negó por semanas a entregarlos a la Seguridad, que los iba a fusilar. Cuando las heridas sanaron, no pudo hacer más nada, y Trillo dijo a Fidel, del que era el médico personal, que no sería más el director del hospital, que como médico no podía curar heridos para que después los fusilaran. Enterado el comandante Trillo de la detención de Sorí, llamó a Celia Sánchez, que como médico de Fidel mucho lo estimaba desde la época de la Sierra. Trillo pidió hablar con Fidel. Celia le contestó que ya lo llamarían; entonces pidió a Celia que recordara de parte suya a Fidel los méritos históricos de Sorí, el humanismo predicado en la guerra, sus palabras de que los prisioneros se curaban, no se mataban. Horas después, Celia telefoneó a Trillo, en nombre de Fidel, y le dijo que tenía la palabra del *Comandante* de que Sorí sería curado, se le juzgaría y no sería fusilado.

Sería la misma promesa que Fidel Castro haría a la madre de Sorí Marín, cuando la recibió por gestiones de amigos y compañeros. Fidel dijo a la madre: "Vieja, estése tranquila, que Sorí no será fusilado."

El 19 de abril de 1961 el comandante Sorí Marín, todavía convaleciente, apoyándose en una muleta, es conducido a una celda de altos oficiales de Batista, condenados a la última pena a principios de 1959, en un juicio en que Sorí, como auditor del ejército rebelde, intervino, y que desde entonces están allí. Entre ellos el ex comandante Mirabal, viejo amigo de la familia Castro, de los tiempos de Birán. Es la celda especial de los condenados a muerte, sobre los que pendía una condena no conmutada y que al parecer no se ejecutaría.

La desgracia hermana a los hombres en los momentos difíciles; los antiguos enemigos compartieron horas de solidaridad, en aquella celda, en momentos peligrosos: de dos días se estaba combatiendo en Girón, y la vida de los prisioneros en instantes así pende de un hilo.

El 19 de abril Sorí fue sacado de la celda de los condenados a muerte —los ex oficiales permanecieron allí y les fue perdonada la vida—, conducido al paredón de fusilamiento, aquel hombre pequeñito, de aire tranquilo y palabras que casi no se oían, aquel que más que un militar parecía y era un abogado, afrontó con gran coraje el fusilamiento.

No murió solo. No. Con él fueron fusilados otros comandantes: ·William Morgan, Jesús Carreras, Eufemio Fernández y otros oficiales revolucionarios, que con valor afrontaron la muerte por manos amigas-enemigas.

El terror castrista no es espectacular. Es casi siempre un terror sordo, ciego, mudo, muchas veces secreto, anónimo y colectivo, que golpea abajo, multitudinariamente: deportaciones masivas de campesinos del Escambray y otras zonas guerrilleras, detenciones masivas, como la Operación P, la UMAP, la ley contra la vagancia, o la recogida de Girón, cientos de miles de personas, casi siempre conducidas a campos de trabajos forzados o gulags tropicales, miles y miles de fusilamientos secretos, en paredones de La Cabaña, Boniato y otras cárceles cubanas.

A los jefes y comandantes populares Fidel prefiere hacerlos pudrir en prisiones, con penas de veinte años, en condiciones durísimas: Húber Matos, Eloy Gutiérrez Menoyo, Pedro Luis Boitel, Ramón Guin, Gustavo Arcos y tantos otros.

Guevara tenía entonces un aire bohemio, un humor suficiente, provocador y argentino, andaba sin camisa, era algo narcisista, trigueño, de estatura mediana y fuerte musculatura.

Guevara reemerge como segunda figura oficial de la revolución a partir de su nombramiento como presidente del Banco Nacional, y como responsable de la economía cubana, en noviembre de 1959. (En la foto, Che Guevara junto al autor en 1960.)

Sorí y el grupo de comandantes fusilados en 1961 son una excepción a esta regla castrista, del terror anónimo y total. [3] ¿Por qué? ¿Cuál fue la razón de aquel fusilamiento? ¿Por qué recibió Fidel a la madre de Sorí y le prometió que su hijo no sería fusilado? Parece que la sinrazón de aquel fusilamiento fue otra: meter miedo a otros comandantes que estaban conspirando con Sorí. A éste le prometieron la vida a cambio de que dijera sus nombres. La respuesta de Sorí fue el silencio y la de Fidel su muerte. Aquella conspiración, llamada de los comandantes, nunca fue descubierta, fue un misterio que Sorí se llevó a la tumba.

Castro, implacable con su viejo amigo y compañero, días después concedería la vida a los jefes y prisioneros de la invasión de Girón, aun si en los combates sus fuerzas habían sufrido centenares de bajas.

LOS SUICIDADOS DE FIDEL:
SUICIDIOS CASTRISTAS Y PRE CASTRISTAS

En la historia de Cuba el suicidio político es una tradición, analizada en el magnífico ensayo del novelista Guillermo Cabrera Infante: los dos grandes fundadores de la patria. Carlos Manuel de Céspedes y José Martí mueren frente al enemigo en circunstancias parecidas. El impetuoso Céspedes, que dio el grito del 10 de octubre de 1868, en su ingenio la Demajagua, proclamando la independencia, liberando sus esclavos, se proclamó jefe supremo de la guerra, que anticipó por razones de seguridad: sorprendiendo a los otros conspiradores de Oriente, las Villas y Camagüey. Tomó la ciudad de Bayamo y más tarde la quemó, con el consentimiento de los bayameses, para impedir que las tropas españolas reconquistaran la ciudad, símbolo de libertad. Se originó, al nacer de la república en armas, un conflicto real entre caudillismo, militarismo, democracia; la necesaria disciplina de la guerra y la necesidad de crear en la lucha, las nuevas instituciones y leyes de fundación de la nueva república. La Cámara de Diputados en armas destituyó a Céspedes, después de un conflicto político en que el otro gran patriota de la guerra, el camagüeyano Ignacio Agramonte, convenció a la Cámara que los principios eran inviolables aun en la guerra. Céspe-

3. Incluidos los aproximadamente diez mil fusilados del castrismo en treinta años de poder.

des, destituido, se refugió en un lugar aislado de la Sierra Maestra; sorprendido por las tropas españolas, antes de caer prisionero muere en circunstancias misteriosas, disparando contra el enemigo, quizá si contra sí mismo. El de Céspedes es casi el pre epitafio de la primera gran guerra. José Martí es el alma de la nueva guerra de independencia de 1895; une a los veteranos de 1868 con los pinos nuevos de la juventud, crea en el exilio, en Estados Unidos, el Partido Revolucionario Cubano y un fuerte movimiento conspirativo en la isla. Místico del deber, hay en el Martí último una atracción hacia la muerte, reflejada en sus poemas y cartas últimas, no morbosa, aventurera, en busca de una gloria; él no necesitaba de la inmolación, era un hombre que se propuso de verdad servir a la patria, no servirse de ella. Su sensibilidad fue herida cuando un viejo veterano de 1868 lo acusó de capitán araña; de preparar la guerra con la palabra, y no la acción personal, que rechazó indignado. Sorprendida por los norteamericanos, a punto de partir, la expedición por él organizada, con armas y barcos, que iniciaría la guerra, Martí y el general Gómez embarcan en un bote y ordenan al general Mateo de hacer lo mismo.

Su reencuentro con la naturaleza, el mundo cubano, su espíritu libertario, recogidos en su diario, entre las páginas más modernas y bellas de la literatura española, lo enardecen. Superado aquel difícil momento, llegados a Cuba los jefes principales, alzado el país, el poder de España sobre la isla estaba perdido, y no había que ser un vidente como Martí para comprenderlo. Hay sí una página oscura —blanca—, o más bien arrancada de su diario por el general Gómez sobre el encuentro de José Martí y Gómez con el otro grande de la guerra, el mayor general Antonio Maceo; si la página de Martí, perdida ese día, no apareció nunca, otras hay iluminantes. Martí había tenido ya un conflicto en 1884 con Maceo y Gómez. Máximo Gómez, único sobreviviente de los tres, demostró en la paz su coincidencia con Martí, con quien se había hermanado en la guerra y firmado el histórico manifiesto de Montecristi. Maceo, no. Grande, entre los grandes guerreros del continente, herido veintiséis veces en combate, antes de morir a manos enemigas, Maceo y su familia legendaria habían sufrido discriminaciones por el color negro de su piel. No fue ése el motivo de conflicto con Martí, antirracista total; Maceo había sufrido en su larga experiencia militar las interferencias que frenaron la primera guerra, entre el gobierno civil y el mando militar, creía, y no le faltaba razón, que había sido aquélla una de las primeras causas de la derrota cubana. Martí pensaba, con razón, que si un pueblo necesita de las armas, un pueblo no puede fundarse como un campamento militar.

El guerrero Maceo y el poeta Martí no tuvieron tiempo ni oportunidad de comprenderse; no convivieron ni en la guerra ni en el exilio, sólo se vieron en entrevistas ocasionales, casi siempre conflictivas, y para colmo José Martí se vio obligado a ordenarle venir a Cuba con un bote, después de prometerle barcos y armas; y bajo el mando de Flor Crombet, general, que con Maceo había tenido conflictos personales. Martí pudo parecer un iluso a Maceo, alguien que había perdido barcos y armas, un fracasado. Martí, alma de la nueva guerra, era habanero, no oriental. El veterano Maceo, no más llegar, fue seguido por miles de orientales, sus compañeros de la otra guerra. En la reunión de la Mejorana, Martí y Maceo discutieron: poder militar autónomo para la guerra, subordinado al poder civil, al Partido Revolucionario Cubano, que la proclamó y organizó: era la tesis de Martí. La de Maceo: Martí no debía ser el presidente; el delegado civil debía ser un general. Martí, con su talento de fundador no cedía en sus principios. Maceo tenía los hombres y las armas y ofuscado los abandonó, a él y a su maestro guerrero, el mayor general Máximo Gómez, jefe del ejército mambí. Maceo respetaba el mando y talento guerrero de Gómez; sus órdenes militares no estaban de acuerdo con los principios civiles de Martí. Maceo parte con sus grandes fuerzas. Gómez y Martí, con una pequeña guerrilla, a la que se unen otras pocas fuerzas cubanas. Días después, en una escaramuza, Gómez ordena a Martí de no participar en el combate. Martí, con su ayudante Ángel de la Guardia, se lanza a caballo contra las tropas españolas en una acción suicida que dura pocos instantes; allí, en Dos Ríos, el 19 de mayo 1895, cae Martí, días después de comenzada la guerra.

Céspedes, destituido y solo, muere para no caer prisionero. En la mente del revolucionario, del guerrero, hay un dilema de no fácil solución: caer prisionero, morir asesinado, torturado, humillado, en manos enemigas, es la peor de las muertes. Si ninguna muerte es buena, hay muertes y ésta es una de ellas, de las peores. El dilema entonces es entre hacerse matar o matarse para no sufrir la muerte enemiga y la esperanza de vivir, el instinto de conservación. Conservar la vida no sería traicionar la revolución, vivir prisionero en manos enemigas en el mejor de los casos; de la cárcel se sale, del cementerio no. Afirma un viejo refrán que a veces, por azar, es verdad, y otras no. Fidel Castro ha preferido caer prisionero en más de una ocasión, y ha salido con vida. Ernesto Guevara, que imagino se hubiese disparado, y que provocó los disparos que le quitaron la vida en Nancahuazú, tuvo la desgracia, al ser herido, de que el balazo le arrancara el arma de la mano, murió en manos enemigas. El fracaso es duro, insoportable la tortura; el fracaso puede ser pasajero o definitivo, ésa es otra cuestión difícil, que tiene que ver con la misión histórica, política y la vida personal. A veces hay que morir por la revolución, incluso por las propias manos y no por las enemigas. El cadáver honra; caer prisionero, no.

Extraño este odioamor entre revolución y muerte.

Extraño que la revolución que sería más bien la vida, la mejor y más bella vida humana posible, comience con la muerte y termine con la muerte, a veces de sus padres, casi siempre de sus hijos.

La revolución debe acabar entre otras cosas con el crimen, la violencia enemiga, derrotándola, a puras muertes; la supera con el derecho a matar, matándose, o suicidándose, al fin, a sí misma; o volverse poder para conservarse, conservadora, ya no revolucionaria, eliminar con la muerte misma el espíritu revolucionario. La revolución mata para acabar con la conservación y el poder enemigo, volviéndose poder, la chingada, conservadora sigue matando, para vivir como poder y morir como revolución.

¿Es suicida la revolución?

¿Por qué José Martí se inmoló al principio, no al fin; no cuando la guerra estaba perdida, cuando se podía ganar?

Místico sí, romántico sí, yo no pienso que Martí, en aquel breve instante ciego en que lanzó el caballo a cargar contra el enemigo, lo hiciera por un impulso suicida.

Me pregunto si aquel visionario genial, que preparó la guerra, odiándola; por el peligro real de que Cuba se volviese yanqui, como pasaría a Puerto Rico, la hermosa isla menor, que pasó de ser española a ser norteamericana; me digo si Martí, viviendo la contradicción suma, vio en aquellos pocos días de guerra que aquélla, la hija de su mente y corazón, no era la por él soñada y que más bien era un monstruo ingobernable, un cuartel, como lo habían sido otras repúblicas nacidas de la independencia, en las que él había vivido y bien conocía.

Decisivo para precipitar la guerra necesaria, inútil para dirigirla, encauzarla y humanizarla; para cambiar el campamento en república, Martí no tenía razón para vivir.

La vieja canción popular: "Martí, ay, no debió morir", es verdad, en sus versos primeros, no en los últimos: "otro gallo cantaría...". A Martí lo mataron no sólo las balas españolas; a Martí lo mató también una realidad real-guerrera: militar y caudillista, impreparada para la maravillosa poesía utópica y libertaria de su república futura. Martí vivo no hubiese podido cambiar la guerra, el cuartel, el campamento, la paz, la república: Martí tuvo que morir.

El grande Bolívar, vivo, no suicida, abandonado y solo, lo dijo: "Hemos arado en el mar." Los hombres mueren, los ideales no. La verdadera muerte es el poder que asesina ideales, ideales que a veces la historia encuentra en su camino.

La muerte física y política, quizá sí es la única salida del revolucionario: mejor morir que asesinar a su revolución o ver morir su revolución o matar a sus compañeros.

Pienso que, como tantos actos humanos, el suicidio es un misterio: arte, literatura, religión, psicoanálisis, medicina, ciencia, no han podido iluminar sus causas las hipótesis son muchas, quizá algunas valederas, no definitivas.

No niego la relación y asociación entre suicidio y suicidio político; aun si pienso que son diferentes, el suicidio genérico y el suicidio político, cuyas causas objetivas, no niego las subjetivas, tienen que ver con la realidad política.

No pienso que Céspedes, con su casi suicidio, nos hizo perder una guerra por él comenzada y ya casi perdida; ni que Martí, con su inmolación frente al enemigo nos hiciera perder la república no nacida, muerta antes de nacer. Calixto García, otro gran general, antes de caer prisionero de los españoles, se disparó un tiro, del que no murió. Sobrevivió a la muerte, a la prisión, al exilio, a la nueva guerra, de la que fue al final segundo jefe, contribuyó a liberar Santiago de Cuba, cuando el desembarco norteamericano, aun si los yanquis no lo dejaron entrar después en la ciudad liberada; vivo no pudo cambiar el destino de Cuba y murió no suicida, de infarto, cuando discutía en Washington. No pudieron Gómez, Sanguily y Juan Gualberto Gómez y otros patriotas, en la república en 1902, cambiar el destino político de la isla.

Hay causas más poderosas que la vida o la muerte de un hombre, por grande e importante que sea, al menos en la historia de Cuba.

Cierto que un suicidio puede precipitar una situación.

Quizá sí el suicidio político más importante en la historia de Cuba haya sido el de Eduardo Chibás, en agosto de 1951, que precipitó los acontecimientos y provocó una crisis que cambió el destino de la isla.

He contado ya este suicidio que precede a Batista y a Fidel Castro; sé que no era fácil la situación de Chibás, cuando se disparó el tiro: su caballo de batalla era la moral política, la honestidad administrativa: vergüenza contra dinero, frente al robo, la corrupción pública, la inercia ante los atentados de los gobiernos auténticos, de los que él había formado parte; que habían mejorado la economía, el desarrollo industrial, aumentado las riquezas cubanas, en un clima de libertad, obra considerable e importante, que la corrupción y la inercia, haciendo perder la fe popular anulaban, y que hacen que Chibás se separe de su partido y funde la Ortodoxia.

Chibás cae en una trampa; acusa al ministro honrado de un gobierno de ladrones; no puede presentar las prometidas pruebas, pierde una polémica pública que lo desmoraliza, sus enemigos lo rebajan, se burlan de él, cosa peligrosa en el país del choteo; su partido comienza a hacer agua, no todos los suyos lo respaldan; su muerte política no era un fantasma; era una posibilidad real, y es entonces cuando aquel a quien decían, el loco Chibás, decide conmover al país, pensando ganar con la muerte la batalla moral y política que perdía en vida.

El cadáver de Chibás vence, mata políticamente a su enemigo, el gobierno de Prío; es entonces cuando Batista, ante unas elecciones que perdería, da su último y fatal golpe militar el 10 de marzo de 1952. La Ortodoxia, un cuerpo sin cabeza, será herencia de Fidel Castro, a quien Chibás temía y que, ante el fracaso de la política, demostrará su capacidad de acción, robándole su partido.

Dos suicidios fidelistas ocurren antes de la toma del poder: el primero en La Habana, cuando el joven Orlando Nodarse, torturado, pide a su novia y compañera del 26, Ángela Alonso, que en una visita le lleve un veneno. Él prefiere morir que tener que delatar bajo tortura a sus compañeros. Ángela no puede hacer otra cosa que cumplir su voluntad y llevarle el veneno. Nodarse muere, su romanticismo de Romeo revolucionario y tropical conmueve a la juventud.

El otro suicidio ocurre ese mismo año de 1958, cerca de la Sierra Maestra, cuando el capitán Osvaldo Herrera, capitán de la columna de Camilo Cienfuegos, cae prisionero y se suicida en una cárcel de Batista.

Son dos suicidios a Fidel, a su revolución; la muerte antes

que entregar al enemigo secretos que causarían otras muertes, torturas, deshonras y derrotas del movimiento.

El primer suicida fidelista es de febrero de 1959: el comandante Félix Pena, héroe de Santiago de Cuba, de la Sierra y del Segundo Frente Oriental, presidente de un tribunal que juzga a los aviadores enemigos, acusados de bombardear poblaciones civiles, de causar víctimas inocentes; no encuentra pruebas jurídicas que demuestren quién es el culpable y quién inocente. Con una honestidad y un sentido del derecho que le hacen honor, en una época de paredón fácil, el comandante Pena y sus compañeros absuelven a los acusados.

Castro anula la sentencia absolutoria del tribunal, nombra a otro tribunal, que no piensa en términos jurídicos, que condena a los aviadores. Acusado públicamente por Fidel, el comandante Pena responde disparándose un tiro mortal.

Es el primer suicida de la revolución.

Otros seguirán su camino: el comandante Eddy Suñol, jefe guerrillero, viceministro del Interior, ex agregado militar en Moscú, se dispara también, en una de las tantas crisis, de aquel durísimo y represivo aparato de policía del que formaba parte.

En 1965, Nilsa Espín, llamada *la Madame Curie* de la revolución, científica y combatiente, hermana de Vilma Espín y cuñada de Raúl Castro, casada con el capitán Rivero, repite con una variante de lugar la tragedia de Romeo y Julieta: el matrimonio tenía un pacto suicida. Rivero se suicida en un cuartel y cuando ella lo sabe, aun si vigilada, en la casa de Raúl Castro, se dispara con un arma escondida.

Suicidio que tiene de amor y de política, y sobre el que se proyecta la sombra de otro famoso suicidio marxista. Paul Lafargue, cubano de nacimiento, dirigente de la Primera Internacional Socialista, casado con Laura Marx, un matrimonio que no hizo feliz al viejo papá revolucionario, que no quería para su hija un matrimonio revolucionario, como cuenta en sus cartas, ni con aquel, el mulato santiaguero, revolucionario impaciente y algo anárquico, que fascinó a su hija. Lafargue sobrevive a Marx, es el símbolo de la Internacional, pero piensa que la vejez y la enfermedad son peores que la muerte; convence a Laura Marx, que, al cumplir setenta años, se suicidarán. Juramento cumplido en 1911, con disgusto para el dogmático Lenin. El partido como la Iglesia no aprueba el suicidio. La vida pertenece al partido o a Dios, pero la fama de Paul Lafargue, autor del famoso panfleto del derecho de los trabajadores a la vagancia, y de Laura

Marx obligan a Vladimir Ilich a despedir el duelo revolucionario.

Nilsa Espín y Rivero, su marido, eran marxistas y radicales; discreparon del 26 y de Fidel Castro, a quien consideraban un burgués; perseguidos por Batista, se exilian en Francia y, por sorpresa, a su regreso se encuentran que Fidel Castro hace una revolución radical y comunista. La equivocación pesará sobre ambos, que piden hacer tareas humildes, en la Sierra Maestra y en Cayo Largo; autocastigados, conviven con la realidad abajo, descubren cosas que no les gustan. Un día, Rivero, que era capitán, pese a su bella relación con Nilsa, a su pacto suicida, se dispara solo, en un cuartel cerca de La Habana, donde aparece muerto. La versión oficial fue que por error le comunicaron que padecía una grave enfermedad. El misterio es que se suicida solo, sin avisar a Nilsa. Ésta le responde, desde la casa del propio Raúl y su hermana Vilma, disparándose un tiro.

Otro suicidio impresionante fue el del pintor Acosta León, un mulato guagüero que pintaba unas palmas-cafeteras fascinantes. Su talento pictórico le fue reconocido en Europa. Había salido de Cuba cuando las primeras cacerías de brujas, a homosexuales, y asistido en París a un acto patriótico en el que fue fotografiado. Acosta vivía con terror de que esa foto le causara problemas, cuando su próximo regreso a Cuba. Acosta vivía aterrado, era un suicida potencial; había intentado matarse en Cuba y en Europa. En el viaje de regreso en barco, ya cerca de La Habana, una noche oscura, se tiró al mar. El escritor revolucionario Calvert Casey, exiliado en Roma, al conocer que su madre había muerto en Cuba, se suicidó por la misma época. El más famoso suicidio en el exilio fue el del ex presidente Prío Socarrás; depuesto por Batista, vivía en Miami. Prío tenía una historia de revolucionario, de presidente demócrata, de político rico, y terminó su vida en forma trágica, disparándose cuando tenía ochenta años; en el exilio se suicida también Miguel Quevedo, director de la revista *Bohemia*.

Otros tres suicidios simbolizan la tragedia de la revolución: son los del comandante Alberto Mora, el del ex presidente Dorticós y el de Haydée Santamaría, heroína de Cuba.

Cuba no era un país de suicidas. El suicidio era más femenino que masculino, más del campo que de la ciudad, de los jóvenes que de los viejos; la causa casi siempre amores desgraciados. Cuba es un país sin culto por la muerte, como México; de culto por la vida: una tradición tropical, afrocubana, fiestera, que hacía que hasta el muerto se fuera de rumba.

En los campos, la forma preferida de suicidio femenino era darse candela; los hombres se guindaban de un árbol o se disparaban un tiro.

¿Será el suicidio revolucionario una forma de autoajusticiamiento, la imposibilidad de convivir con el error propio, de soportar su revolución-prisión, mejor morir que matar? Ni matar ni morir, luchar contra *el Monstruo* que deberá morir y no de muerte natural.

EL SUICIDIO DEL EX PRESIDENTE DORTICÓS

El abogado Osvaldo Dorticós, hombre equilibrado, en julio de 1959 había sustituido al depuesto presidente Urrutia y durante años tuvo difícil cómpito: dar un mínimo de organización y funcionalidad al gobierno y mantener una buena relación con Fidel Castro, que por temperamento ignora ministros y altos funcionarios a los que desconocía y hacía guerra. Sin Constitución, ni los mínimos organismos del mundo comunista. Si Fidel Castro se ponía bravo con un ministro o jefe, el trabajo de este sector se detenía; si había que tomar una decisión importante, se requería el toque final del invisible *Comandante*.

Entre sus muchas guerras, las tenidas con el Ministerio de Comercio Exterior, que debido a la naturaleza burocrática del sistema socialista y a las dificultades reales de puertos, transportes marítimos, compra de mercancías, capacidad de almacenaje o dependencia de los países comunistas, funcionaba muy mal. A veces, fábricas compradas en Europa pasaban años en los puertos, desaparecían piezas robadas, dentro del canibalismo del mercado negro, creado por el sistema; otras, los productos se descomponían, pudrían, no llegaban a tiempo a la isla, al mercado socialista o capitalista. No eran el ministerio y su personal la causa de estos problemas, era el sistema que paralizaba su acción. *El Comandante*, para demostrar su capacidad y humillar a los funcionarios, inventaba planes especiales, que funcionaban bajo su mando directo; si necesitaba tractores los ocupaba militarmente, si tenía que hacer una inseminación artificial masiva en la ganadería, enviaba un avión especial a París que regresaba en seguida, sólo que a un costo tremendo. Guevara, ministro de Industria, trataba inútilmente de convencer a Castro que no podía comparar el trabajo del estado con el suyo, pues con su mando y recursos hacía y resolvía lo que nadie podía hacer.

El presidente Dorticós había querido dar leyes e instituciones al estado. Una discusión, entre las pocas ganadas por el presidente al *Comandante* fue sobre la Constitución. Castro quería proponer una Constitución, que leída por él fuese votada por el pueblo, alzando la mano, en la plaza de La Revolución. Dorticós, horrorizado, trataba de convencerlo del absurdo procedimiento, mientras se seguía sin Constitución y la presión soviética aumentaba, pues para ellos los mecanismos soviéticos debían ser aplicados en Cuba para darle un mínimo de eficiencia.

La Constitución cubana, aprobada en 1976, después de diecisiete años, vale bien poco, aparte de su fidelidad a la Unión Soviética, de cuya carta magna es copia al carbón, como la primera Constitución cubana de 1902 era fiel a Estados Unidos. La alzada de mano de la multitud domesticada no es muy diferente de la alzada de mano de los burócratas oficiales, que aprobaron la Constitución, la primera, un *show* fidelista, la otra, una oscura ficción a la soviética, y el horror y la hipocresía eran cuestión de forma, no de contenido.

El presidente Dorticós, que residía en Palacio, no podía huir. Castro se mueve siempre de un lado a otro, y con el pretexto del mucho trabajo, muchas veces no veía ni hablaba por teléfono, con ministros y responsables. Dorticós, con su paciencia, hacía de intermediario, trataba de convencer al *Comandante* de sus locuras, usaba a la dinámica Celia Sánchez, conseguía el mínimo indispensable de funcionalidad.

La tensión vivida por este presidente lógico, de sentido común y el caos creado por el *Comandante* con el gigantismo de sus planes, muchas veces improvisados en un discurso, eran permanente fuente de tensión.

Dorticós era el loquero mayor del *Comandante* y del sistema; una misión imposible. La vida de Dorticós era difícil. Un día Fidel Castro le ordena ir a Nueva York, a las Naciones Unidas, con el ministro de Relaciones Exteriores, Raúl Roa, para hablar allí en nombre de Cuba. El avión debía partir del aeropuerto de La Habana y llegar horas después a Nueva York, a tiempo para que Dorticós hablase en el turno señalado por la Asamblea de la ONU.

A la hora de la cita, en el aeropuerto, Castro no aparece —cosa normal—; pasa la primera hora y el presidente Dorticós se inquieta. Si llega tarde a Nueva York perderá su turno en la ONU, pero como conoce bien a Fidel, sabe que partir sin esperarle es peligroso.

El tiempo pasa y Fidel no aparece, nadie sabe dónde está o cómo comunicarse con él. Han pasado muchas horas y el momento fatal llega: partir o no llegar a tiempo a destino. Dorticós ordena al avión presidencial de partir. En el instante en que el avión despega, llega Fidel Castro. Indignado con el presidente y el ministro, que no lo han esperado, ordena a la aviación militar de interceptar el avión presidencial y hacerlo aterrizar. El jefe de la aviación y los pilotos advierten a Castro de los riesgos de la operación. *El Comandante,* furioso, da la orden y minutos después el avión presidencial aterriza; más blancos que de costumbre, por el susto pasado y por la ira de Fidel, el presidente Dorticós y el ministro Roa le suplican que oiga las razones que los obligaron a partir. Pasado el encabronamiento, demostrando que sin su orden no se puede decidir nada, *el Comandante* les ordena partir para Nueva York como si no hubiese pasado nada. La vida de todos los días del presidente Dorticós era así, no siempre tan dramática, pero no menos difícil.

Castro, que era comandante en jefe, jefe de la fuerzas armadas, de la Seguridad, primer ministro, jefe de la Agricultura, la Economía, secretario general del partido y otras cosas más, un día quiere ser también presidente. A Dorticós se le asigna una tarea menor en el ministerio de Justicia. El equilibrado Dorticós termina su vida, disparándose un tiro; es el suicidio menos esperado, uno de los más importantes y su carácter político innegable.

No afirmo que haya una causa matemática en el suicidio de un dirigente revolucionario, sus fracasos y problemas en la revolución.

Misterioso como es el suicidio, como cada acto humano, la relación entre revolución y suicidio es bien compleja. Afirmar que todo suicidio es político es igual a lo que hace el castrismo: negar a todo suicidio causales revolucionarias, motivarlo con razones psicológicas —sólo para esto sirve la psicología burguesa—. La muerte del revolucionario suicida no es revolucionaria, es psicológica, individual. Los revolucionarios suicidas "desaparecen" de la historia oficial: el segundo del suicidio cancela su vida revolucionaria.

En un caso, el primero, sólo la política existe. En el otro, al contrario, la política no existe. El suicidio de figuras revolucionarias —el comandante Félix Pena, el comandante Suñol, el comandante Alberto Mora, Nilsa Espín, el ex presidente

Dorticós, la heroína de la revolución Haydée Santamaría —, por la dimensión política de sus vidas, registran el fracaso de la revolución, la protesta contra sus vidas revolucionarias, la revolución, que ya no pueden seguir viviendo.

El suicidio clandestino antes de la toma del poder era un acto heroico; antes que "traicionar" a la revolución por la tortura, el revolucionario se quitaba la vida: héroe entonces, traidor ahora, entonces el poder era enemigo; hoy el poder es *el Comandante,* y nadie puede suicidar al jefe supremo.

Pero se suicidan.

El caso Guevara, en Bolivia, ha sido para muchos un suicidio romántico, una fuga hacia delante, salvarse con la muerte por manos enemigas. El conócete a ti mismo es una bella cosa. ¿Quién en realidad se conoce a sí mismo? El conocer a los otros es aún más difícil.

Guevara se exponía a morir en combate. Se enardecía. Castro no; iba a donde tenía que ir por necesidad de mando, en la guerra, en la paz. Corría el riesgo indispensable, fríamente.

Guevara tenía una fe política inconmovible en el marxismo, en la revolución mundial. Era capaz de ver lúcidamente la realidad, de criticarla, pero pasaba de un dogma a otro, primero creía ciegamente en la URSS y en los comunistas cubanos; cuando descubrió tardíamente, como ministro y dirigente, que unos y otros no eran lo que él quería, se volvió prochino, vietnamita; creyó en la revolución mundial; los fracasos temporales de Cuba y otros países comunistas le preocupaban, pero no conmovían su fe inmortal.

Admiraba a Fidel Castro, quizá si más que a hombre alguno en el mundo y, pienso que aún muriendo, pensó más que en la responsabilidad de Fidel, que lo abandonó en su aventura, en su fracaso individual, en la impaciencia que siempre le reprochó Fidel, en la guerra y en la paz —con razón—, de intuir la estrategia pero de aplicarla antes de tiempo: territorios fijos, avances en territorios enemigos, rápida ruptura con Estados Unidos y el capitalismo, precipitar y provocar la revolución en África y en América Latina, denuncia pública del colonialismo soviético en Argel.

Guevara fue el prisionero de sí mismo. No le gustaba el poder, impotente y corruptor, que iba contra sus ideas morales y su acertada apreciación de que la sociedad comunista no se puede crear aplicando algunas leyes materiales del capitalismo. Un día descubre que no se podía cambiar a Fidel, a quien en los primeros tiempos, en apariencia, ayudó a radicalizarse y volverse marxista. Entonces se hizo ilusiones. A fines de 1964, piensa que no puede hacer nada más, ni con Fidel, ni contra Fidel, ni en Cuba, ni contra la Unión Soviética. Una sola cosa le parece posible: intentar hacer la revolución en América Latina, como la hizo Fidel Castro en Cuba. Es la revolución mundial, su último, único dogma inmortal: los futuros suicidas Alberto Mora y Haydée Santamaría, lo convencieron de llevarlos con él. Fidel Castro no lo permitió. Otros sí, ellos no. Haydée podía comprometerlo; pero Mora era igual a otros comandantes del Directorio, que murieron en Bolivia.

El trágico diario de notas de Guevara, en Bolivia, en sus páginas finales, descubre que él ve lúcidamente su próximo fin. Guevara pudo escapar de Bolivia. Castro hubiese intentado escapar, huir, caer prisionero, no morir, como el Moncada prueba, e intentar comenzar de nuevo. En el último combate de Bolivia, Pombo y los tres oficiales guerrilleros cubanos ayudantes del *Che* escaparon y ahora viven en Cuba.

Los pies de Aquiles de Guevara eran su espantosa asma. Su voluntad terrible de ir contra ella y contra todo. Es verdad que Guevara pudo morir en Alegría del Pío, cuando herido no murió, porque el guajiro Crespo y el comandante Almeida lo insultaron, lo cargaron y sacaron de la muerte.

Diez años más tarde, Guevara, debilitado, abandonado, derrotado, sin Crespos ni Almeidas, en una situación mucho más difícil, y quizá con aquel orgullo que le impedía sobrevivir a sus fracasos, decidió morir combatiendo por la revolución, el suicida que se salva históricamente, el precursor de la revolución, su último acto de voluntad revolucionaria, su fascinada atracción —miedo y valor— por el peligro y la muerte.

No pienso que Guevara pensara que su estrategia era suicida. Ni se lo enseñaran tantos amigos muertos, por él mismo enviados a morir, en muchos lugares de América; tenía demasiada fe en la revolución, en Fidel, y en sí mismo, para poder pensarlo. No dudo que al final pensase que su táctica impaciente estaba equivocada y que su fracaso no tenía regreso. Guevara hombre afrontó entonces la muerte, y desarmado tuvo el valor de no hacerse esperanzas y de provocar con palabras y escupitajos a sus matadores, acelerando su fin.

Guevara no pasa a la historia como un suicida, aun si pudo huir, sobrevivir a su derrota, como otros. Al final prefirió el mito revolucionario, al poder burocrático y a la vida personal.

EL SUICIDIO DE HAYDÉE SANTAMARÍA

De todos los suicidas de Fidel Castro, Haydée Santamaría es la de mayor magnitud. Haydée, heroína del Moncada, con su hermano Abel, su novio Boris Santa Coloma; en la Sierra, lucha clandestina y exilio; Haydée es la heroína, el símbolo de la revolución fidelista.

En la paz, la inquieta Haydée, que no gustaba del poder, renunció a ser ministro de Educación, y como su marido Armando Hart, dirigente del 26, al salir de prisión, en isla de Pinos, estaba en desgracia con Fidel por sus relaciones con el coronel Barquín y los militares allí presos, con los que entra en Columbia, el primero de enero de 1959, y por radio Castro le ordenó salir de las malas compañías militares. Haydée, cuando Celia Sánchez le dice que Fidel quiere que ella sea ministro de Educación, que ella no quiere, y que le ha dicho a Fidel de nombrarla, Haydée se arregla para que nombren a Armando.

Ella prefiere la Casa de las Américas: la convertirá en una institución de la cultura latinoamericana y de penetración revolucionaria en los países hermanos. Haydée quiere hacer un trabajo que considera importante, sin estar muy arriba ni muy abajo, es la misma Haydée de siempre, con su inconmovible fe fidelista. No acepta escoltas, quiere vivir por lo libre. Ama las bellas cosas: perfumes, vestidos, casas, y entre sus locuras está la de cambiar de una casa para otra, a diferencia de muchos de sus compañeros, que hacen su misma vida, al principio obligados y después bien contentos de la *dolce vita*. Haydée se justifica en sus conversaciones de aquella manera de vivir burguesa, que el poder revolucionario heredó de la burguesía cubana y ofrecía a sus dirigentes. Haydée busca pretextos, reales o no, para su justificación; recoge niños sin familiares, que irían a convivir con ella en aquellas grandes casas.

Haydée no superó el Moncada: vio allí demasiadas muertes, violencia, morir a sus compañeros torturados, asesinados, que los torturadores arrancaran los ojos de su hermano Abel, los testículos de su novio Boris, y se los mostrasen en una bandeja. La salvó la fe en la revolución, que era Fidel, y cuando presa supo que Fidel estaba vivo, dijo a Melba Hernández, la otra mujer del Moncada, que la revolución estaba salvada.

Durante la clandestinidad, Haydée vivía aterrada por la detención, tortura y posible muerte de sus compañeros de lucha, de su marido Armando Hart.. Miedo por los otros, no por ella, Haydée desafiaba, no temía a la policía de Batista. En el Buró de Investigaciones, ver llegar a Haydée detenida era un problema; aquella mujer sin miedo les gritaba las verdades en la cara y los oficiales por admiración, miedo, sorpresa o creer que estaba loca, pues hacía lo que nadie hacía, preferían ponerla en libertad, antes que oír sus palabras acusadoras.

Había en Haydée un fuerte deseo de compartir la suerte de sus compañeros del Moncada y la clandestinidad; quería que el enemigo la matase en la Sierra o en la ciudad, y el enemigo unas veces y el azar otras, respetaban su vida. Haydée hablaba del Moncada como si lo hubiera parido, como si hubiese salido de su vientre. Como Celia Sánchez, Haydée no amaba a los viejos comunistas, a Raúl Castro, a la Seguridad del estado, y menos a su jefe Ramiro Valdés; para Haydée la revolución era Fidel, al que creía y obedecía ciegamente. Celia, por amor y revolución, Haydée por su fe revolucionaria en el padre de la revolución. Ellas consideraban que los viejos comunistas y los soviéticos habían robado y destruido la revolución; que la Seguridad era un peligro, trataban de defender a los compañeros caídos en desgracia, de deshacer los tantos entuertos e injusticias de la revolución. Haydée no tenía una cultura literaria, política, artística: sí una sensibilidad: amaba el arte, gustaba de la pintura, la poesía, la literatura. La Casa de las Américas le permitió hacer amistad con escritores y artistas latinoamericanos que, invitados por ella, iban a La Habana, con frecuencia como jurados, conferenciantes, expositores, en los aniversarios de la revolución. La casa hizo cosas buenas y malas, defendió causas y personas, atacó y calumnió otras, con vehemencia, siguiendo órdenes de Fidel y la revolución.

Haydée, que simpatizaba con los artistas, se opuso a la feroz persecución de los homosexuales, a la UMAP; los años pasaban, la persecución aumentaba y todos acudían a Haydée; las madres de los que iban a ser fusilados, condenados, de los presos, perseguidos, de los que querían salir del país y les negaban el permiso, de los escritores en desgracia, por la publicación de libros, a veces premiados, por su Casa de las Américas. Rara vez sus gestiones y las de otros servían a estos desgraciados. La sensible Haydée sentía estas injusticias que no podía reparar, y aun si no lo quería admitir, y conservaba su fe en Fidel, intuía que su amada revolución, se iba volviendo una ruina.

En 1966-1967, Haydée tuvo dos ilusiones: la primera ir a combatir con *el Che* a Bolivia, que le fue negada, y después la de presidir la gran reunión de las Olas, en La Habana; ella esperaba que produjese el estallido revolucionario continental e ir a combatir a un país hermano. Ni una cosa ni otra ocurrieron, y con este fracaso cesaron sus esperanzas de morir frente al enemigo.

Haydée, que se ocupó mucho de Vietnam, tuvo una trágica experiencia en China, donde estaba en el momento más duro de la revolución cultural. A su regreso a La Habana, Haydée venía en estado de shock: había visto crímenes colectivos, barbaries; cosas que le parecían más del fascismo que del comunismo; que se hacían en el sagrado nombre de Mao y de la revolución. Vio allí a los jóvenes combatir contra los viejos, a campesinos contra obreros, a unos comunistas contra otros, al ejército contra todo: crímenes, barbarie, caos, injusticias.

La Casa de las Américas no era amada por los soviéticos, Raúl Castro, la Seguridad, la burocracia cultural. Haydée, menos. Veían allí dos peligros: promovía la revolución por vías no comunistas fuera de Cuba, dentro de Cuba, protegía el corrompido y decadente arte burgués contemporáneo. Cuando el conflicto por el premio al poeta Padilla, en 1969, Haydée tuvo un problema con Fidel Castro, aun si el premio fue dado por un jurado de la Unión de Escritores y no de la Casa de las Américas. Un grupo de escritores famosos —Goytisolo, Cortázar, Fuentes, Vargas Llosa—, envía desde París un telegrama a Haydée Santamaría; en él expresaban su preocupación por el caso Padilla y reafirmaban el apoyo a la revolución y a la política cultural de la Casa de las Américas. El ministro de Educación, José Llanuza, un ex protegido de Haydée, ahora su enemigo, cuando la Seguridad del estado interceptó el telegrama, se lo entregó, lo llevó a Fidel; le dice que Haydée está en contacto con enemigos potenciales de la revolución, que la política cultural de la casa es contraria a la del gobierno revolucionario.

Fidel Castro, en quien Haydée creía como en Dios, y ella, que no tenía miedo, temía como al diablo; el terrible miedo a Fidel, que era la revolución y caer en desgracia con él era peor que morir; Fidel, tan franqueable, que no cree en nadie, a quien Haydée conocía tan bien, la llamó telegrama en mano, indignado, y con violencia le exigió explicaciones, reprochándole ser promotora de una política contraria a la revolución, de tener amistad con intelectuales de América Latina que se habían puesto contra la revolución. Haydée, que no conocía el telegrama a ella dirigido y por la policía interceptado, al leerlo trata de convencer a Fidel que ése no era el sentido del telegrama, ni la actitud de los escritores firmantes. Castro se fue y la dejó con la palabra en la boca y los monos en el cuerpo.

¿Cómo es posible, se preguntaba, que Fidel desconfíe de mí?

En 1980 ocurren en La Habana acontecimientos traumáticos, parecidos por su violencia a la revolución cultural china, con una diferencia grande: aquélla, aun en su locura, iba dirigida contra la burocracia y la nueva élite del poder chino, que se había convertido en una nueva clase explotadora del pueblo y contra ellos la dirigía Mao, lo que no justifica sus crímenes, ni niega las verdades, las causas que la produjeron. En La Habana, bandas porristas de la Seguridad y de los comités de defensa golpeaban a los que se querían ir del país, a los que se habían refugiado en la Embajada del Perú. Una violencia multitudinaria que a gritos, piedras, palos, huevos, asediaba casas, perseguía ancianos, niños, mujeres; hería, asesinaba. Insoportable violencia que obligaba a la gente a incorporarse, gritar y tirar contra su vecino, so pena de sufrir ellos, si no la apoyaban, la misma violencia que los que habían pedido salida.

Haydée no pudo más. Protestó violentamente. Discutió con Ramiro Valdés y Raúl Castro. El Mariel había ocurrido a fines de mayo. Un mes después, ironías de la historia, Fidel dedica el 26 de julio de aquel año de 1980 a la memoria de Abel Santamaría. Haydée entonces dio su respuesta al Mariel, a Fidel Castro, al fracaso de la revolución. Para ella el 26 de julio era otra cosa. Y para conmemorar la fecha se disparó una ráfaga de ametralladora. Y en Cuba fue como si hubiese suicidado y muerto la revolución. [4]

4. En reciente número de la revista *Casa de las Américas* dedicado a un congreso de escritores latinoamericanos en La Habana, su actual presidente Mariano Rodríguez, secretario de Haydée, pidió un minuto de silencio por los muertos de la casa y, agregó, para Julio Cortázar y Miguel Otero Silva, el lector espera el nombre de Haydée, que su antes fiel amanuense no pronuncia; lee los discursos del ministro Hart, su ex esposo y nada, de Carlos Rafael Rodríguez, nada; de los escritores amigos que decían admirarla: Mario Benedetti y Gabriel García Márquez (fue Haydée la que bautizó Macondo, un pueblo de Cuba), pero ni el uno ni el otro, que ni son cubanos, que no tienen la excusa del miedo de caer en desgracia, pronuncia el nombre maldito de Haydée, la heroína de la revolución.

LOS PRISIONEROS DE CASTRO

Eloy Gutiérrez Menoyo

Eloy Gutiérrez Menoyo llegó a Cuba con su familia española, después del triunfo de Franco, cuando tenía trece años. Su padre, un médico antifranquista, había perdido en la guerra, peleando en las filas republicanas, a su hijo mayor, con cuyas cenizas, huyendo del fascismo, llegó a la isla; Carlos, el segundo de los Menoyo, muy jovencito, se incorporó a la resistencia francesa y fue uno de los héroes de la liberación de París, en la que entró en uno de los primeros tanques de guerra. Carlos, que participó en los comandos antifascistas, era un guerrero extraordinario. En 1947, con otros dos españoles republicanos —Daniel Martín Lavandero, uno de los jefes de la brigada del *Campesino* y del capitán republicano Ignacio González—, dirigió militarmente la expedición de Cayo Confites, que se proponía desembarcar en Santo Domingo para derrocar al dictador Trujillo.

Daniel, en la lucha contra Batista, incorporado al grupo auténtico de Menelao Mora, aliado del Directorio Revolucionario, debía dirigir el segundo grupo del asalto a Palacio, el 13 de marzo de 1957; murió poco antes en un intento de fuga del Castillo del Príncipe, en el que estaba prisionero. Carlos Gutiérrez Menoyo, jefe militar y héroe entre los héroes, tomó con su grupo los primeros pisos del palacio de Batista y murió allí combatiendo. Eloy, el más joven de los Menoyos, se alzó en las montañas del Escambray, después del asalto a Palacio en noviembre de 1957; organizó allí el Segundo Frente Guerrillero de Cuba. Eloy estuvo en desacuerdo con los dirigentes del Directorio, al llegar éstos con una expedición y proponerse atacar Palacio por segunda vez, con las mejores armas que traían. (Las armas serían ocupadas en La Habana.) Su tesis era reforzar la guerrilla. A fines de 1958, *Che* Guevara, con instrucciones de Fidel Castro de controlar todos los frentes guerrilleros, quiso marginar al Segundo Frente del Escambray, pero fracasó. A la caída del dictador, al Directorio Revolucionario que había firmado el pacto del Pedrero, con Guevara y participado en los grandes combates de Las Villas, por orden de Castro le fue prohibido entrar con las columnas rebeldes a La Habana, de participar en la toma de Columbia, La Cabaña y la capital. Era la manera de matar políticamente al Directorio Revolucionario, segunda organización de la lucha revolucionaria. El Segundo Frente Nacional del Escambray, de Menoyo, que dominaba un gran territorio de Las Villas, entró solo entre los primeros a la capital, e ignorado en la confusión del momento, no le cupo mejor suerte que el Directorio. Marginados en los primeros tiempos, al fin a Menoyo, al comandante Morgan y otros jefes de su frente, se le reconocieron sus grados y méritos históricos, y en aquel año de 1959 jugaron un papel determinante contra la conspiración y desembarco trujillista en Las Villas. Trujillo pensó que William Morgan, el comandante norteamericano, amigo de Menoyo, apoyaría su conspiración. Morgan informó a Menoyo y ambos a Fidel Castro: que les pidió simularan apoyar la conspiración y el astuto Trujillo cayó en la trampa. Cuando su avión militar desembarcó en Trinidad, allí estaban esperándolo no para unírseles, para detenerlo, Menoyo y sus hombres; hubo un tiroteo y varios muertos y heridos entre ellos el joven Martín Pérez, hijo de un jefe batistiano, que cayó prisionero con el resto de los expedicionarios; Gutiérrez Menoyo, el antifascista español, devino héroe nacional. Menoyo, que no olvidaba la madre patria, bajo la larga tiranía de Franco, se reunió con republicanos españoles exiliados en reuniones en París, Bruselas y trataron de organizar una lucha guerrillera en la península, cosa imposible entonces.

Cuando comienza la persecución de los revolucionarios del 26 y de otros, en el período del sectarismo, el grupo de Menoyo sufre persecuciones. Al Escambray es enviado el comandante Félix Torres, viejo comunista, que con sus métodos represivos provocó un alzamiento masivo de campesinos; las guerrillas llegaron a tener mil combatientes y eran un peligro.

Un día los comandantes Morgan y Carreras fueron detenidos con la acusación de que se preparaban para entrar en aquel frente guerrillero, que también conocían. A Menoyo no le queda otro recurso, después de un ultimátum de Dorticós, en enero de 1961, que huir en una lancha, sin tiempo ni para cambiarse su uniforme de comandante rebelde. Al llegar a territorio norteamericano, Menoyo fue detenido varios meses: su historia antifascista, guerrillera, antitrujillista, su independencia política, lo hacían sospechoso. Se le margina de la expedición de bahía de Cochinos, que estaban organizando. Después de la derrota de Girón, en la que él y sus amigos excluidos no participaron, Menoyo no se da por vencido y organiza grupos para la infiltración, sabotaje y lucha armada en Cuba, en enero de 1965; desde Santo Domingo, ahora libre de Trujillo —no desde Estados Unidos—, Gutiérrez Menoyo, con unos cuantos hombres, desembarca en una de las zonas montañosas más aisladas y abruptas del norte de Oriente; perseguidos, después de varios combates, cae prisionero con algunos de los suyos.

Preso en Santiago, Menoyo, con los ojos vendados, es conducido a Santa Clara y cuando le quitan la venda se encuentra que es Fidel Castro, Raúl Castro, Ramiro Valdés y unos cuarenta comandantes más y varios oficiales los que están allí.

FIDEL: Sabía que vendría, pero que lo cogería. Sabe que le vamos a fusilar.

MENOYO: Toda mi vida he luchado por la libertad. He tenido victorias y reveses. Si usted me va a fusilar, creo que me he ganado el derecho a descansar en paz.

FIDEL: ¿No le gustaría salvar la vida?

MENOYO *(Me demoré un poco en contestar, sabía que mi vida pendía de un hilo):·* No, Fidel, si el precio es muy alto. Sólo puedo hablar por mí.

FIDEL: Se equivoca, lo que le suceda a usted sucederá a sus hombres.

(Las condiciones de Castro eran que Menoyo en televisión reconociera que su invasión no había tenido apoyo campesino (era verdad). Menoyo, pensando en sus hombres y en que lo pedido no era humillante, aceptó.)

Condenado a muerte, la sentencia fue conmutada por treinta años de prisión. Después de seis meses confinado en la Seguridad del Estado, a fines de 1965 lo enviaron a la prisión de isla de Pinos, donde había entonces unos cinco mil presos políticos. Un día lo llevaron al trabajo forzado en las canteras de piedra y al negarse lo golpearon, rompiéndole las costillas, los oídos y la cabeza. (Menoyo perdió, a consecuencia de los golpes, la vista del ojo izquierdo y no oyó más por el oído izquierdo.) Como a otros presos, quisieron imponerle un uniforme infamante al que se negó, entonces le quitaron la ropa y lo dejaron en calzoncillos, así vivió por veinte años de los veintidós pasados en la prisión castrista. (Plantados, irreductibles, llaman a estos presos que no aceptan el trabajo forzado, las humillaciones y la "rehabilitación" del castrismo.)

En 1967, cuando cerraron la prisión de isla de Pinos, Menoyo y otros presos fueron trasladados a La Cabaña y después a otras cárceles; por sus protestas por las violaciones de los derechos de los prisioneros y el maltrato recibido, Menoyo fue condenado a veinticinco años más de prisión.

Su detención produce un escándalo mundial. Aun así la condena es la máxima: treinta años de prisión. En 1979, cuando Castro inicia el "diálogo" con la comunidad cubana en el exilio, uno de los que participa, con el banquero cubano de Miami, es Rafael Huguet, amigo de Menoyo. En su conversación con Castro, manifiestan el deseo de que Menoyo sea liberado, de que se les permita visitarlo en la prisión. Castro dice que sí. En la confusión, un grupo de la televisión norteamericana que los acompañaba, entró en la prisión, interroga a Menoyo que, prudente como todo preso —llevaba ya catorce años de durísima prisión—, y cuando quieren que se retracte de sus ideas, Menoyo, que es hombre de coraje y de principios, responde "que el diálogo es posible sólo si se restablecen las libertades conculcadas". Las palabras de Menoyo, en prisión, reproducidas en Estados Unidos, producen gran impacto. Aquélla es la voz libre de un hombre a quien la prisión castrista no ha vencido. La respuesta de Fidel Castro es: "Menoyo se pudrirá en la prisión, de allí no saldrá vivo nunca." Las gestiones de España cuando Suárez, su primer ministro, viajó a La Habana y más tarde el socialista Felipe González, piden su libertad, como lo reconoció el mismo Castro a su paso por Madrid. No lo consiguen. Castro, nacido en Cuba, hijo de padre gallego, que vino con el ejército español cuando la guerra de independencia, afirma —su palabra es ley internacional— que Menoyo, nacido en Madrid y de una familia antifascista, no es español, o es menos español que él. En la prisión de Castro, Menoyo, sordo por los golpes recibidos, después de veintidós años de prisión, admirado y querido por sus enemigos de 1959, Martín Pérez y los otros, aquellos a quienes Menoyo detuvo, cuando el avión trujillista aterrizó en Trinidad. La venganza de Fidel Castro al condenarlo en 1965 fue enviarlo al mismo pabellón de la cárcel en que estaban sus enemigos y prisioneros de 1959 —Castro pensó que Menoyo sería allí asesinado por sus enemigos—: es de imaginar el recibimiento a Menoyo allí propinado. Con el pasar de los años, presos unos y otros han descubierto que el hombre en desgracia es superior al mismo hombre en el poder; los enemigos de entonces ahora son los prisioneros de Fidel Castro.

El viaje del primer ministro español Felipe González es decisivo para Menoyo. Castro, obligado por la presión española, después de veintidós años de prisión, en veintiuno de los cuales el plantado e irreductible Menoyo se negó a vestir el uniforme amarillo del antiguo ejército cubano, que había combatido, le envía a España en enero de 1987.

MARCOS RODRÍGUEZ,
¿TRAIDOR, VÍCTIMA, INFILTRADO?

El juicio a Marcos Rodríguez, diplomático cubano detenido en Praga y enviado a La Habana, vía Moscú, causó una conmoción nacional, con importantes personajes envueltos en llamas.

Era una vieja historia que venía del lejano 1957: Marcos Rodríguez era un joven comunista, dirigente de la sociedad cultural *Nuestro Tiempo*; paraván del partido, frecuentaba la Universidad y tenía allí relaciones personales con Joe Wesbrook, Jorge Valls y Tirso Urdanivia, dirigentes del Directorio Revolucionario, en aquel entonces segunda organización en la lucha contra Batista.

El Partido Comunista, desde que Fidel Castro atacara el Moncada, calificaba en su prensa clandestina de aventureros pustchistas y hacedores del juego a la dictadura al 26 y al Directorio, y a la lucha armada, predicando una hipotética "movilización de masas" y "unión oposicionista", como formas de lucha. El año 1957 fue durísimo para la clandestinidad: el ataque al Palacio presidencial de Bastida, el 13 de marzo, fue un acto de valor y heroísmo que costó la vida a José Antonio Echevarría y a los mejores dirigentes y cuadros del Directorio. Quedaron en la capital, perseguidos implacablemente, pocos revolucionarios, cuya leyenda de bravura era el símbolo de la resistencia: habían participado en sabotajes, grandes atentados, otros en el asalto al Palacio, Fructuoso Rodríguez, que sucedió a Echevarría, como secretario general del Directorio Revolucionario, Pedro Carbó Serviá, José Machado y Joe Wesbrook, el intelectual del grupo; Rolando Cubelas, Faure Chomón, Alberto Mora, y otros preparaban una expedición desde Miami, o estaban en prisión.

Marcos Rodríguez informaba al Partido Comunista de todo lo que pasaba en el Directorio Revolucionario, de sus acciones, decisiones, de cómo pensaban sus dirigentes. En la práctica era comunista y militante del Directorio Revolucionario. Nacido en una familia comunista, educado en aquella ideología, los textos del partido atacaban a aquellos jóvenes héroes, no muy palabreros ni ideologizados, pero valientes y eficaces en la lucha. Marcos los admiraba personalmente; influido por la propaganda del partido, los consideraba enemigos políticos. En la Universidad de La Habana —reflejo del país— se vivía en un ambiente machista, de guapería, de prejuicios intelectuales. La filosofía era calificada de "bagazo

371

de caña", la poesía de maricona, se exaltaba la acción. El único ideólogo era el camarada rifle; lo más que se concedía era poner "ideas en la culata del rifle" no en la cabeza del revolucionario. En Cuba, el guapo, el bravo, el macho —incluso si se permitía extraños actos sexuales fálicos—, era el respetado, el admirado, y como había que combatir un enemigo que mataba, los machos del poder, ejército, policía, esbirros, el macho revolucionario tenía que ser más macho y rechazaba aquello que consideraba débil, intelectual, femenino. Marquitos, que así le decían en son de burla por sus sandalias, su saco de vivos colores y sus poemas, era un tipo raro en aquel ambiente machista.

Marcos Rodríguez, además de informador, de infiltrado del partido en la Universidad y en el Directorio Revolucionario, con otros jóvenes comunistas, vivía una contradicción, entre su disciplina comunista y la acción revolucionaria que admiraba. Fascinado, rechazado, despreciado, Marcos quería participar en acciones peligrosas, y con risas los bravos lo rechazaban. Sólo Joe Wesbrook y Jorge Valls estimaban a Marcos y lo trataban como a un compañero.

El 20 de abril de 1957, el capitán Ventura penetró en el apartamento de Humboldt, 7, donde Fructuoso, Carbó, Machado y Wesbrook estaban escondidos, y con un grupo de policías los asesinó. Fue una conmoción nacional y un duro golpe al Directorio Revolucionario, que quedaba descabezado: una sola cosa parecía cierta: la policía había "descubierto" el refugio, informada por alguien que sabía que los asesinados estaban allí. Al parecer, sólo tres personas conocían el apartamento, uno de ellos era el traidor. Marcos Rodríguez era uno de los tres. Cowley, el segundo acusado, pudo probar su inocencia, a punto de ser "ajusticiado"; algo parecido ocurrió al tercer sospechoso; Marcos Rodríguez huyó. Después del asilo en la Embajada de Brasil, en La Habana, salió a Costa Rica, donde un grupo del Directorio Revolucionario estuvo a punto de tirarlo en el volcán Irazú, que evitó Pepín Naranjo, jefe del Directorio Revolucionario allí. De Costa Rica pasó a Sudamérica y más tarde a México, donde llegó con una carta de René Anillo, uno de los jefes del Directorio Revolucionario, en el exilio y acogido por Alfredo Guevara. Éste lo llevó a la casa de Joaquín Ordoqui y Edith García Buchaca, dirigentes comunistas cubanos allí asilados, que lo protegieron y trataron como a un hijo. A la caída de Batista, Marcos Rodríguez regresa a Cuba. El Directorio Revolucionario lo acusa de ser el traidor de Humboldt, 7, ante el coman-

Guevara no pasa a la historia
como un suicida, aun si pudo huir,
sobrevivir a su derrota,
como otros. Al final prefirió
el mito revolucionario al poder
burocrático y a la vida personal.
(Foto de Che Guevara
en Bolivia el año 1967,
poco antes de morir.)

De todos los suicidas
de Fidel Castro, Haydée Santamaría
es la de mayor magnitud
(...) En Cuba fue como
si se hubiese suicidado
y muerto la revolución.
(En la foto, Haydée
Santamaría junto al autor.)

dante Camilo Cienfuegos y éste ordena su detención. Pocos días después, Marcos Rodríguez, sin ser juzgado, es puesto en libertad, cosa sorprendente en una época en que se mandaba al paredón con suma facilidad. El Partido Comunista salvó a Marcos Rodríguez mediante el grupo proveniente del exilio mexicano, muy vinculado con Ordoqui y la Buchaca: Osmani Cienfuegos, comunista —veintiseísta—, y hermano de Camilo, Emilio Aragonés, José Abrahantes, Alfredo Guevara, Selma Díaz. Lo sacan de prisión y, pese a la grave acusación, lo nombran en el departamento político y cultural del ejército rebelde. Poco después Marcos Rodríguez embarca para Checoslovaquia, con una beca obtenida antes, gracias a la recomendación y apoyo del partido. ¿Por qué el partido lo saca de la prisión sin juicio, ante una acusación tan grave, por qué lo protege, lo envía a Praga? ¿Por qué no tira aquél, que para muchos es el traidor, como hizo con otros?

¿Lo creían inocente, o lo sabían culpable, o temían el escándalo político que provocaría en aquellos días primeros de 1959, que se supiera que un comunista infiltrado en el Directorio Revolucionario era el traidor y responsable de la muerte de los mártires de Humboldt? Marcos Rodríguez, ¿había confesado su crimen a Ordoqui y a Buchaca, en México? ¿Temieron que se descubriera que era un infiltrado o informador dentro del Directorio Revolucionario? ¿Cómo separar entonces infiltración de traición? ¿O no había confesado Marcos Rodríguez el crimen y la traición, que no había cometido, y la protección le fue dada sacándolo de prisión, enviándolo a Praga después, para que no se descubriese que había sido un infiltrado del partido?

Sorprende que dos policías del grupo de Ventura —Alfaro y Mirabal—, interrogados por Martha Jiménez, viuda de Fructuoso Rodríguez, que conocían los hechos de Humboldt y que dieron informaciones sobre Marcos, no fueran careados con él, o llevados a un juicio; al contrario, fueron rápidamente fusilados. Ocurrieron en aquellos días cosas alarmantes: *el Che* Guevara, que se apoderó de los archivos de la tiranía, se los pasó al partido, por conducto de Osvaldo Sánchez y Núñez Jiménez; en seguida el capitán Castaño, jefe del buró de represión anticomunista, que tenía todos los expedientes e información del partido, fue fusilado.

¿Por qué ese miedo del partido por los archivos secretos de la tiranía, por qué el fusilamiento de Castaño, después de apoderarse de su archivo, con los expedientes de los dirigentes y militantes comunistas?

En aquellos archivos, entre otras cosas, aparecían todas las acusaciones del partido contra el 26, el Directorio Revolucionario, Fidel Castro, Echevarría, Frank País, calificados de terroristas, aventureros, trujillistas, proyanquis, documentos ocupados por los cuerpos represivos en aquellos años, a los comunistas, las declaraciones de sus militantes detenidos, que se defendían diciendo —y era verdad— que el partido combatía la insurrección, se oponía a los principales actos subversivos, huelgas, atentados, guerra de guerrillas, de 1953 a fines de 1958, cuando a seis meses de la caída de Batista, cambió de táctica. El partido tenía viejas relaciones con Batista —que lo había legalizado en 1939—, sus dirigentes forman parte de su Gobierno en 1940 a 1944; estos contactos fueron usados a partir de marzo de 1952 para liberar a comunistas presos, sacar dirigentes del país y otras gestiones. El Partido Comunista no era un enemigo peligroso de Batista; éste lo sabía: si acusaba a la oposición de comunista, era para asustar, sin mucho éxito, a los yanquis. Pocos fueron los comunistas asesinados por la dictadura. Con los hombres de Ventura fusilados, la posibilidad de descubrir el traidor era mínima. Marcos Rodríguez fue para Praga y en 1960-1961, con el sectarismo, llegan allí muchos comunistas a la embajada cubana. Marcos, que hablaba checo, es el traductor de las misiones cubanas en Praga, incluso de Raúl Castro y otros jefes militares, que pasaron por allí y firmaron acuerdos importantes con los checos. El Directorio Revolucionario no olvida a Marcos Rodríguez, ahora tan alto, y ellos tan en desgracia, que nada pueden hacer contra él. En la sombra, el gran protector de Marcos Rodríguez tiene cuenta pendiente con Fidel Castro; este hombre es Joaquín Ordoqui; no el más popular, ni el más inteligente de los jefes del partido, un hombre de acción, con un historial revolucionario de cuarenta años de lucha, Ordoqui y Aníbal Escalante eran en realidad los dos únicos peligros para Fidel Castro, decididos, ambiciosos y hombres de la Unión Soviética.

En agosto de 1953, durante el juicio del Moncada, según acta del tribunal, hoy en el Archivo de la Revolución Cubana, Joaquín Ordoqui, detenido con otros comunistas que nada tenían que ver con el ataque, no se limitó a proclamar su inocencia y la no responsabilidad del partido en el ataque; acusó a Fidel Castro y a los moncadistas, juzgados por la dictadura, con los peores argumentos del repertorio comunista. Fidel Castro ni olvida ni perdona. Usa los personajes, según necesidad, o circunstancia; con el tiempo, llegará su hora. A finales de 1959, 1960 y 1961, Castro, para comprometer a la Unión Soviética en Cuba, necesita del aval de los viejos comunistas cubanos, no por su peso en Moscú, por el valor que para la URSS tiene todo aparato comunista: es la hora de los viejos comunistas; de la noche a la mañana, Ordoqui es nombrado comandante y viceministro de las fuerzas armadas; Escalante, designado secretario organizador del partido; Carlos Rafael Rodríguez, jefe del INRA. Escalante y el viejo partido, a quienes Fidel ha puesto en el poder, inician el llamado período de sectarismo, persiguen los militantes del 26 y el Directorio Revolucionario, que hicieron la revolución, y más tarde, con el apoyo de la seguridad soviética y del embajador ruso Kudriatsev, intentan sustituir a Fidel y se rompen los tarros. Pagará sólo Escalante, pero la larga memoria de Castro no olvidará a los que están en el ejército, o la Seguridad, en puestos peligrosos.

En octubre del 1962, durante la crisis del Caribe, cuando Jruschov se pone de acuerdo con Kennedy, sin consultar con Castro, ordena retirar los cohetes soviéticos de Cuba, y que los norteamericanos inspeccionen la isla, a cambio de su garantía de no invadirla, Castro, fuera del juego, comprende que está en peligro, que la inspección impuesta mataría el sentimiento nacional que lo sostiene, discrepa de Jruschov, no acepta la inspección norteamericana. Jruschov manda a Mikoyan a La Habana, a convencer a Castro, que se hace el bravo —no por mucho tiempo—. Algunos dirigentes comunistas cubanos —Ordoqui, Juan Marinello, Calcines— se reúnen con Mikoyan, le dan la razón: "La Unión Soviética ha salvado Cuba, Fidel está equivocado." Con una Habana bien vigilada, y más aún en las alturas, Fidel es el primero en saber lo que pasa: Ordoqui, Marinello y los prosoviéticos han firmado su epitafio. El expediente de Ordoqui es reabierto por Ramiro Valdés y la Seguridad; allí, grandes o pequeños tienen su ficha. ¿Qué seguridad o policía no desconfía de todo el mundo? Cuando se quieren encontrar culpables las sospechas se vuelven pruebas.

Ordoqui, de buen dirigente comunista, acostumbrado a la prepotencia, a estar por encima de responsabilidades y culpas, tenía muchos esqueletos en su escaparate. Parece que se había entrevistado con funcionarios de las embajadas norteamericanas en Europa y México; posiblemente para pedir alguna visa de tránsito, por necesidades suyas y del partido. No era un crimen, pero podía serlo. Había además una sospecha no aclarada, sobre quién en verdad fue el primero que habló, o informó, sobre la instalación de los cohetes rusos en Cuba. Tenía que ser alguien bien arriba, pues la noticia era supersecreta. De ahí la sospecha, que volverían acusación, de Joaquín Ordoqui, chantajeado por la CIA, por sus contactos primero con el capitán Castaño y sus contactos y petición de favores en Europa y México, era un gran doble agente: el primer agente de los soviéticos en Cuba, y además el informador de los norteamericanos. Lo de Ordoqui, agente de la CIA, no se lo creía nadie, naturalmente; pero ¿cómo se podía acusar a alguien en Cuba de ser agente soviético? No, ese error Fidel Castro no lo cometerá. Y es entonces que se vuelven a unir la historia de Marcos Rodríguez, Joaquín Ordoqui y su esposa Edith García Buchaca, dirigente comunista y responsable cultural del Gobierno de Fidel Castro.

Los ex embajadores del Brasil en Cuba, que asilaron a muchos revolucionarios en la época de Batista, entre ellos a Marcos Rodríguez, se enteran de que lo están vigilando en Praga, y advierten a Marcos de que corre peligro. La Seguridad checa, informada por la cubana, de que se sospecha que Marcos Rodríguez es un agente de la CIA, al verlo salir de la Embajada de Brasil, lo detienen y envían a Cuba en un barco soviético. Marcos Rodríguez comienza a pudrirse en vida, en la implacable Seguridad del estado en La Habana. Años después se iniciará uno de los juicios más espectaculares de la revolución cubana, del que fueron protagonistas Fidel Castro, Faure Chomón, Martha Jiménez, Julio García, Jiménez, Marcos Rodríguez, el acusado, Jorge Valls —el testigo— [5], Joaquín Ordoqui, Edith García Buchaca, Blas Roca, Carlos Rodríguez y otros. Naturalmente, Fidel Castro fue fiscal, interrogador, acusador y sentenciador máximo.

El juicio de Marquitos

Acosado minuto a minuto en la Seguridad del estado, que no tiene pruebas de que sea agente de la CIA, ni delator de Humboldt, 7, el acusado Rodríguez niega y los martilleantes interrogatorios, en las peores condiciones, no le dan respiro: confiesa o se pudre allí. Marcos Rodríguez escribe una carta a

5.   Jorge Valls, dirigente del Directorio, en desacuerdo con el poder, al ser llamado como testigo, expresó sus dudas de que Marcos fuera el traidor. Detenido y condenado a veinte años, salió recientemente de las prisiones castristas.

Joaquín Ordoqui; protesta del tratamiento recibido, de la ilegalidad de su proceso, de la persecución que sufre, por fidelidad al partido cuando la Universidad.

¿Cómo salió esa carta de la Seguridad? De allí es casi imposible comunicarse con el exterior. ¿Dejada pasar, sugerida, una trampa para Ordoqui? ¿Por qué la carta fue a dos direcciones: Ordoqui y Alfredo Guevara? El astuto Guevara, amigo de la Seguridad, se "salva"entregando la carta a Ramiro Valdés y a Fidel Castro. Ordoqui, no. ¿Por qué otro misterio? Al fin Marcos Rodríguez, crola y confiesa. Según la versión policiaca, ante la trampa de un investigador, que le dice que no lo interrogarán más, porque había sido detenido en un desembarco clandestino, en Cuba, uno de los agentes de Ventura, que lo había visto en la Quinta estación de policía, cuando denunciaba a los mártires de Humboldt.

Difícil de creer, Marcos Rodríguez sabía que habían sido fusilados en el 1959 y que, en realidad, ni aun entonces, la acusación había sido confirmada. La confesión es una especialidad de la policía comunista, como prueban los procesos de Moscú, en que los grandes bolcheviques confesaron los más horribles crímenes, que luego se sabría eran mentira. Arthur London, en su extraordinario libro, narra el mecanismo de su confesión en Praga. ¿Por qué confiesa Marcos el horrible crimen que siempre había negado?

Las razones son dos:

1.ª   Para liberarse del peso insoportable de un acto por él realizado y morir tranquilo.

2.ª   Porque, como en otros procesos comunistas, confesar es una situación sin salida, es liberarse del horror de una prisión, más insoportable que la muerte.

La confesión de Marcos Rodríguez del crimen de Humboldt, 7, que en México había confesado a Ordoqui y a Buchaca, tiene cola. ¿"Sugerencia" de la Seguridad del estado a Marcos; habilidad del acusado para envolver a los grandes del partido y salvarse?

¿Verdad, mentira?

Difícil de creer que dos dirigentes comunistas experimentados se corresponsabilizaran con el silencio, ante un crimen de tal magnitud; que siguieran protegiendo a Marcos, que le aconsejaran regresar a Cuba, que lo sacaran de la prisión, que lo enviaran a Praga becado, lo respaldaran, e hicieran allí hombre de confianza y traductor en las conversaciones secretas militares y políticas de Raúl Castro y los gobernantes checos. ¿Cometerían Ordoqui y Buchaca el error de proteger a Marcos para salvar el partido de su responsabilidad histórica, al mandarlo a infiltrarse en el Directorio Revolucionario; temían por implicaciones entre espionaje, delación y crimen? Después de la carta de Marcos, Joaquín Ordoqui habla del caso con Ramiro Valdés, que no le informa de la confesión, ni de la acusación de Marcos contra él y Edith Buchaca, su esposa. Cuando el juicio, la acusación a Ordoqui y Buchaca provoca una reunión-careo de la dirección del partido; el presidente Dorticós, coterráneo, amigo de ambos, con los que compartió exilio en México, presiona a Marcos para que desmienta su acusación, ante la protesta indignada de los acusados. Las afirmaciones y desmentidas de Marcos, que unas veces dice que sí, que había confesado ante ellos en México, y, otras que no, no resuelven la grave cuestión.

El estado físico de Marcos Rodríguez es tal, que se teme por su vida. Ramiro Valdés responsabiliza a los médicos de la Seguridad que atienden el caso, y éstos a base de poderosas inyecciones lo mantienen de pie. El juicio debía ser secreto, pero, por un extraño error, suficiencia policiaca, o quizá si por otra secreta razón, se celebra en una sala pública de la audiencia de La Habana. Chomón y los dirigentes del Directorio Revolucionario son advertidos por la Seguridad de que en su deposición acusen a Marcos Rodríguez, sin mencionar al Partido Comunista.

Faure Chomón, uno de los dirigentes que ha tenido que tragar más horribles sapos para mantenerse dentro de la revolución, hombre de valor personal, pero de menos valor político, tuvo una crisis de conciencia. No, no, él no podía ser cómplice del crimen de sus compañeros asesinados. En el juicio Chomón, en presencia de algunas personas, acusa a Marcos y al partido, dice lo que sabe y lo que piensa. El sensacional rumor de su declaración corre de boca en boca por toda La Habana. Un reguero de pólvora: hacía dos años que el propio Castro había acusado a los viejos comunistas de crímenes, de arruinar la revolución; el odio del pueblo hacia el viejo partido era grande, eran ellos los malos de la película —en realidad, eran sólo cómplices—; el periodista Segundo Cazalis, que hacía la columna "Siquitrilla", en el periódico *Revolución*, de poco tiempo dirigido por Enrique de la Osa, y encaminado a su fin, hizo alusión al juicio y dijo que sería mejor para la causa revolucionaria que el discurso de Faure Chomón se hiciese público. Es el fin del mundo. Fidel Castro, indignado, acusa públicamente a "Siquitrilla", envía una carta a Blas Roca, director de *Hoy*, y anuncia que el juicio se repetirá públicamente, caiga quien caiga. Cazalis, por paradoja, es el único que se salva de la catástrofe; las palabras acusatorias de Fidel lo hunden, y entonces ese raro personaje que era *el Che* Guevara, que estaba viviendo su último año en Cuba, habla con él, intercede, le consigue la salida de Cuba. El clima de tensión es grande: el pueblo espera que Fidel Castro liquide definitivamente a los viejos comunistas, que se aparte de la Unión Soviética. Castro confiesa a sus amigos: "Qué tarea amarga defender al viejo y odiado partido, no porque me importe; pero si dejo que el pueblo me imponga sus ideas, estamos perdidos. Mañana exigirá lo que no podemos darle: la minoría no puede ceder a la mayoría; es la mayoría la que debe obedecer a la minoría, al partido, a su jefe, es ése el verdadero sentido del estalinismo, el moderno concepto de dictadura del proletariado; la jefatura tiene que ir contra el proletario y el pueblo, no preparados para hacer la revolución, que la vanguardia y sus jefes imponen." Por esa época, Castro, cuando quería conocer los rumores de la calle, se iba por la Universidad de La Habana, y allí tiraba la lengua de los estudiantes, pronunciaba descargas, que no podía decir en público y que corrían de boca en boca. Llega Castro a la Universidad y la encuentra caldeada. Se encuentra allí, con su viejo amigo y compañero Walterio Carbonell, intelectual marxista, ex embajador de Cuba en Túnez, autor de la tesis de reunir a los pueblos de los tres continentes en La Habana, y de tesis sobre historia se Cuba, que niegan las del partido, partidario de un movimiento negro cubano, que reivindica el aporte de la cultura africana en Cuba, que se opone al dominio de la cultura blanca, a su preponderancia dentro de la revolución. Walterio dice a Fidel que tiene que informarle de cosas importantes. Castro lo ignora, no le hace caso. Carbonell insiste, los estudiantes se agrupan, Castro se ve desafiado. Carbonell dice a Fidel que está sin trabajo, por la persecución de los viejos comunistas y que tiene un documento importante que leer. La discusión se calienta, y Castro, bravo, dice que lea. Carbonell responde: "Bajo tu responsabilidad leo." Saca del bolsillo un viejo y arrugado documento y lee: es la expulsión del Partido Comunista de Cuba de Walterio Carbonell, en agosto de 1953, cuando Fidel Castro, preso después del ataque al Moncada, estaba en el juicio. Causa de la expulsión: el telegrama público de solidaridad enviado por Walterio Carbonell a Fidel Castro. El silencio paraliza a los estudiantes.

Fidel Castro de sube en el techo de una máquina y a grito

pelado insulta a Carbonell: "¡Walterio, tú no eres más que un negrito vago, fumador de cigarros norteamericanos, que no ha trabajado nunca, que ha estudiado y vivido con el sudor de criada de tu madre!"

Respuesta de Walterio Carbonell: "Fidel, estás tuberculizando a tus vacas para sacarles más leche que nadie en el mundo." Fidel Castro, sorprendido, ordena a Regino Boti, ministro de Economía, que por la microonda llame a la vaquería y pida noticias de las vacas, se tira de la máquina y a toda velocidad se aleja de la colina universitaria. Los chotas dirían que aquella fue la versión revolucionaria, de la tradicional y folklorística pareja del teatro bufo cubano: el gallego y el negrito. De aquel día Walterio Carbonell no iba a tener paz; pero ésa es otra historia, como la tuberculosis verdadera de las vacas por el mucho ordeño, y no la del juicio de Marcos Rodríguez, que por televisión y radio comenzaría de nuevo, con el acusado sin voz y Fidel Castro, de fiscal, testigo, jurado y presidente. Un juicio que traería cola, y qué cola.

La carta pública de Fidel Castro a Blas Roca anula el juicio y lo reabre: defiende indirectamente al viejo partido e, ignorando *Revolución*, desautoriza a Chomón por sus acusaciones y palabras finales. Esta justicia televisiva y radial, con mucho de circo romano moderno: confesiones, terror, control de la palabra, era ya bien famosa; había comenzado con el juicio a Sosa Blanco, en el 1959, seguido con el de los aviadores, absueltos primero, condenados por orden e intervención de Castro, después; continuado con la deposición al presidente Urrutia y con la acusación al comandante Húber Matos, a quien se privó de la palabra; pasó después por las "confesiones" filmadas en la Seguridad, en que el acusado, para salvar la vida, repetía ante las cámaras un texto bien aprendido. (No se trataba de inocentes o culpables: en la revolución, discusión, crítica, no son permitidas, "toda oposición es contrarrevolución", y era aplastada. Quien se opone con la palabra o los actos sabe los riesgos que corre —como ocurría con la vieja dictadura—, no se trataba entonces de la responsabilidad, o no de los acusados, a veces inocentes, otras culpables.) Era la pretensión de legalizar la farsa, para confundir a la gente y crear un efecto de terror paralizante, bien con la condena, el silencio, la confesión, la autocrítica o la muerte. Ningún escenario más pasional, ni dramático, que el juicio de Marcos Rodríguez. El delito horrible: alguien que de propia voluntad, no por tortura, llama a la policía, da la dirección de héroes revolucionarios, dirigentes de una organización prestigiosa, y ésta los asesina. Sobre Marcos Rodríguez, por eliminación, caía la culpa de los tres presuntos culpables: Urdanivia fue asesinado por la policía de Batista, la muerte a manos enemigas lo exime del crimen; Pérez Cowley, que decidió vivir en Guatemala, formó allí una familia, se dedicó a otras actividades y, sin necesidad, hizo un breve viaje a Cuba y se puso en manos del Directorio Revolucionario, que lo juzgó y lo absolvió.

Quedaba sólo Marcos Rodríguez, que ni en la lucha, el exilio o la paz aceptó confrontarse con sus acusadores; que con la protección del partido salió de la cárcel, sin ser juzgado, en el 1959, y mandado a Praga, y se convirtió allí en personaje oficial. El juicio se abre en la atmósfera de odio del pueblo cubano, al Partido Comunista, por su historia, su primer batistianismo, su oposición a la lucha armada, su cambiazo final: su robarse la revolución a la victoria y, a partir de que ésta, cae en sus manos y, bajo la influencia del modelo soviético, no tiene paz con nadie, nada funciona, todo desaparece, se persigue, condena, fusila, no ya a los enemigos, a los que hicieron la revolución, sin ser comunistas. El crimen del que se acusa a Marcos Rodríguez: un comunista infiltrado en el Directorio Revolucionario que denunció a la policía a los mártires de Humboldt. La atmósfera está cargada de electricidad.

Fidel Castro se propone demostrar dos cosas en el juicio. Que Marcos Rodríguez fue el traidor, pero que el Partido Comunista y sus dirigentes no tuvieron responsabilidad en su crimen —ya encontrará él otra manera de cobrarles las cuentas a Ordoqui y los otros—. Marcos, por arte de magia, se afirmará, no fue nunca comunista. La única voz discrepante en el juicio —Chomón declara otra vez, cambia el tono, justifica, no acusa— es la de Jorge Valls, que no sólo dice lo que sabe: aclara que no participó en el asalto al Palacio, simplemente porque no fue avisado, como Calixto Sánchez, Faustino Pérez, Jesús Soto y otros acusados por el Directorio Revolucionario, que se quedaron acuartelados sin recibir el aviso.

Aquella voz que no se oía, de muerto vivo, del envejecido joven Marcos Rodríguez, contestando con monosílabos: sí o no, o con silencios, ante el imponente tribunal, Fidel Castro que lo acusaba con terribles palabras. Rodríguez ya medio muerto, con ganas de terminar aquellos momentos interminables, sabiendo que, culpable o inocente, la muerte era su única liberación, en la siniestra farsa, impresionaba, aterrorizaba.

La final, única prueba, "la confesión", llevaría días después a Marcos Rodríguez al paredón de La Cabaña.

¿Fue Marcos Rodríguez, en verdad, el delator de Humboldt, 7?

Las apariencias lo condenaban, las pruebas no.

¿Conocía el partido la traición de su infiltrado en el Directorio Revolucionario?

¿Ocultaron Ordoqui y Buchaca la confesión mexicana de Marcos Rodríguez, para salvar al partido de la responsabilidad del crimen, de su infiltrado y por eso lo protegieron?

En el juicio se descubre que no eran sólo tres los que conocían el apartamento: eran más, ni podía descartarse que la policía siguiera a algunos de los visitantes y llegara allí, o que el chivatazo viniera de algún soplón del edificio, o del barrio, como ocurrió en otros casos. La perseguidora vista por Marcos Rodríguez en la esquina de Humboldt, motivo de su última discusión, con los asesinados, que se rieron de sus palabras, pudo no ser un fantasma de su miedo.

¿Hay una razón que explique el ambiguo comportamiento de Marcos Rodríguez durante muchos años? ¿Era culpable? ¿Era inocente, pero temía que su espionaje, por orden del partido, dentro del Directorio Revolucionario, se descubriera? ¿Protegía al partido para protegerse a sí mismo?

Hubo otros traidores a la revolución; el primero fue el Niño, chófer de Fidel Castro; el terrible Calviño; la traición, la delación, no fueron una sola, fueron muchas y en continuidad. Fue el caso de los otros. No el de Marcos Rodríguez.

No aparecieron pruebas, ni antes ni en el juicio, de que Rodríguez fuese agente de la CIA, recibiera dinero de la policía, fuese protegido por Ventura o chantajeado. En realidad, el asilo, los pasajes, las casas donde vivió en el exilio, fueron del Directorio, de sus amigos o del partido. Si estas cosas no prueban su culpabilidad, tampoco confirman su inocencia.

¿Hubo un motivo psicológico o político que explique por qué Marcos Rodríguez delató a los mártires de Humboldt, 7? Habría que responder afirmativamente. ¿Cual? Su admiración —desprecio— por aquellos valientes hombres de acción, que su ideología política acusaba, y cuyos actos veía que eran revolucionarios. No es fácil, se sabe, el doble juego. Menos aún para el joven Marcos Rodríguez; comunista e infiltrado en el Directorio: espiar, informar, convivir con unos y otros. Hay todavía una poderosa razón personal, para el amor —odio—, de Marcos Rodríguez, a Fructuoso Rodríguez, Carbó Serviá, Machadito, no a Joe Wesbrook y Jorge Valls. Ellos, con su lenguaje violento, lo despreciaron, ofendieron, le negaron participar en los actos de acción del grupo, se rieron de él, lo trataron de maricón. ¿De qué venía este desprecio? De su manera rara de vestir, de considerarlo un intelectual, que escribía poemas, que tenía ideas marxistas y hablaba de filosofía, de usar sandalias, de ser algo frágil físicamente: el retrato del pendejo. Y son duras palabras, las que una vez más, ellos dicen a Marcos, aquel día fatídico de abril, cuando éste, nervioso, les cuenta que ha visto una perseguidora, en la esquina del Humboldt. Aquellos bravos que así lo ofendían, perseguidos, acorralados, con olor a muerte encima, del que todos huían, estaban ahora viviendo en un apartamento alquilado por Marcos y Cowley. ¿Ingratitud? ¿Ciego de ira, Marcos Rodríguez, pensando que Joe Wesbrook, su amigo, no estaba ya allí, fue a una cabina telefónica y llamó al terrible Ventura y los entregó, sin pensar dos veces en su venganza, en las posibles consecuencias de su acto?

No es imposible. Y que enterado, poco después del horrible crimen, quisiese y lograse dentro de sí olvidar, borrar, el monstruoso acto cometido, autoconvenciéndose de su inocencia y de su no culpabilidad.

La verdad verdadera es todavía un misterio y quizá si lo será siempre. Uno sólo la sabe, Esteban Ventura, que ya una vez mintió, a propósito, en unas memorias. ¿Por qué va a decirla, y qué valor puede darse a la palabra del asesino de los mártires de Humboldt?

¿La confesión de Marcos fue el acto liberatorio de un crimen más grande que él mismo?, ¿o como tantas otras terribles confesiones del mundo comunista; una "confesión" para liberarse, no del crimen no cometido, para salir de una prisión, peor que la muerte, ante la que la muerte es el mejor fin?

Marcos moriría pronto. El testigo Jorge Valls resistiría con la fuerza de su espíritu veinte años en la prisión castrista; ahora, al fin libre, parece una sombra física y emana una gran paz y fuerza interior. Joaquín Ordoqui, el viejo, grande y terrible dirigente comunista, moriría más tarde sin confesar; epitafio: "moralmente culpable", pero ésa es otra historia. Edith García Buchaca vive aún, es un casi cadáver no exquisito. No sé por qué pienso yo que algún día algún fantasma terrible, hoy vivo y coleando, más en alto que en bajo, recibirá la venganza póstuma, aún inconclusa de Humboldt, 7. Marcos no sería sólo un culpable individual. Su retrato de intelectual, poeta, de raro, de usar colores brillantes y sandalias tropicales —uniforme de la traición—, iban a ser el nuevo retrato o pasaporte, para mandar a decenas de miles de jóvenes homosexuales, disidentes, hippies a los campos de trabajos forzados de la UMAP; no el fin, el comienzo de otra historia de terror y horror, bien contados en *Conducta impropia*, el film francés de Néstor Almendros y Orlando Jiménez.

JOAQUÍN ORDOQUI

No ha pasado mucho tiempo del juicio de Marcos Rodríguez, cuando una noche, en la bella casa de la finquita del ex aviador Agustín Parlá, en la que viven Ordoqui y Edith García Buchaca, hay una fiesta por todo lo grande: se festeja el cumpleaños de su hijo Joaquinito. En este extraño mundo comunista, épocas hubo en que Joaquinito adolescente subirá a la tribuna presidencial, en la plaza de la Revolución, con sus padres, mientras se negaba la presencia allí a héroes de la lucha contra Batista. El viejo y rudo obrero ferroviario comunista había cambiado en el poder sus hábitos de vida —ésta era la regla, no la excepción—, y convertida finca y casa, en una joyita, con el trabajo gratis de los militares. Había allí de todo: animales, pollos, puercos, perros alemanes, caballos. Edith García Buchaca, como responsable de cultura y con ayuda del ministro de Obras Públicas, Osmani Cienfuegos, que como Raúl Castro, llamaban a Ordoqui padre, y a Edith madre, habían llevado para su residencia cuanta cosa bella habían dejado en sus ricas casas los burgueses exiliados: cuadros, objetos, joyas, mosaicos árabes, lámparas, muebles de estilo: un museo, y naturalmente congeladores y frigos, repletos de cuanta cosa buena produce el mundo malo: champaña, coñac, whisky, vodka, caviar, salmón, carnes de todo tipo, exquisitos manjares y bebidas, que aquella noche de fiesta al hijo pródigo, ofrecían a los grandes huéspedes de la fiesta, entre los que sobresalían Raúl Castro, comandantes y altos dirigentes de la revolución. La fiesta se prolongó en grande, por horas, y terminó sobre las tres de la mañana, cuando Raúl Castro y los otros se retiraron. Sobre las tres y media de esa madrugada, media hora después, llegaron al lugar varios carros de Seguridad, rodearon la casa y detuvieron a Ordoqui y Buchaca, acusándolos de traición. ¿Lo sabía Raúl Castro? Parece imposible que el segundo hombre del poder, y responsable de la Seguridad, lo ignorase. ¿Si lo sabía para qué fue? Es de excluirse que lo supiera: Raúl Castro es violento, duro, capaz de cualquier cosa; pero ese acto no está en su temperamento, ni tenía necesidad de semejante comedia. Quien conoce a Fidel Castro, y sabe de cuantas órdenes importantes da sin consultar con nadie; aun sin informar —informar según Castro, es compartir el poder, y el poder no se comparte, se puede sólo delegar—, no se extraña que aquella vez Raúl Castro no supiera nada. No sería la última, ni era la primera, y él, que conoce mejor que nadie a su hermano, y las reglas de su juego, siempre las aceptó, aun cuando se comiese los hígados.

La orden de detener a Joaquín Ordoqui la había dado Fidel a Ramiro Valdés, advirtiéndole de no avisar absolutamente a nadie, y como tal fue cumplida, y Raúl no podía reprochar a Ramiro Valdés de no avisarle, pues bien sabía que no venía de Ramiro tal orden, que venía de Fidel. ¿Ignoraban Fidel Castro, Ramiro Valdés, la Seguridad, que Raúl y otros comandantes y dirigentes estaban en la fiesta de Joaquinito? Imposible. Joaquín, Edith y la casa estaban vigilados, y la Seguridad sabe por sistema, minuto a minuto, dónde está cada dirigente importante. ¿Entonces por qué escogió Fidel Castro aquella hora, no más terminada la fiesta, para detener a Ordoqui? Advertencia a los amigos de Ordoqui de que si no querían caer envueltos en llamas, y compartir su destino, de aprobar callados, sin decir ni pío. Lo llaman en Cuba, terror arriba, ningún jefe ignora que en un minuto, sin causa que lo justifique, puede pasar del poder a la prisión.

¿Quién era Joaquín Ordoqui? Simplemente el héroe y el símbolo del Partido Comunista cubano. El hombre que, ametralladora en mano, dispersó a tiro limpio, y a puras muertes, la famosa manifestación del ABC, en 1933, en el momento de avanzar sobre el Palacio, inspirada en la mussoliniana marcha sobre Roma. El ABC estaba por el terror, la violencia y la concepción elitista del poder, Ordoqui acabó su marcha.

Era Ordoqui el héroe de tantas otras batallas comunistas, unas revolucionarias, otras políticas, otras económicas: la campaña de los años 1939 y 1940 para coger dinero para los talleres de *Hoy* y la emisora Mil Diez. Era un duro que había descabezado a muchos comunistas, pronto a acusar de agente de la CIA, al más antiimperialista de sus amigos o enemigos. Paradojas de la historia: iba a morir de la mayor infamia de que pueda acusarse a un comunista. Fidel Castro se responsabilizó con la tremenda acusación, afirmando que había pruebas contundentes de la traición de Ordoqui y, como desde el caso de la detención de Húber Matos, su palabra era ley.

Nueve años después de ser detenido, sin ser juzgado, resistía el duro Ordoqui, viejo y, muriendo de un cáncer en la garganta, sin confesar; los indicios acusatorios no tenían el más mínimo valor jurídico, la farsa de un juicio al viejo "bolchevique", sin voz por el cáncer, sin confesar, era imposible para el sistema.

Y como epitafio, la pequeña noticia publicada en *Gramma*: "Joaquín Ordoqui ha muerto, imposible salvarle la vida, pese a los esfuerzos de la ciencia médica revolucionaria, acusado de traición, jurídicamente, no se le pudo condenar, pero se le considera moralmente culpable."

Éste es el iceberg de la historia de Ordoqui, Buchaca y de Marcos Rodríguez, pero en los sótanos de la Seguridad del estado, en los archivos del partido en Cuba, en los de la KGB y de Moscú, hay otra historia grabada, secreta, compleja y misteriosa, que por mucho tiempo no se sabrá. Unos en Cuba, por miedo a compartir la suerte de Ordoqui o Escalante; en Moscú para no pelear con el fiel aliado, y en La Habana, de parte de Fidel Castro, por las mismas razones: acusar a un viejo comunista de espía de Estados Unidos, de traidor, de conspirador, es posible; acusarlo de ser agente de los soviéticos, imposible. No será ningún viejo comunista el que quitará el poder a Fidel Castro. Un viejo, no. Un nuevo, o no tan viejo, quizá sí, y ese día se conocerá la verdadera historia de Ordoqui y otras no menos infamantes.

PRINCIPALES OLEADAS REPRESIVAS

1.   Detenciones y condenas de miles de ex militares en 1959, juicios de poca legalidad, tribunales revolucionarios, condenas hasta de treinta años y fusilamientos por la libre.

2.   Campos de castigo colectivos en la inhóspita península de Guanahacavives, organizados por el comandante Guevara, en 1960, para revolucionarios, funcionarios o dirigentes que cometían faltas o errores. (Según el comandante Ramiro Valdés, nombrado por esa época ministro de Seguridad, "el error es contrarrevolucionario".) Esos campos de trabajo forzado se extendieron rápidamente a toda la isla y existen todavía. En los últimos tiempos han enviado a esos gulags tropicales a casi todos los ministros y responsables económicos que intentaron reformas en los últimos años y a los administradores estatales

que, por cumplir las consignas ordenadas, intercambiaban productos con otros centros (zapatos por comida).

3. Sectarismo: 1960-1962. Destitución y condena de miles de dirigentes obreros y estudiantiles revolucionarios, que en las únicas elecciones libres efectuadas por la revolución, fueron elegidos masivamente por sus centros. Persecución, destitución, detenciones, condenas y fusilamientos de dirigentes clandestinos, que criticaban al comunismo, aun si apoyaban a la revolución. Cárceles dinamitadas, presos viviendo en el terror de volar en cualquier instante. Deportaciones de miles de campesinos y sus familias de las zonas del Escambray y otras regiones, en que hubo levantamientos o guerrillas. Restablecimiento de la pena de muerte y de los tribunales revolucionarios. Oleada de fusilamientos.

4. Detención de al menos cien mil personas, cuando el desembarco de bahía de Cochinos, en abril de 1961; en esta ocasión los comités de defensa de la revolución y la Seguridad llenaron de presos los estadios de béisbol, porque en las viejas cárceles no cabía un detenido más.

5. Operación P: redada masiva en toda la isla de miles de prostitutas, proxenetas y recogida de pederastas en todo el país, llamada así por la gran P pintada sobre el uniforme de los detenidos; el censo de los homosexuales fue confeccionado en barrios y campos por los marginales, muchos de los cuales eran informantes de la antigua policía de Batista y ahora copaban los comités de defensa.

6. UMAP. 1963-1965. Gulags tropicales en zonas aisladas de Camagüey, en campos alambrados y de régimen militar, a los que fueron enviados decenas de miles de jóvenes estudiantes o profesores depurados de la Universidad, institutos, centros de trabajo, acusados de homosexuales, de prácticas religiosas: cristianas, afrocubanas, de disidencia, vagancia hippismo, de oír los Beatles, de usar blue jean, barbas o melenas largas, condenados a trabajo forzado bajo régimen militar por tres años. (Véase la ley de conducta impropia y el documental de ese título de Néstor Almendros y Orlando Jiménez.)

7. Camarioca, 1965. Castro anunció en un discurso que los que deseaban salir del país podían libremente hacerlo por ese pequeño puerto de Matanzas, si sus familiares o amigos exiliados en Estados Unidos venían a buscarlos por mar. Al oponerse Estados Unidos a un exilio masivo sin control, surgió un conflicto con los centenares de miles de personas que habían pedido salida y que al no poder irse en seguida

descubrieron por sorpresa, que habían perdido sus trabajos y libretas de racionamiento, que tenían que ir a trabajar al corte de caña o la agricultura: hombres y mujeres, por tres años, separados y bajo control militar. (Del millón de cubanos en el exilio, el diez por ciento de la población de la isla, la mayoría pasó por esos duros campos de trabajos forzados, hoy suprimidos.)

8. Ley contra la vagancia de 1971. Decretada en el clima de fracaso de la zafra de los diez millones de toneladas de azúcar y de la oposición y críticas suscitadas por aquella locura, esta ordenanza, que copiaba el famoso bando contra la vagancia, de la colonia española, en su momento de mayor represión, condenó a obreros, campesinos, empleados a tres años en la agricultura: según cifras dadas por Castro, en un discurso de esa época, ciento cincuenta mil cubanos fueron castigados por esa ley.

9. Festival mundial de la Juventud, La Habana. A miles de jóvenes habaneros "no integrados ni seguros políticamente" se les aplicó la "ley de peligrosidad social", que autoriza a los cuerpos policiacos y comités de defensa a enviar a campos de trabajo obligatorio, por varios meses y sin proceso judicial previo, a cualquier ex detenido, disidente, presunto oposicionista, crítico, homosexual, desocupado, religioso o sospechoso a la policía.

Esta norma es aplicada según las circunstancias, en mayor o menor medida, cuando ocurren conferencias internacionales en la isla, como la de los no alineados, congresos del partido, o celebración de fiestas con invitados extranjeros, como las del 26 de julio o 2 de enero de cada año, o cuando hay un momento de crisis o descontento popular. Campos de castigos colectivos por negarse a prestar el servicio militar, con un mínimo de tres años y obligación de ir a combatir a Angola, Etiopía y otros países, se aplica también a desertores de esas guerras y otras, y a veces los castigados son enviados a combatir fuera de la isla, como en el caso de Granada y del oficial Tortoló, destituido por no haberse inmolado allí con sus hombres, que ahora es soldado en Angola.

11

ATENTADOS Y PELIGROS

Si nos remontamos a su azarosa vida universitaria, peligros corrió Fidel en el período universitario, cuando la guerra de grupos, por la enemistad de Manolo Castro, Rolando Masferrer, Eufemio Fernández y Mario Salabarría, que más de una vez hablaron de matarlo y sus muertos eran muchos; no lo hicieron porque tenían enemigos más importantes que enviar al otro mundo, y gracias a sus amigos de la UIR, como Echeveite, o personales como Ernesto de la Fe, que lo sustrajeron al peligro.

Pudo morir cuando el asalto al cuartel Moncada, en el combate; la proporción de muertos fue de uno por cada diez combatientes; al caer prisionero, días después, en manos de los guardias, la proporción de asesinados fue casi de la mitad; la intervención de la Iglesia, representada por monseñor Pérez Serantes, de personalidades, instituciones y amigos al caer en manos enemigas, una semana después, salvaron a Castro.

Pudo matarlo la patrulla del teniente Sarriá, que lo detuvo con otros compañeros. Sarriá lo impidió, dijo: "Los prisioneros y las ideas no se matan." Impidió que los llevaran al Moncada, lo condujo al vivac, bajo la jurisdicción civil.

Se dijo que quisieron envenenarlo, cuando era prisionero, en Boniato; allí, otro teniente, de apellido Yanes, lo salvó, y algo de cierto ocurrió. Yanes fue en 1959 su primer ayudante militar, aun si luego terminó preso y exiliado.

En 1955, cuando estaba exiliado, y en 1956, Castro denunció un plan de Batista para matarlo, y Rolando Masferrer envió allí a Evaristo Venéreo, a infiltrarse en el grupo y liquidarlo. Fidel despistó a Evaristo —después de darle confianza—, en el momento peligroso, noviembre de 1956, cuando la partida de México, en el yate *Granma*.

En Alegría del Pío, cuando el desembarco, en diciembre

del 56, pudo morir, caer prisionero, ser asesinado, como otros expedicionarios. Allí quedó solo con dos compañeros, Universo Sánchez y Faustino Pérez. Fue entonces cuando un oficial del ejército dio la noticia de su muerte a Francis McCarthy, corresponsal de la UPI, y la agencia la divulgó al mundo.

Los riesgos en combate, en 1957, primer año de guerrilla, no fueron muchos, excepción del combate del Uvero, en mayo de 1957, el resto del año hubo más escaramuzas que encuentros regulares, y mínima proporción de muertos en la guerrilla; el solo expedicionario del grupo de los doce que murió fue el moncadista y capitán Ciro Redondo.

El más serio peligro que corriera entonces, y aun después, Fidel Castro fue el intento de Eutimio Guerra, guía serrano de la guerrilla, que por tres veces quiso matarlo. Cuando prisionero del ejército, estaban por ahorcarlo, y le perdonaron la vida, ofreciéndole dinero y grados, si mataba al jefe de la guerrilla.

En la guerra hay peligro, bien se vaya al frente, como hacía Fidel Castro, en los primeros tiempos, o que como es lógico, se proteja al jefe el mínimo indispensable, como ocurriría después. Fidel jugaba con el peligro. Sin ser suicida, se precavía con astucia, sabía que su presencia en el combate era necesaria a la moral de sus hombres, ya sin estar en la vanguardia; como el área de pelea no era grande, los tiros podían alcanzarlo.

En dos violentos combates, al final de la guerra, en Guisa y Maffo, afrontó los riesgos necesarios. Si Batista perdió la guerra, es porque ni en helicóptero visitó nunca el frente. Si Fidel la ganó, fue porque estaba allí, y cuando era necesario, en el sitio de peligro. No fue grande la proporción de muertos en la Sierra, que no era un cementerio, como la ciudad, en que lo mejor de la clandestinidad murió, es una verdad histórica.

En junio de 1958, el audaz Evaristo Venéreo, después de una venturosa expedición que salió de México, desembarcó en las costas pinareñas, perdiendo armas y hombres; unos muertos, otros prisioneros, se "escapó" rocambolescamente de la clínica habanera en que estaba detenido; volvió a México, y de allí, por contactos con exiliados fidelistas, entró clandestinamente en Cuba, subió a la Sierra, a unirse a la guerrilla.

Detenido en los altos de Mompié, Fidel, que por allí pasaba, ordenó que le devolvieran la pistola, lo dejaran libre, lo invitó a acompañarlo, y caminaron horas juntos, no sin que Fidel diera orden de vigilar sus movimientos; ya en el campamento de La Plata, Fidel dijo a Evaristo de acampar con un grupo rebelde, al mando del sargento Rodríguez.

Esa noche, en una reunión, Fidel dijo que Evaristo era un peligro, que aparte de sus asesinatos en la Universidad, su amistad con Masferrer y Batista, era el único que había escapado —o dejado escapar—; cuando a él lo detuvieron en México, recordó la increíble historia de la reciente expedición, y ahora este raro viaje; en un momento de peligro, informó que había visto las posiciones rebeldes, conocido las escasas fuerzas de la guerrilla; expulsarlo era un riesgo, no había condiciones en la prisión abierta de Puerto Malanga, para uno como Evaristo, y que no veía otra solución que fusilarlo, cosa en que todos coincidieron; aquella noche Evaristo fue mandado por Rodríguez para el otro mundo, no sin que protestara de la acusación, afirmando que era verdad que conocía a Batista, que era amigo de Masferrer, como lo era del comandante rebelde Miret, del propio Fidel. Evaristo afrontó la muerte con la misma frialdad que disparó a más de un enemigo.

Al terminar la guerra aparecieron en los archivos policiacos cartas y documentos de las actividades de Evaristo en México y del plan de Rolando Masferrer para que Evaristo se infiltrara en la Sierra y asesinara a Fidel.

La traición de Eutimio Guerra

En esas condiciones estábamos el día 30 de enero por la mañana. Eutimio Guerra, el traidor, había pedido permiso para ir a ver a su madre enferma, y Fidel se lo había concedido, dándole además algo de dinero para el viaje. Según él, el viaje duraría algunas semanas; todavía nosotros no habíamos comprendido una serie de hechos que después fueron claramente explicados por la actuación posterior de este sujeto. Al juntarse nuevamente con la tropa, Eutimio dijo que él había llegado cerca de Palma Mocha cuando se enteró que estaban las fuerzas del Gobierno tras nuestra pista y que había tratado de irnos a avisar, pero ya encontró sólo algunos cadáveres de soldados en el bohío de Delfín, uno de los guajiros en cuyas tierras se escenificó el combate de Arroyo del Infierno, y que había seguido nuestra pista por la Sierra hasta encontrarnos allí. En realidad lo que había ocurrido es que él había sido hecho prisionero y estaba ya trabajando como agente del enemigo, pues había convenido recibir dinero y un grado militar para asesinar a Fidel.

Como parte del plan, Eutimio había salido del campamento el día anterior y el día 30 por la mañana, después de una noche fría, cuando empezábamos a levantarnos, escuchamos el zumbido de aviones que no se podían localizar, pues estábamos en el monte. La cocina encendida estaba a unos doscientos metros más abajo en una pequeña aguada, allí donde estaba la punta de vanguardia. De pronto se oyó la picada de un avión de combate, el tableteo de unas ametralladoras y, a poco, las bombas. Nuestra experiencia era muy escasa en aquellos momentos y oíamos tiros por todos lados. Las balas de calibre 50 estallan al dar en tierra y golpeando cerca nuestro daban la impresión de salir del mismo monte al tiempo que se oían también los disparos de las ametralladoras desde el aire, al salir las balas. Eso nos hizo pensar que estábamos atacados por fuerzas de tierra.

El fogón había sido partido en pedazos por la metralla y una bomba había estallado exactamente en el medio de nuestro campamento de vanguardia, pero naturalmente no había allí nadie ya. El "gallego" Morán y un compañero habían salido a explorar y volvía Morá solo, anunciando que había visto los aviones desde lejos, que eran cinco y, además, que no habían tropas en la cercanía. Seguíamos caminando los cinco compañeros, con una gran carga, en medio del espectáculo desolador de las casas de nuestros antiguos amigos quemadas totalmente. Todo lo que encontramos en una de ellas fue un gato que nos aulló lastimosamente y un puerco que salió gruñendo al sentir nuestra presencia. De la Cueva del Humo conocíamos el nombre, pero no sabíamos exactamente cuál era el lugar. Así pasamos la noche en medio de la incertidumbre, esperando ver a nuestros compañeros, pero temiendo encontrar al enemigo.

El día 31 tomamos posición en lo alto de una loma dominando unos sembraditos; en lo que suponíamos que debía ser la Cueva del Humo, se hicieron varias exploraciones sin encontrar nada. Sergio, uno de los cinco, creyó ver dos personas con gorritos de peloteros, pero se demoró en avisar y no pudimos alcanzar a nadie. Salimos con Guillermo a explorar hasta el fondo del valle, cerca de las riberas del Ají, donde un amigo de Guillermo nos dio algo de comer; pero toda la gente estaba muy asustada. Nos avisó este amigo que toda la mercancía de Ciro Frías fue tomada por los guardias y quemada; las mulas fueron requisadas y el arriero muerto. La tienda de Ciro Frías quemada y su mujer presa. Los hombres que habían pasado por la mañana estaban bajo las órdenes del comandante Casillas, que había dormido en las cercanías de la casa.

Una de las últimas noches antes de conocerse su traición, Eutimio manifestó que él no tenía manta, que si Fidel le podía prestar una. En la punta de las lomas, en aquel mes de febrero, hacía frío. Fidel le contestó que en esa forma iban a pasar frío los dos, que durmiera él tapándose con la misma manta y así los dos abrigos de Fidel servirían mejor para tapar a ambos. Y así fue: Eutimio Guerra pasó toda la noche con Fidel, con una pistola 45, con la cual Casillas le había encomendado matarlo, con un par de granadas con las que tenía que proteger su retirada de lo alto de la loma. Allí nos preguntó a Universo Sánchez y a mí, que en aquella época estábamos siempre cerca de Fidel, por las guardias. Nos dijo: "Me interesa mucho eso de las guardias; hay que tomar precauciones siempre." Le explicamos que allí cerca había tres hombres de posta; nosotros mismos, los veteranos del Granma y hombres de confianza de Fidel, nos turnábamos toda la noche para protegerlo personalmente. Así, Eutimio pasó esa noche al lado del jefe de la revolución, teniendo su vida en la punta de una pistola, esperando la ocasión para asesinarlo, y no se animó a ello; toda la noche, una buena parte de la revolución de Cuba estuvo pendiente de los veri- cuetos mentales, de las sumas y restas de valor y miedo, de terror y, tal vez, de escrúpulos de conciencia, de ambiciones de poder y de dinero, de un traidor; pero, por suerte para nosotros, la suma de factores de inhibición fue mayor y llegó el día siguiente sin que ocurriera nada.

Ya habíamos salido de casa de Florentino y estábamos en el cañón seco de un arroyo, acampados. Había ido Ciro Frías a su casa, que estaba relativamente cerca, de recorrido, y había traído unas gallinas y alguna comida, de tal forma que una larga noche de lluvia soportada casi sin impermeables se veía compensada a la mañana siguiente por un caldo caliente y algunos otros comestibles. Trajeron la noticia que Eutimio había andado por allí también. Eutimio salía y entraba, era el hombre de confianza, él nos había encontrado en la casa de Florentino y había seguido nuestras huellas para ver lo que pasaba, explicó que su mamá estaba bien. Tenía rasgos de audacia extraordinarios; nosotros estábamos en un lugar llamado Altos de Espinosa, muy cerca de una serie de lomas, el Lomón, Loma del Burro, Caracas, que los aviones ametra- llaban constantemente. Decía Eutimio con cara de quien predice el futuro: "Hoy les dije que ametrallaran la Loma del Burro." Los aviones ametrallaban la Loma del Burro y él saltaba de alegría, festejando su acierto.

El día 9 de febrero de 1957, Ciro Frías y Luis Crespo salieron a las habituales exploraciones en busca de alimentos y todo estaba tranquilo, cuando, a las diez de la mañana, un muchacho campesino llamado Labrada, recientemente incorporado, capturó a una persona que estaba cerca del lugar; resultó ser pariente de Crescencio y dependiente de la tienda de Celestino, donde estaba la tropa de Casillas. Nos informó que había ciento cuarenta soldados en esa casa, y efectivamente, desde nuestra posición se les podía ver en un alto pelado, a lo lejos. Además, el prisionero indicó que había hablado con Eutimio y que éste le había dicho que al día siguiente sería bombardeada la zona. Las tropas de Casillas se movían sin que pudiera precisarse el rumbo en que lo hacían. Fidel entró en sospechas; ya la rara conducta de Eutimio había, por fin, llegado a nuestra conciencia y empezaron las especulaciones. A la 1.30 p.m. Fidel decidió dejar ese lugar y subimos a la punta de la loma, donde esperamos a los compañeros que habían ido de exploración. Al poco rato llegaron Ciro Frías y Luis Crespo; no habían visto nada extraño; todo era normal. Estábamos en esa conversación cuando Ciro Redondo creyó ver alguna sombra moviéndose; pidió silencio y montó su fusil. En ese momento sonó un disparo y luego una descarga. Inmediatamente se llenó el aire de descargas y explosiones provocadas por el ataque concentrado sobre el lugar donde habíamos acampado anteriormente. El campo quedó rápidamente vacío; después me enteré que Julio Zanón Acosta había quedado para siempre en lo alto de la loma.

Los demás salimos corriendo dispersos; la mochila que era mi orgullo, llena de medicamentos, de alguna comida de reserva, de libros y de mantas, quedó en el lugar. Alcancé a sacar una manta del ejército batistiano, trofeo de La Plata, y salí corriendo con ella.

Se había propuesto la división en dos patrullas para aligerar la marcha y dejar menos rastro, pero Almeida y yo nos opusimos para conservar la integridad de aquel grupo. Reconocimos el lugar, llamado Limones y, después de algunos titubeos, pues algunos compañeros querían alejarse. Almeida, jefe del grupo en razón de su grado de capitán, ordenó seguir hasta el Lomón, que era el lugar de reunión dado por Fidel. Algunos compañeros argumentaban que el

El viaje del primer ministro
español Felipe González
es decisivo para Menoyo.
Castro, obligado por la
presión española, des-
pués de veintidós años de
prisión, en veintiuno de
los cuales el plantado e
irreductible Menoyo se
negó a vestir el uniforme
amarillo del antiguo ejército cubano que había
combatido, le envía a Es-
paña en enero de 1987.
(En la foto inferior, Menoyo
en una rueda de prensa en
Madrid.)

Lomón era un lugar conocido por Eutimio y, por tanto, que allí estaría el ejército. Ya no nos cabía, por supuesto, la menor duda de que Eutimio era el traidor, pero la decisión de Almeida fue cumplir la orden de Fidel.

Tras tres días de separación, el 12 de febrero, nos reunimos con Fidel cerca del Lomón, en un lugar denominado Derecha de la Caridad. Allí ya se tuvo la confirmación de que el traidor era Eutimio Guerra y se nos hizo toda la historia; ella empezaba cuando después de La Plata fuera apresado por Casillas y, en vez de matarlo, le ofreciera una cantidad por la vida de Fidel; nos enteramos de que había sido él el que delatara nuestra posición en Caracas, y que, precisamente, él había dado la orden de atacar la Loma del Burro porque ése era nuestro itinerario (lo habíamos cambiado a última hora), y también él había organizado el ataque concentrado sobre el pequeño hueco que teníamos de refugio en el Cañón del Arroyo, del cual nos salvamos con una sola baja por la oportuna retirada que ordenara Fidel.

La visita de Matthews, naturalmente, fue muy fugaz. Inmediatamente quedamos solos; estábamos listos para marcharnos. Sin embargo nos avisaron que redobláramos la vigilancia, pues Eutimio estaba en los alrededores; rápidamente se le ordenó a Almeida que fuera a tomarlo preso. La patrulla estaba integrada, además, por Julio Díaz, Ciro Frías, Camilo Cienfuegos y Efigenio Ameijeiras. Ciro Frías fue el encargado de dominarlo, tarea muy sencilla, y fue traído a presencia nuestra, donde se le encontró una pistola 45, tres granadas y un salvoconducto de Casillas. Naturalmente, después de verse preso y de habérsele encontrado esas pertenencias, ya no le cupo duda de su suerte. Cayó de rodillas ante Fidel y simplemente pidió que lo mataran. Dijo que sabía que merecía la muerte. En aquel momento parecía haber envejecido, en sus sienes se veía un buen número de canas, cosa que nunca había notado antes. Este momento era de una tensión extraordinaria. Fidel le increpó duramente su traición y Eutimio quería solamente que lo mataran, reconociendo su falta. Para todos los que lo vivimos es inolvidable aquel momento en que Ciro Frías, compadre suyo, empezó a hablarle; cuando le recordó todo lo que había hecho por él, pequeños favores que él y su hermano hicieron por la familia de Eutimio, y cómo éste había traicionado, primero haciendo matar al hermano de Frías —denunciado por Eutimio y asesinado por los guardias unos días antes— y luego tratando de exterminar a todo el grupo. Fue una larga y patética declaración que Eutimio escuchó en silencio con la cabeza gacha.

En esos minutos se desató una tormenta muy· fuerte y
oscureció totalmente: en medio de un aguacero descomunal,
cruzado el cielo por relámpagos y por el ruido de los truenos,
al estallar uno de estos rayos su trueno consiguiente en la
cercanía, acabó la vida de Eutimio Guerra sin que ni los
compañeros cercanos pudieran oír el ruido del disparo.
Al día siguiente lo enterramos allí mismo y hubo un
pequeño incidente que recuerdo. Manuel Fajardo quiso po-
nerle una cruz y yo me negué porque era muy peligroso para
los dueños de la hacienda que quedara testimonio del ajusti-
ciamiento. Entonces grabó sobre uno de los árboles cercanos
una pequeña cruz. Y ésa es la señal que indica dónde están
enterrados los restos del traidor.
De un electo del Che Guevara.

Este asunto de los atentados a Castro, algunos de palabras, otros ideados y no intentados, otros propagandísticos y
algunos reales, está lleno de misterios, de verdades y mentiras.

Un intento de atentado, pienso que de los primeros, hubo
en abril de 1959, cuando el primer viaje de Fidel Castro a
Estados Unidos, y en ocasión de que hablaría en un mitin en
Nueva York, el FBI descubrió un plan para matarlo, lanzán-
dole granadas; hubo detenidos y la noticia fue publicada por
los periódicos.

En septiembre de 1960, en su segundo viaje, ya de enemigo, cuando Castro habló en la ONU, se dijo de un atentado
con un tabaco explosivo, que un grupo de exiliados cubanos,
conectados con la CIA, preparó y que grupo de policías
norteamericanos que cuidaban de su vida, descubrieron y
evitaron.

El 13 de marzo de 1961, al celebrarse el acto conmemora-
tivo en la escalinata de la Universidad de La Habana, en que
hablaría Fidel Castro, el capitán Ricardo Olmedo, uno de los
héroes del asalto al Palacio presidencial, entonces capitán y
jefe de milicias, colocó un fusil a corta distancia detrás de una
ventana de una oficina universitaria: horas después, cuando
subía a la escalinata, Ramiro Valdés le dijo que no podía
subir armado con su pistola, y al alegarle el capitán que ése
era su derecho, surgió una discusión, fue desarmado, detenido, y ordenaron un registro en el que encontraron el fusil en
posición de tiro y dirigido hacia la tribuna en que Castro
hablaría.

La detención del capitán provocó un conflicto con las
milicias a sus órdenes, que terminó cuando altos oficiales

explicaron el atentado que preparaba su jefe, al que ofrecieron perdonarle la vida, mientras preso lo paseaban de madrugada por el Malecón, y los hombres de Ramiro le abrieron la puerta del carro celular en que iba preso, y enseñándole La Cabaña, allí al otro lado del mar, en que entonces se fusilaba, le dijeron: "Escoge, de ti depende, si hablas quedarás libre, si no te «cepillaremos» allí en el paredón." Y el capitán respondió: "Pues ya me están fusilando, porque no tengo nada que decirles."

En otra ocasión, años más tarde, Castro conducía un jeep por una pequeña carretera de los campos cercanos a la capital; siguiendo su costumbre había cambiado de posición, como otras cambia de vehículos y de lugar en la caravana de carros de su escolta, y mandado al entonces presidente Dorticós, que lo acompañaba, de pasar con él que se puso a manejar, mientras dijo al chófer, un ayudante del ministro Llanuzas, de pasar para atrás a ocupar su puesto. Poco después un enorme árbol cayó sobre el jeep, sin tocar la parte de delante donde iban Fidel y Dorticós, hiriendo gravemente al chófer que acababa de ocupar el puesto de Fidel, sin que se supiera nunca si el árbol caído había sido accidente o atentado.

También cuando el ciclón Flora, en 1964, cuando Castro en un carro soviético atravesaba un río crecido, afluente del Cauto, cerca de Mir, la corriente se llevó el carro y Castro se salvó gracias a unas sogas que le tiraron de la orilla del río.

Otro atentado que hizo más ruido que otra cosa fue el de 1965, cuando el comandante Rolando Cubelas y otros revolucionarios fueron detenidos y se les acusó de estar preparando la muerte del jefe de la revolución. De las declaraciones de los acusados pareció que el intento era verdadero, aunque sí quedó más en plan que en acción.

Entre los más famosos atentados preparados al *Comandante* está el que le organizaron cuando su viaje a Chile, en el que un exiliado, que se hizo pasar por periodista, con una cámara, que era una pistola secreta con una bola en el disparador, estuvo bien cerca de Castro, sin que al último momento le disparara.

Son innumerables los atentados de los que se ha hablado, tanto de parte de la Seguridad cubana, como en el mismo Congreso norteamericano, más proyectos o intentos, seguramente verdaderos, aun sino llevados a la práctica. Una cosa era y es cierta: el mismo Castro lo sabía, y cuando se le señalaban todas las medidas de seguridad que protegían su residencia.de la calle Once, en el Vedado, que contrastaban con la facilidad que aquella famosa azotea en que estaba una buena parte del tiempo, ofrecía a quien desde un avión quisiera ametrallar a su inquilino, y era que él pensaba que la CIA ordena matar; pero no mata ella, con sus enormes recursos oficiales.

Eso que llaman la buena estrella ha protegido en algunas ocasiones al *Comandante*, como ocurrió en abril de 1961, cuando la invasión de la bahía de Cochinos, en que al pasar por un lugar, un grupo de expedicionarios que tenían una ametralladora a pocos pasos de donde pasábamos, *el Comandante*, el cronista, su escolta, decidieron rendirse, ante nuestro susto y sorpresa, ya aquellos hombres embarcados y traicionados por Estados Unidos habían ya dejado de combatir y nos perdonaron la vida para conservar la de ellos.

En reciente informe de Amnistía Internacional sobre Cuba, se cuenta de fusilamientos por intentos de atentados a Castro.

Más que azar, suerte, buena estrella, lo que tiene *el Comandante* es una seguridad personal contra la que es casi imposible un atentado. Es un ejército con miles de agentes apostados en toda Cuba, unos que vigilan cuidadosamente las centenares de residencias que Castro visita o en las que vive, de cuyos lugares y cercanías, cuadras o campos, han sido trasladados los vecinos, y ocupadas sus casas por Seguridad.

Ejército que ocupa caminos, puentes, lugares estratégicos, calles, carreteras; el país ha sido llenado de carreteras con fines militares, de túneles, como ocurre en La Habana, por donde *el Comandante* entra o sale, sin ser visto él ni su numerosa escolta de carros en cuyos viajes él cambia de carro y de posición, dando órdenes de cambiar de ruta, con mucha frecuencia, y si habla en un mitin, las calles y azoteas son tomadas, registradas, vigiladas, desde días antes y se controla por televisión cada máquina que va a la tribuna presidencial, mientras la aviación vigila desde el aire, y la Marina, desde los mares, como ocurre cuando *el Comandante* va de pesca o se baña en las playas, incluso cuidado por submarinos y lanchas especiales, sin contar el resto de la Seguridad, los comités de defensa y otros tantos cuerpos militares que controlan el país permanentemente y que vigilan día y noche, arriba y abajo, y sobre todo en las cimas del poder.

Aparte que como la historia prueba, es bien difícil el tiranicidio. Batista, que tenía mucha menos seguridad que Castro, se escapó siempre, y si en el mundo comunista no hay atentados es, entre otras cosas, por el control total de seguridad y policía sobre los hombres y los pueblos.

12

ALLENDE Y FIDEL

El Chile legalista de Allende no era muy estimado en La Habana: sus derrotas electorales y su respeto por la ley lo hacían aparecer, ante Castro y Guevara, entre el fracaso y la ilusión. Las revoluciones, decía Castro, "no se ganan en elecciones; en elecciones, se pierden, si se permite oposición, democracia y libertades burguesas". A Castro los chilenos, venezolanos, latinoamericanos de izquierda, de espíritu democrático no le simpatizaban: el democristiano Frei fue por él atacado, la Unión Soviética por sus ayudas y convenios económicos y el prosovietismo del Partido Comunista chileno; el poeta comunista y amigo de Cuba Pablo Neruda fue calumniado en carta pública ordenada por Castro y redactada por el novelista Alejo Carpentier, y el poeta Nicolás Guillén, antiguo camarada de poesía y comunismo de Neruda. Crimen: recibir un premio de una universidad democrática de Estados Unidos.

En Venezuela, Rómulo Betancourt y su partido Acción Democrática eran odiados por su reformismo inteligente, apoyados por la mayoría de los venezolanos; aquel movimiento derrotó al dictador Pérez Jiménez y estableció una democracia progresista. El Partido Comunista venezolano fue ferozmente atacado por Castro, al retirarse de la guerrilla y no admitir, en 1966, la incorporación del *Che* Guevara, que Fidel Castro pidió en carta a aquel partido. Douglas Bravo, entonces exaltado al delirio, fue denigrado después cuando discrepó de Castro, como ocurriría a los gobiernos del Copei y Acción Democrática.

En La Habana, arriba nadie creía en el triunfo de Allende. La victoria de Unidad Popular en Chile fue sorpresa y realidad; que Castro tuvo que aceptar. Éste alertó y quiso convencer al presidente Allende de que su gobierno no era poder; que los militares intentarían darle un golpe. Los chilenos tenían una tradición democrática, de respeto de la Constitución; no sólo los allendistas, aun sus enemigos políticos. Un parlamento en su mayoría contrario convalidó la elección del presidente elegido por la minoría mayor, de alrededor de la tercera parte del país.

Castro aconsejaba a Allende de armar al pueblo, crear un aparato policiaco, eliminar a generales y jefes militares, suprimir la oposición, proclamar una dictadura revolucionaria. Allende replicaba a Castro de que estaba consciente de los peligros; pero que él era un socialista que creía en la libertad y que las condiciones objetivas de Chile no permitían la dictadura revolucionaria que Castro proponía. Los errores de Allende en la derrota histórica de Chile son muchos, como verdad es que él no quiso pinochetizar Chile: creía en un socialismo democrático y en la legalidad. En Chile era imposible, aun si Unidad Popular lo hubiese intentado, controlar las fuerzas armadas, dar un golpe de izquierda. Allende no pudo impedir que los pocos generales democráticos, fieles a la libertad, fueran sacados de las fuerzas armadas. Los intentos del MIR y de grupos minoritarios de introducir armas en Chile, de hacer ocupaciones ilegales, atemorizaron a la clase media, a las fuerzas conservadoras y a los militares, ayudaron magníficamente a Pinochet, contribuyeron al caos, al descontento, a la crisis económica, crearon una sensación de peligro de comunismo, que Allende desde el gobierno ni quería ni podía imponer por la fuerza.

El viaje de Castro a Chile y su larga estancia allí precipitaron los acontecimientos: Fidel tenía nostalgia de los baños espontáneos de multitudes, de los primeros años cubanos, desaparecidos desde 1965. (No es lo mismo las "multitudes reunidas" por obligación.) En sus mítines en Chile encontró aquel entusiasmo perdido y prolongó su visita. No se quería ir de Chile. No oía las discretas presiones amigas, las voces de que la situación era delicada. ¿Cómo decir, ordenar, sin ofender al ilustre *Comandante* que se retirara? Hubo discusiones entre Allende y Castro. Éste quería que el presidente diera la ciudadanía chilena a un oficial de la Seguridad cubana, que por sugerencia del comandante Piñeiro había seducido y "esposado" a la hija de Allende, y que permitía a la Seguridad castrista saber lo que hacía el presidente amigo y su gobierno. Dos días antes de irse, Castro propuso a Allende que nombrara a su yerno cubano, jefe de la represión. Pacientemente, Allende le explicó que era imposible. Castro, furioso —la oposición protestaba de su largo viaje—, no aparecía a la hora convenida en la recepción que Allende le ofrecía en Palacio, la noche antes de su partida de Chile. Allende, preocupado lo llamó por teléfono y le dijo que si él no iba a Palacio aquella noche, el presidente de Chile no iría al otro día al aeropuerto a despedirlo. A Castro no quedó otro remedio que ir a Palacio. (El final de la hija de Allende sería un trágico suicidio en La Habana, cuando allí refugiada, un día, brutalmente, aquel oficial cubano que era su esposo, le anunció que su trabajo político con ella había terminado. Cuba, tierra de suicidas revolucionarios, no vería una sola Allende suicidarse. Se suicidaría allí también otra Allende, hermana del ex presidente.)

Chile fue una derrota compartida. No una victoria compartida. La responsabilidad de la derrota de Unidad Popular, que el largo viaje de Fidel Castro precipitó, radicó en la ilusión de que una minoría en el gobierno, con sólo el presidente y aun con la mayoría de la oposición en el Parlamento, con el poder militar, económico y extranjero contra: y en el clima de una lucha de clases furiosa, que amenazaba la oligarquía, la poderosa clase media y los intereses norteamericanos, con dificultades y errores económicos que disminuyeron su base popular y facilitaron el golpe de Pinochet, general próximo al presidente, con la bendición norteamericana y el suicidio histórico de la Democracia Cristiana chilena, que pensaba que los militares "nos van a sacar las castañas del fuego, y después gratuita y generosamente nos devolverán el poder, vieja mentalidad legalista chilena pensar que los militares devolviesen el poder conquistado".

Los chilenos todos, Unidad Popular comprendida, no podían imaginar aquel su país democrático y legalista, sin gorilas ni represiones, con sus buenos militares que de la noche a la mañana detendrían, torturarían, asesinarían a miles y miles de chilenos, superando a sus más viejos y experimentados colegas de muerte del continente.

Se equivocaron. Se equivocaron.

Confirmando el axioma: revolución-dictadura-represión, que niega la utopía ideal: socialismo, democracia, libertad; y el otro axioma: los enemigos de la democracia no permiten que la legalidad democrática elimine sus intereses creados. Chile sería la Checoslovaquia de Occidente, como Checoslovaquia sería el Chile soviético: ambos el fracaso y la imposibilidad ahora de crear un socialismo en la libertad.

Chile hoy es una carta abierta, un triángulo: dictadura, revolución, democracia. Para Castro no es todavía una batalla perdida. En Nicaragua, su hija predilecta; en Angola, su hija africana, Castro haría que el poder nacido por la fuerza —no por la democracia como en Chile— eliminara democracia y oposición.

EL ÚLTIMO ENCUENTRO DE CASTRO Y ALLENDE

ALLENDE: En primer lugar es útil notar que en estos días, como ha dicho Olivares, la presencia de Fidel ha servido de pretexto para una recrudescencia de las polémicas. Es lógico...

CASTRO: Así que la culpa es mía.

ALLENDE: No. Pero nuestros adversarios saben bien qué significa la presencia de Fidel Castro en Chile. Saben que eso significa vitalizar el proceso revolucionario latinoamericano.

CASTRO: Cierto, pero te diré una cosa: detrás de todo esto está sin duda la mano del imperialismo.

ALLENDE: Exacto. Pero para volver a la curiosidad de Augusto Olivares: siempre hemos tenido presente la posibilidad de una sublevación contrarrevolucionaria en nuestro país.

CASTRO: ¿Y qué respuesta has preparado para esa eventualidad?

ALLENDE: La respuesta del pueblo organizado, la unidad popular, la lealtad de las fuerzas armadas y de los carabineros, tradicionalmente respetuosos de la Constitución y la ley. Estamos convencidos que el proceso chileno es irreversible. Si los contrarrevolucionarios pudieran hacer caer este gobierno, cosa que no ocurrirá, Chile caerá en el caos, la violencia y la lucha fratricida. Cesaré de ser presidente de la república cuando termine mi mandato o tendrán que acribillarme a balazos.

CASTRO: Nosotros podemos movilizar un ejército de seiscientos mil hombres en pocas horas. ¿Y ustedes? Este continente tiene en su vientre una criatura que se llama revolución, que tiene que nacer por fuerza, por ley biológica, social, histórica, inexorablemente, en un modo u otro nacerá. Será un parto sin dolor o no, ocurrirá en la casa o en el hospital, serán médicos ilustres los que recibirán la criatura, o simples parteras, una cosa es cierta, el parto ocurrirá...

(Palabras recogidas por Augusto Olivares, el periodista chileno, cuyo cuerpo acribillado a balazos fue encontrado junto con el del presidente Allende el 11 de septiembre en el Palacio presidencial de Chile.)

EL CARIBE: GRANADA

Castro y sus amigos han ganado y perdido batallas y países en el Caribe: donde ha habido elecciones, los mismos votantes que eligieron su izquierda en Jamaica, ante una crisis económica y social, la derrotaron ante su fracaso. Es un axioma que izquierda que va al poder por votos, en un momento dado lo pierda, cosa natural en una democracia; el alternarse de fuerzas de ideologías antagónicas.

Los militares peruanos que después de reprimir la guerrilla guevarista jugaron a la revolución fueron apoyados por Castro, alterando uno de sus axiomas: no puede haber revolución con el ejército. Las revoluciones se hacen contra el ejército, con un nuevo ejército guerrillero-revolucionario. La carta táctica peruana de Castro se hundió ante el fracaso y pérdida del poder de sus amigos militares en Perú.

En Granada, Castro obtuvo una victoria. Una victoria que los soviéticos y los militares revolucionarios que intentaron el golpe contra Bishop convirtieron en derrota. En derrota también de Castro. En Granada, Castro tuvo una derrota que reveló la debilidad de su poder; de su alianza con los soviéticos y de la posibilidad de controlar los nuevos países y dirigirlos desde La Habana, olvidando que la capital del mundo comunista es Moscú, y de un peligro olvidado, aquel de pensar que el poder norteamericano es un tigre de papel.

Pienso que Granada no pueda agigantarse: "La pequeña gran guerra y victoria norteamericana, que canceló el síndrome Vietnam." Granada no se puede agigantar ni minimizar. Aquélla fue más que guerra ganada por Estados Unidos, batalla perdida por Fidel Castro y sus amigos soviéticos, que quisieron hacer de la islita el trampolín-base del Caribe, Centroamérica y América del Sur.

Bishop, el hombre de Fidel, era popular en la isla. Un mes antes de su derrocamiento y muerte, a manos de sus compañeros militares, éstos fueron a Moscú y firmaron un acuerdo, sin la intervención de La Habana. La Seguridad soviética no confía en sus propios jefes, menos aun en Fidel Castro o en los jefes comunistas de otros estados. Castro es un punto de avanzada; que ocupe un país, está bien, que para mandar quedarse allí están los soviéticos, no Castro. De regreso de Moscú, los militares allí avalados, dan el golpe y envían al paredón al popular fidelista Bishop, y es ése el momento bien escogido por Reagan para intervenir. Lo que sorprende en Granada no es la victoria norteamericana, descontada. Es la poca resistencia cubana y granadina; el aplauso de apoyo de la mayoría de los granadinos a los "invasores liberadores". Desde el punto de vista granadino, la explicación es evidente: la mayoría de los hombres de Bishop y sus simpatizantes no iban a morir defendiendo a sus caínes asesinos.

Lo que sorprende es la poca resistencia cubana ante la invasión. Castro ordenó a Tortoló, uno de sus mejores oficiales, partir a organizar la resistencia. Inmolarse, conmover al mundo. El gigante norteamericano sólo con la muerte heroica de unos pocos castristas podría tomar Granada. El castrismo muere pero no se rinde.

Esa noche Cuba vive horas inquietas: la televisión emite la heroica resistencia cubana frente al invasor norteamericano, cuenta la gloriosa inmolación. En Cuba no se sabe en qué país extranjero están más de cien mil cubanos, mandados secretamente en misiones militares en Angola, Etiopía, Yemen, Sáhara, África, Granada. Las familias cubanas, con hijos, parientes, amigos, vecinos fuera de la isla, se inquietan ante esos inmolados, que regresarán bien muertos para ellos. La tensión crece, el régimen habla de héroes y mártires, que se están inmolando, gloria a Fidel. El pueblo piensa sólo que son sus muertos.

A una noche de tempestad sucede un amanecer de extraña calma. La televisión no habla más de Granada, de resistencia heroica, de inmolaciones. La radio extranjera comienza a dar noticias de la rendición. ¿Qué ha pasado? El oficial Tortoló y sus hombres, que debían morir y salvar el honor de Fidel Castro, se asilan en la Embajada soviética, se rinden a los norteamericanos. Rendición, no muerte. Rompen la tradición de playa Girón, cuando los milicianos avanzaban a campo descubierto contra aviones, tanques y ametralladoras. Sabían que iban a morir, pero creían que su muerte salvaría la revolución, siguiendo el ejemplo de la lucha contra Batista y de otros momentos difíciles de "patria o muerte".

Era entonces, más que el poderoso peso de las armas, el ideal el que era invencible. La causa de que Estados Unidos no interviniera cuando Girón, cuando los rusos se llevaron los cohetes y Castro rechazó la inspección acordada entre los dos grandes. La fuerza de un pueblo que defendía con la vida su ideal. Cuba era entonces para Estados Unidos victoria al precio del genocidio de un pequeño pueblo.

Los tiempos cambian. El de ahora no es un ejército de ideales, es una formidable máquina de guerra profesional, que maneja con eficacia de buenos técnicos militares los más potentes y sofisticados armamentos soviéticos, en Angola, Etiopía y otros países. Guerras de ocupación que sin muchos muertos; más peligrosa para los soldados que para oficiales y generales protegidos por la seguridad de un Mig, un tanque, un cañón ruso, una batería antiaérea, que garantizan la victoria ocasional en ciudades y grandes cuarteles, contra un enemigo irregular (como antes los antiguos barbudos castristas), al que queda el campo, la audacia, la sorpresa, el idealismo.

Las caras de Fidel y Raúl Castro, fotografiados por la televisión extranjera, en el aeropuerto de Rancho Boyeros, al regreso de los prisioneros liberados por los norteamericanos en Granada, no es cara de orgullo por la inmolación de sus héroes muertos; es la cara de rabia y derrota por los prisioneros vivitos y coleando: rendidos mejor que mártires.

Se sabe que los norteamericanos tuvieron que inflar en el primer momento la resistencia cubana, los muertos, para justificar la invasión en una guerra sin periodistas incómodos.

Que los rusos y cubanos perdieron Granada, que se la pusieron en bandeja de plata en las manos a Reagan, es una verdad, que la mayoría que apoyaba a Bishop terminó apoyando la invasión-liberación, es otra verdad granadina. La derrota fue síntoma y una señal enviada a Fidel Castro y a sus planes en América Latina. Dentro de Cuba, la cara de los Castro reflejaba sorpresa, ira, la impotencia de una rendición, prueba concreta, no de un ejército de ideales, de soldados y oficiales profesionales dispuestos sólo a pelear, a correr los riesgos del oficio, no a inmolarse en la derrota, en nombre del jefe máximo. Cuba pasó del drama al humor, cosa bien cubana. Epitafio cubano de Granada: use zapatos Tortoló, los más rápidos del mundo. En la moda del *footing*, en La Habana también se corre; Tortoló es el campeón de la rapidez castrista. Tortoló, el oficial enviado a inmolarse, que debió morir y no quiso morir, fue juzgado, degradado, no fusilado, como quería Fidel Castro. El espíritu del cuerpo militar lo protegió. No se puede fusilar por una derrota, una rendición. La guerra se hace para ganarla, no para perderla; entre sus reglas profesionales, una es, si se es vencido, mejor prisionero que muerto.

El oficial Tortoló, degradado a simple soldado, fue enviado a combatir a Angola. Lo que preocupa a Fidel Castro era que había vencido la fuerza con ideales. Ahora veía a los suyos rendirse al poderoso enemigo. Por primera vez su ejército sufría las reglas del juego. Aquel día triste, Castro percibió una señal de los tiempos actuales: la derrota de los suyos, rendidos, sin inmolarse. Sin ideal. Con la fuerza, la victoria, la represión, la disciplina, se puede mantener el poder. Granada era una pequeña derrota. ¿Qué pasaría un día si sus tropas sufren una gran derrota? Castro sabe que la derrota de los guerreros y de los militares es la irreversible pérdida de su poder. Desaparecidos los ideales de un pueblo, de un ejército pronto a inmolarse por su revolución y su jefe, la primera columna de su edificio caía por tierra. Aquel día Castro vio en su futuro una pesadilla siniestra. Si era derrotado en Angola, en Nicaragua, si un lejano e improbable día, la isla fuese invadida por fuerzas norteamericanas, sería como en Granada, rendición sí; inmolación no. Aquel su día triste, Castro vio los límites y peligros futuros de su poderoso poder.

13

IMPORTANCIA DE LA REVOLUCIÓN CUBANA

La importancia histórica de Fidel Castro es reflejo de la magnitud de la revolución cubana, de la que él es la trinidad: padre, hijo y espíritu santo. Que esta revolución ocurriese en una isla pequeña del Caribe, que sea la primera revolución radical de siglo, no inspirada en el marxismo, organizada y dirigida por los comunistas, considerados detentores del monopolio contemporáneo de la revolución en el mundo, que su padre histórico la volviera comunista desde el poder, su fracaso constructivo, han sido motivos para que algunos nieguen a esta revolución su universal dimensión, su enorme potencial en América Latina y África. Idea que se origina en la concepción imperial, en la arrogancia de los grandes: Rusia y China son importantes; Cuba no existe.

Al contrario, sus orígenes, cercanía y conflicto con Estados Unidos han motivado que, otra parte importante de la opinión pública mundial, de izquierda, progresista, y aun democrática, justifique, olvide sus crímenes y fracasos y piense que la sovietización otra cosa no es que la consecuencia del bloqueo y la oposición norteamericana; Cuba, amenazada de muerte por el gigante vecino, no tuvo otra salida que el terror interno y el apoyo soviético.

Víctima, sólo víctima.

Cierta la teoría y la realidad de la mayor potencia de una revolución ocurrida en un gran país. Que la Unión Soviética sea madre-padre de las revoluciones contemporáneas, el modelo, la inspiradora directa o indirecta, por vía de los partidos comunistas, es una verdad histórica. Que la coincidencia gran Rusia y sovietismo la hayan convertido en la potencia militar y política que es hoy, hace que el mundo en términos de poder (atómico, espacial, militar, industrial, económico y político) magnifiquen la sola revolución rusa y disminuyan las otras revoluciones, pues es evidente.

A China, por su gigantesca población, se le ha concedido cierta importancia y protagonismo. Las otras revoluciones del siglo: Yugoslavia, Vietnam, Cuba, han sido miradas por encima del ojo por los grandes del mundo. La importancia de la revolución yugoslava, que no es consecuencia del avance y ocupación del ejército ruso y de la derrota alemana, como en otros países de Europa del Este, sí de la rebelión titoísta y su fuerza guerrillera, que produciría la más importante derrota del estalinismo y de la política de gran potencia de la Unión Soviética, y sería factor importante en la creación del importante movimiento de los no alineados a nivel mundial.

El intento de un socialismo diferente al ruso —la autogestión— ejerció repercusiones históricas importantes en el mundo comunista. Sus reformas económicas han influido en Hungría, China y hoy en la propia URSS, que la autogestión no haya producido los resultados soñados y el no alineamiento, como tercera fuerza mundial, sufra una crisis, no niegan el valor histórico de Yugoslavia y del titoísmo.

Vietnam, cuarta revolución mundial, rompe el esquema de que sólo los grandes son fuertes y pueden vencer: Francia, primero, Estados Unidos, después, sufrieron allí una derrota militar y política de enormes consecuencias. China misma ha tenido que contemporizar ante la capacidad guerrera vietnamita, como prueban Camboya y Laos.

Los fracasos y crímenes de la revolución vietnamita, que reflejan en lo fundamental las consecuencias del modelo de partido-estado-propietario-soviético, no quitan importancia histórica a Vietnam.

El comunismo en los pequeños países no puede aspirar a ser un gran poder interno-externo; puede ser sólo guerrero, revolucionario —fuga *in avanti*—, crecer aprovechando la debilidad enemiga.

Los grandes —Unión Soviética, China— son temidos; los pequeños —Vietnam y Cuba— pueden avanzar, no aparecer como ocupantes imperiales, hacerse pasar por internacionalistas solidarios.

¿Por qué es importante la revolución cubana y su padre y jefe Fidel Castro?

1. Es la primera revolución ocurrida fuera del territorio geográfico único del mundo comunista.

2. Es la primera revolución victoriosa en las narices mismas de Estados Unidos, principal opositor mundial al comunismo.

3. Es la primera revolución comunista ocurrida en América Latina.

4. Es la primera revolución comunista en el mundo occidental no impuesta.

5. Es la primera revolución nacida en el mundo de lengua castellana, en que viven más de doscientos millones de personas.

6. Es la primera revolución ocurrida en una isla de decisiva importancia geográfica, situada a la puerta de las tres Américas. El Caribe fue el sitio de entrada del descubrimiento, la conquista y disputa del nuevo mundo, de parte de las potencias europeas.

7. Es la primera revolución surgida en un país que, además de tropical, del Tercer Mundo, occidental y español, es también negro, y lo prueba la importante presencia cubana en Angola, Etiopía y otros países africanos.

8. Es el peón de ataque del mundo comunista, cerca del rey del mundo capitalista. Una formidable base soviética, política y militar, a noventa millas de Estados Unidos.

9. Es una revolución que, como todas las comunistas, ha fracasado en crear una nueva vida y una nueva sociedad, pero ha aniquilado toda oposición interna, y en la práctica ha derrotado a Estados Unidos, cuando Girón y la crisis del Caribe.

10. Es una revolución que ha inspirado, apoyado, organizado y sostenido, al menos dos revoluciones: Nicaragua, en América Latina, Angola, en África.

11. Es la primera revolución en que se fideliza un nuevo modelo, una variante de comunismo tercermundista, caudillista y militar: caudillo revolucionario, guerrilla, nuevo ejército revolucionario, nacionalista en su primera fase —no comunista—, que sustituye al partido leninista, fundiéndose con el poder soviético.

12. Es una revolución que ha hecho de Cuba una potencia militar.

Históricamente, Fidel Castro ha fracasado en Cuba; el mito de su revolución comienza a morir en Occidente, pero Cuba y el castrismo son hoy una potencia militar fuerte y bien preparada, la avanzada de las fuerzas del Pacto de Varsovia, sus tropas de ocupación en muchas naciones, la organización política, las armas, el modelo guerrillero, que prepara la revolución en otros países en que hay explosivas condiciones sociales, allí donde Estados Unidos y Occidente son incapaces de hacer otra cosa que apoyar las fuerzas conservadoras.

La revolución latinoamericana no está quizá en la esquina ni es un fantasma del futuro.

Nicaragua probará si es posible una revolución comunista-fidelista-soviética en América Latina (no hay dos sin tres, ni tres sin cuatro), Angola, Etiopía en África, son la misma cosa. La derrota de Fidel Castro, en una o en otra —derrota o victoria, ambas posibles—, significaría aislar el contagio activo del peligro fidelista, la derrota de Castro, aun si quizá no del sistema; sí su aislamiento, congelamiento. Devolvería la isla castrista a su geografía anterior. Cuestión que mucho dependerá de las relaciones enemigo-amigas de Estados Unidos y la Unión Soviética; de la todavía incierta era gorbacheana y de otros factores internacionales. El avance con Nicaragua permitiría la expansión del castrismo; la derrota, su paralización.

En el sueño-realidad de Castro, Estados Unidos es el enemigo que justifica y agiganta históricamente su misión, y desafiarlo para Castro significa en su proyecto mayor crear no un Vietnam, como decía Guevara, una Cuba gigantesca en Centroamérica, Sudamérica, y aun en la lejana madre africana.

Sueño-proyecto peligroso, difícil, no imposible.

Su enemigo mayor es su amigo mejor, pues mientras Castro cree problemas a Estados Unidos en su mundo periférico y permite la entrada soviética en los países que revoluciona, o ayuda a mantener el poder, los soviéticos apoyarán, sin mayores riesgos sus aventuras, el costo económico de Cuba, grande sí, nada es ante su valor político y, en la Unión Soviética, aun si no lo entienden así los occidentales, la política tiene primacía sobre lo económico; es la que manda, al contrario de Occidente. Existe una forma elemental de subsistencia, una primitiva acumulación de riquezas que permite sobre todo el desarrollo militar-atómico- espacial. En la casa, en la mesa del pobre, como en el cementerio, puede comer, o entrar, siempre uno más.

¿Por qué entonces el amigo mejor, la Unión Soviética, es el más peligroso para Fidel Castro? Castro avanza, conquista, atrás, lentos, pero gigantes, aparecen los rusos, de dos maneras: como gran potencia, y pronto los de allí descubren que el poder no es La Habana —ni Fidel—, es Moscú, el caballo de Troya, el castrismo es devorado por el sovietismo. Arriba, jefe y gran prisionero sobrevive *el Comandante*; abajo, en el cuerpo del poder; en su estructura política, en el ejército, en la Seguridad, en el partido, la economía, todo es soviético. Dentro de Cuba, el nuevo general, el aviador, el cohetista, se ríen del escopetero de la Sierra desde su Mig ruso, y así el técnico, el economista, el nuevo cuadro formado en la Unión Soviética o por el poder soviético.

En la pesadilla de Castro revive el espectro de Stalin, de Jruschov, de Mao; al principio, el jefe es más grande que el partido, que el sistema; al final, el sistema "ajusticia" aun al gran hombre, en vida o muerte, depende de las circunstancias.

Extraño destino el de Fidel Castro, ser el peligro público número uno en América Latina y África para Estados Unidos y dentro de Cuba y fuera, aun con sus fuerzas en muchos países y continentes, el gran prisionero soviético; que sabe que la rebelión contra Estados Unidos es peligrosa, pero posible, pero que la rebelión contra los soviéticos es imposible.

En sus noches buenas, soñando despierto, proyectando el futuro de los próximos años —comienza a envejecer y vejez y muerte no perdonan—, se siente un nuevo Bolívar, jefe de la revolución latinoamericana y africana. Derrotado y humillado su gran enemigo, entonces de tú a tú, se ve diciendo a Gorbachov: "Soy y seré marxista-leninista toda mi vida, haré un comunismo exactamente como el soviético, el único posible, no me voy a suicidar con reformas, libertades y humanismo, pero aquí mando yo. La isla me quedaba pequeña y debí soportar vuestras humillaciones amigas; ahora soy un continente y, para amigos y enemigos, un grande entre los grandes."

El sueño de un loco se dirá, ¿y si el loco tuviera razón?

Nadie sabe es verdad la razón o sinrazón de un sueño loco, ni su final. Muchas veces los sueños, que sueños son, por ser sueños, no tienen final; el despertar los interrumpe. Goya diría "que el sueño de la razón pare monstruos". Castro responderá: "Subestímenme, es el mejor regalo que pueden hacerme." "Nadie creyó que yo pudiera hacer una revolución, tomar el poder, sostenerlo, derrotar a la oposición interna, a Estados Unidos, convertir a Cuba en comunista, hacerla una potencia política y militar, decisiva en África y América Latina." "Eran mis sueños, son realidad, por qué mañana mis nuevos sueños no serán reales."

Ésa es la gran cuestión.

Su golpe de dados no abolirá el azar.

El futuro, piensa Castro, confirmará mi historia. El mañana será otro hoy. No es tan seguro. Hay mañanas que no son hoy. Como todos los guerreros, puede perder el poder en una gran derrota y, como todos los dictadores, provocar una gran revolución.

Sé que el fin de mi biografiado puede ocurrir de muchas

maneras: no un fin, muchos fines: ser destituido como Jruschoc, de viejo chocho "a lo Mao", en una gran residencia vigilada, contando sus épicas historias, como todos los viejos, y perdido el poder, los pocos oyentes le concederán poca atención. Puede morir por manos amigas o enemigas, tener un fin apocalíptico —si no le gusta la muerte, sí este fin, si fuera a mano de tropas invasoras norteamericanas—, puede ser depuesto por sus raúles-caínes soviéticos; a él le gustaría morir guerreando en territorio enemigo (no como *el Che*), al frente de un gran ejército revolucionario, con el fiel Raúl, que se sacrifica en Cuba, y frente a la invasión él ordenaría a sus tropas africanas o nicaragüenses avanzar por territorios amigos y enemigos. Triunfador, héroe del tercer mundo; muerto en La Habana, asilado en Moscú, ¡qué horror! Como Stalin, Stalin-Castro, tendrá su XX Congreso. Un día dijo que la historia lo absolvería, hoy más cerca de su fin que de su principio, la historia lo condena y el poder lo compensa.

La geografía me condena, pensaba entonces; hoy piensa que no sólo lo absuelve, que es su geografía; la isla no es más, una isla. Su isla es un continente, pero la geografía puede ser traicionera y todavía condenarlo. A dos cosas aspiraba este hombre amigo de Graham Greene: al poder y a la gloria. Una la perdió, el otro lo mantiene. De la historia no se le puede sacar. La historia no son sólo los buenos o los malos. La historia es el poder. Y si no sabemos el fin, tratemos de narrar el principio, el ayer y el hoy. Quede para mañana el misterio de mañana.

Famoso, no grande

Ser una famosa figura histórica no es ser un grande de la historia. No es el poder lo que hace grande, es la obra civilizadora. En la lucha por la libertad, la civilización y el progreso, son grandes aquellos que hicieron avanzar la humanidad, aun en el más apartado lugar de la tierra.

No son grandes aquellas figuras históricas que con su acción y voluntad consiguieron hacer retroceder la sociedad, o paralizarla, aun si fueron poderosas, importantes.

Son grandes americanos Bolívar y Martí. Colón está en la historia por el descubrimiento de América; grandes conquistadores, Hernán Cortés o Francisco Pizarro vencieron, pero como decía Unamuno, de Franco, "no convencieron", el general español Martínez Campos venció militarmente a los cubanos en la guerra de los Diez Años, pero el grande, el que inició y proyectó la independencia de Cuba fue el perdedor, Carlos Manuel de Céspedes.

Castro ha sido, es todavía, aun si hoy no tanto, una importante figura mundial, su nombre es muy mentado en páginas de los periódicos de todo el mundo, mientras José Martí es casi un desconocido. Castro pasará a la historia, que ya lo condena, no lo absuelve, por agregar por ahora al enorme mundo comunista ciento quince mil kilómetros cuadrados. La revolución, obra colectiva, no individual, que él se apropió, hizo a Cuba más pobre que bajo el capitalismo, menos libre y más dependiente de los rusos de lo que era de los norteamericanos.

Castro está haitianizando Cuba y, de no ser reemplazado en un futuro no muy lejano, amenaza de mandar la isla a su prehistoria colonial, como ha ocurrido con otros patriarcas y dictadores del Caribe.

Ya parece que Fidel *el Africano* será derrotado en África, en Angola, en Etiopía, ni es probable que cave la tumba del imperialismo y, menos ahora que los rusos tienen grandes dificultades en la construcción de su imperio, y están a la búsqueda de los dólares de sus odiados enemigos y de una paz que les dé un respiro.

El fracaso de las guerrillas castristas de Santo Domingo a Guatemala, Venezuela, Perú, Argentina, Brasil, Bolivia, de 1959 a 1967, con la muerte y derrota de Guevara, no parece que será compensado con la media victoria de Nicaragua y de su fracaso interno, ni de la potencia de la guerrilla salvadoreña, cuyo terror ha asustado a los salvadoreños, ya conocedores del terror de los escuadrones de la muerte. Si es verdad que en muchos países de América Latina las condiciones para una revolución existen, no me parece que esto sea posible por la vía ruso-comunista, de la que Castro es hoy instrumento y prisionero y su Cuba oficial el ejemplo de un "paraíso" cada día más infernal, siempre mas "bisnero", en busca de dólares y turistas —todo el mundo comercia para sobrevivir— con un odio natural al dominador ruso y a sus quintacolumnistas criollos y una peligrosa nostalgia futura por Estados Unidos, las religiones católicas y africanas.

ISLA AVENTURERA

¿De dónde viene la psicología aventurera de la isla?

¿Del mar que desafía al isleño, ese mar que es libertad, viaje, más allá, y aun muro, límite, negación del movimiento, fin de la libertad?

De la tierra pequeña, la isla larga y estrecha, un caimán clavado en las aguas caribes y atlánticas, se mira y remira, y en su Occidente se ve de costa a costa, de mar a mar, como un barco parado en el mar.

¿De las tierras vecinas que casi se oyen, se sienten y como que se ven, cuando los días son claros y la luz agranda el horizonte?

La isla es un caracol marino de chespiriana memoria, que guarda los rumores del mar, las voces marinas de las tres Américas.

¿Será que los cubanos, un pueblo muy joven, venido de lejanas tierras continentales —Europa, África, en tiempos todavía recientes—, sienten todavía la voz de la tierra de sus antepasados? Los blancos que de España llegaron, excepto la minoría de conquistadores, vinieron como marineros, soldados, agricultores, trabajadores en busca de fortuna, como en el nostálgico canto de la poetisa gallega Rosalía de Castro:

> *¡Pra a Habana!*
>
> *Vendérenll'os bois,*
> *vendéronll'os vacas,*
> *o pote d'o caldo*
> *y amanta d'a cama.*
>
> *Vendéronll'o carro*
> *y as leiras que tiña*
> *deixárono soyo*
> *c'o ropa vestida.*
>
> *María, eu son mozo,*
> *pedir no m'é dado,*
> *eu vou pol-o mundo*
> *pra ver de ganal-o.*
>
> *Galicia esta probe,*
> *y a Habana me vou...*
> *¡Adiós, adiós, prendas*
> *d'o meu corazon!"*

Los negros esclavos cazados en la superba madre África, con su tan tan lejano, que tambores y cantos reviven.

¿Será que el destino de la isla fue marcado en la época de la conquista, cuando Cuba se convirtió en la puerta y ventana de América del Norte, América del Sur, Centroamérica y el Caribe, cuando la isla era puente, crucero, barco que conducía a México, la Florida, el Perú?

¿Del continuo ataque por siglos de piratas y bucaneros, que tantas veces la invadieron, de las disputas de los imperios europeos, Inglaterra en 1762, la conquistó?

¿De España que, con la América perdida, se negó con ceguera a concederle autonomía?

¿De la mirada fría y codiciosa del Norte poderoso, que no la quería libre, que la consideraba tan díscola de temer colonizarla, y que al final de la independencia y comienzo de la república, hizo pesar su fuerza y poder, y al retirarse en 1902, dejó los amarres imperiales que los autorizaban a intervenir cuantas veces lo estimara?

¿Será que los cubanos compartimos el destino histórico de la isla aventurera?

Cuba debe lo más trascendental de su historia a su geografía, afirmaba con razón el sabio Fernando Ortiz.

Cuba, isla de inmigrantes, sostiene Dorta Duque, ex compañero de Fidel, exiliado en Puerto Rico, ha sido convertida por Castro en isla de emigrantes.

¿En qué parte del mundo no hay hoy un cubano?

CAUDILLO MODERNO

Fidel Castro es el primer caudillo moderno de América Latina. ¿Cuál es la diferencia esencial entre Castro y los viejos patriarcas latinoamericanos?

Antes de Castro, los caudillos americanos eran militares que, con un cuartelazo, liquidaban a débiles gobiernos democráticos e imponían por la fuerza y el terror sus sangrientas dictaduras.

Sus promesas eran el restablecimiento del orden, la disciplina, la denuncia demagógica de la corrupción política, no robar —y se volvían grandes ladrones—, mejorar la economía, eran oligarcas, conservadores, pronorteamericanos, enemigos de las libertades, la cultura y la ley, odiaban el mundo universitario y la ciudad, casi todos dictadores de vacas, tenían pasión por los enormes latifundios agrícolas, que pensaban era el maná del cielo, eran enemigos de sindicatos, organizaciones civiles, prensa independiente, predicaban una rígida moral sexual, que ellos no practicaban, eran famosos por sus muchas mujeres, que obtenían por las buenas y por las malas, despreciaban la música, la fiesta, la protesta, que temían como la muerte, se profesaban feroces anticomunistas, calificando de "comunista" cuanta cosa justa la oposición reclamara; casi sin excepción católicos, cuando sus regímenes se tambaleaban, la santa madre Iglesia dejaba de bendecirlos y apoyaba a la oposición ganadora, salvando la cara y la fe.

Si no eran analfabetos, mucho no les faltaba, casi sin excepción carecían de títulos universitarios, se hacían nombrar doctores *honoris causa*, de obedientes o atemorizados claustros; tenían, sí, gran astucia política, no les temblaba la mano a la hora de mandar para el otro mundo a uno, diez o mil enemigos, desconfiaban, incluso, y sobre todo, de jefes y amigos, se hacían adorar de la tropa y sostener de los generales, maestros del terror, usaban la extravagancia, la fuerza física, el machismo, el valor, como mitos que le creaban popularidad.

Nacían en una realidad preindustrial, casi feudal y agraria, en países en que la naturaleza domina a la ciudad: monocultivo, latifundismo, oligarquía, monomercado, analfabetismo, miseria, carencia de leyes e instituciones sólidas, hacían de grandes y obedientes ejércitos árbitros permanentes del poder.

La primera generación de caudillos procedía de las guerras de independencia, de principio del siglo XIX; el rebelarse contra España no significaba que intentaran, pudieran o quisieran, cambiar la realidad heredada —las nuevas repúblicas se parecían, como una gota de agua a otra, a la colonia—; más que fundar pueblos y repúblicas hicieron campamentos militares de las jóvenes naciones por ellos comandadas.

A principio de este siglo, una excepción: la revolución mexicana; en los años cuarenta, una dictadura populista, nacionalista, demagógica, antinorteamericana y profascista, la del general Perón, en Argentina, entre descamisados, el horror y el tango de la inmortal Evita, de tal popularidad que todavía hoy el peronismo es una gran fuerza política en aquel contradictorio país.

Los caudillos mexicanos, no sé si porque eran varios, por necesidad, inteligencia política, conveniencia propia, no procedían del cuartel, venían de una revolución popular surgida de los más profundo de la tierra y el pueblo mexicano, establecieron una regla inteligente y astuta: la variante mexicana, no personalizar de forma permanente el nuevo poder, es decir cambiar a cada cuatro años, al señor presidente, mediante elecciones, primero bien ganadas, más tarde bien controladas, que no se podía reelegir, una dictadura de partido único, anterior a la rusa, con un control suficiente del poder, pero mucho más limitado y menos totalitario que el soviético, en la economía, la cultura, que después de hacer cambios importantes y progresistas en la vida mexicana, ha conducido a México al dramático desastre actual pero que todavía conserva el poder, con el récord mundial del siglo, superando los setenta años soviéticos.

Castro es el primer caudillo latinoamericano que no procede del viejo cuartel, del ejército; su origen es universitario y civil, es un doctor, el abogado que se rebeló cuando la Constitución, la ley y la vida democrática fueron derrocadas por Batista, un militar clásico. Castro fundó un movimiento revolucionario, un ejército guerrillero que dijo inspirarse en las guerras de independencia cubanas y sus ideales democráticos y nacionalistas, la juventud, vanguardia, como sostén la clase media, y al final todo el pueblo toma el poder.

Ni la realidad, ni su inteligencia política, le permitían intentar establecer en la Cuba revolucionaria una vieja dictadura, como la que él mismo había vencido.

La realidad sí le permitía una dictadura revolucionaria, que es la que hizo, cambiando radicalmente las reglas del juego.

Fortalecer, agigantar el estado, nacionalizando riquezas, eliminando fuerzas sociales y económicas internas y externas, que tenían el control de economía, poder, instituciones, culturas; identificando revolución, estado, pueblo, trabajadores y caudillo revolucionario, como si fueran una misma cosa, el nuevo poder revolucionario y popular, que representaba.

Es el primer caudillo latinoamericano que, desde la isla pequeña y vecina, desafía de verdad a Estados Unidos, los derrota política y militarmente, acaba con el viejo mundo cubano, en el que no deja títere con cabeza.

Es el primer gobernante del siglo que se proclama comunista, ya en el poder, no antes; oficialmente ingresa en el partido, entonces ORI —Organizaciones Revolucionarias Integradas—, como jefe del gobierno, con diez comandantes, a fines de 1961, aun si la declaración pública de marxista-leninista es de abril de 1961.

Es el primero que comprende en América Latina y el Tercer Mundo qué cosa es el poder soviético, un sistema nuevo de poder total, que lo controla todo, que ninguna oposición hasta hoy ha logrado vencer. El primero que hace un pacto con la Unión Soviética, fuera del territorio del mundo comunista, en las puertas de Estados Unidos, que le construye internamente el nuevo poder, impide invasiones norteamericanas, le garantiza las armas, el mínimo de economía militar de subsistencia, los sofismas revolucionarios y socialistas, que lo mantendrán en el poder.

Es también el primero que, desde arriba, entra en minoría en el partido, que controlará pronto, impidiendo que los viejos comunistas, que con él comparten el poder y los desconfiados soviéticos, que al menos en dos ocasiones —1961-1962 y 1967-1968— intentan sustituirlo, puedan eliminarlo, sin romper su alianza estratégica con los rusos.

El primer caudillo americano que envía tropas en cantidad a otros continentes, que decide de guerras y revoluciones, en África y América Latina, el creador de la variante que lleva su nombre: alianza de los militares revolucionarios y de su jefe, con el sistema soviético, apta a las realidades tercermundistas, que fascina hoy a los nuevos caudillos en los continentes pobres.

El nuevo caudillo revolucionario, que sustituye al viejo dictador conservador, antipopular, del que es heredero putativo y enemigo supremo.

Si es una verdad cubana absoluta que el castrismo ha sido un fracaso total, en la creación de una mejor vida en Cuba, que es hoy más pobre, menos libre y más dependiente que antes de su victoria, en términos de poder, que es lo que importa a un caudillo, a más de un político, y más aún a Fidel Castro, su triunfo ha sido total.

Si el castrismo es un gran muerto-vivo en Cuba, ha perdido su carisma y simpatía en gran parte de Occidente, visto como lo que es, un gulag tropical soviético; es, en cambio, una formidable fuerza que amenaza desencadenar la potencial revolución, que pugnaba por parir la trágica realidad latinoamericana, en que el castrismo es el nuevo caballo de Troya, que combate contra el tío Sam y sus odiados aliados internos: militares, oligarcas, políticos corrompidos, latifundistas, señores feudales, en un mundo de miseria, opresión, injusticia, en que impera la ley del más fuerte, entre el analfabetismo y la frustración política, de débiles e impotentes democracias, amenazadas siempre de nuevos golpes militares.

Treinta años después la misma subestimación de los enemigos internos, que le permitió tomar el poder en un momento de crisis, el mismo desprecio e ignorancia, de los enemigos externos, que en la potencia de sus fuerzas y riquezas, lo ignoran todavía como si no existiera, son su mejor aliado, y su obra maestra, Nicaragua, se consolida, otro gallo cantará en la explosiva América Central, México, Sudamérica y el Caribe, piensa, y me parece con razón, Fidel Castro.

Su desafío histórico a Estados Unidos puede conducirlo a la catástrofe, dicen algunos, aferrándose a la lógica; en la práctica, lo ha conducido al crecimiento de su poder: quizá si por aquello de que Dios ciega a los que quiere perder, ignoran los poderosos del mundo como en el verano caliente, una chispa provoca el incendio que pueda ser imparable y apocalíptico, como la vida de muchos de esos pueblos desesperados que el mundo occidental es impotente de industrializar y democratizar; el sistema soviético, sus bien informados pueblos rechazan, porque conocen su fracaso, pero que la desesperación del Tercer Mundo ignora, allí donde la vía pacífica y la democracia no funcionan, queda la revolución como única salida.

La revolución, que como en la variante castrista, se vuelve hoy fatalmente comunista.

Ésta es la cuestión, el nudo gordiano que Castro cortó.

¿Será sólo manía de grandeza, el sueño del nuevo caudillo revolucionario, de provocar una gran revolución, que hunda a Estados Unidos, allí en su retaguardia vecina?

¿Quién pondrá el cadáver, Castro o sus enemigos?

No lo sé y no sé si alguien lo sabe: pienso que la historia prueba que nada es imposible.

14

¿TRES MEDIAS VERDADES
O TRES MEDIAS MENTIRAS?

Fidel Castro afirma que ha resuelto al menos tres problemas fundamentales de Cuba: desempleo, salubridad, educación. Según él, justifican las dificultades y fracasos de su régimen.

Al triunfo de su revolución, un millón setecientos mil cubanos trabajaban, trescientos mil estaban desempleados: estas cifras variaban, debido a que la industria azucarera y el cultivo de la caña se hacía en seis meses; en tres de los cuales no alcanzaba la mano de obra y se importaban braceros haitianos y jamaicanos; el resto del año, el llamado tiempo muerto, que duraba seis meses, el desempleo y subempleo podía ser de medio millón.

En 1959, Fidel Castro se opuso a resolver el problema del desempleo, de forma artificial, reduciendo la jornada de trabajo, de ocho horas, a seis, creando cuatro turnos en los ingenios azucareros, que hubiese arruinado la industria.

El estado, el ejército, la policía y las obras públicas absorbieron mucho desempleo; la gente del campo vino a la ciudad, creando así una falta de mano de obra agrícola que no se resolvería más.

La nacionalización de la tierra, industria, minería, comercio, el descomunal agrandamiento del estado, a partir de 1960, propietario del 90 por ciento de los bienes y riquezas del país, resolvieron entonces el problema del desempleo y hubo carencia de mano de obra.

El desempleo, pese a la inicial preocupación de Castro, no fue resuelto por la creación de nuevas riquezas y de puestos de trabajo; fue solucionado de una manera artificial, aumentando simplemente las nóminas de las empresas, creando otro problema: baja productividad e incosteabilidad. Comenzó un nuevo ciclo, llamado, en Cuba y otros países comunistas, suicidio de la economía, más bien un asesinato.

Hubo grandes aumentos de salarios, nuevas pensiones y otras medidas de bienestar social y una rebaja general del costo de la vida.

Comenzó en el 1961, bajo la inspiración de Guevara, ministro de Industria, una rígida centralización económica y la llamada planificación socialista, que con lógica empírica ignoraba la realidad: la gastronomía cubana, que tenía una mano de obra experimentada, masculina, casi toda, fue enviada a trabajos más duros, y sustituida por mujeres inexpertas; los zapateros mandados a la agricultura, los campesinos a la construcción, los obreros de la ciudad al campo, los estudiantes a recoger café.

El llamado sectarismo dio prioridad a la política sobre la economía, y la fidelidad marxista, sobre la experiencia en el trabajo: a dirigir cada empresa iba un viejo comunista, mandado por Escalante; ni siquiera un comunista local, que conocía su centro de trabajo. No, uno de afuera, de otro sector: el ganadero al azúcar, el tabaquero a la farmacia, el zapatero al arroz, el empleado a la ganadería. Consecuencia: crisis de producción, caos económico y político, libreta de racionamiento, que según Castro duraría poco, pero que veintiocho años después da menos que entonces. Hubo después un nuevo período, que intentó resucitar la economía asesinada, mediante la disciplina laboral, impuesta desde arriba, con leyes y decretos represivos: mayores jornadas de trabajo, normas artificiales de producción, reducción de mano de obra, leyes contra el absentismo, campos de trabajos forzados. Empleo de cientos de miles de cubanos, que habían pedido salida del país, cesanteados de sus trabajos y enviados a la agricultura por años, trabajo obligatorio para los presos, militarización de la agricultura, servicio militar, que incluía trabajo agrícola, envío de los estudiantes al campo, incorporación obligatoria de la mujer al trabajo, los famosos domingos rojos, que a veces eran meses, trabajando en la agricultura.

En estas circunstancias nació un nuevo desempleo, que convierte en una media verdad, o en una media mentira, la afirmación castrista de que en Cuba no hay desempleo.

Ciertas frases de discursos de Castro, y las cifras del nuevo censo de trabajo, aun si deliberadamente oscuras, prueban que, pese a la gigantesca militarización, a los ciento cincuenta mil militares, técnicos y cuadros enviados por Castro, en África, América Latina y otros continentes, a la salida del país de un millón de personas, la mayoría en edad laboral, que dejó sus puestos de trabajo y que compensarían el aumento de población, existe actualmente en Cuba un fuerte desempleo, sobre todo juvenil; el propio Castro ha dicho: "Vamos a tener que suspender el trabajo de los presos políticos y castigados, porque quitan empleo a la población trabajadora."

Sin hablar de los salarios, de los sindicatos suprimidos, de las conquistas sociales disminuidas, de las mayores jornadas de trabajo y de las nuevas normas de producción. Antes se trabajaba ocho horas y, hoy diez y más, en muchas industrias y sectores. Los combativos sindicatos cubanos habían conquistado en un siglo de luchas numerosas ventajas: prohibición del despido, ocho horas, jornal mínimo, un mes de descanso retribuido pagado por año, retiros y salarios de tipo occidental en la mayoría de las industrias y centros de trabajo; no así en la agricultura, en la que trabajaba un 35 por ciento de la mano de obra. El nivel de vida de la población cubana era de tipo occidental en un 70 por ciento, el 30 por ciento restante, incluidos los jóvenes —protagonistas de la revolución— era población marginal, desempleados y sin futuro, pues el azúcar, sus riquezas y miserias limitaba mucho el desarrollo industrial y la diversificación agrícola.

La dictadura de Batista intervino los sindicatos, que fueron entre sus más fuertes opositores, con numerosas huelgas, incluida la del primero de enero de 1959, que consolidó el triunfo de la revolución; en los primeros meses de ese año, los sindicatos renacieron con elecciones libres, potentes movilizaciones y un gran congreso nacional, en el que el 90 por ciento de los obreros votó por los dirigentes sindicales del 26 de Julio.

El nivel de vida fue aumentado en más de un 50 por ciento en los años 59, 60 y 61: rebaja de los principales productos y bienes de consumo, aumento de salarios, nuevos empleos, supresión del juego y del garrote. En 1961 surgió la crisis económica, vino la caída, se ordenó un estricto racionamiento, que no desaparecería más y que siempre se haría más agudo; surgieron el mercado negro y el mercado rojo y tantas otras cosas, que el propio Fidel Castro ha denunciado en recientes discursos. Los sindicatos fueron suprimidos, sus dirigentes encarcelados, disminuidas las conquistas sociales, el derecho de huelga eliminado y, a partir de 1971, una ley sobre el absentismo y la vagancia mandó, según cifras oficiales, a más de cien mil cubanos a campos de trabajo.

Se calcula que un millón de personas, el 10 por ciento de la población del país, tiene hoy un nivel de vida más alto que antes de la revolución, sobre todo en los sectores estatales, militares y técnicos, un 80 por ciento de la población, incluida la clase obrera, ha visto reducir sus salarios nominales y reales y un 10 por ciento carece de trabajo y vive de las familias o del mercado negro.

SALUBRIDAD

La isla era casi inhabitable hasta el siglo pasado, sobre todo por el mosquito, el paludismo, las epidemias y otras enfermedades tropicales, de las que la miseria era un gran caldo le cultivo. La ciencia médica cubana empezó a desarrollarse a partir de 1800, cuando familias criollas pudientes comenzaron a mandar a sus hijos a estudiar a París, Europa y Estados Unidos. Ya en ese siglo, un médico cubano, Joaquín Albarrán, inventaría una técnica universal usada en la urología.

El descubrimiento del médico cubano Carlos Finlay de que el mosquito era el transmisor de la fiebre amarilla hizo habitable Cuba y los trópicos. Finlay, que fue el ministro de salubridad del primer gobierno interventista norteamericano —en 1898-1902—, aprovechó los recursos, técnicas y desarrollo de la medicina norteamericana para crear las bases de la salubridad en la isla.

Cuba tenía en 1959 siete mil médicos; cantidad y calidad, muchos de esos médicos y cirujanos tenían merecida fama de ser de los mejores de América, y su clientela y prestigio, así como los de la Facultad de Medicina de La Habana, eran grandes. Teníamos un médico por cada mil habitantes. Fueron los médicos, los profesionales que más se opusieron a Batista y apoyaron la revolución. A partir del sectarismo comunista, comenzó el éxodo: tres mil quinientos médicos cubanos han revalidado sus títulos y trabajan en Norteamérica, a la par con sus colegas de aquel país, y también en otras partes del mundo.

Los hospitales que había en Cuba, pese a su buena calidad, no eran suficientes para atender a toda la población; la situación se agravaba más en el campo que en la ciudad. Fidel Castro afirma, y es verdad, que ahora hay más hospitales, más camas y más médicos que antes, que algunas enfermedades, como la poliomielitis, han desaparecido gracias a una excelente vacuna rusa, y presenta a la salubridad como la joya de la revolución.

En septiembre de 1960, en su segundo viaje, ya de enemigo, cuando Castro habló en la ONU, se dijo de un atentado con un tabaco explosivo, que un grupo de exiliados cubanos conectados con la CIA preparó y que grupos de policías norteamericanos que cuidaban de su vida, descubrieron y evitaron. (Foto posterior.)

Castro alertó y quiso convencer al presidente Allende de que su gobierno no era poder, que los militares intentarían darle un golpe.

Desde el punto de vista de cantidad, Castro tiene razón; si se piensa en la importancia que tiene en medicina la calidad, entonces no. En una palabra: los médicos se producen por series, como en todos los países comunistas, siguiendo la norma rusa, más mujeres que hombres: estos doctores se gradúan con rapidez y son más enfermeros que médicos, y miles de ellos son enviados a Etiopía, Angola, el mundo árabe. Pero la medicina comunista no es la medicina occidental, su calidad menor, y la población cubana acostumbrada a ella sufre ahora unas penicilinas que dan unas reacciones tremendas, y cuando Castro sufre dolor de cabeza, pide siempre una aspirina capitalista. "Denme medicinas buenas de los países malos, pero no me den medicinas malas de los países buenos", es su célebre frase. No sólo él, todo el equipo dirigente usa medicinas importadas de Europa y Estados Unidos, y envían a cuanto funcionario grande o pequeño a curarse no a Moscú, a Occidente. Por suerte el exilio suministra medicinas a una gran parte de la población cubana; las agencias médicas norteamericanas envían a la isla, a través de sus familiares, millones de dólares en medicinas cada año.

Esta media verdad, o media mentira castrista, puede resumirse así: hay hoy en Cuba más médicos, enfermeros y hospitales, menos medicina, menos calidad en los productos farmacéuticos y un atraso en la cirugía, la ciencia y la enseñanza médicas.

EDUCACIÓN

Verdad es también, como afirma Castro, que la población escolar de Cuba, de la escuela elemental a la universidad, ha crecido en grandes proporciones.

El primer éxito castrista en la educación de masas fue la descomunal campaña de alfabetización de 1961, cuando la ciudad fue movilizada para alfabetizar campos, montañas y barrios, de un lugar a otro de la isla. Una campaña formidable, algo demagógica y exagerada en cuanto a la cifra, lo que no disminuyó sus méritos y aciertos. El famoso lema castrista: "Cuba, territorio libre de analfabetismo", fue cumplido, al menos en un 90 por ciento. Fue aquél un encuentro entre ciudad y campo, entre vieja y nueva generación, que hizo que cientos de miles de analfabetos abrieran sus ojos a la lectura.

No fueron arte y literatura los fuertes de Castro estudiante. Un ejercicio cuando estudiaba en Belén, sobre el poeta español Garcilaso de la Vega, muestra sus límites y los baldíos esfuerzos del padre Rubinos, su excelente profesor. La gran memoria de Castro, que tan útil sería en la guerra y en la política, no le hizo mucho bien en la Universidad, donde Castro, según confesión, embotellaba libros completos, que recitaba en examen y olvidaba casi instantáneamente. La guerra, la geografía, historia y más tarde las ciencias sociales fueron sus lecturas preferidas; ya en la prisión, gustaba más de Marx que de Hugo y alternaba a Dostoievski con obras de escaso valor literario. No es inteligencia lo que falta a Castro, es sensibilidad, paciencia, interés, método. Poesía, música, arte y filosofía fueron materias que siempre rechazó.

Su concepción y aspiración era hacer de Cuba un pueblo espartano, obediente, de hombres fuertes, sin "debilidades" físicas ni intelectuales. De buen jesuita y por experiencia propia, Castro sabía que deportes y disciplina eran la mejor cosa; suprimir la crítica, la información y todo lo que fuesen instrumentos de pensar, de individualidad, escape o libertad del cuerpo y del espíritu, de ahí su odio y persecución a la fiesta popular, y al modo de ser cubano, alegre y rumboso, su obstaculizar la literatura y el arte libres.

Alguna polémica hubo en Radio Rebelde cuando Castro quiso transmitir episodios en serie, tipo novela radial picúa, cosa que no consiguió. A la toma del poder se opuso a la creación de un movimiento cultural, al surgimiento de una revolución cultural y a los planes de convertir la isla en una república del arte, de la ciencia y la literatura.

Dos episodios significativos indican su rechazo de la cultura. Él, tan buen publicitario, se negó a fotografiarse con Pablo Neruda, en Caracas, en enero de 1959, y cuando su visita de abril, a Nueva York, rechazó bruscamente la sugerencia de ir a ver el famoso *Guernica* de Picasso, y se fue al Bronx, a estar con los animales del zoológico; allí se encantó y prometió ampliar el zoo de La Habana, promesa cumplida.

Los viajes de Jean-Paul Sartre, Simone de Beauvoir, Pablo Neruda, Roger Caillois, Tennessee Williams, de otros grandes novelistas, poetas y pintores de Europa y América Latina, en aquellos años, el acercamiento a Picasso, Breton, Le Corbusier y otros, fueron obras de este escribidor de *Revolución* y después de la Casa de las Américas, una consecuencia de la obra de *Lunes*, magníficamente dirigido por Guillermo Cabrera Infante, inspirado en la idea de José Martí, ser cultos para ser libres, y al principio de Rimbaud de cambiar la vida. Pablo Neruda leyó su poema a Cuba, en una manifestación multitudinaria, en 1960, pero no escapó al golpe de cola de Castro, que años después hizo escribir a Guillén, Retamar y Otero la calumniosa carta que tanto dolió al poeta chileno.

Sartre, más que Beauvoir, simpatizó con Castro, y éste, conociendo su influencia, lo usó bien usado, pero cuando el filósofo francés propuso al *Comandante* de dar un gran impulso a la Universidad de La Habana, llevando a ella a trabajar voluntariamente a los mejores pensadores, economistas, matemáticos, agrónomos, científicos, poetas, pintores, cineastas y escritores franceses, sus amigos, Castro respondió con el silencio y la negativa, comentando que aquélla era la misma guerrilla cultural de *Revolución*, que ya había rechazado antes.

Ya en 1961, *Lunes* fue suspendido; *PM*, el documental sobre el mundo negro de La Habana de Noche, de Orlando Jiménez y Sabá Cabrera, censurado; marginados poetas, novelistas, cineastas, como Néstor Almendros, impedidos de seguir creando en libertad, quitándoles además el segundo canal de televisión, que dirigía. La Universidad fue depurada de alumnos y profesores, y suprimidos los mejores estudios de derecho, filosofía, humanidades y pensamiento crítico que allí se realizaban.

La enseñanza cubana, es verdad, se multiplicaría en cantidad. Jóvenes de origen humilde podrían, mediante becas, hacerse profesionales, técnicos, ingenieros, doctores.

Ciencia, técnica, sí. Arte, literatura, filosofía, crítica, no.

Cuba puede definirse hoy como un país casi sin analfabetos, casi todo el mundo sabe leer y va a la escuela. Y una buena proporción tiene oportunidad de llegar a los estudios universitarios, si a una cierta capacidad escolástica se une una politización incondicional.

El estado fabrica, según decisión de su jefe; la vocación no es respetada, es la razón política, la que decide el destino del estudiante y del profesional. Pero en verdad, entre dos males, y ninguno de los dos es bueno, no sé qué es peor: un 20 por ciento de analfabetos, y un 80 por ciento de alfabetizados, pero sin información de prensa, discusión y crítica y una cultura minoritaria, ignorada oficialmente, pero libre, capaz de alentar la rebeldía que produjo la revolución, o la realidad castrista, de un 90 por ciento de analfabetos, una escolaridad casi total, decenas de miles de nuevos profesionales y un analfabetismo de pensamiento, de información y crítica, de creación artística libre, de literatura totales, en los que ni aun el marxismo de Marx puede ser leído y discutido libremente.

"Para interpretar a Marx, Lenin, al marxismo-leninismo, está
—son palabras de Raúl Castro— la dirección del partido."

Si en salubridad se pudiera discutir entre una calidad
menor que llegue a todas partes y una buena calidad que
llegue sólo a algunos, en educación y cultura no puede decirse
lo mismo: qué grave y peligroso es que un país, como prueba
la URSS, haga que todo el mundo sepa leer y después, a
través de un rígido control de la educación, los libros, la
prensa, el arte, en vez de educar para pensar con su cabeza,
dogmatice, propagandice, censure y limpie la historia, elimine el pensamiento y la individualidad.

¿A qué sirve un país de lectores ignorantes, a los que han
lavado y robado el cerebro? Sirve sólo al poder, y al final, ya
tan esclerotizados, la sociedad y el individuo, que ni siquiera
son útiles para su modernización.

Si el empleo y la salubridad castrista son medias verdades o medias mentiras, ésta de la educación es algo más que
una media mentira, es una obra perversa, peligrosa y aniqui-
ladora, que se resume en aquellas palabras de Alejo Carpentier: "No pienses, que Fidel y el partido piensan por ti."

15

EL GOBIERNO SECRETO DE TAD SZULC

Las pruebas de Szulc sobre el Gobierno secreto de Fidel Castro y los comunistas cubanos y sus reuniones clandestinas, desde su victoria, en los primeros días del 59, son las palabras del capitán Núñez Jiménez y las afirmaciones de Fabio Grobart, el hombre que los rusos mandaron a Cuba en los años 20, época de la fundación del Partido Comunista cubano.

Como dice el refrán: "Primero se agarra a un mentiroso que a un cojo", y para desmentir a Núñez basta reproducir las páginas de su reciente libro oficial de historia, en que a nombre de Fidel Castro cuenta el episodio que desmiente la existencia de un gobierno secreto, de reuniones y contactos de Fidel Castro, los viejos comunista, Ernesto Guevara y Raúl Castro, y que dicen así: "Algunos compañeros revolucionarios no comprenden bien que antes de aprobar la ley hay que convencer a todos de la necesidad de su aplicación y quieren adelantarse a las prédicas, incluso llegan a ocupar algunas tierras, lo cual puede frustrar la realización ordenada de nuestra reforma agraria." En su discurso de Mantua, Fidel dice: "He dicho que no se repartan las tierras desordenadamente, que deben esperar las leyes y que tienen que esperar por el Gobierno, pero eso no quiere decir que se vayan a respetar los latifundios. Lo que se ha dicho a los campesinos es que con desorden no se puede repartir la tierra, porque eso es contrarrevolución, porque la tierra no puede ser del primero que llegó y escogió y a otro le toque coger lo peor, porque eso no es justo."

No hay periódico de la época que no recogiera aquellas admonitorias y conflictivas palabras de Fidel Castro, en marzo de 1959, cuya orden fue cumplida por los comunistas ocupantes de tierras, que con el rabo entre piernas —ellos y todavía más sus mandantes, Raúl y Guevara— abandonaron los latifundios tomados por la fuerza.

Hay otras palabras de Fidel Castro, más definitivas aún, que entierran el gobierno secreto de Szulc y que no son sospechosas, por el contexto en que fueron pronunciadas: el bautismo marxista-leninista de Fidel Castro, en diciembre de 1961, en la Universidad Popular. Es entonces cuando Castro afirma: "Soy y seré marxista-leninista toda mi vida." Véase cómo no dice he sido marxista, cosa que hubiese sido bien ridícula y que todos sabían que no era verdad. Y agrega: "¿He estado yo influido alguna vez por la propaganda del imperialismo y la reacción contra los comunistas? Sí. ¿Es que yo pensaba que los comunistas eran ladrones? Eso jamás. ¿Pensaba que eran sectarios? Sí. ¿Qué opinión tenía de los comunistas? Bien, estoy convencido que las ideas que tenía sobre el Partido Comunista —no sobre el marxismo, sobre el partido— eran el fruto de la propaganda y de los prejuicios que me inculcaron desde mi infancia, en la escuela, la Universidad, en el cine, en todas partes. ¿Es que pienso yo que los comunistas pueden equivocarse? Sí lo pienso. ¿Tuve prejuicios contra el Partido Socialista Popular? —así se llamaba el partido cubano—, lo confieso con toda la honestidad con que se deben confesar estas cosas."

Y Castro hace una observación importante: "Puede ser que si yo no hubiera tenido esos prejuicios, yo no hubiera estado en condiciones de hacer el aporte que nosotros hemos hecho a la revolución cubana." Es decir, que Castro reconoce que ha hecho una revolución comunista sin ser comunista y en desacuerdo con el comunismo.

Blas Roca, secretario general del Partido Comunista cubano, en su autocrítica, cuando el Congreso de 1960, dice estas clarísimas palabras: "Muchas cosas se han hecho en Cuba con nombres que no estaban consagrados, lo que fue una gran ventaja. Si ciertas cosas hubieran sido llamadas por su nombre, cuando las fuerzas no estaban todavía consolidadas, con la conciencia en retraso, ni esas ni otras cosas hubieran sido posibles. Es eso que aprendimos nosotros y el partido."

Por esa misma fecha, o más exactamente, el 2 de diciembre de 1960, Fidel Castro afirmará: "Una de las tareas más difíciles fue la de hacer una revolución socialista sin socialistas. Después que comienza la unificación de las fuerzas revolucionarias y de las organizaciones revolucionarias, cuando el anticomunismo comienza a ser vencido y destruido, entonces comenzó una etapa mucho más fácil; en todas esas intrigas y divisiones y el conjunto de miembros del PSP, pudieron asumir diversas funciones."

Castro dijo que no era comunista, después del Moncada, en el exilio, en la Sierra Maestra, a la toma del poder, cuando su viaje a Estados Unidos y América Latina, en abril de 1959, en Montevideo, a su regreso a Cuba, sin olvidar que al comandante Húber Matos lo mandó por veinte años a la cárcel, por haberle enviado en carta privada, en octubre de 1959, sobre la infiltración comunista de parte de Raúl Castro en el ejército rebelde. Castro acusó públicamente a Matos de traidor y mentiroso. Durante 1960, Castro no habló de que era comunista, ni de que no lo era. Es en abril de 1961, cuando el entierro de las víctimas del bombardeo que inicia la invasión de la bahía de Cochinos, que Fidel Castro por primera vez declara: "Lo que no nos perdonan es haber hecho una revolución socialista en las narices de Estados Unidos." Entre otras cosas es una manera de comprometer a los rusos ante una operación militar organizada por la CIA, apoyada por el presidente Kennedy y que no se sabía entonces si terminaría con una intervención militar norteamericana. Si se revisa la correspondencia de Jurschev y Kennedy, se encontrarán referencias. A partir de entonces, Castro continuará a decirse marxista, afirmará que lo había sido antes, pero que por razones de inteligencia política no podía decirlo y tratará de llevar su marxismo como si arrastrara un complejo de culpa marxista, siempre más y más atrás, e incluso dirá, cuando el Moncada, que él y los suyos era marxistas.

Pero es que Tad Szulc se contradice cuando cita palabras de Carlos Rafael Rodríguez, único dirigente comunista que fue a la Sierra, y que era y es el contacto entre Fidel y el partido. Reconoce que a partir del 14 de febrero de 1959, gobierno y poder revolucionario son una misma persona, Fidel Castro.

Al anunciarse que Fidel Castro tomaba posesión como primer ministro, el periódico *Revolución* publicó los veinte puntos de su programa de gobierno, no el gobierno secreto que el cronista no conocía, el oficial, cuyo programa había oído de boca de Fidel Castro y que éste, indignado por el palo periodístico que *Revolución* le daba y también por las imprudencias y ronchas que pudieran levantar entre los intereses creados, desmintió desde las páginas de *Bohemia*, y replicamos, con una frase que entonces era cierta, pero que duraría poco tiempo: "Los tiempos han cambiado, ahora el gobierno también puede criticar la prensa", y remitía al futuro la prueba de quién tenía o no razón, sobre los famosos veinte puntos del gobierno de Fidel, que pronto se harían realidad, con la reforma agraria, las rebajas de alquileres, medicinas, las nacionalizaciones y otras no menos importantes.

Fidel Castro no ocultó nunca a sus colaboradores que el poder, la jefatura, eran únicos y no se compartían: de ahí la famosa polémica entre él y nosotros. Pero Fidel no solamente no compartía, es que tampoco informaba; fue siempre él el único jefe secreto, el único gobierno secreto. "Informar es compartir", decía Fidel, que nunca admitió que tuviera que discutir previamente sus actos ni palabras, ni en la guerra ni en la paz, de ahí las muchas y conocidas discusiones, como el episodio de su renuncia, el 18 de julio de 1959, cuando recogió a este cronista en el periódico, lo llevó a Cojímar, y sin llegar a su casa, cien metros antes, pidió permiso a una señora, entró en su apartamento, me dijo de esperar y se puso él a escribir, y cuando después de un buen tiempo terminó, y me dio a leer lo escrito, vi que era nada menos que su renuncia, como primer ministro del gobierno revolucionario, y ante mi cara de asombro y pedirle me dijera lo que pasaba, me respondió, de no preocuparme, que eran problemas con el presidente Urrutia, que quería resolver no con una destitución tipo cuartelazo, sino con la intervención del pueblo. Advirtiéndome que era mi responsabilidad que la noticia no se filtrara, que no metiera en linotipo ni emplanara la primera página hasta última hora, que controlara los teléfonos, no permitiera salidas a nadie, y que si necesitaba refuerzos para cuidar el periódico, respondiéndole yo que no, que eran suficientes nuestras milicias. Una sola cosa le pedí, conociendo su manera de ser, su costumbre de no contar con nadie, ni decir a nadie lo que iba a hacer, y fue decirle de no olvidarse de que Celia Sánchez informara a Raúl Castro y Guevara de su renuncia, pues teníamos conflictos y yo no quería tener más problemas con ellos. "No te preocupes", me contestó y se fue. Casi al amanecer, con la salida del periódico-renuncia la conmoción, el escándalo, también las llamadas insultantes, incluso de amigos como Camilo Cienfuegos, y más grave aún, los incidentes con la gente de Raúl Castro, que vinieron a tomar el periódico por aquel acto contrarrevolucionario, que cesaron cuando pude hablar con Raúl por teléfono y le dije que por qué no llamaba a Fidel para informarse, recordándole que si se había olvidado de cómo era su hermano y aclarándole que preguntara si no me había prometido de informarles a ellos de su renuncia. No sería la única vez, no.

Todavía en junio de 1960, cuando Fidel Castro ordenó intervenir la prensa, y nombró interventores, Raúl Castro ordenó destituirlos. Fidel se había ido de La Habana, y Raúl creía que era yo quien los había designado, y al encontrarnos en Palacio me dijo: "Ya te mandé a botar a Enrique de la Osa de *Bohemia*." Le respondí: "La sorpresa que te vas a llevar, no fui yo quien intervino los periódicos, ni quien nombró a los interventores, fue Fidel." Horas más tarde, al enterarse Fidel de la orden de Raúl, encabronado, ordenó destituir a los interventores de Raúl y que volvieran a sus puestos los que por él habían sido nombrados.

No entonces, no, ahora todavía, con todo y el partido y el sistema soviético en Cuba implantado, y sus burós políticos, secretariados, comités centrales, asamblea popular, consejo de estado, ejército, Seguridad, se equivoca quien piense que se puedan saber o discutir las órdenes de Fidel Castro; ese error allí nadie le cometa, y si alguien se equivoca, queda. Se discute cuando Castro quiere que se discuta, que es otra cosa. Lo que no niega que alguien trate de convencerle, de hacerle cambiar de idea, no en reuniones, en conversaciones personales y con mucho cuidado. Hay por ahora un tácito acuerdo entre Castro, el aparato y la nomenclatura, ambos se respetan y aceptan: Fidel porque sabe que ése es su aparato de poder y que no puede cambiarlo, y los otros, porque conocen su fuerza como aparato, no como dirigente. Uno prisionero del otro, Fidel del aparato, el aparato de Fidel, cada uno sabiendo los riesgos que correrá si quisiera eliminar al otro. La ingenuidad de Tad Szulc ha sido creer, dejarse convencer, sin investigar con seriedad, dar por verdad histórica y noticia sensacional, la existencia de un gobierno secreto en 1959. Enamorarse de esa tesis sensacionalista, de impacto, que sería noticia y que pretende resolver históricamente, la famosa variante fidelista, cuál fue primero: el huevo comunista que parió Fidel, o los gringos, que le obligaron a parir el huevo comunista.

Imaginar que Fidel Castro días después de llegar a La Habana, que por donde quiera que pasaba, sitio al que iba, casa o lugar que visitaba, era seguido, observado, descubierto por la multitud, rodeado de ayudantes, escoltas serranos que lo acompañaban, es no conocer La Habana de aquellos días, el ambiente de libertad, euforia, alegría, sorpresa, estupor, que hacían imposibles el más elemental movimiento secreto de Fidel Castro.

No fue el presidente Urrutia el que nombró primer ministro al doctor Miró Cardona, profesor y amigo de Fidel; aquella carga disminuía, hacía inoperante la función del presidente,
no se vivían días parlamentarios, porque no había parlamento. Fidel nombró, sin consultar a Urrutia, a Miró Cardona, a
Ray en Obras Públicas, Martínez Páez, en Salubridad, Sorí
Marín en Agricultura, Luis Orlando Rodríguez en Goberna-
ción, Hart como ministro de Educación. Un mes más tarde de
su llegada a La Habana Fidel se puso de acuerdo con Miró,
que le dio el cambio y una semana después Miró fue nombrado embajador en España. Fue Oltuski, el joven ministro de
Comunicaciones, el que propuso a Dorticós para ministro de
Leyes revolucionarias, y si Dorticós, en sus años juveniles,
tuvo relaciones con los comunistas, o si después se encontró
en México, con Ordoqui y Buchaca, lo cierto es que Dorticós
era el vice de Miró, el abogado de los intereses azucareros y el
hombre que en nombre de los hacendados discutía con los
dirigentes obreros azucareros que se oponían a sus privilegios y reclamaban mejores salarios. Ha oído y creído Tad
Szulc a personajes menores, poco serios. Núñez, hábil *yesmen*, se le vendió de Caperucita Roja al *Che* Guevara, en los
últimos días de la batalla de Santa Clara, cuando le hizo un
mapita y entonces Guevara le regaló un grado de capitán y lo
llevó para La Cabaña; allí Núñez puso al *Che* en contacto con
los comunistas, pero como vio que Guevara vivía una de esas
raras caídas de las alturas, que no era el poder, al primer
empate que tuvo con el *Comandante*, lo cranqueó contándole
todas las críticas que *el Che* hacía de la política de Fidel en
aquellos días, y entonces Fidel lo adoptó y usó como amanuense y se divertía haciéndole preguntas a Núñez, sobre tal
o más cual estrella o fenómeno científico, y ante la callada
ignorancia del geógrafo se reía, se reía. Era el tipo de hombre
que gusta a Fidel, el figurón que figuraba y no era, y que le
permitía mandar, sin parecer que mandaba. ¿Puede confun-
dirse una comisión encargada de redactar una ley, la de
reforma agraria, al regreso de Fidel de su viaje por Estados
Unidos, en abril de 1959, con un gobierno secreto? Francamente no. Sin olvidar que esa comisión no sabía cuál iba a ser
el límite del latifundio, punto clave de la ley, ni si habría
cooperativas o no. *Revolución*, que de acuerdo con Fidel
preparaba una tirada extraordinaria de la nueva ley, redactada, entre otros, por Óscar Pinos Santos, jefe de nuestra plana
económica, donde Fidel lo pescó para llevárselo al INRA, tuvo
dificultades hasta el último momento —es decir, el 17 de

mayo— porque Fidel no sabía él mismo, no había decidido todavía, si serían cien caballerías, es decir, 1 342 hectáreas de tierra, el límite del latifundio, o si serían treinta caballerías. Si el periodista norteamericano hubiese dicho que había en la isla, desde el primero de enero de 1959, un gobierno tan secreto, que de secreto que era, tan sólo lo conocía Fidel Castro, hubiese dicho una gran verdad, por la simple razón que ese gobierno era Fidel Castro. Poder real, como prueban los hechos.

¿Era Fidel, en verdad, un comunista disfrazado? ¿Fue Estados Unidos el que obligó a Fidel a volverse comunista?

Ya en *Retrato de familia con Fidel*, publicado hace años, he contado lo que pienso y sé de esa historia. Hay una tercera variante, más próxima a lo ocurrido, a la personalidad de Fidel Castro y que se relaciona con las dos anteriores. Y pienso que para entenderla hay que decir las diferencias que existían entonces, entre revolución y comunismo, en aquella época antagónicos, después paralelos y que al final terminaron por ser la misma cosa.

Fidel hacía y creía en la revolución, que él identificaba como destrucción del enemigo, conflicto con Estados Unidos y los intereses creados, que personalizaba como caudillo y militar, aun si su 26 de Julio parecía lo contrario, porque allí cabían todos: los revolucionarios, los demócratas, los progresistas, los conservadores, los banqueros, los de ideas marxistas, los curas, allí no faltaba nadie: ortodoxos, auténticos, sin partido, sobre todo jóvenes. Fidel quería hacer una revolución, y esta su revolución tenía que ser antiyanqui, entre otras cosas, porque Fidel conocía el resentimiento antiimperialista de cubanos y latinoamericanos, y siendo como era, y él decía, la isla pequeña, había que hacerla grande, chocando con los yanquis. Él pensaba, y con razón, que la isla, como la revolución y él, eran la misma cosa, nosotros equivocadamente que la revolución eran el pueblo, él que era su jefe y nosotros que éramos sus colaboradores. Fidel sabía que sólo con una revolución nueva, no con una vieja dictadura, como la que su revolución había derrotado, él podía tener un poder total y permanente. Descartada por la victoria toda idea de elecciones y de democracia, desaparecido el movimiento 26 de Julio, quedaron Fidel, el ejército rebelde y sus comandantes. ¿Sabía Fidel Castro qué cosa era la revolución? ¿Lo sabíamos nosotros? ¿Lo sabe alguien hoy todavía? Por paradoja, los comunistas, que no hicieron aquella revolución, eran y son los únicos que tienen un modelo de poder revolucionario, el soviético, único que en la práctica funciona. Si la definición concreta de revolución es la de cambio violento y total, quién llamaría revoluciones a esas ocurridas en algunos países del Tercer Mundo, que no se han inspirado en el modelo soviético.

¿Se hizo o no se hizo Fidel Castro, en 1959-1960, la ilusión de hacer una revolución nueva, radical, dirigida por él, independiente, antinorteamericana, nacionalista, antiimperialista, incluso anticapitalista, no comunista oficial, ni controlada por los soviéticos?

Pienso que sí, que no fueron sólo palabras tácticas aquellas suyas que enloquecieron a los cubanos: la revolución humanista, de pan y libertad, de pan sin terror, sin dictadura de clases ni de riqueza, que causaron la explosión de entusiasmo de la democrática e inteligente Montevideo, cuando Fidel allí la anunció y la multitud la aprobó, humanismo que sería un delirio en Cuba y que durante muchos meses del 1959 provocaría furiosas polémicas y rechazos del Partido Comunista y de su periódico, como pueden leerse en muchas de sus páginas de entonces.

Que Fidel pensara en equilibrar la amenaza de Estados Unidos, con apoyo soviético, es claro. Pero él pensaba en apoyo, no en sovietización y, si es cierto lo de las relaciones económicas, a partir del viaje de Mikoyan, en febrero de 1960, verdad es también, que aun bien entrado 1961 y ya con los comunistas cubanos metidos dentro y bien metidos, en la época en que Fidel ingresó con diez comandantes y dos dirigentes del Directorio en el viejo partido, que entonces llamaron Organizaciones Revolucionarias Integradas, no hay todavía un aparato militar soviético dentro de la isla; prueba evidente, los pocos y viejos aviones que tenía Fidel cuando Girón. Fidel Castro era y es un improvisador, no un frío planificador, un hombre de multitudes y de espectáculo, un político-guerrero, que avanza a porrazos, destruyendo al enemigo, un inventor de grandes frases, un tremendo publicitario. Que Fidel aspiraba fidelizar hasta la madre de los tomates, es una verdad fidelista, que quería cambiarlo todo, que adivinaba, intuía, descubría cómo destruir al enemigo, al militar primero, al político después, al gran latifundista más tarde, al poder yanqui, al propietario criollo, a la gran prensa, a la vieja madre Iglesia y su influencia espiritual, a los disidentes, opositores, críticos, fueran éstos de izquierdas o de derechas, y que así avanzando, en un momento dado, ya lo tuvo todo en sus manos, ésta era la revolución, él era la

revolución. Entonces tenía dos opciones, o compartir esta su revolución con el pueblo, tenía entonces un millón de milicianos
armados, que lo seguían hasta la muerte y un pueblo que al
80 por ciento lo apoyaba y que creía que ésta era su revolución: esta opción implicaba crear un nuevo estado, un modelo
de revolución, de instituciones revolucionarias; era bello,
incierto, desconocido y peligroso ese sueño, y significaba
compartir su poder con ese pueblo y con los nuevos revolucionarios, pero Fidel quería un poder único, y entonces optó por
la otra opción, es decir, la soviética, que en la práctica asegu-
raba su poder, y es entonces cuando prefirió unos miles de
viejos militantes marxistas obedientes y rechazó el millón de revolucionarios, a quienes se negó el carnet del partido, y que ya
no serían coprotagonistas, serían masa obediente y marginada.
    El mismo Fidel Castro afirmó entonces que él no sabía
nada de socialismo, cosa que sus epígonos repiten ahora a
Tad Szulc, es cuando Fidel dice: "Vamos a construir socialismo y no sabemos nada de socialismo, y los que saben de
socialismo son los viejos comunistas y la Unión Soviética", y
no valía replicarle, como un año después se probaría, que los
comunistas cubanos hablaban de socialismo, pero que no
sabían ni cómo era el socialismo, ni cómo dirigir una fábrica,
ni cómo hacer marchar la economía o funcionar la agricultura y que ése no era sólo un problema de los comunistas
cubanos, que ése era el gran problema del socialismo real y de
la URSS, cosa que el mismo Castro tendría que admitir
cuando el desastre de 1962, cuando se vio amenazado por los
soviéticos y los viejos comunistas, con el país que se había
vuelto un caos, una prisión, y que él se vio obligado a denunciar en su discurso contra el sectarismo comunista. Si, como
ya dije en *Retrato*, que la responsabilidad principal de que
Fidel se volviera comunista no recaía sobre Estados Unidos,
que sólo fueron sus cómplices, cosa que Castro ha reafirmado
desde hace años y sobre todo en su famosa entrevista a la
televisión española, hay también que decir que no fue la
Unión Soviética la que llevó a Castro a volverse comunista,
que los rusos querían una isla heroica, que creara problemas
a los yanquis, sin que ellos tuvieran ninguna responsabilidad
y que fue Fidel quien los fue metiendo en el lío. Ni fueron los
viejos comunistas cubanos los que presionaron para que
Fidel nacionalizara las inversiones norteamericanas y terminara con la propiedad privada cubana, como reconocerían
muchos de sus dirigentes en documentos oficiales posteriores, en que explican que para ellos era imposible una revolu-

ción comunista en la isla, sin que antes el socialismo hubiese triunfado en Estados Unidos; como era imposible para los soviéticos una revolución socialista, no inspirada en el marxismo-leninismo, organizada y dirigida por un partido comunista con el apoyo de la URSS, que detentaba y detenta el monopolio de la revolución mundial.

Castro no sólo improvisaba entonces, improvisa todavía, y ya después de la primera experiencia conflictiva con los comunistas cubanos y los soviéticos, por el sectarismo y la crisis del Caribe, habló de construir el socialismo y el comunismo simultáneamente, de suprimir los estímulos materiales, e hizo tantos planes y locuras económicas, que son bien conocidos. Sin hablar de la improvisación de la fracasada guerra de guerrillas, desde el experimento de Santo Domingo en 1959, hasta el de Bolivia en 1967.

De la experiencia vivida puedo afirmar que una revolución no necesita obligatoriamente hacerse con un manual escrito, que va surgiendo de choques, en controzazos con los intereses creados, a bandazos, casi a ciegas, improvisando, con un solo objetivo claro: destruir a sus enemigos y a quien se le ponga enfrente, sea quien sea.

La cuestión se pone una vez que la revolución, en este caso Fidel Castro y un reducido número de sus colaboradores, tienen todo el poder en sus manos; entonces, a la hora de que ese poder se consolide y funcione, hay en la práctica contemporánea un solo poder: el leninista, soviético, que es el que le ha permitido a Fidel Castro, no sólo desde el punto de vista militar y económico, construir un aparato y su técnica, capaces de liquidar toda oposición, de destruirlo todo, libertades, riquezas, individualidades, y que podría definirse así: el socialismo es aquello que acaba con todo, menos consigo mismo, aun si después paraliza la sociedad, la arteriosclerotiza, como sucede a la URSS hoy, que Gorbachev quiere desesclerotizar, porque sabe que esa sociedad terminará un día por suicidarse.

El único gobierno secreto que existió en Cuba, que todavía existe, no es el de Tad Szulc y Núñez Jiménez, es el de Fidel Castro, que era, es y será siempre un secreto para todo el mundo, e incluso para el mismo Castro.

CASTRO, CUBA Y LA PRENSA NORTEAMERICANA

El *New York Times*, se sabe, es con razón la biblia de la prensa norteamericana, que a su vez representa lo mejor de la conciencia liberal y democrática del gran Norte, aquella que históricamente se ha opuesto a intervenciones imperiales en América Latina, Vietnam y otros lugares del mundo, defendiendo a los más débiles: negros, hispanos, pobres, inmigrantes. Criticado el apoyo a militares, denunciados sus crímenes, defendiendo a los pueblos que se les oponen, a perseguidos, encarcelados, exiliados.

Sin esa prensa, el gobierno de Estados Unidos no hubiese decretado el embargo de armas a Batista, que fue, y hay que decirlo, un duro golpe al viejo dictador. Se ha acusado a Mathews, a la CBS, a *Newsweek*, a *Life*, de ser los padres putativos de Fidel Castro, los que le dieron crédito y pintaron de Robin Hood, romántico y liberal. Se quiere cargar sobre el honesto e ingenuo Mathews todas las culpas de la buena imagen castrista. Se olvida que los cubanos, con la excepción de los pocos partidarios de Batista, sin el cual Castro no hubiera existido, sufrimos esa misma fascinación y en qué grado. Se olvida que Mathews hizo su viaje a Cuba, en febrero de 1957, invitado por Felipe Pazos, ex presidente del Banco Nacional, demócrata y economista de prestigio, que en Santiago de Cuba se reunió con las clases "vivas", que allí estaban Pepín Bosch y Daniel Bacardí, de la prestigiosa firma, monseñor Pérez Serantes, Salcines, rector de la Universidad, los cónsules de Estados Unidos y de España, es decir, los ricos, la Iglesia, la clase media, y que Mathews vio en las calles de Santiago y de otras ciudades cubanas un pueblo en rebelión, con una juventud decidida, nacionalista, pero enemiga de los viejos comunistas, que por esa época criticaban al 26, al Directorio y la insurrección.

Introducir a Mathews por la Sierra, vigilada por el ejército, hacerlo encontrar a Fidel Castro, bajarlo y conducirlo libre a La Habana, demostraba dos cosas: o que la insurrección estaba bien organizada, o que el ejército era bien deficiente, y las dos cosas eran verdad. El comandante Fajardo cuenta en el libro *Los doce* que Castro impresionó a Mathews, haciendo que los mismos veintidós barbudos que tenía pasaran y volvieran a pasar y, como no se veían bien, parecían centenares. No era ése un hecho importante, pues lo esencial de los reportajes y entrevistas de Mathews fue que Cuba estaba en rebelión y que la dictadura caería, y que ésa era una rebelión democrática, civil y nacionalista, que era lo que queríamos todos, incluidos los "bienpensantes". Sí digo que Mathews y otros no tuvieron razón, en no querer admitir años después, y no hablo de los primeros tiempos, que Castro era un caudillo, y la sovietización de su revolución, así como sus represiones, cárceles, fusilamientos y exilios.

Pienso que la conciencia liberal-democrática norteamericana sufre un complejo de inferioridad de culpa por las intervenciones y errores de Washington, y que más que complejo es realidad, y de ahí la importancia que concede a toda oposición a esa política. Pero me parece que también sufre de un complejo de superioridad, que llamaría síndrome imperial de izquierdas, cuando analiza no sólo la realidad, la oposición, la disidencia latinoamericana, buena parte de la cubana, que trata de forma bien diferente a la disidencia soviética o de Europa del Este, cuando condena justamente Jaruzelki, pero olvida o quiere salvar a Castro. Para ese mundo liberal, Fidel Castro existe sólo por culpa de Estados Unidos. Véase que no se imagina que alguien en América Latina pueda hacer nada, si no es a causa de Estados Unidos; pues bien, como la realidad y Fidel Castro mismo han probado con hechos y palabras, ésa no es una verdad ni tan absoluta ni tan yanqui.

La responsabilidad principal de la revolución cubana no es de Estados Unidos; es consecuencia de lo que Fidel Castro era en 1959-1960, el dios de Cuba, es decir, el caudillo latinoamericano, que esta vez se modernizaba y hacía una revolución radical, que más tarde volvería comunista: que sin complicidad de Estados Unidos no la hubiera podido volver comunista, es una verdad que nadie puede negar, pero no es lo mismo "matar la vaca, que aguantar la pata para que maten la vaca".

Es verdad que Estados Unidos interviene, y se va, como es cierto que los soviéticos intervienen y no se van ni con candela, como es verdad que la gravedad mayor no quita importancia a cualquier tipo de intervención. Es innegable que Norteamérica contribuyó al desarrollo económico de Cuba, pero la frustración de la revolución independentista y del 1930 y la crisis por ellas engendrada determinaron que Cuba fuera más un campamento militar y caudillista, que una república democrática e independiente. El sentimiento de frustración revolucionario y nacionalista generó un resentimiento antinorteamericano, el deseo de concluir aquellas revoluciones inconclusas, unido a las estúpidas banderillas de Washington, que fueron cómplices de Castro, ya que no era quitando la cuota azucarera o con el bloqueo económico como pensaban Eisenhower y Nixon, ni organizando una expedición como la de bahía de Cochinos, confundiendo la débil Guatemala de Arbenz con la Cuba revolucionaria, como se podía derrotar al castrismo, al que hicieron el juego, suicidando toda oposición nacionalista, nacida en la isla o fuera de ella.

Sé que el resentimiento latinoamericano hacia Estados Unidos es al 50 por ciento a causa de su política de arrogancia, desprecio, ignorancia e intervenciones, y al otro 50 por ciento una manera de enmascarar las dificultades y fracasos de pueblos que no son inferiores racialmente, pero que no nacieron ni de la revolución industrial, ni de la democracia inglesa, ni de la influencia de la Iglesia protestante, que surgieron a la historia de la conquista de una España feudal, no industrial ni democrática, de una Iglesia católica que despreciaba la riqueza, con mezclas de esclavos indios y negros, violentamente cazados en África y trasplantados a América, que en América del Sur aún la naturaleza domina la ciudad y al hombre, y no la ciudad-industria-civilización a la naturaleza. El resentimiento disfraza el fracaso de los militares, de los oligarcas, de los políticos corrompidos, y ahora del castrismo sovietizante, pienso que América Latina será libre, democrática e independiente, sólo el día lejano en que afronte desde adentro, sin olvidar al exterior, sus realidades y problemas, cuando piense con su cabeza y camine con sus pies, sin oponer al enemigo exterior, el amigo exterior, a España Estados Unidos, a Estados Unidos la Unión Soviética.

Pienso que el problema del mundo liberal norteamericano y de su prensa no es dejar de oponerse a intervenciones y presiones de Washington en América Latina; es como afrontar una nueva realidad, que se une a la vieja, la intervención soviética, por vía cubana, en América Latina. Si una minoría revolucionaria, con un nuevo ejército guerrillero —Cuba, Nicaragua—, organiza una lucha democrática contra una dictadura, y a la toma del poder destruye la fuerza democrática y nacionalista y crea un nuevo poder estatal, militar, con apoyo de armas, dinero e ideología soviética, un nuevo aparato militar policiaco soviético, al que ninguna oposición podrá hacer frente y a la que la intervención de la CIA, como ocurre en Nicaragua, prueba que no hace otra cosa que hacerle el juego, repitiendo lo ya ocurrido en Cuba.

Es ineficaz el viejo principio de no intervención, cuando hay otra poderosa intervención, la soviética- cubana, a la que esta política hace el juego. Ni sirve la vieja y disimulada intervención, que no es eficaz, ni política, ni militarmente, y que desprestigia ante el mundo la causa democrática. Hay que crear una nueva conciencia en América Latina y en Estados Unidos, contra toda intervención, y una alianza apoyada por la opinión pública, norteamericana y latinoamericana, tanto contra las viejas dictaduras, que van desapareciendo, como contra las nuevas que van apareciendo.

Ningún gobierno nacido por la fuerza debiera de ser reconocido, con lo cual los viejos golpes militares, como ha ocurrido en los últimos años, irían desapareciendo. Pero todo gobierno nacido de una revolución, si quiere ser reconocido y ayudado, tendría que someterse a elecciones democráticas, en un plazo no mayor de dos años y establecer un sistema constitucional.

La oposición democrática contra una dictadura de derechas o de izquierdas, que le cierra las vías legales, tendría el derecho y la obligación de organizar la resistencia a la fuerza, de unirse, de constituirse en gobierno revolucionario en el interior del país, y de recibir de los gobiernos de América Latina y de Estados Unidos armas y recursos para combatir, de forma pública, legal, sin la intervención de hombres, asesores, policías, técnicos extranjeros; la guerra revolucionaria, como demuestra la experiencia, se aprende haciéndola y vence cuando es apoyada por la mayoría; si los soviéticos y los cubanos apoyan con armas, hombres y dinero a las nuevas dictaduras, no se les puede dejar solos, ni darles "ayudas" que matan a la oposición; hay que comenzar respetándolos, apoyándolos moralmente, diciendo la verdad, como se dicen las verdades y crímenes de las viejas dictaduras, y cuando esa oposición tenga la oportunidad de oponerse a la nueva dictadura, entonces debería tener el derecho de constituirse en gobierno independiente y de reclamar y recibir armamentos y recursos en su lucha por la democracia y la libertad.

Esa prensa liberal norteamericana, que representa lo mejor de la conciencia democrática del gran país, debería reflexionar, no convertirse en caja de resonancia cómplice de cuanta palabra o maniobra se le ocurra a Fidel Castro y sus epígonos, sin cuestionarlos con rigor. Si de alguna manera se explica el engaño de ayer, no es posible el de hoy, ni se debería hablar de un país porque se le visite unas semanas, se vea lo que te enseñan, oigan las palabras de su jefe y segundones. Revísense las responsabilidades de cada uno, cárguense al diablo, lo que es del diablo, y al césar o Fidel lo que es de Fidel.

16

EL CREPÚSCULO DEL PATRIARCA

A sesenta y tres años, Castro luce envejecido, cansado, con los primeros síntomas de arteriosclerosis y de envejecimiento, falta de memoria y concentración, camina inclinado hacia adelante, su negra barba, poblada de canas, no ríe como antes, ni tiene la habilidad de argumentación que lo caracterizaba.

Su rostro es el del poder ejercido implacablemente, como si las ilusiones muertas, las esperanzas fracasadas, el terror ejercido, hubieren marcado con sus heridas no sólo a sus muertos, desaparecidos, exiliados, presos, perseguidos, dejados señales, heridos, marcados, su cara que da miedo.

Metido no en el uniforme cubano, "verde como las palmas" de su Sierra Maestra, disfrazado de general soviético, con una gorra a la rusa, cargado de medallas, como una trágica estampa —extraña coincidencia— de los viejos generalotes y dictadores latinoamericanos y del mundo ruso, cargado de cargos, todos los cargos, el terrible joven, el David desafiador y vencedor del coloso yanqui, ha sido devorado por el poder, el poder soviético donde él, primero en todo, no es un gran qué; sólo un peón de ataque, en la periferia lejana y enemiga, alguien a quien se concede hacer un discurso antes que los satélites desgastados de Polonia o Checoslovaquia. El miedo está retratado en su cara. Castro ha metido mucho miedo a enemigos, amigos, compañeros, ha vivido metiendo miedo y viviendo en miedo.

Casi treinta años desconfiando, vigilando, temiendo, pudiendo ser atacado, envenenado o muerto, o si se quiere, más bien cuarenta, y se piensa en los años de su juventud y en la guerrita de los tiratiros.

En Cuba casi todo el mundo tiene miedo, excepto un grupo de presos, irreductibles, de fusilados y ametrallados, y de una parte de la juventud que desafía, con su manera de ser diferente, al sistema.

La cara del metemiedo no podía ser otra que la cara del miedo. No sólo la cara del miedo.

La cara del fracaso: sí, es cierto, que el poder, y más aun el poder totalitario, es alienante, no sólo para quienes lo sufren, aun para quienes lo ejercen, que los alejan de la realidad, que los hacen vivir en las alturas, de palabras fantásticas, sustituyendo el terrible y largo pasado presente, con un futuro del que no se avizora la más mínima traza, si todo es filtrado, controlado, mentido, si todo va bien, en los informes, en las consignas, en la producción, si arriba se vive de autoengaño económico, social, productivo, político, si todo miente oficialmente, si todos los planes se cumplen, en el fondo-fondo, de cualquier rincón de Cuba y de sí mismo, Castro, aunque si no quiere, ve la verdad terrible y la conoce.

Es la soledad del poder, el fracaso del poder, el poder por el poder, que ejerce esa extraña fascinación, sobre ciertas gentes, universal, y de forma diferente, según sistemas sociales o épocas: Dios, papa, emperador, rey, mariscal, Führer, Duce, presidente, caudillo, admiradores y adoradores de Franco, Trujillo, Perón, Gómez, Stalin, Mao, Castro, el último, el más moderno y totalitario caudillo, militar y comunista, que disfraza la cara terrible del comunismo con la esperanza, la promesa, la utopía del futuro, negador de lo viejo, que en nombre del futuro, se permite el terrible presente.

Castro mira, conoce, su fracaso.

Él, el hombre más optimista del mundo, como prueban sus palabras, promesas y discursos, se ha vuelto el más pesimista, derrama pesimismo con sus actos, sus palabras, sus planes.

Pienso que los hombres de poder viven casi todos en otra dimensión, que carecen de esa conciencia autoacusadora, que es la realidad de su obra, viven su locura a costa de sus pueblos; así como los seres normales registran en el sueño, conflictos, frustraciones, estos hombres anormales viven como en sus sueños-pesadillas, que es el poder, sólo que de vez en cuando abren los ojos y la terrible realidad de su obra los autorretrata, ilumina, como el relámpago, instante terrible de la cara de la verdad.

No dudo que Castro, que conoce su fracaso, aun si no lo acepta, encuentre un justificación para él, ya es extraña su psicología, que transformaba su culpabilidad o responsabilidad en inocencia. Sus célebres palabras: "Por qué me haces esto a mí...", que se referían a la mujer del comandante, compañero y amigo, con quien se acostaba, o al compañero a quien iba a condenar a veinte años, o a fusilar, ese mecanismo suyo, que lo autoabsolvía y lo hacía inocente de todos sus actos, eran los otros los culpables, y lo obligaban a actuar así.

Ya una vez —26 de marzo de 1962— cargó toda la culpa de crímenes y errores a los viejos comunistas, a quienes había entregado el poder y que interpretaban y cumplían sus órdenes; encontró siempre un responsable, culpable de cualquiera de sus fracasos: cuando el Moncada, Gustavo Arcos, acusado de disparar primero, se sabe que no fue así; cuando el desembarco del *Granma*, el práctico, que no distinguió en la costa, el buen lugar, cuando destruyó las frutas, el café a caña, el ganado, el culpable fue el bloqueo imperialista: responsable sí, de muchas otras cosas, pero no de las decisiones del *Comandante*, ni de la carencia de productos tropicales, cuando volvió a Cuba comunista, decía, que fue culpa de Estados Unidos, ahora afirma lo contrario, es decir, que los norteamericanos, habían caído en sus trampas y que Cuba es comunista por su voluntad revolucionaria y no por la acción norteamericana.

La culpa, en lo personal, en lo colectivo, no es nunca suya, no, es del otro, o de los otros.

¿A quién considera Castro, ahora culpable, de su fracaso? Al comunismo, a la Unión Soviética —hace tiempo—; de ahí las ilusiones y esperanzas de algunos amigos y de no pocos enemigos, que hacen buen oído, a esas sus quejas bien dejadas caer, en conversaciones informales, de una deseada y posible ruptura con la Unión Soviética y con el comunismo.

Nadie, que yo sepa, ha ganado en la historia el pacto con el diablo, ni Fausto, ni el Rey Lear, ni el político, el revolucionario, el dictador, que se alía con uno más grande y más fuerte que él, y más tarde quiere desconocer, romper el acuerdo, después de obtener su beneficio.

Si el miedo y el fracaso están retratados en su cara envejecida y terrible del poder, hay una huella, aún más importante, en él ya reflejada, la impotencia. Castro sabe que dentro del poder soviético es impotente, impotente él, y aún más, impotente el poder soviético, para cambiar la vida, potente y casi inmortal todavía, para conservar el poder.

Él lo escogió, de buen maquiavelista: para ser grande, en un país pequeño, es necesario un gran enemigo, para no sucumbir, frente a ese gran enemigo, cercano, había que tener un fuerte amigo lejano: a esos Estados Unidos, vecinos, que haría la guerra, los contendría con la lejana y poderosa Unión Soviética, que convertiría en su amiga.

Es una constante frecuente en la historia de Cuba, y también un error: cuando se combate un enemigo poderoso, aliarse con un amigo poderoso. Frente a España, Estados Unidos, frente a Estados Unidos, Unión Soviética, frente a la Unión Soviética, Estados Unidos, como piensa una parte de la oposición miamense; sólo que después la cuenta del gran amigo liberador es casi siempre más salada que la del viejo enemigo. Llaman platismo, anexionismo, prosovietismo a esa poderosa fuerza, que reemerge cada vez que su enemiga, el independentismo, triunfa. Su razón de ser es que un país pequeño no puede ser independiente.

Castro fue un independentista que se volvió dependentista, platista a la soviética.

Claro que no fue éste el solo motivo de su alianza con la Unión soviética. Castro quería el poder total, y nuevo, no el poder parcial, y viejo, de los viejos dictadores, como Batista, su vencido enemigo: ese poder nuevo y total era el poder comunista-soviético.

Castro no se equivocó en que el poder soviético le garantizaría de por vida, y quizá, si aun *post mortem*, su poder personal. Castro, que no era un viejo comunista, ni infiltrado, es en realidad el primer comunista que se hace comunista en el poder. Castro conocía algunas cosas del comunismo, pero desconocía muchas otras; si una cosa es cierta en el partido es que éste responde sí a su jefe máximo, a su secretario general, que desde arriba ordena y manda, pero el secretario general tiene un límite, infranqueable, no se puede meter contra el aparato ni contra el sistema.

Este poder es más fuerte que sus potentes jefes, llámense éstos Lenin, Stalin, Jruschov, Mao, Dubcev, Nagy. Abajo o arriba, quien quiera cambiar el sistema, humanizarlo, volver lo productivo, creativo, fracasa, es devorado por vía interna o externa.

Castro sabe que no puede escapar a ese enorme poder al que se alió: sabe que es su prisionero, que lo aprisiona y lo sostiene, no sólo como piensan algunos, con armas y rublos: no, dentro de la isla también, los soviéticos no invierten —aun si sus inversiones son nuevas—, política, militares y económicas, para que nadie les dé el golpe desde dentro.

Hoy el poder interno dentro de Cuba, del que Castro es jefe máximo, no es un poder castrista, guerrillero, no. Es un poder soviético, con su seguridad, ejército, partido, estado,

La enseñanza cubana,
es verdad, se multiplicaría
en cantidad, jóvenes
de origen humilde podrían,
mediante becas, hacerse
profesionales, técnicos,
ingenieros, doctores.

A sesenta y tres años, Castro
luce envejecido, cansado,
con los primeros síntomas
de arteriosclerosis
y de envejecimiento, falta
de memoria y concentración,
camina inclinado hacia
adelante, su negra barba
poblada de canas, no ríe
como antes ni tiene
la habilidad de argumentación
que le caracterizaba.

aparato, economía, nomenclatura, formado con cuadros nuevos, educados en gran parte en la Unión Soviética, y si educados en Cuba, siguiendo las mismas características soviéticas.

Castro sabe que si intenta liberarse de ese poder, puede que no dure cinco minutos.

Algunos sostienen que como Castro es un hombre imprevisible, con una ilimitada autoconfianza, nada en él es imposible. No lo espero, porque no ha sido nunca un suicida, es uno que corre el riesgo necesario, un calculador pragmático.

Aterrorizador-aterrorizado, fracasado en el hacer colectivo, primero en su prisión cubana-soviética, Castro hace muchos años que juega una sola carta: la tiranía, el hambre, la dependencia, el resentimiento, producen revoluciones, revoluciones que se pueden hacer y volver comunistas: África, América Latina, dos escenarios de posibles gigantescas revoluciones futuras. Castro piensa que la bomba H, no de hidrógeno, de hambre, sí que puede aniquilar el capitalismo, en su enorme periferia tercermundista.

A la veterana prudencia soviética, de avanzar paso a paso, y por tierra, Castro ha conseguido, modificarla, por una política más agresiva, en territorio no comunista: "Avancemos juntos en Angola, Nicaragua, Etiopía, Yemen y otras partes. Si perdemos, pierdo yo, la responsabilidad y derrotas son mías; si ganamos, compartimos la victoria." Son los argumentos castristas que convencieron a los soviéticos.

Casi que ha ocurrido: ya se ve que si las tropas castristas avanzan, se arriesgan, deciden, parecen determinantes, atrás van llegando, con sus pies de plomo, los soviéticos y tomándolo todo. La Habana es la capital folklórica del comunismo; Moscú, la única, real, verdadera metrópolis.

Fidel el africano, Fidel el nicaragüense, Fidel fidelista triunfa, desaparece, deviene Fidel soviético, el no Fidel y su último sueño, de un Tercer Mundo, comunista-fidelista, se esfuma, se convierte, si posible, en Tercer Mundo comunista soviético.

Si se puede afirmar que Fidel Castro fue un maestro, en su conflicto con Estados Unidos, con el capitalismo, es un cero a la izquierda, en su trato con el mundo soviético.

Si sus triunfos militares han sido grandes, no es menor la dimensión de sus errores: dos son fundamentalmente y definitivos. El primero, algo ingenuo, el comunismo iba a resolver los problemas internos de Cuba: dos, no ingenuo, maquiavélico, el día que le diera la gana, mandaría a los soviéticos al diablo, como había mandado a los norteamericanos: ignoraba que en el comunismo, en el sistema soviético, se entra, no se puede salir, se sale, sólo con la muerte o con la derrota.

Ésta, más que su miedo o su fracaso, es su primera y trágica contradicción: de ellas no podrá salir, dando vueltas y más vueltas. No saldrá, porque no tiene salida.

Tiempos pasados hubo en que pudo, como en 1962, oponer el pueblo al aparato y al partido; ahora es demasiado tarde; el aparato es muy fuerte, y el pueblo o no existe, o no cree en la palabra de quien lo ha engañado, derrotado y casi destruido.

Su cara trágica, terrible, más que sus años, que no son tantos, es el espejo y la imagen, el retrato de su fracaso.

Sólo que su fracaso, en vez de humanizarlo, lo hace más terrible y peligroso, y quien se haga ilusiones pagará caro el desengaño.

Pienso que ni aún su muerte, natural o violenta, cambiará los destinos de Cuba. Influirlos podría. Sé que no es fácil sustituir al padre padrón, ni las herencias, comandadas han funcionado en el mundo comunista, pero el verdadero poder de Cuba, hoy y mañana —no siempre—, no es el castrismo, es el soviético.

Poder que tiene sus etapas: estalinista, postestalinista, que hasta hoy, no es reformable; que sólo una nueva revolución, cuándo y cómo, no se puede todavía imaginar, cuando las circunstancias y el azar lo permitan, podrá cambiar ese mundo, del que Cuba es una parte, por suerte, la provincia quizá más lejana.

Castro ha ganado la batalla del poder. Él dice que el poder hace la historia, escribe la historia: el poder es la historia. Él es el poder y la historia, su biografía, la biografía del poder. Dejemos la historia, ganada según él, perdida, según sus adversarios, y vayamos a la geografía. Su talón de Aquiles es la geografía: ésta será su victoria o su derrota definitiva. Vivo o muerto. Que Cuba debe lo más trascendental de su historia a la geografía, como sentenció el sabio Fernando Ortiz, es una verdad cubana, hasta hoy irreversible.

Ésta ha sido la única verdad inmortal, en aquella bella isla que, desde los tiempos de Colón, fue la puerta, puente, entrada, llave de las tres Américas.

17

FIDEL CASTRO: CARTAS DE LA PRISIÓN

Prisión de isla de Pinos, diciembre, 18, 1953.

Los últimos días he leído varias obras de algún interés: La feria de las vanidades, *de William Thackeray,* Nido de hidalgos, *de Iván Turguenev,* Vida de Luis Carlos Prestes, El caballero de la esperanza, *por Jorge Amado,* El secreto de la fortaleza soviética, *del deán de Canterbury,* Fugitivos del amor, *de Eric Knight,* Así se forjó el acero, *por Nikolai Ostrovski (novela rusa moderna, conmovedora autobiografía del autor, joven que participó en la revolución),* La ciudadela, *de J. Cronin. Desde* La vida de Prestes *hasta la última mencionada, no me arrepentiré nunca de haberlas leído: son todas de un enorme valor social.*

Además, estoy estudiando a fondo El Capital, *de Carlos Marx (cinco tomos enormes de economía, investigada y expuesta con el mayor rigor científico).*

¡Qué escuela tan formidable es esta prisión! Desde aquí termino de forjar mi visión del mundo y completo el sentido de mi vida.

Prisión de isla de Pinos, diciembre, 22, 1953.

Invierto menos de treinta segundos en ponerme zapatos, pantalón y camisa; no vuelvo a dormir hasta las 11 de la noche, en que me viene el sueño y leyendo a Marx o a Rolland.

Los días académicos son desde el lunes hasta la mitad del sábado. La escuela se llama Academia Ideológica Abel Santamaría: en todos sentidos, honra su nombre. La biblioteca tiene ya trescientos volúmenes.

Prisión de isla de Pinos, diciembre, 31, 1953.

Para mí el momento más feliz de 1953, de toda mi vida,

fue aquel en que volaba hacia el combate, como fue el más duro cuando tuve que afrontar la tremenda adversidad de la derrota, con su secuela de infamia, calumnia, ingratitud, incomprensión y envidia.

Prisión de isla de Pinos, enero, 24, 1953.
Era grande y fuerte; al menos yo me he creído siempre del mismo tamaño desde que nací.

Prisión de isla de Pinos, enero, 27, 1954.
Si se trata del genio literario, artístico o filosófico, no depende en igual grado. Rolland pudo haber nacido medio siglo antes y ser tan brillante como Balzac y Víctor Hugo; y medio siglo atrás y emular el calibre de Voltaire, aunque exponentes de ideas muy distintas.

Y todas las ideas, aun de hombres geniales, están condicionadas por la época. La filosofía de Aristóteles en Grecia es la culminación de la obra de los filósofos que le precedieron (Parménides, Sócrates, Platón), sin la cual no habría sido posible: del mismo modo que las doctrinas de Marx culminan en el campo social el esfuerzo de los socialistas utópicos y sintetizan en el campo filosófico el idealismo y el materialismo alemán, aunque Marx, además de filósofo, cae en la categoría del genio político y como tal su papel dependió por entero de la época y el escenario en que vivió.

El genio crea valores universales como los personajes de Cervantes y Shakespeare. Éste, como Dostoievski, conocieron el psicoanálisis antes de Freud, no a través de la ciencia, sino penetrando con genial agudeza en las profundidades psicológicas del alma humana. A veces se adelantan de modo extraordinario a su propia época.

El genio literario, filosófico o artístico tiene un campo considerablemente más amplio en el tiempo y en la historia que el mundo de la realidad y de la acción, que es el único escenario donde surgen los genios políticos.

Prisión de isla de Pinos, marzo, 1954.
¿Cuál Napoleón estás leyendo, el de Ludwig o el de Hugo? ¿El Grande o el Pequeño? Si es el último, también lo estoy leyendo ahora. ¡Cuánta similitud! Una película que aquí se exhibiera sobre ella tendría que resaltar con letras bien grandes aquello de "cualquier semejanza es pura coincidencia". Víctor Hugo me entusiasmó lo indecible con Los miserables; sin embargo, a medida que pasa el tiempo me voy cansando

un poco de su romanticismo excesivo, su ampulosidad y de la carga, a veces tediosa y exagerada, de erudición. Sobre el mismo tema de Napoleón III, Carlos Marx escribió un trabajo formidable titulado El 18 brumario de Luis Bonaparte. *Poniendo estas dos obras, una al lado de otra, es como puede apreciarse la enorme diferencia entre una concepción científica, realista de la historia y una interpretación puramente romántica. Donde Hugo no ve más que un aventurero con suerte, Marx ve el resultado inevitable de las contradicciones sociales y la pugna de intereses prevalecientes en aquel instante. Para uno la historia es el azar, para otro un proceso regido por leyes.*

Prisión de isla de Pinos, marzo, 18, 1954.
    Después de tomar café, calentico, de un termo que me mandan los muchachos del otro lado, encendí un tabaco y me puse a escribirte: con mucho más gusto porque hoy estoy estudiando a Kant (Crítica de la razón pura) *y necesitaba un descanso.*
    Me había dormido acabando de leer la Estética trascendental del espacio y del tiempo.

Prisión de isla de Pinos, marzo, 23, 1954.
    Robespierre fue idealista y honrado hasta su muerte. La revolución en peligro, las fronteras rodeadas de enemigos por todas partes, los traidores con el puñal levantado a la espalda, los vacilantes obstruyendo la marcha: era necesario ser duro, inflexible, severo; pecar por exceso, jamás por defecto, cuando en él pueda estar la perdición. Eran necesarios unos meses de terror para acabar con un terror que había durado siglos. En Cuba hacen falta muchos Robespierres.

Prisión de isla de Pinos, marzo, 24, 1954.
    ¿Has logrado imaginarte la soledad de esta celda? Como soy cocinero, de vez en cuando me entretengo preparando algún plato. Hace poco me mandó mi hermano desde Oriente un pequeño jamón y preparé un bisté con jalea de guayaba. Pero eso no es nada: hoy me mandaron los muchachos un potecito con ruedas de piña en almíbar. ¡Te digo que traigo las cosas con el pensamiento! Y mañana comeré jamón con piña. ¿Qué te parece? También preparo espaguetis de vez en cuando, de distintas formas, inventadas todas por mí; o bien tortilla de queso. ¡Ah! ¡Qué bien me quedan! Por supuesto que el repertorio no se queda ahí. Cuelo también café, que me

queda muy sabroso. En cuanto a fumar, en estos días pasados he estado rico: una caja de tabacos H. Upmann, del doctor Miró Cardona, dos cajas muy buenas de mi hermano Ramón, un mazo de un amigo y por último una cajita muy bonita y muy apreciada que vino con los libros, de los cuales, dicho mejor, de la cual, tengo uno encendido en estos instantes.

Prisión de isla de Pinos, marzo 24, 1954.

Las proclamas y las arengas de Napoleón son verdaderas obras de arte. ¡Qué bien conocía a los franceses! En cada frase va tocándoles una por una las fibras más sensibles; juega con ellas. El librito es todo un tratado de alta política, gobierno y cuestiones de estado. Todo además conmovedor. ¡Qué grande era Napoleón con sus enemigos! Yo he leído bastante sobre él y nunca me canso. Es muy cierto, como dice nuestro autor desconocido, que era Alejandro sin sus desórdenes, César sin sus vergonzosos vicios personales, Carlos Magno sin sus matanzas de pueblos y Federico II con buenas entrañas y corazón sensible a la amistad. Yo siempre lo consideré superior

Napoleón, en cambio, se lo debió todo a sí mismo, a su genio y a su voluntad.

Abril, 2, 1954.

¡Qué tomadura de pelo tan grande es la política!

¡Maldito si piensan en otra cosa que no sea el día de las elecciones como una idea fija! Yo fui uno de ellos y sólo me lo explico por la inexperiencia, el medio ambiente y la impotencia de hacer otra cosa cuando a uno le bullen en la mente un millón de propósitos. Yo fui actor de ese circo, buscando en él como Arquímedes un puntico de apoyo donde mover mi mundo. Siempre sentía en el fondo de mi alma una gran repelencia por todo aquello.

Prisión de isla de Pinos, abril, 4, 1954.

Son las 11 de la noche. Desde las 6 de la tarde he estado leyendo seguido una obra de Lenin, El estado y la revolución, después de terminar El 18 brumario de Luis Bonaparte y Las guerras civiles en Francia, ambos de Marx, muy relacionados entre sí los tres trabajos y de un incalculable valor.

Tengo hambre y puse a hervir unos espaguetis con calamares rellenos. Mientras, cogí la pluma para hacerte unas líneas más que te roben tiempo por la tarde. No te había dicho que arreglé mi celda el viernes. Baldié el piso de granito con agua y jabón primero, polvo de mármol después, luego con lavasol y por último agua con creolina. Arreglé mis cosas y reina aquí el más absoluto orden. Las habitaciones del Hotel Nacional no están tan limpias... Me estoy dando ya dos baños al día "obligado" por el calor.

Después de haber roto un buen poco la cabeza con Kant, el mismo Marx me parece más fácil que el padrenuestro. Tanto él como Lenin poseían un terrible espíritu polémico, y yo aquí me divierto, me río y gozo leyéndolos. Eran implacables y temibles con el enemigo. Dos verdaderos prototipos de revolucionarios.

Me voy a cenar: espaguetis con calamares, bombones italianos de postre, café acabadito de colar y después un H. Upmann 4. ¿No me envidias? Me cuidan, me cuidan un poquito entre todos... No le hacen caso a uno, siempre estoy peleando para que no manden nada. Cuando cojo sol por la mañana en shorts y siento el aire del mar me parece que estoy en una playa, luego un pequeño restaurant aquí. ¡Me van a hacer creer que estoy de vacaciones! ¡¿Qué diría Carlos Marx de semejante revolucionario?!

Prisión de isla de Pinos, abril, lunes, 5.7 a.m.
Tengo material abundante para el estudio de los grandes movimientos políticos contemporáneos: socialismo, fascismo. No tengo nada del New Deal de Roosevelt. Sé que hay una edición en español de uno o dos temas que contiene un estudio completo del programa y las realizaciones de Roosevelt.

Prisión de isla de Pinos, abril, 15, 1954.
Roosevelt. Fundamentalmente sobre ella es que quiero documentarme: su política de elevación de precios de los productos de la tierra, fomento y conservación de la fertilidad del suelo, facilidades de crédito, liberación de deudas, ampliación de mercados interiores y exteriores en el campo agrícola: incremento de fuentes de trabajo, reducción de jornada, elevación de salarios, ayuda social a los desempleados, ancianos e inválidos, en el campo social; reorganización de la industria, nuevos sistemas de impuestos, reglamentación de los trusts, y la reforma bancaria y monetaria, en el campo de la economía general. Es indudable que Roosevelt inyectó vida a al economía norteamericana, que estaba estancada y al borde del colapso, poniendo en movimiento y reordenando mejor los recursos de la nación, reduciendo algunos privilegios y lesionando poderosos intereses: la prosperidad

que vino luego, donde años atrás se enseñoreaba la miseria, no fue producto del azar ni del famoso libre juego de la oferta y la demanda, sino fruto de medidas de gobierno valientes y saludables. Tú sabes que tuvo que enfrentarse seriamente con el espíritu conservador refugiado en los altos tribunales de Justicia, viéndose en la necesidad de purgarlos legalmente jubilando a unos cuantos viejos. En realidad, dado el carácter, la mentalidad y la tradición del pueblo norteamericano, Roosevelt hizo grandes cosas, y yo sé que algunos coterráneos suyos le guardan por eso inextinguible rencor.

Es curioso el gran parecido que tienen las grandes reformas sociales desde la antigüedad hasta hoy. Siempre ando pensando en estas cosas, porque, sinceramente, ¡con cuánto gusto revolucionaría a este país de punta a cabo! Estoy seguro que pudiera hacerse la felicidad de todos sus habitantes. Estaría dispuesto a ganarme el odio y la mala voluntad de unos cuantos miles, entre ellos algunos parientes, la mitad de mis conocidos, las dos terceras partes de mis compañeros de profesión y las cuatro quintas partes de mis ex compañeros de colegio.

México, enero, 8, 1956 (publicado en Bohemia).

Miles de estudiantes, hoy profesionales que me vieron actuar en la Universidad durante cinco años, con cuyo respaldo conté siempre (porque siempre he luchado con el arma de la denuncia pública, acudiendo a las masas), con cuya colaboración organicé grandes manifestaciones y actos de protesta contra la corrupción imperante, pueden dar fe de mi conducta. Allí me vieron enfrentarme recién llegado y sin experiencia, pero lleno de juvenil rebeldía, contra el imperio de Mario Salabarría, jefe de las pandillas uniformadas que controlaban los cuerpos represivos bajo el gobierno corrompido de Grau San Martín.

Y en una época de corrupción sin precedentes, cuando a cualquier líder juvenil le daban docenas de puestos y tantos se corrompieron, algún mérito tiene haber encabezado la protesta estudiantil contra aquel régimen durante varios años sin haber figurado nunca en una nómina del Estado.

Aquel mal — que germinó bajo el gobierno de Grau San Martín— tenía sus raíces en el resentimiento y el odio que sembró Batista durante once años de abusos e injusticias. Los que vieron asesinados a sus compañeros quisieron vengarse, y un régimen que no fue capaz de imponer la justicia, permitió la venganza. La culpa no estaba en los jóvenes que,

arrastrados por sus inquietudes naturales y la leyenda de la
época heroica de las luchas clandestinas, quisieron hacer una
revolución que no se había hecho, en un instante que no podía
hacerse. Muchos de los que, víctimas del engaño murieron
como gángsters, hoy podrían ser héroes.

Para que el error no se repita, se hará la revolución que no
se ha hecho, en un instante que puede hacerse. Y par que no
haya venganza, habrá justicia. Cuando haya justicia nadie
tendrá derecho a erigirse en vengador errante y todo el peso
de la ley caerá sobre él.

TRES ENCUENTROS

Raúl Castro, ministro de las fuerzas armadas revolucionarias,
acompañado de Vilma, ha invitado a un grupo de niños
pioneros, a los que así premia después de sus exitosos estu-
dios escolares.

Junto al héroe del Segundo Frente Oriental se encuentra
Nicolai Leonov, compañero soviético.

Raúl nos cuenta su primer encuentro en 1953, con Nicolai
Leonov en el barco Andrea Gritti *que hizo la travesía de*
Génova a La Habana.

El joven Nicolai se dirigía a México, donde debía ocupar
un cargo en la embajada soviética, mientras que Raúl regre-
saba a Cuba, después de haber participado en un congreso
mundial por los derechos de la juventud en Viena y en la
reunión del Comité Preparatorio del IV Festival Mundial de
la Juventud y los Estudiantes celebrado en Bucarest.

En el barco Nicolai y yo nos hicimos amigos.

"En La Habana, la policía del gobierno de Batista no te
dejó desembarcar", recuerda Raúl a Nicolai.

En aquella ocasión Raúl fue detenido junto a dos guate-
maltecos. Tres años y medio después, cuando Fidel organiza-
ba la expedición libertadora —"Caminando yo por las calles
de Ciudad de México, sigue diciendo Raúl—, me volví a
encontrar casualmente con Nicolai y se lo presenté a Fidel.

Nicolai Leonov interviene para decirnos:
Al triunfar la guerrilla cubana pude enterarme que Raúl y
Fidel eran los jefes de la revolución. Cuando Anastas Miko-
yan vino a Cuba, viajé como intérprete. Así fue como volví a
ver a Raúl, por tercera vez, cuando ya era el ministro de las
fuerzas armadas revolucionarias."

Relato de Raúl Castro, contado por Núñez, *Granma* (6 de diciembre de 1980).

RAÚL CASTRO. DISCURSO EN SANTIAGO DE CUBA
(30 de noviembre de 1979)

Esto es sociolismo, no socialismo.

Y a veces nos preguntamos: y en este país ni siquiera ya viandas hay. Seguro que mientras en el campo trabajemos cuatro horas, seguirá sin viandas otros veinte años.

Hay ausentismo injustificado: o se trabaja a paso lento. Se ponen de acuerdo los jefes de brigada y los jefes de lotes con los obreros que con ellos laboran y reportan una norma fraudulenta.

Trucos en las labores agrícolas, en las industrias, transportes, servicios. Amigismo, compadreo. Sociolismo.

De todas estas debilidades e indisciplinas laborales los principales culpables son los dirigentes y funcionarios de las empresas y no los trabajadores. Falsean las estadísticas, reportan como roturadas tierras que no lo están; o producciones que no se han realizado y usan y abusan de las prerrogativas de sus cargos y de los recursos de las empresas para resolver sus problemas personales, familiares y de amigos.

No debemos tomar esta situación como una muleta oportuna en la cual apoyarnos para explicar todos nuestros problemas, como en más de una ocasión se ha hecho, impulsando las consecuencias realmente negativas del bloqueo económico y otros factores externos o naturales que se han convertido en pretexto para ocultar tras ellos nuestras ineficiencias e inexistencias.

Que la roya de la caña no sirva para ocultar errores de nuestra responsabilidad. Hay que restablecer la disciplina a toda costa y en todas las esferas y para ello empezar por casa y empezar por arriba.

Desempleo

Por déficit de materias primas en determinadas fábricas vamos a tener que reducir su fuerza de trabajo. Se plantea el subsidio.

Hay presos trabajando: donde el preso compita con el obrero de la construcción, paramos al preso no al obrero.

No podemos resolver el problema diciendo: setenta mil

para la calle y desentendernos de la necesidad de esos trabajadores.

¿No decimos que hay algunas decenas de miles de jóvenes sin empleo? Pues los ponemos a medir la electricidad y a cobrarles a los que no quieren pagar.

La tendedera —electrificación por la libre— no puede ser una especie de resolver: o me dan electricidad o pongo la tendedera. Hay apagones y no alcanza la electricidad.

No podemos admitirlo. Como la ocupación de casas. No pagar los alquileres, los ómnibus. Malos hábitos se han entronizado en nuestro pueblo.

Hay que revisar las tarifas —aumentarlas— o no se van a acabar los apagones.

Son más de noventa mil familias que han instalado electricidad por la libre y no pagan. Otras no pagan el alquiler. Inaceptable.

Debilidades. Privilegios.

Comenzaron a manifestarse ciertos problemas, debilidades ideológicas, mayor indisciplina, corrupción.

¿No será que la ausencia del enemigo nos hace perder facultades?

LIBRETA DE RACIONAMIENTO

Carne roja: 25 gramos al día. 750 al mes. 9 kilos al año.

Pollo y otras carnes: 13 gramos al día, 400 al mes. 5 kilos anuales.

Pan: 115 gramos al día.

Vegetales: 60 gramos al día.

Granos: 17 gramos al día, 500 al mes.

Arroz: 80 gramos al día.

Café: 20 gramos al día, 600 al mes. 7 kilos al año.

Leche: sólo para niños menores de siete años y ancianos mayores de 65 años. Una lata cada 45 días a los otros.

Grasas: 45 gramos al día.

Un jabón de baño y uno de lavar al mes por persona.

Pasta de dientes: un tubo por familia.

Pescado: cuando viene.

Frutas: muy raras.

Huevos: por la libre.

Azúcar: 60 gramos por persona en La Habana. 90 en Oriente.

Cualquier artículo puede encontrarse en cantidades en el

mercado negro, a precios altísimos, en un país con todo el comercio nacionalizado y con fábricas, tierras y riquezas al 90 por ciento en poder del estado. Cuba ocupa el primer lugar en nacionalización de los países socialistas.

En los mercados rojos oficiales y en restaurantes de lujo pueden encontrarse muchos productos a precios diez veces mayores que los oficiales. (Cien gramos de café, 9 dólares.)

Para obtener los productos racionados por la libreta hay que tener un número y hacer largas colas.

(Correspondiente a 1988, más reducido aún que el primero de 1961, después de 27 años.)

FUERZAS ARMADAS CUBANAS

Fuerzas terrestres: 200 mil hombres con armamentos pesados. Fuerzas de Seguridad. Fronterizas y paramilitares. 130 mil regulares con tanques, transporte blindado y artillado. 720 tanques.

Aviación: 198 aviones de combate. 20 Mig 23, modernísimos, autonomía de vuelo 1200 km, preparados para armamento nuclear. Sin considerar los Mig 15, para entrenamiento. 24 batallones antiaéreos.

Marina: 28 lanchas de combate con misiles tipo styx. 26 lanchas torpederas. 20 lanchas especiales cazasubmarinos. Bases submarinas: Habana, Marianao, Cienfuegos. La última preparada para submarinos de ataque; frecuentemente recibe la marina de guerra soviética, que se ocupa del Caribe. 12 buques soviéticos paraoceánicos, con base permanente en Cuba y la flota pesquera cubana, que se ocupa del espionaje. Muchas misiones de submarinos atómicos soviéticos han estado en Cuba en los últimos años.

Otros armamentos: 400 transportes artillados de infantería. Tres regimientos blindados mecanizados. Instalaciones de misiles: terrestres. Costeros. Antiaéreos. Proyectiles antitanques teleguiados. El presupuesto militar cubano es de unos 800 millones de dólares anuales. Cerca del 7 por ciento de su producto nacional se emplea en gastos militares. Más del 10 por ciento de la población activa está empleada como fuerza militar de reserva. El aparato militar cubano es más ofensivo que defensivo. Proporcionalmente es el más fuerte de América Latina. Y ocupa el segundo lugar en cantidad, sólo superado por el Brasil, que tiene una población doce veces mayor y un territorio inmenso. 150 mil cubanos —según cifras ofrecidas por el propio Fidel Castro— están en función militar, o paramilitar y de logística o seguridad en los siguientes países: Angola, Etiopía, Eritrea, Argelia, Benín, Congo, Libia, Mozambique, Tanzania, Sierra Leona, Yemen del Sur, Nicaragua, Laos, Cambodia, Irak, Siria.

Fuente: Publicaciones de China Popular distribuidas en América Latina.

CUBA EN LA DÉCADA DE 1950, UN PAÍS EN DESARROLLO
Doctor LEVI MARRERO

Como obra científica mereció el premio único ofrecido por la Sociedad Colombista Panamericana al mejor libro de su tipo publicado en los primeros cincuenta años de vida republicana.

Para la Geographical Review, *órgano de la American Geographical Society de Nueva York, era un libro "que en contenido y espíritu quisiéramos ver imitado en todos los países de América Latina", para* Economic Geography, *de la Universidad de Clark, era la geografía definitiva de Cuba.*

En 1956 nos sorprendió la existencia de una edición rusa de nuestro libro

Cuba había alcanzado un estimable nivel de desarrollo, a pesar, y casi siempre en contra, de las actividades negativas o indiferentes de los gobiernos.

Tras la depauperante crisis de 1929-1934, de alcance mundial, se inició en Cuba una etapa de desarrollo.

En un cuarto de siglo la economía cubana había experimentado profundas transformaciones y el crecimiento físico del país se manifestaba en cambios particularmente visibles en los paisajes urbanos e industriales.

Existían en Cuba graves conflictos y tensiones que debían ser afrontados y resueltos.

En la tabla relativa al valor calórico de las dietas de 93 países, computada en escala mundial por Ginsburg, ocupaba Cuba el rango vigésimo sexto, con 2 730 calorías diarias (según la FAO, 2 870 calorías). En el continente americano Cuba era superada únicamente por Argentina (3 360 calorías), Estados Unidos (3 100), Canadá (3 070) y Uruguay (2 945).

En cuanto a las fuentes de proteínas de origen animal era Cuba uno de los países proporcionalmente mejor abastecidos en escala mundial, al disponer de una ganadería vacuna ascendente a 6 000 000 de cabezas, equivalentes a casi una res por habitante. El sacrificio de 522 000 cabezas en 1957 rendía 185 000 toneladas métricas de carne, a las que se sumaban 654 000 cerdos con un rendimiento de 42 000 toneladas, o sea, un per cápita de más de 34 kg anuales de carne roja, sin incluir aves y pescado. La producción de leche en 1958 era de 800 000 toneladas.

1953 reveló que la población dependiente del cultivo del suelo representaba sólo el 36 por ciento del total económicamente activo, el rango 30 entre 97 países analizados.

Banco Mundial en 1950, "los campesinos cubanos no son agricultores de subsistencia, excepto en una pequeña minoría".

El economista marxista Noyola, 1959: "El tipo de campesino cubano también es una garantía del éxito de la reforma agraria. En Cuba no existe, como en Bolivia, en Guatemala o en México, o como existía en Europa central, Europa oriental y en China, el tipo de campesino tradicional que significa en realidad una especie de remanente de la estructura cultural de otras épocas.

"El campesino cubano es en realidad un hombre culturalmente moderno; un hombre incorporado a la civilización del país; un asalariado agrícola con un nivel de ingresos inferior al promedio, pero un hombre dispuesto a mejorar y transformar su nivel de vida y sus métodos de producción. El tipo de campesino cubano es otra de las garantías de que la reforma agraria en Cuba va a tener éxito."

No obstante ser Cuba el primer productor mundial de azúcar en la década de 1950, con zafras que promediaron 5 300 000 toneladas entre 1950 y 1958, el país disponía de vastas extensiones de suelos agrícolas no cultivados. Tales reservas, como se indicaba ya desde 1950, en la presente obra, frenaban injustificadamente el desarrollo de la agricultura.

La mitad de las tierras cultivadas en Cuba estaba destinada a caña de azúcar, en tanto que al 17 por ciento cultivado debía agregarse un 34 por ciento utilizado en la ganadería, desarrollada en forma extensiva.

Cuba producía hacia 1957 más del 75 por ciento de los alimentos que consumía, según cifras de la CEPAL, y sus exportaciones azucareras que la hacían un exportador neto de alimentos, permitían las importaciones de ciertos víveres, particularmente grasas y arroz.

La agricultura de tipo feudal que ha subsistido mucho tiempo en otros países latinoamericanos, en rigor comenzó a desaparecer en Cuba con el desarrollo de la industria azucarera.

Ocupaba Cuba el sitio 40 entre los 91 países analizados por Ginsburg y el sexto lugar entre los países latinoamericanos.

Automóviles particulares. Uno por cada 40 habitantes. Cuba ocupaba el tercer lugar en América Latina, después de Venezuela y Puerto Rico.

Red de carreteras, tercer lugar entre 112 países.

Teléfonos: uno por cada 38 habitantes. Cuarto lugar entre los países latinoamericanos.

Radiorreceptores: uno por cada 6,5 habitantes. Tercer lugar entre los países latinoamericanos.

Telerreceptores: uno por cada 25 habitantes. Primer lugar en América Latina.

Guevara, 1961: "No vamos a decir que solamente vimos maravillas en aquellos países. Naturalmente que hay cosas que para un cubano que vive en el siglo veinte, con todas las comodidades a que el imperialismo se ha acostumbrado a rodearnos en las ciudades, podrían parecer no civilizados."

Escalante: "Cuba es, realmente, uno de los países latinoamericanos donde el nivel de vida de las masas era particularmente elevado."

El economista marxista Juan F. Noyola: "Cuando se ha alcanzado cierto nivel de vida, los bienes de consumo duradero no son ya un lujo, sino algo más o menos necesario, incluyendo los automóviles y sobre todo los refrigeradores, que en un clima tropical son en realidad un artículo de primera necesidad. Pero en un país como Cuba, donde una proporción grande la población tiene un nivel de ingresos que le permite disfrutar de estas comodidades de la vida y de la técnica moderna, podemos considerar que esos artículos son esenciales, necesarios."

En Cuba (1953), el Censo Nacional revelaba que el 23,9 por ciento de la fuerza de trabajo correspondía al sector industrial, en la forma siguiente: manufacturas, 19,5 por ciento; industrias de la construcción, 3,8 por ciento; electricidad y gas, 0,6 por ciento. Al sector agrícola correspondía entonces el 36 por ciento de la fuerza de trabajo.

Además de las 161 centrales azucareras, que constituían el equipo fabril de la mayor industria azucarera mundial, funcionaba en Cuba en 1953 un total de 2 340 establecimientos industriales, cuya producción alcanzaba un valor de mil millones de dólares.

La industria textil cubana, iniciada en 1931.

El cemento, fabricado en Cuba desde el siglo XIX, pasaba de una producción de 418 000 toneladas en 1952 a 650 800 toneladas en 1957.

Naciones Unidas (1955-1956), en el rango 39 entre los 108 países analizados, con un consumo anual de 35 kg por habitante.

Cuba ocupaba el primer lugar en Latinoamérica, seguida por Venezuela. La Unión Soviética el lugar 22, con 16 Mgh/h.

En 1899 Cuba estaba totalmente descapitalizada y su industria básica, la azucarera, en ruina casi total. El capital norteamericano, que poseía ya inversiones por 50 000 000 de dólares bajo el régimen español, financió la modernización de la industria azucarera, cuya capacidad llegó a aumentar de un millón de toneladas en 1904 a más de cinco millones en 1929. Igualmente, el capital norteamericano hizo posible la extensión de los ferrocarriles y de la electrificación y la ampliación de la industria tabacalera. Además, una considerable proporción de las mejores tierras agrícolas, en forma de vastos latifundios, pasó a ser propiedad extranjera, particularmente norteamericana.

En el año 1929, que representa el punto más alto de la curva las inversiones norteamericanas en Cuba, ascendían a 1 525 millones de dólares, de los cuales 800 millones correspondían a la industria azucarera. El capital inglés invertido se aproximaba a 150 millones de dólares. A partir de 1935 la situación comenzó a cambiar. Este año, de 161 centrales azucareras, solamente 50, de poca capacidad, eran propiedad cubana y producían apenas el 13 por ciento del azúcar total. En 1958, 121 de las 161 centrales eran propiedad cubana y su producción representaba el 62 por ciento del total. Había también reconocida participación cubana en las corporaciones que poseían el resto de las fábricas de azúcar.

Las inversiones norteamericanas se elevaban en 1958 a 861 millones de dólares; al mismo tiempo, la capitalización de Cuba en los sectores industrial, comercial y agrícola se estimaba en más de 6 000 millones de dólares, lo que reducía la proporción del capital inversionista norteamericano a menos de 14 por ciento (Illán).

En 1939 los bancos cubanos contaban con el 23,3 por ciento de los depósitos privados. En 1951, al ser inaugurado el Banco Nacional, sumaban el 53,2 por ciento, para alcanzar el 61,1 en 1958.

"Para nuestro propósito —agrega Draper—, que es el de esclarecer la comprensión de la sociedad cubana, es más *importante conocer que la industria azucarera, en sus segmentos agrícola e industrial, representaba solamente de un cuarto a un tercio del ingreso nacional. En 1954, por caso, la industria azucarera en su totalidad contribuyó exactamente al 25 por ciento del ingreso nacional, aunque en este año el azúcar representó el 80,2 por ciento de las exportaciones nacionales. En otras palabras, el 4 por ciento del ingreso nacional cubano se derivaba de fuentes distintas al cultivo de la caña."*

Por Radoslav Selucky, redactor del Literami Noviny, *"la noción prevaleciente en nuestro país es que Cuba no tenía industrias antes de la revolución, excepto centrales azucareras. Esto es falso. La industria cubana empleaba una sexta parte de toda la fuerza de trabajo. El azúcar, el níquel y los productos tabacaleros formaban una categoría de producción industrial en la cual los salarios estaban a nivel de Estados Unidos y en algunos casos, como en las fábricas de tabaco, por encima. Estos tres sectores industriales, junto con las plantaciones de caña, sostenían la economía cubana y era la base de las exportaciones. Aunque las industrias azucarera y del níquel no poseían facilidades suficientes de refinación, los niveles tecnológicos de ambas ramas estaban por encima del promedio mundial.*

"Las industrias que producían para el mercado doméstico —agrega Selucky— pertenecían a una segunda categoría, que se distinguía por su alta concentración. Aquí los salarios eran también relativamente altos. Esta categoría incluía fibras sintéticas, detergentes, vidrio, refinación de petróleo. Coca Cola, producida bajo una franquicia norteamericana, ginger-ale manufacturado bajo franquicia canadiense, buena cerveza y excelente ron basado en recetas locales. Estas industrias dependían de los servicios de mantenimiento norteamericanos, y sus componentes necesarios y piezas de repuesto era importados por aire dentro del término de veinte a veinticuatro horas.

"Las industrias productoras de tejidos, calzado y minerales, con excepción del níquel, formaban una tercera categoría de producción. Los salarios aquí eran bajos, alrededor del 75 por ciento debajo del nivel americano."

65 000 establecimientos comerciales (o sea, uno por cada mil habitantes aproximadamente), que ocupaban a 254 000 personas y promovían una media anual de ventas de 2 500 millones de dólares.

Según el censo de 1953, el 9,4 por ciento de la fuerza de

trabajo cubana se dedicaba al comercio, mientras el 36 por ciento trabajaba en la agricultura y el 19,5 por ciento en la industria manufacturera.

En México, antes de la revolución (1910) y todavía hoy, los contrastes entre miseria y riqueza son mucho menos marcados aquí. De hecho, yo diría que Cuba es uno de los países, con excepción tal vez de Costa Rica y Uruguay, donde` está menos mal distribuido el ingreso en América Latina. No digo mejor distribuido, porque dista mucho de estar bien distribuido, pero digamos mucho menos mal distribuido.

Goldenberg, citando a los profesores McGaffey y Barnett (1962), reitera que "es indudablemente cierto que el grupo de ingresos medios de Cuba era el mayor en Latinoamérica". Esto podía ser confirmado por cualquiera que caminase con los ojos abiertos a través de las mejores secciones de las ciudades y viese los nuevos suburbios de la clase media, que estaban brotando como hongos.

Cuba había logrado echar las bases de un sistema de educación moderno en 1901, cuando bajo la dirección del benemérito Enrique José Varona.

En 1940, como lo reconocía la UNESCO en 1960, todos los maestros cubanos, en los niveles primario y secundario, poseían títulos normales o universitarios. Era el único país latinoamericano que había alcanzado tal logro.

Cincuenta mil mujeres y hombres eran educadores graduados, miembros de los colegios profesionales establecidos por la ley.

Funcionaban en Cuba 30 000 aulas primarias, con más de 34 000 maestros. La mayoría ascendía a 1 300 000 alumnos.

Cuba ocupaba la posición número 35 entre 136 países analizados, con un porcentaje de su población del 75 al 80 en capacidad de leer y escribir, lo cual la colocaba en la misma categoría que Chile y Costa Rica, superada únicamente en América Latina por Argentina (85 al 90 por ciento alfabetizados) y Uruguay (80 al 85 por ciento).

La tasa de mortalidad de Cuba era una de las más bajas del mundo: 5,8 muertes anuales por 1 000 habitantes; en Estados Unidos era 9,5; en Canadá, 7,6. En Chile se elevaba a 20,6 y en México y Perú a 10,6.

No estaba Cuba en la década de 1950 totalmente liberada de flagelos hostigantes, como la tuberculosis y el parasitismo intestinal, particularmente en las áreas rurales.

Cuba ocupaba la posición vigésimo segunda en la escala mundial, con 128,6 médicos y dentistas por cada 100 000 habitantes.

Índice onomástico

Gaulle, Charles de: 164, 196.
Gaytán, Jorge Eliecer: 52, 53, 267.
Ginsburg: 467, 469.
Goizueta: 22.
Goldenberg: 472.
Goliat (personaje bíblico): 167, 262.
Gómez, José Miguel: 225, 354.
Gómez, Juan Gualberto: 354.
Gómez, Juan Vicente: 194, 450.
Gómez, Leonel: 44.
Gómez, Máximo: 121, 131, 275, 351, 352.
Gómez de Avellaneda, Gertrudis: 21.
Gómez Wanguemert, Luis: 51.
Góngora y Argote, Luis de: 21.
González, Ignacio: 367.
González Márquez, Felipe: 370. — 397.
Gorbachov, Mijail: 227, 415, 444.
Goya y Lucientes, Francisco de: 415.
Goytisolo, Juan: 187, 365.
Grau San Martín, Ramón: 39, 40, 50, 59, 69, 263, 264, 275, 462. — 61.
Greene, Graham: 416.
Grobart, Fabio: 435.
Gromiko, Andrei: 276.
Guardia, Ángel de la: 352.
Guedes, Emilio: 129, 146.
Guerra, Eutimio: 98, 256, 257, 268, 392, 393, 394, 395, 396, 398, 399.
Guevara, Alfredo: 39, 159, 187, 302, 372, 374, 378.
Guevara, Ernesto Guevara, llamado el «Che»: 95, 96, 107, 108, 111, 112, 118, 119, 121, 123, 124, 125, 126, 127, 129, 131, 136, 138, 140, 143, 146, 147, 148, 149, 158, 159, 160, 161, 167, 188, 189, 191, 195, 208, 209, 210, 213, 218, 220, 236, 244, 248, 255, 257, 258, 259, 269, 298, 303, 315, 316, 318, 320, 321, 322, 324, 325, 326, 327, 328, 329, 330, 331, 332, 333, 334, 335, 344, 345, 353, 358, 361, 362, 365, 367, 374, 380, 387, 399, 403, 414, 416, 417, 426, 435, 436, 438, 440, 469. — 165, 349, 373.
Guicciardini, Francesco: 225.
Guillén, Nicolás: 403, 432.
Guin, Ramón: 348.
Guitart, Renato: 62, 66, 71, 286.
Guiteras, Antonio: 40, 43, 50, 58, 146.
Guiteras, Calixta: 58.
Gutiérrez Menoyo, Carlos: 50, 335, 367.

Gutiérrez Menoyo, Eloy: 109, 121, 123, 124, 126, 129, 132, 160, 164, 212, 213, 259, 321, 322, 347, 348, 367, 368, 369, 370. — 165, 397.
Guzmán (sacerdote): 122, 286.

Hart, Armando: 89, 125, 131, 150, 232, 316, 344, 363, 364, 440.
Hemingway, Ernest: 292.
Heredia, José María: 21, 190, 230.
Hermes, capitán: 114.
Hernández, Melba: 64, 158, 363.
Hernández Hurtado, José Luis: 347.
Herrera, Oswaldo: 355.
Hersh, Seymour: 196.
Hidalgo: 125.
Hilbert, Luis: 19.
Hitler, Adolf: 185, 265, 280.
Holden Roberto, José Gilmore, llamado: 216.
Hugo, Victor: 431, 458, 459.
Huguet, Rafael: 370.
Humboldt, Alexandre: 230. — 273.

Iglesias, Aracelio: 43.
Ignacio de Loyola, san: 21, 22, 225.
Illán: 470.

Jaruzelski, Wojciech: 446.
Jefferson, Thomas: 274.
Jesucristo: 21, 75, 170, 262, 286, 287, 288, 332.
Jiménez, Martha: 374, 377.
Jiménez, Orlando: 377, 385, 388, 432.
Johnson, Howard: 241.
Jorn, Asger: 215. — 245.
Joyce, Jammes: 246.
Jruschov, Nikita: 167, 186, 188, 189, 190, 191, 192, 196, 197, 198, 205, 206, 207, 236, 237, 276, 277, 280, 284, 327, 376, 415, 416, 437, 452.
Juan Pablo II: 289.
Junco, Sandalio: 43.

Kadar, János: 189.
Kant, Immanuel: 459, 461.
Kennedy, John Fitzgerald: 164, 183, 184, 186, 191, 196, 197, 198, 206, 260, 376, 437.
Kennedy, Robert: 343.
Kim il Sung: 265.
Knight, Eric: 457.
Kosiguin, Alexei: 208, 209, 215.

Naranjo, José: 160, 372.
Neruda, Pablo: 403, 431.
Neto, Antonio *Agostinho*: 216.
Niño (chófer): 383.
Nixon, Richard M.: 178, 184, 446.
Nodarse, Orlando: 355.
Noyola, Juan F.: 468, 469.
Núñez, Juana: 15.
Núñez Jiménez, Antonio: 159, 160, 235, 325, 374, 435, 440, 444, 464.

Ochoa, comandante: 11, 110.
Olivares, Augusto: 406.
Olmedo, Ricardo: 399.
Oltuski, Enrique: 89, 147, 148, 325, 440.
Ordaz, comandante: 306.
Ordoqui, Joaquín: 144, 214, 372, 374, 375, 376, 377, 378, 379, 382, 383, 384, 385, 386, 387, 440.
Ordoqui García, Joaquín, Jr.: 385, 386.
Orol, Juan: 295.
Ortega, Daniel: 219.
Ortega, Humberto: 219.
Ortega, Luis: 46.
Ortiz, Fernando: 419, 455.
Osa, Enrique de la: 84, 379, 439.
Ostrovski, Nikolai: 81, 457.
Otero Silva, Miguel: 366, 432.
Ovares, Enrique: 53.

Padilla, Heberto: 365.
País, Frank: 89, 94, 97, 99, 105, 116, 127, 132, 160, 176, 232, 258, 269, 285, 293, 314, 319, 335, 375.
País, Jossúe: 319.
Pardo Llada, José: 11, 12, 47, 57, 70, 128, 161.
Parlá, Agustín: 385.
Parménides; 458.
Pastora, Edén: 219.
Patojo: 333.
Paz, Octavio: 288.
Paz, comandante: 105, 106, 115, 116.
Pazo, Felipe: 89, 142, 149, 157, 158, 177, 269, 445.
Péguy, Charles: 155.
Pelayo Cuervo: 11.
Pena, Félix: 143, 356, 360.
Peña, Lázaro: 160.
Pérez, Ángel: 95.
Pérez, Carlos Andrés: 219.
Pérez, Crescencio: 89, 95, 97, 102, 119, 147.
Pérez, Faustino: 91, 96, 97, 107,

108, 118, 124, 147, 148, 150, 157, 232, 268, 382, 392. —*113.*
Pérez, Martín: 368, 370.
Pérez, Mongo: 97, 119.
Pérez Castro, Pedro: 341.
Pérez Cowley: 382.
Pérez Chaumont, comandante: 74.
Pérez Jiménez, Carlos: 177, 403.
Pérez Serantes, Enrique: 72, 73, 74, 75, 79, 267, 391, 445.
Perón, Juan Domingo: 52, 274, 280, 311, 420, 450.
Petkot, Teodoro: 331.
Picasso, Pablo Ruiz: 208, 215, 307, 431. —*245.*
Pilar García, coronel: 85.
Pinares, comandante: 331.
Pino, Fidel del: 19, 47, 290.
Pinochet, Augusto: 265, 404, 405.
Pinos Santos, Óscar: 440.
Piñeiro, comandante: 147, 159, 260, 404.
Pizarro, Francisco: 272, 278, 303, 416.
Platón: 458.
Platt, Orville Hitchcok: 162, 172, 232, 263.
Podgorny, Nikolái Viktórovich: 218.
Pombo: 362.
Porfirio: 45.
Posada (médico): 68.
Prestes, Luis Carlos: 457.
Preston: 255.
Primo de Rivera y Sáenz de Heredia, José Antonio: 22, 225.
Prío Socarrás, Carlos: 9, 11, 12, 13, 59, 60, 88, 127, 309, 335, 355, 357.
Puebla, Teté: 118.

Quevedo, comandante: 114, 116, 120, 122.
Quevedo, Miguel: 84, 357.
Quevedo Villegas, Francisco de: 21.

Rainieri, Katina: 89.
Ramírez, José: 315.
Ramos Daniel, René: 108, 160.
Ray, Manuel: 108, 136, 147, 148, 151, 152, 157, 158, 159, 347, 440.
Reagan, Ronald: 194, 280, 407, 409.
Redondo, Ciro: 335, 392, 396.
Rego Rubido, comandante: 120, 124, 125.